Sammlung Metzler
Band 260

Reinhard M. G. Nickisch

Brief

J. B. Metzlersche Verlagsbuchhandlung
Stuttgart

CIP-Titelaufnahme der Deutschen Bibliothek

Nickisch, Reinhard M. G.
Brief / Reinhard M. G. Nickisch.
– Stuttgart: Metzler, 1991
(Sammlung Metzler; Bd. 260)
ISBN 978-3-476-10260-7
NE: GT

ISSN 0058-3667
ISBN 978-3-476-10260-7
ISBN 978-3-476-03962-0 (eBook)
DOI 10.1007/978-3-476-03962-0

SM 260

© 1991 Springer-Verlag GmbH Deutschland
Ursprünglich erschienen bei J. B. Metzlersche Verlagsbuchhandlung
und Carl Ernst Poeschel Verlag GmbH in Stuttgart 1991

Vorwort

Der Brief hat nicht nur in der Kulturgesellschaft, sondern auch in der schönen Literatur seit jeher eine große, unübersehbare Rolle gespielt. Dennoch ist in der deutschen literaturwissenschaftlichen Forschung der Vergangenheit eine sonderbare Unsicherheit zu beobachten, wenn es um das Objekt ›Brief‹ ging.

An der Spezies ›Brief‹ freilich kam selbst eine Literaturwissenschaft nicht vorbei, die sehr einschränkende, enge Vorstellungen von ihren Forschungsgegenständen hatte. So sind Briefe, in erster Linie natürlich die von ›Dichtern‹, bei der Erschließung poetischer Werke auch von solchen Literaturforschern ausgiebig benutzt worden, die für sich beanspruchten, werkimmanent zu interpretieren. Ja, die Bedeutung der Briefe von Schriftstellern ist immer so hoch veranschlagt worden, daß es als ziemlich selbstverständlich galt, zu den Werken eines Autors auch seine Briefe zu rechnen – als ›Ergänzungen‹ gewissermaßen – und sie folglich als Teil einer Werkausgabe zu behandeln. Die eingangs erwähnte Unsicherheit gegenüber den Briefen zeigte sich bei den ›Dichtungswissenschaftlern‹ darin, daß sie einerseits die Briefe der als Dichter hochgeschätzten Autoren nicht deren Dichtungen gleichsetzen mochten und daß sie andererseits ebendiese Briefe als ›Werke‹ der betreffenden Autoren nicht ignorieren konnten, ja sie vielmehr gern und oft als besonders beweiskräftige Hilfen für die Interpretation der ›eigentlichen‹ Werke heranzogen.

Gering an Zahl sind bislang Versuche, Briefe um ihrer Werkqualität willen zu untersuchen oder gar als sprachliche Kunstgebilde zu würdigen. Wo das bisher geschah, orientierte man sich daran, wie poetisch Gehalt, Sprache und Form solcher Briefe waren – wie nahe sie also den als primär dichterisch bewerteten Werken kamen. An derartigen Maßstäben gemessen, mußten nicht nur die meisten Briefe von Literaten, sondern vollends solche von Nicht-Künstlern als Objekte gelten, die man getrost vernachlässigen konnte. Erst ein entscheidender Wandel in der Auffassung vom Gegenstandsbereich der Literaturwissenschaft konnte zu der Einsicht führen, daß beispielsweise die Korrespondenz eines Dichters wie A. Schnitzler »nicht als Seiten- und Spaltprodukt, sondern als

V

ein essentieller Bestandteil seines literarischen Oeuvres zu würdigen ist.« (W. Kuttenkeuler in einer Bespr. d. 'Germanistik' 1985/2, S. 499.)

Die folgende Arbeit geht davon aus, daß Briefe ein wesentlicher, eigenwertiger Teil unseres Schrifttums sind. Sie will Anstöße geben zu einer genaueren und sachgerechteren Erforschung dieses Teils unserer Literatur. Sachgerechter heißt vor allem: Der Brief und seine Form sind sowohl als Mittel pragmatischer schriftlicher Kommunikation wie als Möglichkeiten fingierter und fiktionaler sprachlicher Darstellung wahrzunehmen und zu untersuchen. Und sachgerechter heißt auch: In der künftigen Brieforschung ist der eminenten soziokommunikativen Bedeutung Rechnung zu tragen, die der Brief seit der Gellert-Zeit nach und nach erlangt hat, so daß er nunmehr die »einzige *entwickelte* schriftliche Kommunikationsform« ist, »die jedes erwachsene soziale Individuum auch außerhalb expliziter Lernsituationen sowohl passiv als auch aktiv verwendet.« (K. Ermert 1979)

Die Fülle des für die Brieforschung einschlägigen Materials vermag ein einzelner kaum mehr zu überblicken. Deshalb erschien es mir hier zweckdienlich und sinnvoll, das Hauptgewicht der Darstellung auf die systematischen Aspekte des Gegenstandes zu legen und die historischen meistenteils nur exemplarisch zu behandeln.

Kapitel 1. versucht, von den bisherigen brieftheoretischen Bemühungen ausgehend, eine Wesensbestimmung des ›Briefes‹, beschreibt seine Grundfunktionen und legt die ›eigentliche‹ und ›uneigentliche‹ Verwendungsweise der Briefform dar. Die Kap. 2. und 3. bieten eine Skizze der Geschichte des deutschen Briefes und der praktischen Brieflehre vom frühen Mittelalter bis zur Gegenwart. Das umfangreichste Kapitel – 4. – befaßt sich, außer mit der Gattungsproblematik des Genres Brief, mit allen historisch belegbaren Spielarten der ›uneigentlichen‹ Verwendung des Briefes und brieflicher Formelemente zu belehrenden, erbaulichen, werbenden, kritischen und literarisch-artistischen Zwecken in Publizistik und Belletristik. Kap. 5. entwickelt einige Ansätze zur Erforschung der Rezeption und Wirkungsgeschichte von Einzelbriefen, Korrespondenzen und Brief-Anthologien. Kap. 6. geht auf wichtige sozial-, rechts-, kultur- und postgeschichtliche Aspekte des Briefwesens ein und beschäftigt sich zudem mit einigen verfassungs-, zivil- und strafrechtlichen Problemen des Briefschreibens. Das Schlußkapitel – 7. – gibt einen Überblick über wesentliche Desiderate und

Aufgaben der Briefforschung in den Bereichen: bibliographische Erfassung – Edition – Interpretation von Briefen – Geschichte der Briefliteratur in Deutschland.

Ausführungen über den Widmungsbrief, den ›Heldenbrief‹, das Brief-Drama, über ›Brief-Hybriden‹ und über die Rolle des Briefes in Bildung und Erziehung konnten in diese Monographie nicht mit aufgenommen werden, da dann der für die ›Sammlung Metzler‹ übliche Umfang erheblich überschritten worden wäre. Daher ist auch auf bibliographische Vollständigkeit bei den Angaben über die existierenden Ausgaben von Briefen und stilisierter Epistolarliteratur verzichtet worden. Wer sich über die Briefausgaben einzelner Autoren usw. genauer informieren will, sei auf Personalbibliographien u.ä. Hilfsmittel verwiesen.

In der vorliegenden Darstellung kommen Angaben zur Primärliteratur prinzipiell nur im laufenden Text vor. Sie beschränken sich auf die Mitteilung des Haupttitels und – in aller Regel – des Jahres der ersten Publikation bzw. der Entstehungszeit; die Vornamen der Autoren erscheinen im Textteil nur in abgekürzter Form. Je einschlägige wichtige Forschungsliteratur ist bibliographisch vollständig im Anschluß an die einzelnen Kapitel verzeichnet. Jeder Titel der Sekundärliteratur wird aber nur beim erstmaligen Vorkommen komplett mitgeteilt. Spätere Verweise auf ihn bestehen lediglich aus dem Autornamen und dem Erscheinungsjahr.

Nach mehr als zwölf Jahren Arbeit an der Materie ›Brief‹ habe ich für Hinweise, Anregungen, Ratschläge, Kritik und mannigfache praktische Hilfe in besonderer Weise zu danken: Prof. Dr. Günter Heintz (Duisburg), Prof. Dr. Hans-Jürgen Schrader (Genf), Prof. Marianne Kalinke, Ph.D., Prof. Elmer Antonsen, Ph.D. (beide Urbana, Il./USA), Dr. Wolfgang Dinkelacker, meinen Hilfsassistenten Thorsten Unger, Ekkehard Borries (alle Göttingen) und meiner Frau Inge N.

R.M.G.N.

VII

Es ist ein groses Glück, wenn man korrespondirt.
Goethe, Die Mitschuldigen III, 3(1769)

Die leichte Möglichkeit des Briefeschreibens muß (...) eine schreckliche Zerrüttung der Seelen in die Welt gebracht haben. Es ist ja ein Verkehr mit Gespenstern undzwar [!] nicht nur mit dem Gespenst des Adressaten, sondern auch mit dem eigenen Gespenst (...). Wie kam man nur auf den Gedanken, daß Menschen durch Briefe mit einander [!] verkehren können! (...) Briefe schreiben (...) heißt, sich vor den Gespenstern entblößen, worauf sie gierig warten.
Kafka, Brief an Milena (Ende März 1922)

Inhalt

1. Wesen, Grundfunktionen und Verwendungsweisen des Briefes

1.1. Bisherige brieftheoretische Bemühungen

1924/25 versucht als erster P. Wohlfarth, die deutsche Briefliteratur mit Hilfe systematischer Ansätze zu gliedern. Er hat bei seinen Bemühungen um das »Wesen des Briefes als Literaturgattung« allerdings nur die »Eigenart des literarisch wertvollen Briefes« im Auge. (S. 485) Wohlfarth meint, drei Grundarten von Briefen unterscheiden zu sollen: den Plauderbrief, den Bekenntnisbrief und den Liebesbrief (»im weitesten Sinne«). Nur dem letzteren erkennt er aber »ästhetischen Wert« zu. (S. 488) Dementsprechend stellen Briefe wie die der Susette Gontard an Hölderlin für ihn »den Typus Brief in seiner reinsten Form« dar. (Ebd.) Solch eine Betrachtungsweise und die daraus folgende Rubrizierung der Briefliteratur dürften für eine Literaturwissenschaft mit einem textwissenschaftlichen Verständnis von ihrem Forschungsbereich nur mehr von sehr begrenztem Nutzen sein. Das gleiche gilt für die Studien von O. Heuschele (1938), Ph. Krämer (1943) und H. H. Ohms (1948).

Heuschele sieht im Brief die »nächst dem Gespräch (...) persönlichste Form der menschlichen Verständigung und Verbundenheit«. Folglich betrachtet er erst den persönlichen Brief als den »wirklichen« Brief. (1938, S. 12) Mit den Briefen des Mittelalters und auch noch denen der Renaissance kann er deshalb – wegen ihres unpersönlichen Charakters und ihres formelhaft dargebotenen »Sachinhalts« (ebd.) – nicht viel anfangen. Als ›wirkliche Briefe‹ gelten ihm die der Mystiker, die Luthers und die Liselottes v. d. Pfalz, die der Pietisten und vollends dann die des 18. Jhs. Hier wird also eine von einem Brief-Forscher favorisierte Idealvorstellung zum Hauptkriterium für das Wesen *des* Briefes gemacht und demgemäß der Brief ganzer historischer Epochen für eine mangelhafte Realisierung des ›wirklichen‹ Briefes erklärt. Ganzen Zeitaltern wird so das Recht auf eine eigene Art und Form des Briefes aberkannt. Die Problematik der Wesensbestimmung des Briefes durch Heuschele (dessen ›Studie‹ ja 1938 erschienen ist) wird überdeutlich vor dem ominösen Hintergrund einer Deutschheitsideologie, in deren Zeichen der Verfasser dazu auffordert, den deutschen Brief zu begreifen als

»Selbstoffenbarung des deutschen Menschen und seines We-
sens«. (1938, S. 60)

Krämer läßt sich zwar auf keine Definition des Briefes ein,
beschränkt aber den Bereich der Briefliteratur dadurch entscheidend, daß er daraus alles verbannt wissen will, was ganz
dem Vergänglichen gewidmet sei. (1934, S. 167) Dazu gehört
für ihn vor allem der massenhaft vorkommende Geschäftsbrief
– der eben deshalb nur ein »Scheinbrief« ist – sowie das amtliche
›Schreiben‹. (Ebd.) Auch der Offene Brief habe »formal nichts
mit dem Brief zu tun«, obwohl er andererseits von Krämer – wi-
dersprüchlicherweise – als »echter Brief« gewertet wird. (1943,
S. 168) Demgegenüber sei die »Krone aller Briefe« der »Liebesbrief«. (Ebd.) Außer diesem ganz persönlichen Brieftyp gelten
Krämer effektiv nur die Briefe bedeutender Literaten als wirkliche Briefe.

Auch Ohms will als Brief nur das persönliche, das Selbst des
Verfassers darstellende Schreiben anerkennen. Schreiben, in denen das Sachbedingte, das Förmliche, das Amtliche u.ä. dominieren – wie beim geschäftsmäßigen, konventionellen, essayi-
stisch-philosophischen Brief, beim Fehdebrief, beim Rundbrief, beim Kassiber, beim Testamentsbrief usw. –, läßt er nicht
als Brief gelten. Dessen Wesen besteht für ihn darin, daß er eine
»Urkunde des Herzens« ist, die das »natürliche und persönliche
Zwie-Gespräch« der Briefpartner bezeugt. (1948, S. 6) Obwohl
auch Ohms damit bestimmte historische und kulturelle Erscheinungsformen brieflicher Produktion zur Grundlage für
eine Wesensbestimmung des Briefes schlechthin macht und so
die Reichweite dieser seiner Kennzeichnung von vornherein begrenzt, bezeichnet er am Ende seiner Ausführungen überraschend »Mitteilung und Zuwendung« als die beiden grundlegenden Funktionen des Briefes (1948, S. 73), wobei ihm offensichtlich entgangen ist, daß sich diese zwei Grundfunktionen in
fast allen der von ihm zuvor verworfenen Briefarten ebenso
nachweisen lassen wie in dem ganz persönlichen, bekenntnis-
haften Brief, der nur für bestimmte Epochen, Verfasserpersön-
lichkeiten und/oder Lebenssituationen charakteristisch ist.

Von A. Wellek (1960) wird, aus psychologischer Sicht, ebenfalls eine weitreichende Einschränkung dessen vorgenommen,
was als Brief gelten soll. Er will insbesondere den Brief vom sogenannten Schreiben unterschieden wissen, das amtlichen oder
geschäftlichen Charakter trägt, wie auch von der Briefform als
literarischem Gestaltungsmittel. (S. 339 f.) Für ihn ist der Brief
gekennzeichnet durch seine privat-intime Beschaffenheit: »Der

Brief ist im weitesten Sinne ein Werk, etwas (...) Geschaffenes, und als solches, wiederum im weitesten Sinne, ein Bekenntniswerk«, weil darin »etwas und jemand – etwas durch jemand – ausgedrückt« wird. (S. 342) Diese seine These erweitert Wellek gegen Ende seiner Bemühungen um die Phänomenologie des Briefes noch: »Der eigentliche, private Brief ist Ausdruck oder Bekenntnis in der Schrift – und insofern Literatur« (S. 354); er fügt damit seiner Wesensbeschreibung ein – problematisches – Merkmal hinzu: Der »eigentliche« Brief sei zugleich ein literarisches Phänomen. Folgerichtig betrachtet er den Brief denn auch als eine Erscheinung, die in der Neuzeit aufgekommen ist und mit dieser dahingehen wird. So wird seine Wesenskennzeichnung des Briefes nicht nur dadurch eingeengt, daß sie sich auf den dominanten Brieftypus einer Epoche bezieht, sondern auch noch dadurch, daß sie vom Brief lediglich als von einem literarischen Gegenstand ausgeht – unter Vernachlässigung insbesondere aller sozialgeschichtlichen Aspekte der in Wahrheit überaus vielschichtigen Kulturerscheinung Brief.

Welleks Linie folgt in wesentlichen Punkten P. Raabe (1963) bei seinem »Versuch einer allgemeinen Wesensbestimmung des Briefes« (S. 4), der zu folgendem Ergebnis führt:

Der Brief ist (...) die private, augenblicksgebundene, von gesellschaftlicher Konvention mitgeprägte schriftliche Form einer mehr oder weniger psychologisch faßbaren Mitteilung eines Schreibens an einen räumlich (...) getrennten Partner. (S. 6)

Raabes Bestimmungsversuch übertrifft Welleks aber bemerkenswerter Weise darin, daß er außer dem psychogrammatischen Aspekt auch die sozial bedingte Komponente der Briefgestaltung berücksichtigt und daß er nicht von dem Brieftypus einer bestimmten Zeit ausgeht. Sodann äußert sich Raabe auch vorsichtiger und differenzierter hinsichtlich der Literarizität des Briefes:

Der Inhalt eines Briefes kann zum Vorbild in der Lebensbewältigung genommen, als Beispiel eines erfüllten Daseins oder als Dokument menschlicher Not und menschlichen Leidens betrachtet werden. Anderseits kann der Brief auch durch seine Gestalt faszinieren. Er wird dadurch zur literarischen Gattung erhoben, wenngleich er an sich nicht Ausdruck künstlerischen Wollens ist. (S. 7)

G. Jappe (1969) sieht im Brief zwar auch die »persönlichste« von »allen schriftlichen Mitteilungen«, die freilich heutzutage zunehmend die Form einer »sachliche[n] Benachrichtigung«

annehme (S. 351); er hütet sich jedoch, aus einer Bewertung dieses kultur- und gesellschaftsgeschichtlich zu erklärenden Vorgangs eine einengende Wesensbestimmung des Briefes herzuleiten. Jappe erblickt in der Existenz des Briefes eine der »allgemeinen Grundlagen« auch der heutigen Gesellschaft, »da fast ein jeder Briefe schreibt und damit einen Zwecke verfolgt«. Nach wie vor sei seine Form »unter allen Arten des Schreibens die ideale, um einen Leser zu aktivieren – fordert er ihn doch zur Antwort, zum Handeln auf«. (S. 352) Das Merkmal der Literarizität zieht Jappe nicht zur Kennzeichnung des Briefes heran; er erklärt vielmehr: »Der literarische Brief ist eine historische Spezialform und nicht als Maßstab für den Brief schlechthin zu setzen.« (S. 353) Seine weiteren Darlegungen machen gleichwohl deutlich, daß er insgesamt den persönlich-intimen Charakter des Briefes als wesentlich für diesen überhaupt ansieht.

Auch G. Hillard (1969) läßt sich nur auf den individualistischen Brief ein, der seinen höchsten Grad in der Romantik erreicht habe. Für Hillard hat der »okkasionell verfaßte Zweckbrief« »niemals Kunst und Kultur des Briefes repräsentiert« (S. 342); ihn scheidet er daher gleich aus seiner Betrachtung aus. Bei dem individualistischen Brief als solchem unterscheidet er eine »›monologische‹« und eine »›dialogische Form‹«. (S. 344) Die erstere sei charakterisiert durch »Introspektion«, also durch das Bemühen des Verfassers, sich mittels des Briefschreibens selbst zu ergründen, wohingegen die letztere ganz bestimmt und geprägt sei durch die Zuwendung zum Partner um des Partners willen. (Ebd.) Bei diesen seinen Unterscheidungen und Kennzeichnungen hat Hillard allerdings immer nur Briefe literarischen Zuschnitts im Auge.

Bei den bisher wiedergegebenen ausführlichen Bestimmungsversuchen ist zwar das zu beschreibende bzw. zu definierende Phänomen in der einen oder anderen Weise amputiert worden; aber es läßt sich ihnen immerhin soviel entnehmen, daß in ihnen übereinstimmend als konstitutiv für das schriftliche Produkt Brief das Moment des dialogischen Austausches und, damit zusammenhängend, das des Redeersatzes angesehen werden. Ebendies kann man im übrigen auch ablesen aus den mehr beiläufigen oder recht knapp gehaltenen Wesenskennzeichnungen des Briefes bei W. Grenzmann (1958, S. 186) und – nochmals – bei P. Raabe (1966, S.73f. bzw. 1969, S. 100) Im Grunde sind die beiden erwähnten für den Brief konstitutiven Grundfunktionen schon in der ältesten uns bekannten Brief-Definition, der des antiken Bibliographen Artemo, enthalten, die über die Humanisten und die Brieflehre des 17. und 18. Jhs. bis zu uns gelangt ist. (A. Schöne 1967, S. 206) Ersichtlich hat sie sich noch auf die jüngere brieftheoretische Forschung hierzulande ausgewirkt.

Bei dem Ersatzcharakter des Briefes nun setzen alle im wesentlichen kommunikationstheoretisch und pragmatisch orientierten Bemühungen um Grundfunktionen und Struktur der Textsorte Brief an, wie sie seit dem Ende der sechziger Jahre zu verzeichnen sind. Dabei gehen den speziell dem Brief gewidmeten Kapiteln bzw. Studien von H. Belke (1973), G. Honnefelder (1975), P. Bürgel (1976) und H. Hartwig (1976) eine Reihe textlinguistischer oder texttheoretischer Arbeiten voraus, die mittelbar oder unter anderem auch den Brief betreffen. Es sind dies insbesondere die Arbeiten von P. Kern (1969), H. Brinkmann (1971), H. Glinz (1971), Barbara Sandig (1972) und S. J. Schmidt (1972). Ihnen zufolge ist das Schreiben, Absenden, Empfangen, Lesen und das – eventuelle – Beantworten eines Briefes als kommunikativer Akt zu begreifen, für den aufgrund seiner intentionalen, funktionalen und strukturellen Affinität mit der mündlichen Kommunikation primär gleiches gilt wie für diese. Denn wie in der an einen oder mehrere Partner gerichteten mündlichen Rede kann im Akt der brieflichen Kommunikation von Fall zu Fall das Moment des Darstellens, des Ausdrucks oder des Appells dominieren.

Belke, der den Brief als eine wesentliche ›literarische Gebrauchsform‹ einläßlicher behandelt, geht von den im vorigen Absatz angeführten linguistischen Arbeiten aus, vornehmlich von dem Aufsatz von Glinz; er definiert: »Konstitutiv für alle Formen des Briefes ist die Kommunikation zwischen räumlich getrennten Partnern«.(1973, S. 142) Er gelangt dann – unter Verwendung der Einsicht, daß sich, idealtypisch betrachtet, der Briefschreiber je vorrangig »dem Partner, dem Gegenstand oder sich selbst« zuwenden kann – zu den Grundmöglichkeiten des Briefes, nämlich »des partnerbezogenen appellativen Briefes, des sachbezogenen Mitteilungsbriefes und des autorbezogenen Bekenntnisbriefes«. (Ebd.) Darüber hinaus lasse sich der Brief aber auch noch »in wertender Funktion« einsetzen. (1973, S. 143)

In seiner sprechakttheoretisch fundierten »kurze[n] ›Phänomenologie des Briefes‹« macht Honnefelder auf alle die Momente aufmerksam, die für den Brief als »äußeren Vorgang« wesensnotwendig sind:

Dazu gehören zwei oder mehr handelnde Personen, zwei oder mehr räumliche Schauplätze, ein Schreibvorgang, ein Raum und Zeit hinter sich lassender Übermittlungsvorgang, ein Empfangs- und Lesevorgang und schließlich das Schriftstück selbst. (1975, S. 5)

Honnefelder betont aber auch die in der Schriftlichkeit begründete »fortdauernde materielle Existenz« des Briefes, weshalb dieser zudem »spezifischen Formen des Mißbrauchs und der Verfälschung« ausgesetzt ist. (1975, S. 6)

Die gewichtigste Studie hat zur aktuellen brieftheoretischen Forschung zweifellos Bürgel beigesteuert. Seine Abhandlung bietet die bislang gründlichsten Bemühungen um eine Bestimmung von Wesen und Gattungscharakter des Briefes und um eine adäquate Weise seiner wissenschaftlichen Erforschung. Allerdings sind auch sie bewußt bezogen auf einen Brieftypus, wie er praktisch erst seit der Mitte des 18. Jhs. ausgebildet wurde. Bürgels theoretische Anstrengungen gelten nicht dem Brief als »Kunstprodukt« oder als »Element der Dichtung«, sondern allein dem »›moderne[n]‹ alltägliche[n] Brief«, dem »in der Umgangssprache individuell verfaßte(n) Privatbrief«. (1976, S. 281) Diese Einschränkung wird indes nicht aufgrund von mehr oder minder uneingestandenen ideologischen oder ästhetisch-normativen Vorstellungen vorgenommen; sie ist vielmehr die Konsequenz einer offenen methodischen Entscheidung, die ihrerseits nicht bedingt ist durch vorgängige Bewertung des Ausgewählten bzw. Ausgeschiedenen. Bürgels heuristische Reflexionen erstrecken sich auf die psychologisch-anthropologische, die soziologische, die sprachlich-ästhetische und die historische Ebene. Die systematisch durchgeführten Betrachtungen erbringen folgende das »Wesen des Alltagsbriefs« bezeichnende »Summe von Merkmalen«:

1) unter ›psychologisch-anthropologischem‹ Aspekt
   intentionaler Bewußtseinsakt (Aktion, Reaktion)
   seelische Entlastung (Bekenntnis, Beichtersatz, Seelenbesuch)
   Einheit als Vielheit (Dialektik zwischen Identität und Nichtidentität)
   Projektion charakterlicher Strukturen
2) unter ›soziologischem‹ Aspekt
   Kommunikationsmittel
   pragmatischer Umweltanspruch (...)
   phasenverschobenes Gespräch
   individueller Adressatenbezug
   Ausdruck des Soziabilitäts- bzw. Interaktionsgrads

3) unter ›sprachlich-ästhetischem‹ Aspekt
   Funktionsstil (Überwiegen rational eingesetzter Elemente)
   [Hier sollte man wohl besser von pragmatisch-referentiellem Stil o.ä
   sprechen, nachdem die Prager strukturalistische Schule gezeigt hat,
   daß alle Stile Funktionsstile sind. R.N.]
   eindimensional (keine Symbolisierungen z. B., keine ›Aura‹)
   Ästhetisches nur als Akzidens
   keine Fiktionalität (referentielles und nicht kohärentielles Sprachsy-
   stem)
   feststehende Wendungen am Anfang und Schluß
   persuasio
4) unter ›historischem‹ Aspekt
   autobiographisches Dokument
   Lebenskommentar
   bewußte Interpretation von Zeitvorgängen
   subjektiver Spiegel des historisch Objektiven (des sozio-ökono-
   misch-ideologischen Kontexts)
   (bei einem Dichter-Autor u.U.) Werkinterpretation bzw. allgemein
   literargeschichtliche Angaben (1976, S. 296)

Bürgel ist überzeugt, mit seinem Entwurf einer Privatbrief-
Theorie einen heuristischen Rahmen vorgegeben zu haben, innerhalb dessen sich die wissenschaftliche Auswertung von Briefen nunmehr bewegen müßte.

Angesichts dieser Resultate Bürgels wirkt die extreme Position, die Hartwig in seiner Studie bezogen hat, in methodischer
Hinsicht nicht mehr recht diskutabel: Er verzichtet mit Bedacht
auf eine Wesensbestimmung des Briefes, weil es nicht darauf an-
komme, eine »Definition für [!] Textsorte Brief zu bekommen«, sondern nur darauf, »die Analyse einzelner Briefe in den
gesellschaftlichen Kontext ihrer Produktion, Verteilung und
Konsumtion zu stellen«. (1976, S. 126) Ganz gewiß hat die Literaturwissenschaft nach Maßgabe ihrer spezifischen Möglichkeiten zu den von Hartwig geforderten Analysen beizutragen; das
schließt aber doch Überlegungen über Eigenart und Textsor-
tencharakter des Briefes, über verschiedene Brieftypen, -for-
men usf. nicht aus, sondern setzt sie vielmehr voraus – schließt
sie zumindest mit ein.

Ein Zurückfallen auf überholte Positionen der einschlägigen Diskussion bedeutet die in einem Aufsatz dargelegte Absicht G. Manns (1976), zwischen literaturwürdigen und -un-
würdigen Briefen zu unterscheiden. Seine (sehr dehnbaren)
Kriterien für die ersteren lauten: »Der politische, historisch
interessante Brief gehört für mich zur Literatur, wenn ein

originaler Charakter sich in ihm artikuliert, oder wenn eine dem Schreibenden bewußte literarische Tradition in ihm gepflegt wird«. (S. 77) Da er wohl spürt, wie problematisch diese Unterscheidungsmerkmale sind, erklärt er für alle Fälle noch: »Auf die Frage: welche Art von Briefen gehört *nicht* zur Literatur, weiß ich (..) nur eine Antwort: jene, die nicht zu ihr gehört«. (S. 77f.) Mann versucht sodann noch, dem literarisch wertvollen Brief seinen Rang innerhalb der übrigen Literatur zuzuweisen. Er meint, selbst der bedeutendste Brief könne sich nicht mit einem ›vollkommenen‹ Gedicht messen: »Nie, fast nie ist der Brief so absolut, wie ein vollkommenes Gedicht es ist. Nie, fast nie schwingt er sich zu der höchsten Höhe auf, die dem Schreibenden, nämlich dem Dichter, anderswo erreichbar ist«. (S. 84) Und mit dem Brief »des kleinen Mannes‹ von ehedem« mag sich vielleicht die Sozialgeschichte abgeben – für die Literatur ist der Brief »des am Ausdruck uninteressierten, literarisch ungeübten Bürgers« unerheblich. (S. 78) Die Möglichkeit, daß sich Gedicht, dichterischer Brief und Geschäftsbrief des Bürgers nicht primär durch den literarischen Rang unterscheiden, sondern durch die Art der literarischen bzw. pragmatischen Kommunikation, zieht Mann nicht in Betracht. So bleiben seine Überlegungen insgesamt im Subjektiv-Aperçuhaften stecken.

Weitergeführt wird dagegen die brieftheoretische Diskussion durch die textsortentheoretisch orientierte Untersuchung K. Ermerts (1979), die dem »Alltagsbrief« der Gegenwart (S. 9) gewidmet ist und mittels strikt empirisch-statistischer Vorgehensweise zu Differenzierungskriterien für ein Merkmalraster gelangen will, welches die exakte Bestimmung von »Briefsorten‹, d. h. Textsorten im Rahmen der Kommunikationsform ›Brief‹« ermöglichen helfen soll. (S. 1) Briefsorten werden von Ermert als »Sprachhandlungsmuster« mit bestimmten gemeinsamen Merkmalen begriffen (S. 43) und sind für ihn nicht identisch mit Brieftypen, zu deren Bestimmung er, gemäß seinem pragmatisch-funktionalen Untersuchungsansatz, sogar solche formalen Merkmale wie Format, Verschriftungsart, Farbe u. ä. heranzieht. Denn nach Ermert sind Textsorten nicht allein textintern/stilistisch bestimmbar, sondern sie sind als »virtuelle Einheiten aus pragmatischen, situativen und thematischen Voraussetzungsfaktoren einerseits und textstrukturell stilistischen und formalen Folgemerkmalen andererseits« zu begreifen. (S. 174) Seine zu Demonstrationszwecken ausgearbeitete brieftypologische Studie versteht er nur als Vorstufe für ein künftiges Briefsortensystem«, in welchem außer der synchronen auch die historische Dimension des Briefes berücksichtigt werden müßte. (S. 195 bzw. 197)

In diesem System müßten dann selbst solche Brief-Nebenformen unterkommen wie Kassiber, Handzettelnotizen oder »Schülerbriefchen«. Sieht man bei diesen letzteren einmal von dem Moment der »illegalität im unterricht« ab, sind auch sie prinzipiell, wie der reguläre Brief, »stärker dialogisch, d. h. auf kommunikativen richtungswechsel und sequenzbildung (...) angelegt«. (D. Cherubim 1981, S. 108)

(Einige weitere pragmalinguistisch und medienwissenschaftlich akzentuierte Arbeiten, die V. Langeheine (I 1983) in seinen Überblick über die Brieforschung bis zum Beginn der achtziger Jahre einbezogen hat, werden später an geeigneter Stelle ebenfalls noch herangezogen werden.)

Die in den ältesten Definitionsversuchen herausgestellten Merkmale des Dialogischen und des Gesprächsersatzes – welche Gesprächs*nähe* impliziert – sind vor allem durch die Bemühungen Belkes, Bürgels und auch Ermerts unter Verwertung kommunikations- und texttheoretischer Einsichten entscheidend differenziert und dadurch in ihrer Bedeutung für die Erkenntnis der brieflichen Eigenart und Struktur präzisiert worden. Die bisherigen definitorischen Überlegungen und systematisierenden Ansätze sollen nun im folgenden noch etwas verdeutlicht werden mit der Absicht, Wege zu einer zulänglicheren systematischen und historischen Erschließung der deutschen Briefliteratur ebnen zu helfen.

1.2. Wesensbestimmung

Bei der schriftlichen Rede des Briefes handelt es sich wie bei der mündlichen Rede um einen kommunikativen Vorgang, der zwischen konkreten historischen kenntlich gemachten Individuen – die Emittenten und/oder Rezipienten sind – realisiert wird. Diese werden in dem kommunikativ funktionierenden Brieftext durch die Personalpronomina der 1. und 2. Person Singular bzw. der 1., 2. und 3. Person Plural repräsentiert. Wie im mündlichen Gespräch wird auch im Brief eine Raum-Zeit-Deixis aufgebaut, die für die durch ihn geschaffene Kommunikationssituation spezifisch ist.

Aus dem natürlichen Ablauf des mündlichen Kommunikationsaktes – Hinwendung zum Partner, Vortrag der Informa-

9

tion, des Anliegens, der Bitte usw., Abwendung vom Partner –
leitet sich auch der formale Aufbau des Briefes mit den Grund-
bestandteilen Briefeingang, -inhalt und -schluß her. Konven-
tionalisierte Formen der Textbegrenzung, die zugleich die »me-
takommunikativen Elemente der Briefkommunikation« sind
(Ermert 1979, S. 104), nämlich Anrede, Grußformeln und Unterschrift, weisen auf die miteinander Kommunizierenden und
die Art ihrer sozialen Beziehung zueinander hin (für diese Beziehung von Bedeutung sind sogar Äußerlichkeiten des Briefes
wie Schreibmaterial, Schriftbild, Umschlag u. ä.). Eingang und
Schluß, die als Rahmen des Briefes die prinzipiell gleichbleiben-
den Gesten der Eröffnung und Beendigung des kommunikativen Aktes sprachlich abbilden, neigen dementsprechend am
ehesten zur Formalisierung und Verformelung. Eingangs- und
Schlußformeln entfallen daher auch weitgehend in brieflichen
Kümmerformen wie Handbillets, Zettel-Mitteilungen, Kurz-
briefen, sog. Memos, Einladungskärtchen, Hausmitteilungen
u. dgl. m. Nur begrenztere Möglichkeiten formaler Festlegung
bietet dagegen der natürlicherweise sehr unterschiedliche Briefinhalt. Sie können realisiert werden, wenn man sich die sachbedingte Ähnlichkeit bestimmter Inhalte (Glückwünsche zu immer wiederkehrenden Anlässen, Beileidsbezeigungen, Bestel-
lungen, Weisungen, Mahnungen u. ä.) bei der Formulierung
der sie transportierenden Briefe zunutze macht.

Da der Brief in soziologischer Hinsicht nicht nur individueller »Beziehungsträger«, sondern zugleich auch Träger »pragmatischer Intentionalität (qua Anspruch an die reale Umwelt)«
ist (Bürgel 1976, S. 287 bzw. S. 289), also Bezug und Einfluß
nimmt auf reale Handlungen, Verhaltensweisen, Stimmungen,
Gedankenbewegungen – kurz: Reaktionen auslöst oder doch
ihre Auslösung intendiert, muß er überdies als Vehikel einer
zielorientierten Sprech*handlung* »in einem gegebenen Interak-
tionsrahmen« (Margareta Brandt u.a. 1983, S. 107) gelten.
Hiermit hängt nun auch aufs engste zusammen der »Rollencha-
rakter der vom Brief entworfenen Figuren des Schreibers und
Lesers«. (Schöne 1967, S. 215) J. Améry (1976) spricht mit Blick
auf den gleichen Vorgang von der »Selbst-Konstitution« und
der gleichzeitig erfolgenden Konstitution des Partners, der
»Setzung des Anderen«, wozu uns der Brief Gelegenheit gibt.
(S. 23 f.) Jeder Briefschreiber übernimmt also je nach der
Sprechhandlung, die er mit dem Brief ausführen will, bewußt
oder unbewußt eine entsprechende Rolle. Diese ist ihrerseits
mitbedingt von dem Bild, das er sich von dem Briefempfänger

macht bzw. von der Vorstellung der Rolle, die er zugunsten der intendierten Sprechhandlung dem Rezipienten – wiederum bewußt oder mehr unbewußt – vorgibt, zuweist oder auch aufnötigt. Sie gibt mithin den Rahmen ab für die vom Emittenten erwartete, erhoffte, gewünschte oder erzwungene Reaktion. Tritt sie ein – als ein einen Briefwechsel begründendes »Antwortgeschehen« (Honnefelder 1975, S. 6) –, ergibt sich womöglich ein Rollen*tausch* von Emittent und Rezipient, von Agierendem und Reagierendem.

Bis zu diesem Punkt reichen die kommunikationsstrukturellen Affinitäten zwischen einem mündlichen und einem im Brief schriftlich fixierten Redeakt. Die Verschriftlichung nun begründet den wesentlichen Unterschied der Funktionen und Wirkungsmöglichkeiten zwischen den beiden Kommunikationsweisen. Erst die schriftliche Fixierung macht den Brief zu dem Medium, das tauglich ist zur Befriedigung des kulturgesellschaftlichen Bedürfnisses nach sprachlicher Kommunikation zwischen räumlich Getrennten, und erst wegen der Verschriftlichung der zu versendenden Information kommt es zu dem »brieftypischen Phasenverzug« (Bürgel 1976, S. 288) – nämlich zwischen der Absendung und dem Empfang eines Schreibens. (Ein ›Phasenverzug‹ wirkt sich natürlich auch bei der Einweg-Kommunikation aus, die potentiell von jedem literarischen Werk initiiert wird; um die Auswirkungen dieser Art des Phasenverzugs kümmert sich die literaturwissenschaftliche Rezeptionsforschung.) Verschriftlichung und Phasenverzug bedingen den verlangsamten und vermittelten Gesprächscharakter des Briefes (Bürgel 1976, S. 286) – so daß Luise Rinser (1975) die funktionale Grundqualität des Briefes einmal zu Recht als »Monolog, der ein Dialog sein will«, kennzeichnen konnte. (S. 108; vgl. hierzu auch W.G. Müller 1985, S. 71 f.) Die Defizite des schriftlichen Gesprächsersatzes hat im übrigen schon C.M. Wieland in einem Brief vom 5.8.1775 an F.H. Jacobi sehr konkret beschrieben:

Mündlich zu sagen, wäre etwas anderes. Wenn es anginge! Da kann man sich in einer Viertelstunde besser gegen einander explicieren, als durch Briefe in vier Monaten; was hier Mißverständnisse von etlichen Wochen macht, hebt sich dort mit zwei Worten. Schon der Blick, der Ton, die Modulation der Stimme, womit man etwas sagt, giebt dem Gesagten ganz eine andere Bestimmung. (F.H. Jacobi 1983, S. 21)

Noch ein letzter Punkt ist zu bedenken, der spezifische Wirkungsmöglichkeiten des Briefes im Unterschied zu denen des

mündlichen Kommunikationsaktes betrifft. Die beim Briefschreiben erfolgende ›Übertragung‹ mündlicher Rede in schriftlich formulierte Sprache hat dazu geführt, daß man sich dieses
anderen Mediums nicht mehr allein als einer Art Notbehelfs anstelle der nicht anwendbaren mündlichen Kommunikation bediente, sondern daß man sich den mit dem schriftlichen Medium unmittelbar zusammenhängenden Phasenverzug mit Vor-
bedacht zunutze macht – nämlich in allen solchen Fällen, in denen eine spontane Reaktion des Kommunikationspartners nicht
wichtig oder – dies vor allem – nicht erwünscht ist. Möglich,
aber unerwünscht ist z.B. für Lessings Tellheim das direkte Gespräch mit seiner Braut Minna, die im selben Wirtshaus wie er
logiert. Er hat ihr deshalb einen Brief geschrieben. Minnas
Kammerjungfer Franziska bemerkt dazu schnippich, aber ungemein treffend: »(...) wir denken, daß das Briefschreiben für
die nicht erfunden ist, die sich mündlich unterhalten können,
sobald sie wollen.« (Minna von Barnhelm, III 10) Und mit
aphoristischer Prägnanz hat Th.W. Adorno (1974) die Sache auf
den Punkt gebracht: »Im Brief vermag man die Abgeschieden-
heit zu verleugnen und gleichwohl der Ferne, Abgeschiedene zu
bleiben.« (S. 585) Allerdings müssen die phasenverschoben miteinander Kommunizierenden immer in Kauf nehmen, daß das,
was sich zwischen Absenden und Empfangen des Brieftextes er-
eignet und was somit den durch den Emittenten initiierten
Kommunikationsakt in unvorhersehbarer Weise verändern
kann, weder vom Sender noch vom Empfänger zu beeinflussen
ist. (Vgl. hierzu Honnefelder 1975, S. 9 sowie Bürgel 1976, S.
287f.)
   Da der Brief als Redesubstitut zum Zwecke eines dialogischen Austausches fungiert, weist er wie jeder kommunikative
Akt ein diesem entsprechendes Merkmal als dominant auf: Er
informiert (sach-orientiert), appelliert (partner-orientiert) oder
manifestiert (selbst-orientiert). Unter diesem systematischen
Aspekt ist eine Unterscheidung, die echte Briefe von unechten
und reale Brieftexte von fingierten bzw. fiktionalen trennt, unerheblich; denn sowohl in den einen wie in den anderen kann
man vorrangig mitteilen, appellieren oder sich selbst manifestieren. Hierbei können in unterschiedlichem Umfang literarisch-
rhetorische Mittel eingesetzt werden. Sie müssen jedoch erkennbar im Dienste des praktisch-realen Zweckes stehen, den
der Brief als schriftliche Kommunikationsform primär verfolgt.

1.3. Grundfunktionen

Die Grundfunktionen der Informationsübermittlung, des Appellierens und der Selbst-Äußerung machen die genuinen und historisch quasi-invarianten kommunikativen Möglichkeiten des Briefes aus. Sie kommen in praxi natürlich kaum je rein vor, vielmehr meist miteinander vermischt; doch dominiert in der Regel eine dieser Funktionen, bedingt durch den jeweiligen Hauptzweck, um den es einem Briefschreiber geht. Das Vorherrschen einer der Funktionen im Briefwesen einer Zeit kann sogar signifikant für einzelne Phasen oder Epochen der Briefgeschichte sein. Der Brief kann zunächst als Träger von Mitteilungen jeglicher Art fungieren. Mit ihm lassen sich sachliche, geschäftliche, politische, persönlich-intime, offiziell-amtliche (vgl. Steckbrief, ›Blauer Brief‹), konspirative, wissenschaftliche, didaktische usf. Informationen übermitteln. Da solche Schreiben sich weitgehend auf die bare Sachinformation beschränken und daher eine Standardisierung und Konventionalisierung der Schreibweise besonders begünstigen, läßt sich aus ihnen zwar vergleichsweise wenig über ihre Verfasser entnehmen, dafür aber um so mehr über die brieflichen Schreibbräuche ihrer Zeit. Quantitativ wird in unserem Jahrhundert das Briefwesen zweifellos von Briefen mit informierender Funktion, zumal in der Gestalt gewisser »Sonderformen« des Geschäftsschreibens wie Kundeninformation, Angebote u.ä. (B. Sowinski 1973, S. 335 f.), beherrscht.

Die grundlegende Eignung des Briefes zur Erfüllung informationeller Funktionen ist bezeichnenderweise auch der Grund dafür, daß er zur Keimzelle von Zeitung und Zeitschrift geworden ist. Im Blick auf englische Verhältnisse konstatiert Natascha Würzbach (1964), daß der ›Nachrichten-Brief‹ »seinen Ursprung in Privatbriefen« gehabt hat, die

reisende Kaufleute und Diplomaten an ihre Herren und Auftraggeber in die Heimat sandten. Diese wurden dann einem größeren Kreise von Interessierten zugänglich gemacht und später schließlich als allgemeine Nachrichtenvermittlung gedruckt. (S. 68)

Ebenso wie zur Wahrnehmung informationeller Aufgaben eignet sich der Brief auch zur Übernahme appellativer Funktionen. Mit Hilfe eines offiziellen Schreibens konnte ein Herrscher dafür sorgen, daß auch in fernen Gegenden seines Reiches seine Wünsche, Befehle, Forderungen und Verordnungen vernommen wurden – konnte er, in historisch jüngerer Zeit, mit einem huldvollen Handschreiben einen geschätzten Untertanen zu besonderer Loyalität verpflichten. Auch heute wenden sich ja Ministerien und hohe Behörden, etwa mit einem ›Schnellbrief‹, an nachgeordnete amtliche Einrichtungen, um etwas zu verfügen oder anzuordnen. Weisungen und Aufforderungen stehen aber nicht nur in Verwaltungsschreiben, sondern sind auch oft enthalten in den (seit etwa zweihundert Jahren üblich gewordenen) bischöflichen Hirtenbriefen der katholischen Kirche, in Parteizirkularen oder sonstigen Rundbriefen, die an Mitglieder einer bestimmten Gruppe verschickt werden. Dort, wo die gesellschaftliche Beziehung der Briefpartner nicht durch Über- oder Unterordnung, sondern durch ›Gleichberechtigung‹ gekennzeichnet ist, wird derjenige, der beim anderen etwas erreichen will, zum Mittel des Beschwerde-, Mahn-, Bitt- oder Werbebriefes greifen. (Vgl. hierzu Sowinski 1973, S. 335 f.) Dabei dürfte die ursprünglichste Art des Werbebriefes der Liebesbrief sein.

Die appellative Funktion dominiert indes auch in Briefen mit belehrendem oder (zumeist religiös) erbauendem Charakter, insofern ihr Grundtenor lautet: Lerne dies, sieh dies ein, nimm dir dies zu Herzen, oder aber: Sei getrost, richte deinen Sinn aufs (himmlisch) Wesentliche, halte dich zu Gott o. ä. Überhaupt ist die appellative Funktion im privaten Brief immer da zu erkennen, wo ein Schreiber, ohne seine Absichten mit Hilfe geschäftlicher und/oder juristischer Mittel und Sanktionen durchsetzen zu können, seinen Briefpartner im Sinne seiner eigenen Vorstellungen und Intentionen zu beeinflussen sucht, indem er wünscht, bittet, ersucht, verlangt, fordert, erwartet oder ggf. droht. Handelt es sich dabei um Anliegen von wirklichem, vermutetem oder auch vorgewandtem öffentlichen Interesse, bedient man sich der historisch jüngsten Spielarten des appellierenden Briefes: des Offenen Briefes und des Leserbriefes. Beide kommen nur in publizistischer Verwendung vor.

Schließlich ist einzugehen auf die auf das Selbst des Schreibers orientierte Kommunikationsfunktion, die Ausdrucksfunktion, die dort dominiert, wo Briefe vorab als Vehikel der Selbstbekundung, der Selbstdarstellung oder auch der Selbstbetrachtung und Selbstdeutung in Anspruch genommen werden. Prinzipiell repräsentiert jeder Brief auch immer die Individualität des Schreibers – ›drückt‹ diese also ›aus‹. Eine bewußte und gesteigerte Ausnutzung der das Selbst ausdrückenden Grundfunktion des Briefes ist in der Briefgeschichte allerdings erst seit der Zeit zu beobachten, da die Individualität als besonderer

Wert gesehen und vertreten wird. So gibt es in der Geschichte der deutschen Briefliteratur – wenn man von einzelnen Beispielen aus der Mystik des 13./14. Jhs. absieht – eine große, bedeutende Epoche, für welche Briefe der genannten Art, vor allen Dingen in der Form von Bekenntnis- und Freundschaftsbriefen, charakteristisch waren: das Zeitalter, das vom Pietismus eröffnet und von der Romantik beschlossen wurde (17. bis 19. Jh.). Es ist im übrigen eben die Epoche, die eine Blütezeit des persönlichen und des individualistischen Briefes darstellt. Die Briefe aus dieser Epoche sind darum die ergiebigsten für den, der sie als persönliche, autobiographische Lebensdokumente auswertet. Briefe dieser Spezies hatte offensichtlich Goethe im Auge, wenn er meinte: »Briefe gehören unter die wichtigsten Denkmäler, die der einzelne Mensch hinterlassen kann.« – »Deshalb sind Briefe so viel wert, weil sie das Unmittelbare des Daseins aufbewahren«. (1805, S. 475 bzw. 1831, S. 920) Und F. Hebbel (1841) nannte Briefe einmal »Schattenrisse der Seele«. (S. 109) Mit dieser Metapher variierte er in der Form ›Brief als Spiegel oder Abbild der Seele des Schreibers‹ einen in der Epistolartheorie seit der griechischen Antike geläufigen Topos. (W.G. Müller 1980) Den tragischen Aspekt von Briefen als hochgradig individuellen Lebenszeugnissen hatte die Günderrode scharfsichtig schon in einem Brief an C. Brentano von 1803 hervorgehoben:

Auch die wahrsten Briefe sind (...) nur Leichen, sie bezeichnen ein ihnen einwohnend gewesenes Leben und ob sie gleich dem Lebendigen ähnlich sehen, so ist doch der Moment ihres Lebens schon dahin: deswegen kömmt es mir aber vor (wenn ich lese, was ich vor einiger Zeit geschrieben habe), als sähe ich mich im Sarg liegen und meine beiden Ichs starren sich ganz verwundert an. (S. 210)

Briefe mit ausgeprägteren Anteilen subjektiver Selbst-Manifestation hat es natürlich auch außerhalb der oben erwähnten Perioden der Briefliteratur gegeben. Begreiflicherweise tendiert der Liebesbrief aller Epochen der Entwicklung des deutschen Briefes am ehesten dahin, der ganz persönlichen Selbst-Äußerung den meisten Raum zu bieten, das eigene Ich dem geliebten Partner so unverhüllt wie in keiner anderen Briefart zu manifestieren – wiewohl selbst im Liebesbrief immer auch zeitabhängige Ausdrucksklischees, Topoi u. ä. eine Rolle gespielt haben.
    Will man unter subjektiven Briefen nur solche verstehen, deren Subjektivität allein in Aussagen über die seelisch-emotionale Verfassung, die charakterlichen Besonderheiten und die inner-

sten Gedanken des Schreibenden besteht, so wird man in der Tat einzuräumen haben, daß Zahl und Bedeutung derart verfasserbezogener, der Selbstbekundung dienender Briefe seit dem Abklingen der Romantik abgenommen haben. In unserem Jahrhundert vollends dürfte der monologisierende »Bekenntnisbrief« generell nur mehr Seltenheitswert und Ausnahmecharakter haben. (Vgl. hierzu Belke 1973, S. 142 sowie S. 152-154.) Am ehesten kommt er noch im Briefwerk von Schriftstellern vor. (G. Benns Briefe sind hierfür ein besonders eindrucksvolles Beispiel.)

Bezieht man jedoch in die Subjektivität des ich-orientierten, das Selbst des Verfassers manifestierenden Briefes auch dasjenige ein, was ein Ich betontermaßen als Ich über Gegenstände, Vorgänge, Personen usw. seiner Lebensumgebung im weitesten Sinne äußert, dann gehört in den hier behandelten Bereich des Briefes als Träger der Selbstbekundung, der subjektiven Selbst-Äußerung ebensowohl die Briefart, die Belke als Briefe »in wertender Funktion« bezeichnet und als eigenständige Gruppe neben die mitteilenden, appellierenden und bekennenden Briefe gestellt hat. (Belke 1973, S. 146-148) Überall dort, wo ein Schreiber aus eigener Sicht oder aus persönlichem Interesse zu Erscheinungen, Vorkommnissen, Personen, Meinungen u. ä. Stellung bezieht, seine Einstellung in brieflicher Form manifestiert, haben wir es im Grunde ebenfalls mit durchaus subjektiven Briefen zu tun, so daß der ›wertende Brief‹ unter kommunikationsfunktionalem Aspekt keine wirklich eigenständige Briefgruppe zu sein beanspruchen kann (daher muß denn auch der von Belke gewählte Terminus ›Bekenntnisbrief‹ als eine zu enge Bezeichnung für die Gruppe der subjektiven Briefe gelten).

Briefe, in denen sich ein Selbst wertend, kritisch, stellungnehmend bekundet, sind also auch außerhalb der erwähnten wichtigen Epoche des subjektiv-emotionalen Briefes in großer Zahl und nicht abreißender Tradition geschrieben worden. Selbst in unserer angeblich so nüchternen Gegenwart ist der subjektive Brief sehr wohl lebendig, und zwar besonders in der Gestalt der Leserbriefe, aber auch der Offenen Briefe.

Wer regelmäßig Leserbrief-Rubriken in Tageszeitungen oder Zeitschriften durchsieht, wird leicht feststellen können, daß in den veröffentlichten Zuschriften der Anteil persönlicher Stellungnahme und Bewertung meist genauso groß ist wie der des Appellativen. Ja, von der publizistischen Forschung wird der – früher nur sporadisch auftauchende – Leserbrief sogar als Ausdruck für das Bedürfnis des modernen Zeitgenossen nach einem Ausgleich für den »Verlust des Geborgenseins« in unserer »rationalen Zivilisation« gesehen, weshalb so viele die Kommunikation mit den Medien suchen, die mittlerweile, wie es scheint, zum »Seelenführer der im Unbehausten stehengelassenen Menschen« geworden sind. (H. Braun 1960, S. 14) In den Offenen Briefen überwiegt zwar in aller Regel die appellative Funktion, doch ist sie fast immer verknüpft mit einer vorgängigen subjektiven Bewertung des Sachverhalts oder Geschehens, die den Anlaß für die Abfassung eines Offenen Briefes geboten haben.

Die Materie, auf die sich der Brief in der Funktion eines Trägers subjektiver Wertung bezieht, ist praktisch beliebig: Sie kann politischer, sozialer, moralischer, wissenschaftlicher, literarischer, künstlerischer, religiöser, technischer, medizinischer, juristischer oder noch anderer Natur sein und ist es, historisch betrachtet, auch gewesen. Wichtig dürfte in diesem Zusammenhang noch der Hinweis sein, daß die modernen Schreiber von Leserbriefen und Offenen Briefen sich der Briefform normalerweise nicht als eines ›literarischen‹ Mittels bedienen; vielmehr erscheint ihnen der Brief ganz offenkundig als die Textsorte, in der sie ihre subjektiven Anschauungen und Wertungen authentisch und zugleich adäquater und bequemer sowie mit der Aussicht auf eine raschere und breitere Wirkung als etwa in einem Aufsatz, Artikel, Kommentar, Manifest, einer Rezension oder Abhandlung ›zum Ausdruck bringen‹ können. Solche ›öffentlichen‹ Briefe erfüllen in der Demokratie der Gegenwart inzwischen eine wichtige soziopolitische Funktion.

Daß der Brief dagegen nur mehr sehr viel seltener als Medium subjektiver Gefühlsäußerungen und intimer Bekenntnisse in Anspruch genommen wird, besagt gewiß nicht, daß das Bedürfnis nach solcherlei Bekundungen geschwunden wäre. Um es zu befriedigen, bedient man sich heutzutage anscheinend lieber anderer Kanäle und Mittel der Kommunikation. Da gerade Intimes oder Bekenntnishaftes zu spontaner Äußerung drängt, der Brief mit dem ihm eigentümlichen Phasenverzug dafür jedoch eher hinderlich als dienlich ist, dürfte bei den meisten Menschen der jüngsten Zeit das Telefon den Brief als Ausdrucksträger ganz privater, subjektiver Bekundungen verdrängt haben. Doch man darf nicht übersehen, daß der Brief unversehens wieder – und das geschieht viel häufiger, als man meinen sollte – zum Mittel der sehr persönlichen Selbst-Äußerung werden kann, und zwar besonders dann, wenn jemand in eine ihn isolierende Not- oder sonstige Extremsituation gerät. Jappe merkt hierzu lapidar an: »Not lehrt Briefe schreiben«. (1969, S. 361)

Dennoch ist nicht alles, was jemanden zuinnerst bedrängt, im Brief mitteilbar. Einen bemerkenswerten Grenzfall des Briefschreibens führt M. Walser in seiner Novelle ›Ein fliehendes Pferd‹ (1978) vor. Helmut Halm hat nach dem unvermuteten Zusammentreffen mit seinem ehemaligen Klassenkameraden Klaus Buch und dessen junger Frau Hel das zwingende Empfinden, dem übervital scheinenden alten Schulfreund nicht mehr gewachsen zu sein. Während des persönlichen Zusammenseins mit Klaus hat er nicht den Mut, diesem sein wirkliches Empfinden zu offenbaren – was zur Folge gehabt hätte, daß das Wiederaufleben der Beziehung zu Klaus alsbald gescheitert wäre. Ebendies nun will Helmut nachträglich mit Hilfe eines Briefes an seinen Schulfreund erreichen. Der Erzähler läßt den Leser die Entstehung und gedankliche Entwicklung dieses Briefes miterleben. Mitten im Briefschreiben unterbricht sich Helmut: »Er merkte, wie lächerlich es war, diesen Brief zu schreiben. Wenn er auch nur einen einzigen Satz dieses Briefes ernst meinte, hieß das, daß er ihn nicht mitteilen durfte«. (S. 36 f.) Dennoch muß er zunächst wie unter einem Zwang weiterschreiben. Schließlich bricht er doch ab: »Helmut hörte auf. Er war erleichtert. Der Brief war in einen Ton geraten, der das Wegschicken unmöglich machte. Erst als er den Brief-Ton bis zur Unmitteilbarkeit getrieben hatte, konnte er aufhören«. (S. 37) Helmut schickt den Brief in der Tat nicht ab. Auch spielt der Brief in der ganzen übrigen Novellen-Handlung keine Rolle mehr.

Bedeutsam in unserem Zusammenhang ist an diesem Vorgang folgendes: Der Brief, dessen Hauptzweck der insgeheime Appell an den Freund sein sollte, die neu aufgenommene Beziehung nicht fortzusetzen, erhält beim Geschriebenwerden die Form eines höchst subjektiven Bekenntnisbriefes. Sein Verfasser schreibt sich aber dabei über das hinaus – so empfindet er es bald unabweislich – , was mitteilbar ist, was also dem entspricht, wozu jeder Brief (auch der hauptsächlich das Selbst des Schreibers manifestierende) seinen gattungsspezifischen Qualitäten gemäß tauglich ist. Helmut Halm spürt, indem er bekenntnishaft über sich selbst spricht, wie er in seinen Mitteilungen auf einmal so viel über sich und von sich preisgibt, daß dies dem Medium Brief nicht mehr angemessen ist. Er ist über die Grenzen dieses Mediums hinausgeraten. Seine Selbstbekenntnisse enthalten so erschreckend genaue und wahre Selbsterkenntnisse, daß er ihre »Unmitteilbarkeit« mittels der Kommunikationsform Brief spontan registriert und dementsprechend handelt, indem er das Geschriebene nicht als Brief wegschickt.

Das (freilich – ironischerweise – in einem Stück Literatur
›mitteilbar‹ gemachte) Beispiel zeigt, daß selbst der subjektivste
Brief Grenzen hat, die festgelegt sind von der Rücksicht auf den
Briefpartner. Diesem kann man auch als Selbst-Äußerung letztlich nur das zumuten, was mit der Rolle verträglich ist, die man
in dessen Augen spielt. Was über diese Rolle hinausgreift oder
gar (wie im Falle der extremen Selbst-Äußerung Helmut Halms
in Walsers Novelle) das Rollenbild zu destruieren droht, kann
nicht in einem für einen Partner bestimmten Brief mitgeteilt
werden – es gehört allenfalls in ein geheimes Tagebuch oder darf
doch nicht unter die Augen eines Zweiten geraten, woran bei
der von Walser geschilderten Episode ganz offensichtlich gedacht ist. Sie verweist darauf, daß für die Selbst-Manifestation
im Brief Grenzlinien gelten, die z. B. enger als im Tagebuch gezogen sind und die sehr sorgfältig beachten muß, wer subjektive
briefliche Äußerungen eines Autors im Blick auf dessen Persönlichkeit zu interpretieren hat. Zu Recht stellt G. Mann fest, daß
ein Brief nicht nur durch die Augenblicksstimmung des Schreibenden bestimmt ist, sondern ebenso durch den »Adressaten,
welcher, vorangestellt, dem Schreibenden zugleich Anregung
und Umschränkung bedeutet«. »Briefe bleiben verstrickt in die
Reciprocität, die Geselligkeit zu zweien«. (1976, S. 84)

1.4. Eigentliche und uneigentliche Verwendung der Briefform

Wird die pragmatische Textsorte/Textklasse Brief in den Dienst
nicht-pragmatischer oder ersichtlich literarisch-künstlerischer
Intentionen gestellt – zwecks Konstitution einer fingierten oder
fiktionalen Wirklichkeit, so ist von einer ›uneigentlichen‹ Verwendung des Briefes oder brieflicher Formen zu sprechen. Es
scheint mir daher in systematischer und methodischer Hinsicht
sinnvoll, zwischen dem Brief in ›eigentlicher‹ (primärer) und
dem in ›uneigentlicher‹ (sekundärer) Verwendung zu unterscheiden. Schon Dziatzko (1958) hatte formuliert: »Ursprünglich gab es natürlich nur *eigentliche* Briefe, irgend einem Bedürfnis des wirklichen Lebens dienend.« (Sp. 840) Und Belke
rechnet begründetermaßen den Brief in der sekundären Verwendungsweise zu den ›literarischen‹ Gebrauchsformen, wohingegen die ›literarisierten‹ Gebrauchsformen lediglich, wie
schon erwähnt, sprachkünstlerische Mittel zugunsten prakti-

scher Absichten einsetzen. (1973, S. 8) Mit diesen Differenzierungen soll jedoch nicht das verwischt oder beiseite geschoben werden, was die Verfasser von Briefen jeglicher Art verbindet: daß sie nämlich alle wegen des unvermeidlichen brieftypischen Phasenverzugs mehr Zeit haben, über Sprecherstrategien nachzudenken, weshalb ihnen zwangsläufig Sprache als Bedingung der Möglichkeit von Kommunikation in einem viel stärkeren Maße als bei der Realisierung anderer Formen alltäglicher Kommunikation bewußt wird. Insofern ist jeder sich brieflich Artikulierende in einem elementaren Sinne literarisch tätig. Bemerkenswerterweise sind die meisten Frauenpersönlichkeiten, die im 18. Jh. zuerst als bedeutende deutsche Literatinnen hervorgetreten sind (Frau Gottsched, Meta Klopstock, Sophie Laroche), über das Briefschreiben zur Literatur gelangt. (Vgl. hierzu 6.1., S. 207f.)

Sieht man als archetypisches Modell für den Brief den Vorgang der Eröffnung einer privaten schriftlichen Kommunikation zwischen zwei räumlich voneinander entfernten Partnern an, dann liegen bereits Fälle von uneigentlicher Verwendung des Briefes vor, wenn dieser an einen nicht vorhandenen oder nur scheinbar vorhandenen Partner oder auch an solche Partner gerichtet wird, denen ein Schreiben nicht direkt – nämlich insbesondere unter Ausschluß der Öffentlichkeit – übermittelt wird. Alle Arten von fingierten Briefen, Briefwechseln, Brieffolgen und Briefsammlungen stellen solche Fälle dar – nicht nur bzw. nicht erst diejenigen Briefe etc., mit denen eine bewußte literarische Absicht verfolgt wird, wie Dziatzko meint. (1958, Sp. 842) Literarisch, pädagogisch oder publizistisch-kritisch ambitionierte Persönlichkeiten haben sich von früh an der gattungseigentümlichen Vorteile der Briefform bedient, um so ihre Intentionen wirksamer realisieren zu können. Zu diesen Vorzügen gehören vor allem die Möglichkeiten, den/die Empfänger ganz persönlich anzusprechen, die Gedankenführung sehr locker zu handhaben, verschiedenste Themen und Anliegen zwanglos nebeneinander zu behandeln, gesprächsnah und eingängig zu formulieren sowie die briefliche Kommunikation je nach Bedarf zu unterbrechen oder fortzusetzen. Schon Lessing hat sich 1784 launig über die Vorteile der Briefform geäußert:

Sogenannte Briefe sind eine Art Schriftstellerischer Composition, bei welcher sich die Posten eben nicht am besten stehen. Denn selten ist es notwendig, sie schriftlich abzuschicken. Nur dann und wann kann es seinen Nutzen haben, wenn sie gedruckt werden (...). Man könnte sie

auch den *einseitigen Dialog* nennen; weil man sich wirklich mit einem Abwesenden darin unterhält, den man aber nicht zum Wort kommen läßt, so oft auch darin steht: Sagen Sie, mein Herr; werden Sie antworten, mein Herr?
Figürlich ist es die allerkommodeste Art von Buchmacherei; obgleich darum eben nicht die schlechteste. Was sie durch Mangel der Ordnung verliert, gewinnt sie durch Leichtigkeit wieder: (...). (Lessing 1976, S. 677)

Aus der Fülle erdachter Briefe in der deutschen und ausländischen Literatur kann man folgende Grundarten der Fingierung ableiten: Die Briefsituation ist fingiert

- weil der Absender nicht real ist
- weil der Empfänger nicht real ist
- weil Absender und Empfänger nicht real sind
- damit ein (realer) Absender Gelegenheit erhält, einen oder mehrere Briefe zu schreiben bzw. schreiben zu lassen.

›Vor‹ solcher Fingierung brieflicher Kommunikation als eines potenzierten Grades der uneigentlichen Verwendung des Briefes liegen indes noch zwei Spielarten dieser sekundären Verwendung, bei denen die Briefsituation ebensowohl wie der Absender und der Empfänger zwar ›real‹ sind, das ›Uneigentliche‹ aber darin besteht, daß im Gegensatz zur archetypischen Briefsituation die Einbeziehung einer partiellen oder uneingeschränkten Öffentlichkeit erfolgt, sei es dadurch, daß ein Privatbrief publiziert, oder sei es dadurch, daß die spätere Kenntnisnahme durch die Öffentlichkeit schon bei der Niederschrift eines Briefes eingeplant wird. Dies letztere trifft beispielsweise auf die Briefe der Apostel und Kirchenväter sowie auf die der Ausbreitung der Reformation dienenden Sendbriefe Luthers zu. In diesem Zusammenhang zu nennen sind aber auch die Offenen Briefe des 19. und 20. Jhs. und die seit etwa einem halben Jahrhundert üblich gewordenen Leserbriefe. Hierher gehören schließlich ebenfalls alle Briefe, die nach Inhalt und stilistischem Anspruch den drei Typen entsprechen, die Ursula Hess (1979) beim Studium der brieflichen Celtis-Autographen als ›Typen des Humanisten-Briefs‹ herausarbeiten konnte: Abgesehen von der nur zu einmaligem Lesen bestimmten »informelle[n] Kurznotiz« auf Handzetteln u. dgl. und dem etwas ausführlicheren und sorgfältigeren »aktuelle[n] Situationsbrief« (die beide eindeutig dem Bereich der primären Verwendung der Briefform zuzuschlagen sind), unterscheidet Hess drei Brief-Typen: den »Grundsatz- oder Thesenbrief« (mit gewichtigerem Inhalt,

z. B. kulturpolitische Reflexionen enthaltend), eine »Mischform aus Gebrauchsbrief und literarischem Kunstbrief« (zu
mehr als einmaligem Lesen bestimmt, womöglich mit poetischer Einlage) und die »reine Ausprägung eines literarischen
Werkbriefs« (hochstilisiert und ersichtlich auf Dauer angelegt).
(S. 482-484) Für all diese uneigentlichen, nämlich mehr oder
minder ›publizistischen Briefe‹ gilt, daß sich ihre Verfasser nicht
prinzipiell von den okkasionell-pragmatischen Zwecken der
primären brieflichen Kommunikation entfernt haben.

Ebendies geschieht aber in der Regel dort, wo wenigstens ein
konstitutiver Bestandteil epistolarer Kommunikation – Empfänger, Absender, Anlaß, Gegenstand – nicht real ist. An die
Stelle okkasionell-pragmatischer Zwecke treten dann zumeist
die erwähnten literarisch-künstlerischen Absichten, wie sie im
Brief-Essay, im Reisebrief und in manchen Arten des Briefge-
dichts realisiert worden sind. Ihre äußerste Steigerung erreicht
die zugunsten artistischer Intentionen vorgenommene Fingierung dort, wo weder der Absender noch der Empfänger noch
der Anlaß noch der Gegenstand wirklich ist, sondern imaginiert
– wo also die Briefsituation insgesamt *Fiktion* ist. Diesen fiktionalen Charakter kann auch ein Epistolar-Essay, ein Reisebrief
oder ein Briefpoem aufweisen; ihn weisen immer der Brief im
Briefroman und die Briefeinlage in Erzählung, Roman, Drama
oder Hörspiel auf. Besonders reich an all den eben angeführten
Formen der Brieffingierung bzw. -fiktionalisierung ist die deutsche Literatur des 18. Jhs., ja z. T. hat sie diese Formen, wie
etwa die des Briefromans, erst hervorgebracht und entwickelt.

1.5. Exkurs zur Wort- und Bedeutungsgeschichte
von ›Brief‹

Dem Lehnwort ›Brief‹ liegt das vulgärlateinische ›brevis (libel-
lus)‹ zugrunde. Als ›briaf, brief‹ findet es sich seit etwa 800 im
Althochdeutschen und bedeutet da soviel wie ›kurzes Schreiben, Schriftstück, Urkunde‹. Die gleiche Bedeutung hat das
mittelhochdeutsche ›brief‹. In der alten lateinischen Form des
Neutrums – ›breve (scriptum)‹ – haben die nordischen Sprachen
das Wort bewahrt. Dies ›breve‹ hat als das Fremdwort ›Breve‹
(= päpstlicher Erlaß) erst im 15. Jh. Eingang ins Deutsche gefunden. ›Brief‹ meint anfangs alles Geschriebene, engte aber
seine Bedeutung sehr bald auf ›schriftliche Nachricht‹ ein. Dies

blieb die Hauptbedeutung von ›Brief‹ bis ins Frühneuhochdeutsche. Daneben bildete das neue Fremdwort ›Breve‹ ziemlich rasch vielfältige Verwendungsformen im rechtssprachlichen Bereich aus. Rechtlich Abzusicherndes wurde generell in ›Briefen‹ fixiert. Die einen Vorgang juristischer Natur schriftlich bestätigende Urkunde wurde nun ›Brief‹ genannt. ›Brief‹ konnte indes auch einen schriftlichen Herrscherbefehl im Sinne von ›Erlaß‹ meinen (und zwar noch bis ins 17. Jh. hinein). Insbesondere aber wird ein ›Brief‹ zur Dokumentierung eines abgeschlossenen Kaufes, einer Pfandausstellung oder der Anerkenntnis einer Schuldsumme ausgestellt (vgl. ›Kaufbrief‹, ›Pfandbrief‹, ›Schuldbrief‹). Im kaufmännischen Verkehr kennt man seit dem 14. Jh. auch schon den ›Wechselbrief‹.

Das Grimmsche Wörterbuch (1860) verzeichnet außer den genannten noch folgende historische und aktuelle Bedeutungsvarianten: Brief als bemaltes Pergament oder Papier (im Mittelalter vorkommend), Briefe als ›schriften‹ (etwa seit dem Mittelalter, dann besonders in der Lutherzeit in diesem Sinne verwendet), Brief in der Bedeutung von ›zusammengelegtes papier, makulatur, kleines paket, düte‹ (so gelegentlich im 17., 18. und 19. Jh. benutzt), schließlich Brief als börsensprachliche Bezeichnung für »angebotne(s) papier« – im Gegensatz zum Geld, dem »verkauften papier« (Bd. 2, S. 379f.) (offenbar im Zusammenhang mit dem Aufkommen der Wertpapiere zu Beginn des 19. Jhs. in Gebrauch genommen).

Mit den angeführten Bedeutungen hängen außer den bereits erwähnten zahlreiche weitere Komposita zusammen, die teilweise noch Bestandteil unseres aktuellen Wortschatzes sind: außer ›Briefdienst‹ sind das Ablaß-, Absage-, Adels-, Anbind-, Arzt-, ›Banden-‹ (Fixierung von Selbstbekenntnissen bei den Zusammenkünften von ›Banden‹/›Gesellschaften‹ der Herrenhuter Brüdergemeine), Bettel-, Brand-, ›Bücher-‹ (Zeitschriftentitel), Bühnen-, Bürger-, Droh-, Ehren-, Fahrzeug-, Fracht-, Frei-, Geleits-, Gemeinde-, Gesellen-, Haft-, Handels- und Kredit-, Himmels-, Kriegs-, Kündigungs-, Lehr-, Liebes-, Mahn-, Meister-, Messe-, Reise-, Schatz-, Scheide-, Schulungs-, Schutz-, Send-, Streichholz-, Studien(begleit)-, Urias-, Widmungs-, Wirts-, Zauberbrief. Die in unserem Jahrhundert überaus häufig gewordenen ›Offenen Briefe‹ waren ursprünglich Urkunden, die jedermann lesen konnte und sollte. Dementsprechend wurden, seit dem Spätmittelalter etwa, auch öffentliche Anschläge so genannt. Die ›Blauen Briefe‹ haben ihren Namen von den blauen Umschlägen, in denen fürstliche Kabinette im 19. Jh. ihre Briefe zu verschicken pflegten und die nicht selten dem Adressaten seine Entlassung oder Pensionierung ankündigten. Die seit dem späten Mittelalter in Süddeutschland und der Schweiz in Zünften organisierten ›Briefmaler‹ verzierten Urkunden, Ablaßbriefe, Plakate, Flugschriften u. ä. Nach der Erfindung des Buchdrucks wurden aus ihnen die ›Briefdrucker‹, deren Gewerbe noch bis ins 18. Jh. Bestand hatte.

Als besonders beständig hat sich die Ausgangsbedeutung von ›Brief‹, wie sie praktisch seit dem frühen Mittelalter festlag, erwiesen: die Bedeutung ›schriftliche Nachricht, Zuschrift‹ (vgl. insbesondere mhd. ›santbrief‹ bzw. ›sende-brief‹). Sie bestimmt bis heute in erster Linie unser Verständnis von ›Brief‹. Demgegenüber ist die Jahrhunderte hindurch so wesentliche Bedeutungsvariante ›Brief‹ als Bezeichnung für Urkunden verschiedenster Art stark verblaßt.

Literatur zu 1.:

1.1. Bisherige brieftheoretische Bemühungen
Belke, Horst: Literarische Gebrauchsformen. Düsseldorf 1973. (Grundstudium Lit.-wiss. Bd. 9.) Darin Kap. 6, S. 142–157. Einen knappen Abriß dieses Kapitels bietet: H. B.: Gebrauchstexte. In: Arnold, Heinz Ludwig u. Sinemus, Volker (Hg.): Grundzüge der Literatur- und Sprachwissenschaft. Bd. 1: Lit.-wiss. München 1973. (dtv/WR 4226.) S. 320–341, hier S. 324–326.
Brief. In: Brockhaus Enzyklopädie in zwanzig Bänden. 17., völl. neubearb. Aufl. d. Groß. Brockhaus. Bd. 3. Wiesbaden 1967. S. 275–277.
Brief. In: Meyers Enzyklopädisches Lexikon. 9., völl. neu bearb. Aufl. Bd. 4. Wien/Zürich 1972. S. 721 f.
Brinkmann, Hennig: Die deutsche Sprache. Gestalt u. Leistung. 2., neubearb. u. erw. Aufl. Düsseldorf 1971. Darin: 6. Haupttl. 7. Kap., S. 845–887.
Bürgel, Peter: Der Privatbrief. Entwurf e. heurist. Modells. In: DVjs 50, 1976, S. 281–297.
Cherubim, Dieter: Schülerbriefchen. In: Bauermann, Jürgen/Ch., D./ Rehbock, Helmut (Hg.): Neben-Kommunikationen. Beobachtgn. u. Analysen z. nichtoffiziell. Schülerverhalten innerh. u. außerh. d. Unterrichts. Braunschweig 1981. S. 107–168.
Ermert, Karl: Briefsorten. Untersuchgn. zu Theorie u. Empirie d. Textklassifikation. Tübingen 1979. (Germanist. Linguistik 20.)
Glinz, Hans: Soziologisches im Kernbereich der Linguistik. Skizze e. Texttheorie. In: Sprache und Gesellschaft. Beiträge z. soziolinguist.

Beschreibg. d. dt. Gegenwartssprache. Jb. 1970. Düsseldorf 1971. (Sprache d. Gegenw. Bd. XIII.) S. 80–88.

Goes, Albrecht: Über das Briefschreiben. In: G., A.: Von Mensch zu Mensch. Bemühungen. Frankfurt/M. 1952. S. 40–77.

Grenzmann, Wilhelm: Brief. In: RL. 2. Aufl. Bd. 1. Berlin 1958. S. 186–193.

Hartung, Wolfdietrich: Briefstrategien und Briefstrukturen – oder: Warum schreibt man Briefe? In: Rosengren, Inger (Hg.): Sprache und Pragmatik. Lunder Symposion 1982. Stockholm 1983. (Lunder germanist. Forschgn. 52.) S. 215–228.

Hartwig, Helmut: Zwischen Briefsteller und Bildpostkarte. In: Fischer, Ludwig/Hickethier, Knut u. Riha, Karl (Hg.): Gebrauchsliteratur. Method. Überleggn. u. Beispielanalysen. Stuttgart 1976. S. 114–126.

Heuschele, Otto: Der deutsche Brief. Wesen u. Welt. Studie. Stuttgart 1938.

Hillard, Gustav: Vom Wandel und Verfall des Briefes. In: Merkur XXIII, 1969, S. 342–351.

Honnefelder, Gottfried: Der Brief im Roman. Untersuchgn. z. erzähltechn. Verwendg. des Briefes im dt. Roman. Bonn 1975. (Bonner Arbeiten zur dt. Lit. Bd. 28.) Darin bes. S. 4–11.

Jappe, Georg: Vom Briefwechsel zum Schriftwechsel. In: Merkur XXIII, 1969, S. 351–362.

Kern, Peter: Bemerkungen zum Problem der Textklassifikation. In: Forschungsberichte des Instituts für deutsche Sprache. (Bd.) 3, April 1969, S. 3–23.

Krämer, Philipp: Über den Brief. E. Versuch. In: Neuphilolog. Mitteilgn. 44, 1943, S. 161–193.

Langeheine (I), Volker: Bemerkungen zur Briefforschung. In: Rosengren, Inger (Hg.): Sprache und Pragmatik. Lunder Symposion 1982. Stockholm 1983. (Lunder germanist. Forschgn. 52.) S. 299–316.

Ders. (II): Textpragmatische Analyse schriftlicher Kommunikation am Beispiel des Briefes. In: Grosse, Siegfried (Hg.): Schriftsprachlichkeit. Düsseldorf 1983. (Sprache d. Gegenwart. Bd. IX.) S. 190–211.

Mann, Golo: Der Brief in der Weltliteratur. In: Dt. Akad. f. Sprache u. Dichtg. Jb. 1975, S. 107–112.

Müller, Wolfgang G.: Der Brief. In: Weissenberger, Klaus (Hg.): Prosakunst ohne Erzählen. D. Gattungen d. nicht-fiktional. Kunstprosa. Tübingen 1985. (Konzepte d. Sprach- u. Lit.-wiss. 34.) S. 67–87.

Nickisch, Reinhard M. G.: Präliminarien zu einer systematisch und historisch adäquaten Erschließung der deutschen Briefliteratur. In: Lit. in Wiss. u. Unterr. XII, 1979, H. 3, S. 206–225. [In 1. größtenteils eingearb.]

Ohms, Hans Herbert: Die weiße Brücke. E. Studie üb. d. Brief. Göttingen 1948.

Raabe, Paul: Die Briefe Hölderlins. Studien z. Entwicklg. u. Persönlichkt. d. Dichters. Stuttgart 1963. (Germanist. Abhandlgn. 2.)

Ders.: Einführung in die Quellenkunde zur neueren deutschen Literaturgeschichte. 2., umgearb. Aufl. ... Stuttgart 1966. (Slg. Metzler 21a). Darin Abschn. ›Briefe‹, S. 73–76.

Ders.: Brief/Memoiren. In: Friedrich, Wolf-Hartmut u. Killy, Walther (Hg.): Das Fischer Lexikon. Literatur II. 1. Tl. (2.Aufl.) Frankfurt a. M. 1969. (FL 35/1.) S. 100–115.

Sandig, Barbara: Zur Differenzierung gebrauchssprachlicher Textsorten im Deutschen. In: Gülich, Elisabeth/Raible, Wolfgang (Hg.): Textsorten. Differenzierungskriterien aus linguist. Sicht. Frankfurt/ M. 1972. S. 113–124.

Schmidt, Siegfried J.: Text als Forschungsobjekt der Texttheorie. In: DU (Stuttgart) 24, 1972, H. 4, S. 7–28.

Schöne, Albrecht: Über Goethes Brief an Behrisch vom 10. November 1767. In: Singer, Herbert u. Wiese, Benno v. (Hg.): Festschr. f. Richard Alewyn. Köln, Graz 1967. S. 193–229.

Steinhausen, Georg: Geschichte des deutschen Briefes. Z. Kulturgesch. d. dt. Volkes. 2. Tle. Berlin 1889/91. (Unveränd. Nachdr. Zürich 1968.)

Sykutris: Epistolographie. In: Paulys Realencyclopädie d. class. Altertumswiss. Neue Bearbeitg. beg. v. Georg Wissowa. ... Hg. v. Wilhelm Knoll. Suppl.-Bd. V. Stuttgart 1931. Sp. 186–220.

Wellek, Albert: Zur Phänomenologie des Briefes. In: D. Sammlg.15, 1960, S. 339–355. Auch in: W., A.: Witz/Lyrik/Sprache. Beiträge z. Literatur- u. Sprachtheorie m. e. Anhang üb. d. Fortschritt d. Wissenschaft. Bern u. München 1970. S. 43–67.

Wohlfarth, Paul: Der Brief als Literaturgattung. In: Der Gral 19, 1924/ 25, S. 485–489.

1.2. Wesensbestimmung

Adorno, Theodor, W.: Benjamin, der Briefschreiber. In: Th. W. A.: Noten zur Literatur IV. Hg. v. Gretel Adorno u. Rolf Tiedemann. Frankfurt a. M. 1974. (Th. W. A.: Ges. Schriften. Bd. 11.) S. 583–590.

Améry, Jean: Der verlorene Brief. V. Niedergang e. Ausdrucksform des Humanen. In: Schweizer Rundschau 75, 1976, S. 21–24.

Brandt, Margareta/Koch, Wolfgang/Motsch, Wolfgang/Rosengren, Inger/Viehweger, Dieter: Der Einfluß der kommunikativen Strategie auf die Textstruktur – dargestellt am Beispiel des Geschäftsbriefes. In: Rosengren, I. (Hg.): Sprache und Pragmatik. Lunder Symposion 1982. Stockholm 1983. (Lunder germanist. Forschgn. 52.) S. 105–135.

Bürgel 1976.

Ermert 1979.

Honnefelder 1975.

Jacobi, Friedrich Heinrich: Briefwechsel 1775–1781. Nr. 381–750. Hg. v. Peter Bachmeier (u. a.). Stuttgart 1983. (Gesamtausg., Reihe I, Bd. 2.)

Müller, Wolfgang G.: Der Brief als Spiegel der Seele. Z. Gesch. e. Topos d. Epistolartheorie v. d. Antike bis z. Samuel Richardson. In: Antike und Abendland XXVI, 1980, S. 138–157.

Rinser, Luise: Der Brief des Schriftstellers. In: Dt. Akad. f. Sprache u. Dichtg. Darmstadt Jb. 1975. 1976. S. 107–112.

1.3. Grundfunktionen

Braun, Hanns: Der Leserbrief im Lichte der zeitungswissenschaftlichen Theorie. In: Publizistik 5, H. 6, 1960, S. 10–21.

Goethe, Johann Wolfgang v.: Kunsttheoretische Schriften und Übersetzungen: Schriften z. bildend. Kunst I. Winckelmann u. sein Jahrhundert. ... Berlin 1973. (G. Berliner Ausg. 19.) S. 469–520. [Zuerst 1805.]

Ders.: Poetische Werke: Autobiograph. Schriften I. Aristeia der Mutter [1831]. Berlin 1971. (G. Berliner Ausg. 19.) S. 920–928.

Günderrode, Karoline v.: Dichtungen. Hg. v. Ludwig v. Pigenot. München 1922.

Hebbel, Friedrich: Sämtliche Werke. Hist.-krit. Ausg. Hg. v. Richard M. Werner. Berlin 1901–07. Bd. II (Brief an Charlotte Rousseau v. 27.7.1841).

Lang, Harald: Textsorte Hirtenbrief. Linguist. Untersuchgn. z. Pragmatik der bischöfl. Schreiben. Freiburg, Phil. Diss. 1978.

Mann 1976.

Sowinski, Bernhard: Deutsche Stilistik. Beobachtgn. z. Sprachverwendg. u. Sprachgestaltg. im Deutschen. Frankfurt a. M. 1973. (Fischer Handbücher 6147.) Darin: ›Brieflich-mitteilende Formen‹, S. 333–336.

Würzbach, Natascha: Die Struktur des Briefromans und seine Entwicklung in England. München, Phil. Diss. 1964.

1.4. Eigentliche und uneigentliche Verwendung der Briefform

Belke 1973.

Dziatzko: Brief. In: Paulys Realencyclopädie d. class. Altertumswiss. Neue Bearbeitg. Hg. v. Georg Wissowa. Bd. III, 1. Stuttgart 1958. Sp. 836–843.

Hess, Ursula: Typen des Humanistenbriefs. Zu d. Celtis-Autographen d. Münchner Universitätsbibliothek. In: Grubmüller, Ernst (u. a.) (Hg.): Befund und Deutung. Z. Verhältnis v. Empirie u. Interpretation in Sprach- u. Lit.-wiss. Tübingen 1979. S. 470–497.

Lessing, Gotthold Ephraim: G. E. L.s sogenannte Briefe an verschiedene Gottesgelehrte ... [Zuerst 1784.] In: G. E. L.: Werke. ... Hg. v. Herbert G. Göpfert. Bd. 7. Darmstadt 1976. S. 677–709.

1.5. Exkurs zur Wort- und Bedeutungsgeschichte von ›Brief‹

DUDEN. Etymologie. Herkunftswörterbuch d. dt. Sprache. Bearb.
v. d. Dudenredaktion unt. Leitg. v. Paul Grebe. Mannheim 1963. (D.
Große Duden. Bd. 7.) S. 83.
Grimm, Jacob u. Grimm, Wilhelm: Deutsches Wörterbuch. 2. Bd.
Leipzig 1860. Sp. 379 f.
Kluge, Friedrich: Etymologisches Wörterbuch der deutschen Sprache.
20. Aufl. bearb. v. Walther Mitzka. Berlin 1967. S. 100.
Steinhausen 1889/91, passim.
Trübners Deutsches Wörterbuch. Im Auftr. d. Arb.-gemeinsch. f. dt.
Wortforschg. hg. v. Alfred Götze. 1. Bd. Berlin 1939. S. 431 f.

2. Grundlinien der Geschichte des deutschen Briefes

In den folgenden Darlegungen wird die Geschichte des pragmatischen Briefes von der der Briefform in ›uneigentlicher‹ – sprich: vor allem literarischer – Verwendung nicht scharf getrennt, weil sich beide Verwendungsweisen wechselseitig beeinflußt haben und darum ihre Geschichte vielfach eng miteinander verwoben ist.

Wer sich über die Geschichte des deutschen Briefes unterrichten will, ist immer noch auf G. Steinhausens zweibändiges Standardwerk von 1889/91 angewiesen. Steinhausens kulturgeschichtliche Sicht ergänzen, in begrenzter Weise freilich nur, Th. Klaiber und O. Lyon mit ihrer Auswahl ›Die Meister des deutschen Briefes‹ (1901), da den Herausgebern in erster Linie daran lag, »die litterarische Eigenart der bedeutendsten deutschen Brief-Schriftsteller ans Licht [zu] stellen.« (Vorw., unpag.) In dem Werk wechseln verbindende briefhistorische Partien mit – quantitativ natürlich dominierenden – Briefbeispielen aus allen Epochen der deutschen Literaturgeschichte. Die moderierenden Passagen insgesamt enthalten eine grobe Skizze der Geschichte des deutschen Briefes bis zum Ende des 19. Jhs. Fast einen Ersatz für die fehlende moderne Darstellung der Geschichte des Privatbriefs von der Mitte des 18. bis zur Mitte des 20. Jhs. bietet die vorzügliche Auswahl ›Deutsche Briefe 1750–1950‹ von G. Mattenklott, Hannelore und H. Schlaffer (1988). Die rund 300 Briefe des Bandes – von Verfassern aus nahezu allen Ständen und Berufen – sind auf 36 Kapitel verteilt, deren jedes einem bestimmten Schreibanlaß oder Thema («Stille Stunde« – »Lebensplan« – »Weibliches Dasein« – »Lebenskrise« usw.) gewidmet ist. Auf diese Weise wird der ganze inhaltliche und gattungsspezifische Reichtum der deutschen Briefkultur der bürgerlichen Epoche eindrucksvoll dokumentiert. Die ›Einleitung‹ der Herausgeber beschreibt kundig die Eigenart des originalen Privatbriefs und seinen qualitativen Unterschied zum veröffentlichten Brief und skizziert darüber hinaus, zusammen mit den kurzen Einführungen zu Beginn jedes Kapitels, dessen Entwicklung von der Zeit an, »da der private Bereich sich vom öffentlichen abgrenzt« (S. 9), bis 1950, als der Brief spätestens »die emphatischen Bedeutungen seiner Frühgeschichte einzubüßen« scheint. (Umschlag)

2.1. Mittelalter

Der Brief als pragmatische Gebrauchsform in Prosa – als Urkunde, amtliches Schreiben, Geschäftsbrief und zuweilen auch schon als Privatbrief – wurde in Deutschland wie auch im übrigen Europa bis tief ins 14. Jh. hinein allgemein in lateinischer Sprache abgefaßt. Dementsprechend kamen als Briefverfasser nur die Angehörigen einer ganz schmalen Schicht der mittelalterlichen Gesellschaft in Betracht: der Klerus und wenige gebildete, das Lateinische beherrschende Laien. Durch den Gebrauch dieser Sprache wurden sie zugleich die Erben und Fortsetzer der brieflichen Tradition des antiken Lateins, das seinerseits die griechische Brieftradition in sich aufgenommen hatte. Griechen und Römer kannten bereits den privaten wie den für die Allgemeinheit bestimmten öffentlichen Brief. Sammlungen von Briefen bedeutender Männer – Platos, Aristoteles', Cäsars, Ciceros, Plinius' d.J., Trajans vor allem – wurden im ausgehenden Altertum viel gelesen und bewundert. Wie die auch sonst aus antiker Zeit überlieferten – echten und zweifelhaften – Briefe waren sie die Grundlage für die Entwicklung der zunächst ebenfalls lateinsprachigen mittelalterlichen Epistolographie.

In den germanischen Nachfolgereichen entstanden nach dem Vorbild der politischen Administration der römischen Imperatoren Kanzleien, in denen von Geistlichen lateinische Briefe amtlichen Charakters aufgesetzt wurden. Private Briefe, im modernen Verstande des Wortes, schrieb man bis zum 13. Jh. praktisch nicht. Denn auch der rege Briefverkehr zwischen den Klöstern, der sich neben dem amtlichen, von den Herrschern gepflogenen im frühen und hohen Mittelalter entwickelte, war nicht privater, sondern offizieller und theologisch-gelehrter Natur. (Der gelehrte Brief ist also viel älter als der private.) Stark begünstigt wurde die Entwicklung des Briefverkehrs dann, und nicht nur des amtlich-offiziellen, durch die Kreuzzüge.

So läßt sich konstatieren, daß man seit etwa 1300 schon des öfteren Briefe privaten Inhalts wechselt. Der älteste uns erhaltene deutschsprachige Brief ist ein freundschaftlicher Gruß und stammt, mit an Sicherheit grenzender Wahrscheinlichkeit, aus dem Jahre 1305. Seine Schreiberin war eine Adlige, seine Empfängerin eine Münchener Klosterfrau namens Diemut. (Steinhausen 1899, S. VII u. S. 347) Einen entscheidenden Impuls erhielt die Entwicklung des persönlich gefärbten Briefes durch die deutschen Mystiker, die von Anfang an das Bedürfnis empfanden, sich über ihre inneren Gotteserlebnisse, ihre Sehnsüchte und ihre Seelenschau geistlich auszutauschen. Als besonders bedeutsam unter den Mystiker-Briefen gelten diejenigen Hildegards von Bingen (gest. 1179), Seuses (um 1295-1366), Taulers (um 1300-1361) sowie die Korrespondenz Heinrichs von Nördlingen (gest. 1379) mit der ihm seelenverwandten Margaretha Ebner (ca. 1291-1351) – übrigens der erste erhaltene deutsche Brief*wechsel*. Abgesehen von diesem Briefwechsel, der nach wie vor als ›echt‹ angesehen wird, schließt man freilich bei den Mystiker-Briefen inzwischen nicht mehr aus, daß es sich dabei um verkappte Traktate handelt. Auch das Seusesche Briefbuch ist vielleicht fingiert. Jedenfalls aber stößt man in diesen Briefen auf eine erstaunlich individuell-lebendige, natürliche und gefühlsbetonte, ja ekstatische Äußerungsweise. (W. Oehl 1931, S. XIX f.) Man kann daher von der Zeit der Mystiker-Briefe, insbesondere vom 14. Jh., schon als von einer ersten Blüte des deutschen Prosabriefes sprechen. Der relativ ›persönliche‹ Stil war ungewöhnlich in einer Epoche, für die Individualität noch keinen Wert darstellte und in der die Masse der Briefe formelhaft-unpersönlich abgefaßt wurde, zumal sie ja in aller Regel als urkundlich-amtlicher Schriftsatz oder als Vehikel für gelehrten Gedankenaustausch zu fungieren hatten.

Der Vermittlung entsprechender briefschreiberischer Fähigkeiten dienten auch die Übungen in lateinischer Epistolographie, wie sie in den geistlichen Schulen des Mittelalters abgehalten wurden. Wichtigstes Unterrichtsmaterial waren dabei die überlieferten Briefsammlungen, die als verbindliche Muster benutzt wurden. (Vgl. dazu 3.1., S. 67 f.) In die Briefe, wie man sie hier schreiben lernte, drang begreiflicherweise nur vereinzelt und eher zufällig Privates ein.

Das wachsende Bedürfnis nach brieflicher Festlegung und Mitteilung, nach schriftlich abgesicherten Beziehungen überhaupt hatte in erster Linie eine ökonomische Ursache: den sich seit den Kreuzzügen immer stärker ausweitenden Warenverkehr und Fernhandel, dessen Zentren die großen oberitalienischen See- und Handelsstädte waren. Der dafür erforderliche kaufmännische Briefverkehr wurde seit dem 14. Jh. sogar zu »einer Art berufsständischen Korrespondenzsystems ausgebaut« (J. Habermas 1971, S. 29), das zu einer frühen Vorform der Zeitungen wurde, denn die entsprechenden Briefe, »damals auch ›Boten‹ genannt« (P. Bürgel 1979, S. 26), hatten eine Art Anhang mit Nachrichten, die bald unter Interessierten zu zirkulieren begannen. Parallel zu dieser Entwicklung kam im 13. Jh. ein ganzer Stand auf, der die neuen Kommunikationsbedürfnisse zu befriedigen hatte: der Stand der – zunächst noch klerikalen – Schreiber und Notare. Sie betätigten sich als stellvertretende Briefverfasser und konnten davon leben.

Erst im späten Mittelalter und in der beginnenden Neuzeit lernten die Laien, zumal große Teile des Bürgertums in den Städten, zunehmend selbst das Schreiben, und das bedeutete praktisch vor allem: das Briefschreiben – ein Vorgang übrigens, der auch die Verdrängung des Lateinischen als Briefsprache durch das Deutsche entscheidend begünstigte und die Möglichkeiten privaten Briefwechsels wirksam verbesserte. In der Schreiberzunft traten an die Stelle der Kleriker seit dem Ende des 13. Jhs. nach und nach Laien, wie auch die älteren kirchlichen Schulen allmählich von städtischen deutschen Schreibschulen abgelöst wurden.

Persönliche Einzelbriefe Gebildeter oder sonst bemerkenswerter Persönlichkeiten werden daher im ausgehenden Mittelalter häufiger. So stammen die von G. Steinhausen in einer großen Sammlung herausgegebenen ›Deutschen Privatbriefe des Mittelalters‹ (2 Bde., 1899-1907) durchweg erst aus dem 14. und 15. Jh. Zu ihnen gehören z. B. die Marias von Burgund, die des brandenburgischen Markgrafen Albrecht III. Achilles, die seiner Gemahlin, der Kurfürstin Anna von Brandenburg, die ihm an briefschreiberischer Gewandtheit nicht nachstand, und die der Herzogin Sidonie von Sachsen. In ihnen berichten die Schreiber zumeist über ihren standesüblichen Zeitvertreib, über Pferde, Hunde, Jagd, Geldangelegenheiten. Kennzeichnend ist für diese Briefe der auch sonst dem zu Ende gehenden Mittelalter eigentümliche derb-natürliche Ton, vielfach aber auch schon eine ganz unförmliche Herzlichkeit.

Der Brief als literarische Darstellungsform, für den ebenfalls bereits die antike Literatur (Ovid, Horaz, Seneca, Plinius d. J.) das Vorbild geliefert hatte und der etwa in der ›Rota Veneris‹ des Magisters Boncompagno, einem Liebesbriefsteller des frühen 13. Jhs., seine mittellateinische Nachahmung fand, machte hierzulande im Mittelalter eine etwas andere Entwicklung durch. Er wird viel früher als sein pragmatisches Gegenstück geschrieben. Es handelt sich bei ihm vor allem um den Liebesbrief. Der nach 1250 dichtende Ulrich von Lichtenstein etwa hat seiner Dame seine neuesten Lieder zuweilen als Briefe übermittelt. Das Vorbild für solche literarisierten Liebesbriefe in Versform waren die französischen ›Saluts d'amour‹, die ihrerseits von entsprechenden ›Saluts‹ aus der zweiten Hälfte des 12. Jhs. beeinflußt waren. Die Anfänge dieser freilich ganz unvolkstümlichen Art »Liebesbriefe« auf romanischem und deutschem Gebiet lagen zeitlich wohl recht nahe beieinander. (H. Sparnaay 1958, S. 186)

Um ›Werbe-‹ oder ›Liebesbriefe‹ handelt es sich auch bei den allermeisten Briefeinlagen in den höfischen Versepen. Schon das vorhöfische Epos ›Herzog Ernst‹ (um 1180) enthält einen Werbebrief, mit dem Kaiser Otto um die Hand der Herzogin Adelheid anhält. Die älteste uns bekannte Liebesbrief-Einlage ist der Brief Lavinias an Äneas in der ›Eneide‹ (um 1190) des Heinrich von Veldeke. Als unübertroffenes Muster eines solchen eingelegten Liebesbriefes gilt der des Gramoflanz an Itonie im ›Parzival‹ des Wolfram von Eschenbach. Briefeinlagen – die aber nicht alle Liebesepisteln sind – finden sich gleichfalls in anderen berühmten höfischen Epen; so im ›Tristan‹, im ›Wigalois‹, im ›jüngeren Titurel‹ usf. Sie variieren kunstvoll, und dann im späthöfischen Roman immer stilisierter und ausladender, ihr einziges Thema, die Minne – bis Anfang des 15. Jhs. Heinrich Wittenwiler mit der Parodierung dieser Einlagen in seinem ›Ring‹ einen vorläufigen Schlußpunkt unter die Entwicklung dieses literarisierten Brieftyps setzt. (Vgl. hierzu H. Sparnaay 1958, S. 186 f. u. H. Brackert 1974 sowie 4.4.2., S. 158 f.)

Auch im weiteren Verlaufe des 13. Jhs. und im Spätmittelalter entstehen hochgradig stilisierte literarische Liebesbriefe, die alle einander sehr ähnlich sind und die also wohl nach verbreiteten Mustern, wie sie etwa die Briefeinlagen in den zeitgenössischen Epen abgaben, angefertigt worden sind. (A. Ritter 1897, S. 97 f.) Die Masse der uns überlieferten stammt aus dem 14. Jh. Die Überlieferung selbst ist sehr lückenhaft und beruht auf Zufälligkeiten. In der Sprache der uns aus dem 15. Jh. überkommen Liebesbriefe nehmen volkstümliche Elemente überhand. Die Liebesbriefe, wie sie uns in den nach 1450 entstehenden sog. Volksbüchern begegnen, sind vielfach noch das Produkt von Prosaauflösungen von Versbriefen aus den höfischen Epen der klassischen Zeit des Mittelalters.

Als eine besondere Abart der literarisierten Liebesbriefe wären in diesem Zusammenhang auch die sog. ›Spruchliebesbriefe‹ zu erwähnen, denen wohl die von Freidank benutzten zwei- bis vierzeiligen Liebessprüche als Formmuster zugrunde gelegen haben. Als eine Untergattung des mittelhochdeutschen Liebesbriefs sind schließlich die offenbar zu Unterhaltungszwecken zusammengestellten Liebesbriefsammlungen anzusehen, die, wie in den ›Minnelehren‹ Johanns und Heinzeleins von Konstanz (Ende des 13./Anfang des 14. Jhs.), in einen epischen Rahmen eingefügt sind.

2.2. 16. und 17. Jahrhundert

Generell sind die tradierten und bisher erschlossenen Brief-Dokumente aus der Zeit der Renaissance und des Humanismus noch wenig persönlich gestaltet – sieht man von den eigenhändig verfaßten ›Handschreiben‹ fürstlicher Persönlichkeiten ab, die frei von Formzwängen waren, deshalb jedoch auch, und natürlich ebenso wegen ihres sehr vertraulich-menschlichen Inhalts, strengster Geheimhaltung unterlagen. Unter gleichgestellten Bürgerlichen waren solche vertraulichen und eigenhändig geschriebenen Briefe ebenfalls schon verbreitet, doch sie wurden nur allzu selten aufgehoben. (Vgl. Ingeborg Klettke-Mengel 1986, S. 2.) Bestimmend für das Bild des sich enorm ausbreitenden Briefwesens der Epoche waren in erster Linie Kanzleischreiben, kaufmännisch-geschäftliche Mitteilungen (Handelsbriefe) und gelehrt-philosophische Korrespondenzen. Im Stil regierte, unter dem dominierenden Einfluß der höfischen und städtischen Kanzleien, Formelhaftes. Die Zahl der geschäftlichen Schreiben wuchs parallel zu dem Aufschwung, den der Handel in Mittel- und Westeuropa erlebte. Der Brief wurde dabei nachgerade zum Träger des praktischen Lebensinteresses. Das erklärt sich nicht allein aus dem regen Handelsgeist, der die Bürger zunehmend erfüllte, sondern gleichermaßen aus der wachsenden Teilnahme der Bürger am öffentlichen Leben in den bedeutenderen Städten und aus der allgemeiner werdenden Fähigkeit zu schreiben.

Auch das politische Leben gab der Entwicklung des Briefschreibens kräftige Anstöße. Die vielen Reichs-, Städte- und Hansetage z.B. brachten immer mehr Menschen miteinander in Berührung und weckten oder verstärkten so das Bedürfnis nach Aufrechterhaltung und Intensivierung der einmal geknüpften Verbindung. Dafür war der Brief, in welcher Form auch immer, das geradezu unvermeidliche und unersetzbare Mittel. Den besonderen Erfordernissen im Handelsleben entsprach ein sich neu herausbildender Typ der schriftlichen Mitteilung: der briefliche Bericht, dessen sich die Kaufmannschaft in den Handelsstädten bediente. (Vgl. Grenzmann 1958, S. 187 u. Habermas 1971, S. 29 f.) Mittelpunkte brieflichen Verkehrs wurden die Hanse, der Deutsche Orden und natürlich die allgemeine Reichspolitik.

Trotz der relativ rasch sich vollziehenden Ablösung des Lateinischen durch das Deutsche im Briefwesen blieben Aufbau, Stil und formale Aufmachung der deutsch abgefaßten Schreiben noch auf lange von dem lateinsprachigen kanzlistischen Brieftypus beherrscht. Maßgeblich begünstigt wurde die Tradierung dieses Modells von den zeitgenössischen Latein-, Schreib- und Kanzleischulen, in denen die überwiegend bürgerlichen Schreibkräfte für die fürstlichen und städtischen Kanzleien ausgebildet wurden. Doch nach und nach wurden auch die briefbezogenen Kanzleivorschriften sowie die kanzlistische Formelrede und Ausdrucksweise überwunden. Zu dieser Überwindung trug nicht zum wenigsten das Vordringen des Privatbriefs (in manchen Fürsten-Korrespondenzen beispielshalber) bei, der sich im Gefolge des öffentlich-urkundlichen Schreibens zu entwickeln begonnen hatte. So zeigten die Briefe allgemein um 1500 schon einen vergleichsweise freien, lockeren und gewandten Stil. (Vgl.Grenzmann 1958, S. 187 f.) Diesen dokumentieren z.B. die nüchtern und knapp gehaltenen Geschäftsbriefe aus der Frühzeit des deutschen Buchdrucks, wie sie uns in dem umfangreichen ›Briefbuch der Koberger‹ aus Nürnberg überliefert sind. (O. v. Hase 1967)

Als ein erster Höhepunkt in der Geschichte des deutschen Briefes gilt die gewaltige Korrespondenz des Reformators M. Luther. Dank seiner stupenden briefschreiberischen Leistungskraft führte er die Entwicklung des Privatbriefs zu einem Gipfel, wiewohl seine Korrespondenz nicht nur aus persönlichen Schreiben an Angehörige, Freunde, Mitstreiter und Gelehrte bestand und wiewohl er einen großen Teil seines enormen Briefwechsels – wie die führenden Humanisten der Zeit: Erasmus v. Rotterdam, Ph. Melanchthon, W. Pirckheimer, U. v. Hutten, K. Celtis, Th. More u.a.m. – in lateinischer Sprache abfaßte. Ob er sich an Fürsten, Städte, Ritter, Bürger, Gelehrte, Prediger, Frau, Kinder oder Familienfreunde wandte – Luther machte jeden seiner Briefe zum »vollkommenen Ausdruck seiner Gedanken und Empfindungen« und war »sprachlich immer originell und persönlich« (Grenzmann 1958, S. 188) – und dies, obwohl er der »mittelalterlichen Briefform weit weniger ablehnend« gegenüberstand als etwa Erasmus; aber seine »›literarische‹ Freiheit« zeigte sich »nicht im Protest gegen die Form,

sondern in der Souveränität, mit der er über sie verfügt[e].«
(Ute Mennecke 1983, S. 154 f.)

Luthers Bedeutung für die Briefgeschichte liegt indes nicht allein in seiner überragenden gattungs- und stilgeschichtlichen Leistung für die Entfaltung des persönlichen Briefes in Deutschland (in welcher Leistung auch eine glückliche Weiterentwicklung des Briefstils der Mystiker gesehen worden ist, vgl. Büngel 1939, S. 51), sondern gleichfalls in seinem entscheidenden Beitrag zur Ausbildung eines epistolaren Subgenres, das wir heutzutage als ›Offenen Brief‹ bezeichnen würden. Weil das Echo auf seine reformatorischen Vorstellungen unerwartet groß war, fühlte Luther sich gedrängt, seine Absichten und Bestrebungen durch je aktuelle öffentliche schriftliche Bekundungen darzutun. So entstanden seine zahlreichen, teilweise religions- und geistesgeschichtlich Epoche machenden umfänglichen ›Sendschreiben‹ – beispielsweise: ›Von der Freiheit eines Christenmenschen‹ (1520) – ›Eine treue Vermahnung zu allen Christen, sich zu hüten vor Aufruhr und Empörung‹ (1521/22), – ›An die Ratsherren aller Städte Deutschen Landes, daß sie christliche Schulen aufrichten und halten sollen‹ (1524) – ›Sendbrief vom Dolmetschen‹ (1530) usw. Auch die vielen anderen Schriften des Wittenberger Reformators, in denen er sich mahnend oder erklärend an die Menschen seiner Zeit wandte, tendierten mit ihrem appellierenden Charakter deutlich zum Typ des ›Offenen Briefs‹ hin.

Luther war wegen seiner persönlichen, geistigen, geistlichen, theologischen und – ungewollt – politischen Bedeutung, die ihn zur herausragenden Gestalt seiner Epoche machte, einem Übermaß an Ansprüchen vielfältigster Art seitens seiner Zeitgenossen ausgesetzt. Fürsten, Gelehrte, Geistliche, Anhänger und Freunde suchten immer wieder Rat, Trost, Beistand und Klärung sie bedrängender Fragen bei ihm. So verwundert es nicht, daß er schon recht früh (wie übrigens auch der Schweizer Reformator U. Zwingli) wegen der Überlastung durch die ständig zu bewältigende Korrespondenz Klage führte. Wir müssen dafür dankbar sein, daß er sich zeit seines ›öffentlich‹ gewordenen Lebens dieser Überbeanspruchung nicht entzog.

Außer Luthers Briefwechsel verdienen in der Geschichte des deutschen Privatbriefs während der ersten Jahrzehnte des 16. Jhs. auch noch stärkere Beachtung die Briefe des Behaimschen Kreises sowie die Briefe A. Dürers und seines Freundes W. Pirckheimer in Nürnberg. Den brieflichen Äußerungen dieser Männer eignete ebenfalls schon ein freierer, schlichterer, persönlicherer Ton. Als gleichrangig ist ihrem Briefwerk das der protestantischen Herzogin Elisabeth von Braunschweig-Lüneburg (1510-58), einer hervorragenden Frauenpersönlichkeit des 16.Jhs., an die Seite zu stellen. Die humanistisch gebildete und selbst schriftstellernde Fürstin hinterließ Briefe, die »an Umfang und Qualität die bedeutendste Sammlung fürstlicher Privatbriefe in frühneuhochdeutscher Zeit« darstellen. (Klettke-Mengel 1986, S.7) In den hiervor erwähnten Korrespondenzen, aber auch in manchen anderen privaten brieflichen Äußerungen aus der ersten Hälfte des 16. Jhs. zeigte sich, daß die Briefschreiber allmählich ohne Formeln und Muster auskommen konnten. (Vgl. Regine Metzler 1987, S. 65.)

Doch diese Tendenz setzte sich noch nicht durch, denn im weiteren Verlauf des 16. Jhs. und vollends im 17. Jh. nahm die Macht des Kanzleistils wieder zu. Darin ist einer der Hauptgründe dafür zu sehen, daß die Entfaltung einer freieren brieflichen Ausdrucksweise, wie sie so eindrucksvoll durch Luther und einige seiner Zeitgenossen begonnen worden war, noch lange unterblieb. Ein anderer Grund für die Verzögerung der Entwicklung eines freier geschriebenen deutschen Briefes war die Wiedergeburt des lateinsprachigen Briefstils, an der Luther mit seinen zahlreichen lateinisch geschriebenen Briefen (an Eck, Melanchthon, Spalatin und Karlstadt etwa) durchaus Anteil hatte.

Die Humanisten wollten mit ihrer Pflege eines lateinischen Briefstils, der Wiederbelebung des Briefes als einer erstrangigen literarischen Gattung und der Erneuerung einer lateinischen Briefkultur überhaupt die Lebendigkeit und den unvergleichlichen Wert der antiken Kultursprache erweisen. Tatsächlich bewährte sich ja das neubelebte Latein als internationales Verständigungsmittel im Rahmen europaweiter gelehrter Korrespondenzen, die für die Korrespondierenden nicht zuletzt deshalb so wichtig wurden, weil sie auch als eine Art wissenschaftlicher Zeitschriften fungierten. Als unerreichtes Stilvorbild für alle humanistischen Briefschreiber galt Erasmus v. Rotterdam. Gerade seine als musterhaft empfundene, an Cicero ausgerichtete lateinische Briefkunst wurde die Quelle seines Ruhmes.

Die Bedeutung des Lateinischen als der Sprache der Gebildeten und Gelehrten wuchs noch, als es auch im schulischen Unterricht einen bevorzugten Platz zugewiesen erhielt. Im Unterricht wurde das Schreiben lateinischer Briefe gründlich geübt. So kann es kaum verwundern, daß der gelehrte Brief bis ins 18. Jh. hinein lateinisch blieb. Da viele humanistisch gebildete

Diplomaten das Lateinische in ihren Korrespondenzen ebenfalls benutzten (obwohl seit der Regierungszeit Karls V. das
Französische allmählich die Sprache der Diplomaten wurde), ist
der – vornehmlich gelehrte – lateinische Brief für das 16., 17.
und 18. Jh. eine überaus ergiebige Geschichtsquelle geworden.
Anders als etwa in Frankreich wurden im deutschsprachigen
Bereich »bis zu 80 Prozent der gedruckten Briefe dieses Zeit-
raums in Latein geschrieben.« (Monika Ammermann 1979, S.
255 f.) Eine »öffentliche deutschsprachige Briefkultur« konnte
sich aus »sozialgeschichtlichen Gründen (Fehlen einer Hauptstadt und eines zentrierenden Hofes) sowie aus bildungsge-
schichtlichen Gründen (Dominanz der Universitäten und der
Gelehrsamkeit)« noch nicht entwickeln. (Ebd.)
   Andererseits kam auch im lateinischen Brief der Humanisten
das Persönliche und Private, ähnlich wie im Briefwechsel des
Reformators Luther, sehr wohl zur Geltung, weil die meist
freundschaftlich miteinander verbundenen humanistischen Gelehrten mit dem lateinisch geschriebenen Brief ein Stil-Instru-
ment handhaben lernten, das ihnen erlaubte, nicht nur literarisch zu brillieren, sondern zugleich auch einer neuen persön-
lichkeitsbewußten Lebensform Ausdruck zu verleihen. Die
Folgen und Auswirkungen des dahinter stehenden persönlichen
Denkens hat Jappe in seiner Interpretation der humanistischen
Briefkultur in Europa besonders hervorgehoben: »Der Durchbruch zu einem persönlichen Denken treibt den Briefschreiber
häufig in eine so isolierte Stellung, daß die eigene Person wichtiger wird als die gedankliche Thematik – die Person wird das
Thema.« So wurde der Brief gewissermaßen zum »Instrument
der Freiheit«. (1969, S. 355 f.) Er ermöglichte die geheime Botschaft, mit der man gegen die Gesellschaft rebellierte: »Am Anfang des modernen, des subjektiven Briefes steht die emotionale
Erfahrung des persönlichen Widerstandes«. (Jappe, 1969, S.
356) Solche Möglichkeiten des Mediums Brief und solche Erfahrungen mit ihm kamen langfristig und auf Umwegen auch
dem deutschsprachigen Privatbrief zustatten. Die Barriere der
lateinischen Brieftradition behinderte zunächst jedoch noch die
positiven Auswirkungen dieser neuen Möglichkeiten und Erfahrungen auf die sprachliche Gestaltung des deutschen Briefes.
Luther hatte als erster diese Barriere energisch beiseite geschoben.
   Luther war zudem auch der erste, der sich des Schutzes be-
gab, den die Intimität des Privatbriefes gewährt, als er sich angesichts seiner Situation seit 1519/20 genötigt fühlte, die ›gehei-

men Botschaften‹ seiner privaten Briefe zu öffentlichen zu machen. Er schuf so praktisch, wie weiter oben ausgeführt, die ersten ›Offenen Briefe‹ in deutscher Sprache. Der Typ des öffentlichen Schreibens wurde in Luthers Zeit auch sonst schon verwendet. Auf öffentliche Wirkung zielten z.B. bereits die aus dem Erfurter Humanistenkreis um U. v. Hutten stammenden ›Dunkelmännerbriefe‹ (›Epistolae obscurorum virorum‹) von 1515/17. Das waren erfundene Mönchsbriefe in bewußt schlecht geschriebenem Latein, die, teilweise in der Form von Selbstbezichtigungen, über Vorgänge aus einer noch scholastisch orientierten Gelehrtenwelt berichteten und dabei Völlerei, geistige Unbedarftheit und Bildungsfeindlichkeit anprangerten und bloßstellten. Zielscheibe des Angriffs waren die Kölner Dominikaner. Die zugunsten J. Reuchlins (großenteils kollektiv) abgefaßten Briefe literarischen Charakters wurden zur wirkungsstärksten Satire des deutschen Humanismus und das Grundmuster für zahlreiche spätere Sammlungen fingierter Briefe als eines besonders schlagkräftigen Mittels satirischer Kritik – nicht nur in Deutschland. (Vgl. hierzu v. a. H. Rogge 1966, S. 15-104.)

Der von Luther so wirkungsvoll benutzte Brieftyp des ›Sendschreibens‹ wurde von vielen seiner streitbaren Zeitgenossen im Rahmen mehr oder minder stark fingierter Briefwechsel ebenfalls oft eingesetzt, so daß diese im Zeitalter der Glaubenskämpfe bald einen erheblichen Teil der Flugschriften-Literatur ausmachten. Denn sie boten »gerade führende[n] Persönlichkeiten in den verschiedenen Lagern« eine literarische Form, die sich als »wirksame[s] Ausdrucksmittel für Überredung und Bekehrung« gebrauchen ließ. (Rogge 1966, S. 26)

Die stilistischen, literarischen und soziokulturellen Möglichkeiten, die der Reformator mit seiner deutschen Briefkunst für die Weiterentwicklung des Genres eröffnet zu haben schien, wurden – wie weiter oben bereits angedeutet – in der nachlutherischen Zeit und erst recht im 17. Jh. nicht nur nicht genutzt, sondern wieder verschüttet. Im offiziellen und geschäftlichen Briefverkehr, soweit er sich nun in deutscher Sprache abspielte, festigte erneut der Kanzleistil seine Stellung. Lediglich die den anhaltenden Aufschwung des Handels und Warenverkehrs begleitende Geschäftskorrespondenz vermochte sich vom Einfluß des kanzlistischen Schreibgebarens einigermaßen freizuhalten. Selbst im 17. Jh., im Zeitalter des so stark auf Förmlichkeit bedachten höfischen Barock, kam man in den Handelsbriefen so ziemlich ohne üppige Titulaturen und servile Formeln aus.

Die Entwicklung des deutschen Briefwesens allgemein – die ohnehin stagnierte – wurde nun zusätzlich erschwert, ja bedroht durch einen Vorgang, der noch zu Luthers Zeit einsetzte und dessen Folgewirkungen entscheidend zur Vereitelung jener durch den Reformator geschaffenen Möglichkeiten für die Entfaltung des deutschen Briefes beitrugen, von denen oben die Rede war: Unter dem Habsburger Karl V., der das Deutsche nicht beherrschte, wurde die Sprache der Diplomaten das Französische. Der im Zusammenhang der europa-, ja weltweiten Reichspolitik des Kaisers notwendige diplomatische Briefverkehr vollzog sich bereits weitestgehend in französischer Sprache. Daneben behauptete sich das Lateinische, über das die zumeist humanistisch gebildeten Diplomaten genauso geboten.

So konkurrierten miteinander im amtlichen Briefwesen das Französische und das Deutsche – und gutenteils auch noch das Lateinische – bis in die dreißiger Jahre des 17. Jhs. Nach 1630 gewann indes das Französische die Oberhand. Darin kommt der Verlust an gesellschaftlicher Bedeutung zum Ausdruck, den das frühe Bürgertum mit der Heraufkunft des Absolutismus zugunsten der fürstlichen Höfe erlitt. Da in der politisch und gesellschaftlich maßgebenden Schicht das Deutsche vom Französischen verdrängt wurde, wandelte sich auch der Sprachstil der Briefe. Entweder verwendete man innerhalb der an sich deutschen Briefsprache immer mehr Fremdwörter – vor allem natürlich französische und lateinische, doch auch italienische und spanische –, oder man verfaßte seine Briefe gleich ganz in einer fremden Sprache. Besonders eindrucksvolle Beispiele für eine monströs gemischte Briefsprache bieten die Schreiben Wallensteins an den Kaiser. An eine volkssprachliche und natürliche Ausdrucksweise im Brief war unter diesen sprach- und soziohistorischen Umständen nicht zu denken. Gelehrte und Theologen schrieben einander weiter lateinisch oder aber auch, wie gerade zwei der bedeutendsten geistigen Köpfe der Zeit: G.W. Leibniz und J. Kepler, französisch.

Der übermächtige Einfluß der französischen Gesellschaftskultur auf die deutschen Höfe hatte zur Folge, daß nach 1650 allein der französisch geschriebene Brief als gesellschaftsfähig galt. Das blieb so bis weit ins 18. Jh. hinein. Noch die Bürgerstöchter Louise A.V. Kulmus (die spätere Gottschedin) und Sophie Gutermann (die spätere Frau v. Laroche) lernten zunächst nur französische Briefe schreiben. Die ›Überfremdung‹ des Deutschen hielt noch bis zum Beginn der Gottsched-Zeit an. Bis dahin war, im Zeichen der Ideale der ›galanten‹ Gesellschaft, auch der gängige Brief als ein Gemisch aus deutschen und französischen Sprachbestandteilen abgefaßt worden. (Vgl. Grenzmann 1958, S. 188.)

Man braucht in dieser Entwicklung nicht nur etwas Nachteiliges oder Beklagenswertes zu sehen; denn der mehrere Generationen hindurch andauernde enge Kontakt mit dem Französischen mußte bei den sensibleren Benutzern des Deutschen den Sinn für sprachliche Feinheit und Beweglichkeit stärken und das Kennenlernen der in Frankreich im 17. Jh. aufblühenden Briefkultur begünstigen, so daß diese Kenntnisse für das deutsche Briefwesen im 18. Jh. fruchtbar werden konnten. Am meisten bewunderte man in Frankreich, doch bald auch in Deutschland die Briefe der Marie de Sévigné (1626-96), der Ninon de Lenclos (1620-1705) und die (fingierten?) der Babet (in E. Boursaults ›Lettres à Babet‹, 1666).

Immerhin regte sich schon recht früh im 17. Jh. Widerstand gegen die fremdsprachigen Einflüsse. Es entstanden die Sprachgesellschaften, deren Mitglieder sich zum Gebrauch des Deutschen verpflichten mußten. Auch die Verwaltungssprache sollte nach den Vorstellungen dieser Gesellschaften so ›deutsch‹ wie möglich werden. Folgerichtig bemühten sich einige der bedeutendsten Mitglieder der Sprachgesellschaften ebenfalls darum, ihren Landsleuten einen guten deutschen Briefstil beizubringen. So schrieben sie, wie etwa G. Ph. Harsdörffer und K. Stieler, entsprechende Anweisungsbücher. (Vgl. Nickisch 1969, S. 77-96.) Eine weitreichende Wirkung haben sie damit aber noch nicht erzielen können. Tatsächlich verstand sich in der zweiten Hälfte des Barock-Jahrhunderts nur eine Minderheit dazu, ihre amtliche oder gar private Korrespondenz deutsch abzufassen. Im Vergleich zu Frankreich und England, wo der das Alltagsgeschehen abbildende zwanglose und mitteilungsfreudige Privatbrief damals bereits eine Blüte erlebte, fällt der Mangel an persönlich gehaltenen brieflichen Mitteilungen von autobiographischem Wert im deutschen Sprachraum des höfisch-absolutistischen Jahrhunderts besonders auf. Jedoch gilt nach wie vor, daß wesentliche Briefbestände dieses Jahrhunderts, zumal die Briefe wichtiger deutscher Barock-Autoren und der lateinisch schreibenden Späthumanisten, noch nicht erschlossen sind.

Zu der Minderheit, die entgegen der Sitte der Zeit in ihren Briefen das Deutsche pflegte (wiewohl dieses kaum je ein ›reines‹ Deutsch war), gehörten vornehmlich einige fürstliche und bürgerliche Frauenpersönlichkeiten. Von ihnen verdient ganz besonders Erwähnung Liselotte v.d. Pfalz (eigtl. Elisabeth

Charlotte v. Orléans). Sie schrieb ihre überaus umfangreiche Korrespondenz, völlig unzeitgemäß, in einem frappierend persönlich-zwanglosen und meist auch derb-natürlichen Stil – wie sich übrigens auch ihr Vater, Kurfürst Karl Ludwig v.d. Pfalz, einer ganz ähnlichen Schreibweise in den Briefen an seine morganatische Gemahlin Louise v. Degenfeld bediente. Die kurpfälzische Fürstentochter Liselotte lebte seit ihrer Verheiratung mit dem Bruder des Sonnenkönigs (1671) am Hofe von Versailles und litt sehr darunter, nicht in die geliebte Heimat zurückkehren zu können. In ihren Briefen schrieb sie sich ihre Kümmernisse, ihre Sehnsüchte, ihren Zorn, ihre Trauer und ihre zunehmende Vereinsamung von der Seele. Diesen Briefen entnehmen wir sehr konkrete, anschauliche Schilderungen der Zustände, Vorgänge und Personen am Hof Ludwigs XIV. Liselotte hatte sich von der peniblen höfischen Etikette nicht vereinnahmen lassen, sondern bewahrte sich ihre ursprüngliche Ungezwungenheit und Lebensnähe bis ins Alter – ebenso wie manche originellen Eigentümlichkeiten. Ebendiese Qualitäten zeichnen die meisten ihrer Briefe aus, von denen sie täglich oft mehr als ein Dutzend schrieb. (Erhalten sind rund 5000 Stück davon.) Ihre Briefpartner waren viele Fürstlichkeiten und namhafte Persönlichkeiten, die ihrerseits meist auch zu den wichtigen zeitgenössischen Briefschreibern gehörten; so z.B. der Herzog Anton Ulrich v. Braunschweig, die Kurfürstin Sophie v. Hannover und das Universalgenie Leibniz, der selber mit weit über tausend Partnern Briefe wechselte – in drei Sprachen, davon nur etwa ein Fünftel in deutsch.

Liselottes Briefe sind nicht allein eine kräftig sprudelnde Quelle für den Historiker, der an der Politik, der Kultur und den Sitten ihrer Zeit interessiert ist; sie sind von ebenso großer Bedeutung für die Geschichte des deutschen Briefes und Briefstils, denn sie zeigen, daß es sehr wohl möglich war, persönliche Briefe in einem freieren Deutsch schon in einer Epoche zu schreiben, in der es in Deutschland wegen der damals herrschenden Briefmode schlechterdings verpönt war, derlei zu praktizieren. Daß Liselotte sich gedrängt fühlte, detailfreudig, anschaulich und persönlich zu schreiben, lag nicht zuletzt auch am hauptsächlichen Gegenstand ihrer Korrespondenzen: Intrigen, Klatschereien, Intimitäten, Beziehungen u.ä.m. An ihre freiere, persönliche Schreibweise konnten die führenden deutschen Briefschreiber und Briefschreiberinnen des 18. Jhs. in vieler Hinsicht tendenziell anschließen.

Briefliche Formen und Elemente in literarischer Verwendung kamen im 16. und 17. Jh. insbesondere in der poetischen Gestalt der sog. Heroiden oder Heldenbriefe zur Geltung. Auch hier wirkten auf dem Weg über den Humanismus antike Vorbilder befruchtend nach, und zwar vor allem Ovids ›Heroiden‹. Das Genre dieser erdichteten Liebesbriefe, die zwischen ›Helden‹ und ›Heldinnen‹ der Sage oder der Geschichte gewechselt werden, wurde zunächst von einzelnen Humanisten zu neuem Leben erweckt. Bald aber wurden die lateinsprachigen Versuche in dieser alten poetischen Gattung von solchen in den neuen europäischen Nationalsprachen – Italienisch, Spanisch, Portugiesisch, Französisch, Englisch, Holländisch und Deutsch – abgelöst. Heldenbriefe in diesen Sprachen wurden bis ins 18. Jh. hinein gedichtet.

In Deutschland beteiligten sich an dieser Produktion vornehmlich die Dichter der Barockzeit, z.B. H. A. v. Zigler und Kliphausen, D. C. v. Lohenstein und M. D. Omeis. Den Höhepunkt dieser Dichtungsform bildeten hierzulande die insgesamt 28 Heldenbriefe (= 14 Briefwechsel) des Schlesiers Ch. Hofmann v. Hofmannswaldau. Jeder der Heldenbriefe besteht aus je einem Schreiben des Helden und der Heldin; beide Schreiben umfassen je 100 Alexandriner. Der Held wirbt mit allem stilistisch-rhetorischen Raffinement und Aufwand um die Liebesgunst der Heldin, und diese verheißt ihm, nach anfänglicher Entrüstung, schließlich doch Gewährung. Inhaltlich waren die Heldenbriefe Hofmannswaldaus also ganz und gar erotischen Wünschen, Empfindungen und Reflexionen gewidmet.

Bei den ›heroischen Briefen‹ handelt es sich mithin um fingierte, stilisierte und versifizierte Liebesbriefwechsel hochgestellter Personen. Die Briefform eignete sich für diese Dichtungen deshalb so gut, weil sie es gestattete, sehr Intimes so direkt und eindrücklich auszusprechen wie sonst keine bis dahin geläufige schriftliche Darbietungsform. Das gleiche kann man auch von den Briefeinlagen behaupten, die sich in den barocken und galanten Romanen finden. Sie bestanden ebenfalls häufig aus vertrauten bis intimen Korrespondenzen zwischen Partnern von hohem Stande.(Vgl. hierzu 4.4.2., S. 159 f.)

Wenn es zutrifft, daß die Sprache der Literatur auf Leser bewußt oder unbewußt als Vorbild wirkt, dann darf man davon ausgehen, daß die hiervor kurz beschriebenen literarischen Verwendungsweisen der Briefform mittelbar und längerfristig auch der Fortentwicklung des realen Privatbriefs, zumal seiner intimsten Spielart – der des Liebesbriefs –, zugute gekommen sind.

2.3. 18. und 19. Jahrhundert

Sowenig förderlich die Entwicklung im nachlutherischen 16. und im ganzen 17. Jh. der Ausbildung eines freier geschriebenen, persönlichkeitsbestimmten Briefes war, sosehr stimulierten und bereicherte das 18. und das 19. Jh. die Entfaltung eines solchen Brieftyps. Beide Jahrhunderte gelten daher zu Recht als die ›Jahrhunderte des deutschen Briefes‹. Im Laufe des 18. Jhs. erbrachten die bürgerlichen deutschen Briefschreiber eine stil- und literarhistorisch relevante Leistung, wie sie zuvor schon in Frankreich (dort bereits in der zweiten Hälfte des 17. Jhs.) und dann auch in England zu verzeichnen war. Das Vorbild der großen französischen Epistolographinnen (vgl.2.2., S. 41) und danach auch der großen englischen Briefschreiber (vor allem Lokkes, Swifts, Addisons, Steeles, Popes und Richardsons) wirkte auf die deutschen Briefbeflissenen als Ansporn. Sie wollten nicht länger hinter ausländischen Vorbildern und Leistungen zurückbleiben.

Indessen sind die tieferen Ursachen für den übermächtig werdenden Drang zum Briefschreiben bei den Angehörigen des deutschen Bürgertums wohl in wirtschafts- und gesellschaftsgeschichtlichen Prozessen des 18. Jhs. zu suchen. Die bürgerliche Schicht entwickelte dank ihrer zunehmenden wirtschaftlichen Bedeutung – Hamburg, Leipzig, Frankfurt am Main und Berlin wurden große Handels- und Warenzentren – ein ihr vorher unbekanntes Gefühl für den eigenen Wert und suchte darum nach Möglichkeiten, dem neu gewonnenen Selbstwertgefühl angemessenen Ausdruck zu verleihen. Das bürgerliche Ich begann, sich, seine Empfindungen und Gedanken wichtig zu nehmen, es beobachtete sich selbst, und es mußte sich mitteilen, jedoch »nicht der Öffentlichkeit, dafür war alles zu intim, zu heilig, aber einem einzelnen Menschen, einem Freund, der gleich fühlte (...). Und nicht nur in Worten, die gleich wieder verwehen.« Es brauchte ein dauerhaftes, sichtbares, ja gleichsam ›heiliges‹ Medium für seine Selbstenthüllungen: »Das Sakrament war der Brief.« (L. Balet/E. Gerhard 1973, S. 181) Daher dokumentiert sich die empfindsame Gefühlsstruktur der Zeit am eindrücklichsten in den unendlich vielen vertrauten Briefwechseln der Aufklärung, der Empfindsamkeit, des Sturms und Drangs, der Klassik und der Romantik.

Am Anfang dieser Entfaltung des persönlichen Briefes standen die Pietisten, deren erstaunlich »verbreitete (...) Briefkultur in quantitativer Hinsicht die potentielle Kraft zur Herausbildung eines neuen Epochenstils für die Briefschreibekunst in sich barg.«(S. Shimbo 1982, S. 201) Dem Pietismus, der bereits gegen Ende des 17. Jhs. aufgekommen war, ist nicht nur das Tagebuchschreiben zu verdanken, sondern auch der erste intensive briefliche Austausch gleich empfindender Seelen. Thematisch waren die pietistischen Briefwechsel, an denen Frauen einen sehr wesentlichen Anteil hatten, von dem Verlangen bestimmt, sich selbst vor dem anderen bekenntnishaft, vertraulich und bußwillig auszusprechen, sich wechselseitig zu trösten und zu erbauen, sich glaubensmäßige Erleuchtungen mitzuteilen oder doch die Sehnsucht nach solcher Erleuchtung auszudrükken. Hierher gehören vor allem die Namen Ph. J. Spener, A. H. Francke, H. Jung-Stilling und J. K. Lavater. (Vgl. Grenzmann 1958, S. 188 f.)

Der zwischen den pietistischen Seelenbrüdern und -schwestern aufgrund ihres Bekenntnisdranges üblich gewordene briefliche Austausch (der »Seelenbesuch«) fand dann seine profane Fortsetzung im Freundschaftskult der Empfindsamkeit, der sich ebenfalls am eindeutigsten bekundete in den meist umfänglichen Briefwechseln, wie ihn Männer und Frauen gleichermaßen pflegten – eine charakteristische Säkularisationserscheinung im Zeitalter der Aufklärung. Auch wirkliche Liebesbriefe wurden jetzt zum ersten Mal in Deutschland geschrieben.

Waren die wichtigsten Inhalte der pietistischen Briefe Erbauung, Bußfertigkeit, Tröstung, Erleuchtung und religiöses Fühlen allgemein, so wurden die beherrschenden Themen der freundschaftlich-empfindsamen Briefwechsel, wie sie schon um die Mitte des Jahrhunderts gang und gäbe waren, Freundschaft, Liebe, Herzensangelegenheiten, Fragen des Geistes, der Bildung, der Philosophie und der Erziehung. In den freundschaftlichen Korrespondenzen schufen sich die Bürger »freie Beziehungen jenseits von Klassenschranken und politischen Zwängen, ständischen und anderen sozialen Unverträglichkeiten. Familie und Stand, Staat und Gesellschaft sollen abseits bleiben, wenn Freunde einander schreiben.« (Mattenklott u.a. 1988, S. 14) Das Bedürfnis, sich mitzuteilen und auszutauschen, war schier ununterdrückbar. Die Briefe, die es stillen sollten, fanden darum oft kein Ende mit den Herzensergießungen, die sie fast ausschließlich enthalten. »Man spähte sein eigen Herz aus und das Herz der andern«, – so erklärte zu Beginn des 13. Buches von ›Dichtung und Wahrheit‹ der alte Goethe bündig und treffend die unzähmbare Lust der Empfindsamen am Austausch vertraulicher Briefe. Auch wenn die meisten der empfindsamen

Freundschaftsbriefe beim Lesen den »Eindruck der Öde« hinterlassen, sollte man nicht übersehen, daß die in ihnen dokumentierten Freundschaften den »deutsche[n] Beitrag zur politischen Emanzipation des Bürgertums in Europa« darstellen. (Mattenklott u.a. 1988, S. 193 f.)

An dem säkularen empfindsamen Briefwesen partizipierten die Frauen in einem noch weit höheren Grade als früher an dem pietistischen. Sie wurden dazu in besonderer Weise von denen ermuntert, die auch theoretisch-programmatisch eine Verbesserung, eine Reform nicht nur der deutschen Sprache und Literatur überhaupt, sondern gerade des Briefes und des Briefstils vertraten und erstrebten: von dem Kritiker und Sprachreformator Gottsched sowie von dem nachmals führenden Briefschreiblehrer Gellert. Die Persönlichkeit des 18. Jhs., die mit ihrer Korrespondenz eine neue Epoche in der Entwicklung des deutschen Briefstils einleitete, war denn auch eine Frau – die noch nicht einmal zwanzigjährige Freundin des eben erwähnten Leipziger Magisters Gottsched, die Danziger Jungfer Kulmus, die nachmalige Gottschedin. Schon im Stil ihrer ersten Briefe an den gelehrten Freund realisierte sie wie selbstverständlich dessen progressive sprachreformerische Ideen. Daß die Möglichkeit und das Bedürfnis, solche klaren und schnörkellosen Briefe wie die Kulmus zustande zu bringen, nunmehr gleichsam in der Luft lagen, geht am besten daraus hervor, daß die gleichgearteten Briefe, die in den vierziger und fünfziger Jahren vom gebildeten Bürgertum geschrieben wurden, keineswegs Produkte der Wirkung waren, die die Briefschreiberin Frau Gottsched *hätte* ausüben können; sie entstanden vielmehr, ohne daß man die Briefe der ›Gehilfin‹ Gottscheds kannte, da diese erst ein Jahrzehnt nach ihrem Tode herausgegeben (1771/72) und bekannt wurden.

Inzwischen war die Gottschedin, was Lebendigkeit und Ausdrucksreichtum anging, von vielen briefschreibenden Zeitgenossinnen und Zeitgenossen übertroffen worden. Herzenswärme und große Sprachkraft zugleich machen die Briefe der Meta Klopstock an den ›Messias‹-Dichter zu einem Höhepunkt weiblicher Briefschreibkunst des 18. Jhs. in Deutschland. Kaum weniger beachtenswert sind die Briefe des poetischen Naturtalents Anna Luise Karsch, der ›Karschin‹, sowie der wirkungsvoll schriftstellernden Sophie Laroche, die nach dem Vorbild Richardsons in England und Rousseaus in Frankreich und einiger zeitgenössischer deutscher Autoren die Briefform als literarisches Darstellungsmittel benutzte und mit ihrem Brief-

roman ›Geschichte des Fräuleins von Sternheim‹ einen glänzen-
den Bucherfolg erzielte. (Vgl. Nickisch 1976, S. 52-55.) Von
den Zeitgenossen galt der vielbemühte Gellert schon zu Lebzeiten, aber auch noch lange Jahre nach seinem Tod als maßgeben-
der Briefschreiber der Deutschen. Bürgel nennt ihn den eigentlichen »Schöpfer des ›modernen‹ bürgerlichen Privat-Briefs«.
(1979, S. 31) Unter der Anleitung Gellerts, des Ehepaars Klopstock und Lessings prägte das Bürgertum den »persönlichen
Brief als die Schriftform des Gesprächs dauerhaft für zwei Jahrhunderte.« (Mattenklott u.a. 1988, S. 10)

In den Korrespondenzen der hiervor genannten Persönlichkeiten spiegelt sich ein wesentliches Stück der Entwicklung des
deutschen Briefes im 18. Jh. besonders klar ab. Die Briefe der
Gottschedin verkörpern den Typus des frühaufklärerischen
bürgerlichen Privatschreibens, das sich von dem preziösen und
servilen gemischtsprachlichen Schnörkelstil des galanten Briefs
aus dem Anfang des Jahrhunderts befreit hat und dessen Haupt-
qualitäten Deutlichkeit und ›Reinheit‹ des Ausdrucks sind.
Demgegenüber bezeugen die Liebes- und Freundschaftsbriefe
der Klopstockin und – teilweise – auch der Karschin den Vorstoß zu einer bis dahin unerhörten Unmittelbarkeit und Sponta-
neität brieflicher Redeweise. Daneben wurde der empfindsam-
schickliche Brief, wie er von Gellert initiiert, gelehrt und gepflegt wurde, seit etwa der Mitte des Jahrhunderts der im vertraulichen Briefwechsel des gebildeten Bürgertums vorherrschende Typus. Ihm war z.B. auch die private Briefschreiberin
Laroche verpflichtet. Kräftiger, unbefangener, lebensfroher
waren hingegen die Briefe W.A. Mozarts und die der ›Frau
Rat‹, der Mutter Goethes, die aus den achziger und neunziger
Jahren stammen.

Den Anteil des Briefes und der Frauen an der literarischen
Entwicklung des 18. Jhs. schätzt Barbara Becker-Cantarino so
hoch ein, daß sie von einer »Feminisierung der Literatur«
spricht, die seit etwa der Mitte des Jahrhunderts stattgefunden
habe: Das Leben, Denken und Schreiben der Frauen

unterwanderte (...) die herrschenden literarischen Formen (...) und
wandelte die gelehrte und belehrende Literatur zur ›schönen Literatur‹.
Dabei war der Brief wegen seines Inhalts und seiner Form wichtig. Seine
offene, ›natürliche‹, gesprächsnahe Form (...) und sein lebensnaher, oft
privater, zeitgenössischer Inhalt hatte gerade dieses Ausdrucksmittel
den Frauen zugänglich gemacht. (1985, S. 98 f.)

Der Romanist F. Nies (1978) hat allerdings plausibel gemacht, daß der locker-natürlich stilisierte Brief letztlich nicht so sehr einer geschlechtsspezifischen Begabung entsprach (der Brief als *die* weibliche Literaturgattung!) als vielmehr sich klassenspezifischen Bedingungen und Gründen verdankte. Unübersehbar nämlich ist, daß die berühmten französischen Epistolographinnen des 17. Jhs., von denen zumal die Briefe der Sévigné wegen ihrer scheinbaren Leichtigkeit und Mühelosigkeit des Stils das bewunderte Vorbild der bürgerlichen deutschen Briefschreiberinnen des 18. Jhs. wurden, allesamt sog. ›grandes dames‹ waren. Der weibliche Brief des 17. Jhs. war insofern ein aristokratisches Genre. Zu den vom Adel reklamierten gesellschaftlichen Qualitäten gehörten das Lässig-Leichte, das Unstudierte, das Unpedantische – alles, was nicht nach bürgerlicher Anstrengung und Arbeit schmeckte. Die Stilideale der Natürlichkeit und nonchalanten Leichtigkeit haben sich, meint Nies, in der empfindsamen Briefliteratur des 18. Jhs. erhalten – unabhängig und losgelöst von den soziohistorischen Umständen ihrer Herkunft. (1978, S. 1002 f.) Man muß aber wohl noch einen Schritt über Nies hinausgehen: Das über die Literatur sich emanzipierende Bürgertum des 18. Jhs. hat in Deutschland die erwähnten Stilqualitäten im Rahmen der Brieftheorie nicht nur übernommen, sondern es hat sie zu – nach eigenem Verständnis – ›klassenlosen‹ Stilansprüchen umfunktioniert und sie damit zu einer subversiv wirksamen Waffe gemacht, mit der es den sozialen Vorrang des Adels erfolgreich in Frage stellte. Und dazu trugen die bürgerlichen Frauen, indem sie ihre besonderen Fähigkeiten zur Abfassung leicht und natürlich wirkender Briefe allerwärts unter Beweis stellten, maßgeblich bei.

Wenn man die Empfindsamkeit als Produkt und Ausdruck einer Art geistigen Freiheitsrausches des selbstbewußt gewordenen Bürgertums interpretiert, dann kann man nicht darüber verwundert sein, daß solche rauschhafte Befindlichkeit auch zu extremer, ja exzessiver Ausschöpfung der neu gewonnenen brieflichen Ausdrucks- und Präsentationsmöglichkeiten führte. Als C. F. Cramer 1777/78 sein aus Verehrung für den ›Messias‹-Dichter geschriebenes ›Klopstock‹-Buch herausbrachte, versicherte er der Widmungspatin Gräfin v. Holk überschwenglich: Bei der Arbeit für das pietätvolle Werk »überließ ich mich ganz der Empfindung meiner Seele, und es ward statt eines Buches ein Brief!« (S. 479) Das Brieflich-Private triumphierte; es okkupierte selbst das Unbrieflich-Öffentliche: das Buch. Dieses wurde zum Über-Brief.

Die voll verfügbar gewordene Fähigkeit, geistige, seelische, emotionale Vorgänge in adäquat verfeinerter deutsche Ausdrucksweise beschreiben und schildern zu können, trieb teilweise schon etwas früher unerfreuliche Brief-Blüten – ganz besonders in der freundschaftlichen Korrespondenz der Anakreontiker, in den Briefen des Darmstädter Freundeskreises, aber auch noch in denen Klopstocks. Entweder begann man in seinen Briefen mit den Gefühlen sprachlich zu tändeln, oder man gab sich das Ansehen eines über die Maßen gefühlsreichen Menschen. Künstlich anmutende Erregungen und Steigerungen bestimmten darum den Charakter dieser Briefwechsel. Und schließlich führte das publizitätssüchtige Ausbreiten gefühlsmäßiger Regungen aller Art auch zu einer Banalisierung und Sterilisierung von Briefinhalt und -sprache. Dafür lieferte der so geschätzte Briefschreiber Gellert selbst peinliche Beispiele, weshalb er schon bald nach seinem Tode von der neuen Generation der Stürmer und Dränger bespöttelt wurde.

Neben der Linie des empfindsam-schwärmerischen Privatbriefs – die charakteristischsten Stationen auf ihr werden von solchen Briefwechseln wie denen von Gleim/Lange, Gleim/Jacobi, Gellert/Schönfeld/Lucius, Klopstock/Moller, Bürger/Boie, Boie/Mejer und Flachsland/Herder bezeichnet – gab es aber eine andere, kaum minder beachtenswerte Linie: die des kühl-rationalen, nüchtern-klaren Briefs. Den Anfang dieser Richtung markierten die Briefe der Gottschedin, und sie setzte sich fort in den vertrauten Schreiben ihres Gatten, besonders jedoch Lessings, seiner späteren Frau Eva König, Winckelmanns, Wielands, Lichtenbergs und des reiferen Herder.

Der deutsche Privatbrief erreichte in den letzten beiden Jahrzehnten des 18. Jhs. unter der genialen Hand überragender Persönlichkeiten der Geistes- und Dichtungsgeschichte aufgrund seines ideellen Reichtums, seiner humanen Substanz und seiner sprachlich-ästhetischen Qualitäten neue Dimensionen und einen neuen Rang. Eine besonders förderliche Voraussetzung für diese Blütezeit der Briefliteratur war die Auflösung des rhetorischen Gattungscharakters, der dem früheren Brief praktisch bis zu Gellert hin angehaftet hatte, insofern der Brief da noch als Bestandstück der Rhetorik und rhetorischer Kunstübung galt. Der Brief war nun in seinem Aufbau und seiner Sprache durchaus frei und zwanglos geworden. Mit der Abwendung »vom normativen Stildenken« schwand auch die Vorstellung, den Brief »als literarische Gattung sehen zu müssen«. (R. Brockmeyer 1961, S. 302) Dafür hat das 18. Jh. der »Briefsprache alle

Ausdrucksmöglichkeiten erschlossen (...). Die Auswahl aus diesen Möglichkeiten ist in das Belieben der einzelnen Schreiber gestellt.« (Brockmeyer 1961, S. 304 f.) Eine uneingeschränkte Subjektivierung des Briefes war die Folge.

Die Ausstrahlung des Zeitalters der Empfindsamkeit als der ersten revolutionär anmutenden Phase eines »enthusiastischen Briefkults, der über Sturm und Drang, Klassik und Romantik ins 19. Jahrhundert führte« (Raabe 1969, S. 111) und eine Überfülle von Briefliteratur hervorbrachte, war so unwiderstehlich, daß von dieser Wirkung schon in den fünfziger Jahren auch der rechtsgeschäftliche und kaufmännische Schriftverkehr erreicht wurde. 1783 vollends verfügte eine kaiserliche Verordnung eine ›Abkürzung der Geschäftsaufsätze‹ im österreichischen Reichsgebiet; gemeint war damit eine nachhaltige Beschneidung des Formel- und Floskelwesens im offiziell-amtlichen Schriftverkehr zugunsten einer natürlicheren, lebensnäheren Sprache. (Vgl. Nickisch 1969, S. 193.) Schon 1760 hatte sich auch der Preußenkönig Friedrich II. in einem Gespräch mit Gellert in Leipzig mit bösen Worten darüber beklagt, daß in den Kanzleien noch immer der alte ›stylus curiae‹ praktiziert werde. Er wünschte ihn zum Teufel, weil er unverständlich sei. (Nickisch 1971, S. 3*)

Mit solcher moralischen und administrativen Hilfe wurde in den folgenden Jahrzehnten der alte Handelsbrief- und Kurialstil Zug um Zug zurückgedrängt, wenngleich er seine in vielhundertjähriger Tradition errichteten und befestigten Bastionen nur widerwillig preisgab. Immerhin konnte ganz am Ende des Jahrhunderts ein führender Lehrer des Handelsbriefstils, J. H. Bolte, mit Genugtuung feststellen, daß sich die Kaufleute in ihren Geschäftsbriefen z.B. »von allem Zwange der Titulatur (...) unter einander losgesprochen« hätten. (Nickisch 1971, S. 5*) Auch der juristisch-kameralistische Kurialstil hatte bis dahin starke Einbußen erlitten, wiewohl sich Relikte in Form von zeremoniös-gravitätischer Stilisierung im offiziellen Schreibverkehr erhielten. (Man kann derlei sogar in den Privatbriefen des alten Goethe, also in Briefen auch noch des 19. Jhs. beobachten.)

Noch bevor der verstandesmäßig klar und konzentriert geschriebene, sich emotional zurückhaltende Brief der aufklärerischen Strömung des 18. Jhs. seine Krönung im späten Briefwerk Lessings erfuhr, erreichte der empfindsame Brieftypus eine äußerste Steigerung in den kraftgenialischen Ausbrüchen der Stürmer und Dränger. Hierzu gehören die Briefe Hamanns, Klingers, Lenzens, Jacobis, Mercks, Bürgers, Schubarts, des jungen Schiller und vor allem die des jungen Goethe. Nie zuvor waren in Deutschland und in deutscher Sprache so persönlich-direkte, lebens- und ausdrucksvolle Briefe zu Papier gebracht worden. Der Brief »sollte (...) nicht bloß Ausdruck des Erlebens, sondern das Erleben selbst sein.« (Büngel 1939, S. 81) In den briefgewordenen Ergüssen der jungen Stürmer und Dränger wurde das Prinzip des ›Schreibe, wie du redest‹ auf die Spitze getrieben. Aber das Streben nach Unmittelbarkeit und Originalität führte zu einem »kraftgenialischen Ausdruck, der oft nur vermeintlich dem Gefühl wirklich entsprach«. (Grenzmann 1958, S. 190)

Wie souverän man nun mit der völlig disponibel und flexibel gewordenen Briefform umsprang, läßt sich besonders gut daran erkennen, daß man häufig auf Anrede und Unterschrift ganz verzichtete. Gerade also die Teile des Briefes, die bislang am strengsten dem Diktat einer altehrwürdigen Formkonvention unterworfen gewesen waren, vernachlässigte man, mißachtete man – auch dies ein Indiz für das Rebellentum und den Subjektivismus der Stürmer und Dränger. »Es soll keine Regel und Reihenfolge mehr gelten.« (Büngel 1939, S. 82) Der Ausdruck des Ichs, des Selbst war alles – Regel und überkommene Form galten nichts. Tatsächlich wurde die »Wirkung auf den Empfänger (...) weniger wichtig als die Möglichkeit, sich selbst zu hören.« (Ebd.) Der Brief war zu einem bevorzugten Tummelplatz geworden, auf dem sich die jungen Kraftgenies verbal austoben konnten. »Dabei ist die Regellosigkeit und das kraftgenialische Sichausrasenlassen der Gefühle (...) mit ihren Exklamationen, Ellipsen, Aposiopesen und Anakoluthen (...) nicht mit Kunstlosigkeit gleichzusetzen.« (W. G. Müller 1985, S. 86) Und da insbesondere von den Stürmern und Drängern die Briefform keineswegs nur zum Zwecke persönlicher Mitteilungen, sondern auch für mannigfache literarische Intentionen reichlichst verwendet wurde, darf man der These beipflichten, daß der Brief *die* Ausdrucksform der Zeit gewesen war. (Büngel 1939, S. 84) Zugleich mit dem persönlichen Sich-Ausleben in Briefgestalt erreichte die neue Briefschreiber-Generation auch objektiv die programmatisch angestrebte Erweiterung literarischer Möglichkeitsräume – durch die Überwindung der bürgerlichen Schreibkonventionen, durch die Emanzipation von ihnen mittels einer die Grenzen der eigenen Klasse überschreitenden Selbstkritik. Eine Trennung zwischen Privatem und Literarischem existierte im späteren 18. Jh. nicht – ja, diese Nicht-Trennung war geradezu die Voraussetzung für die Briefkultur der Zeit. (H. Mohr 1973, S. 50) Welchen Anteil der Brief an der literarischen Produktion der Epoche schon rein quantitativ hatte, ersieht man beispielsweise daran, daß in der großen Weimarer Goethe-Ausgabe (1887-1919) von 133 Bänden 50 allein mit nahezu 15000 Briefen gefüllt sind.

Wie hat aber der damalige Brief des sog. ›einfachen Mannes‹ ausgesehen, der nicht in die Literatur- und Geistesgeschichte eingegangen ist? Nun, sofern er überhaupt geschrieben wurde (über 80% der damaligen Reichsbevölkerung waren noch Analphabeten – zudem konnten sich schon wegen des teuren Portos nur das gutsituierte Bürgertum und der Adel das Briefschreiben leisten), ist er nicht überliefert worden, weil er kaum von jemanden für überliefernswert gehalten worden ist. Die wenigen angeblich von Bedienten verfaßten Briefe, die die ›Moralischen Wochenschriften‹ abdruckten, sind fast durchweg fingiert, stammten in Wahrheit von den Herausgebern oder bürgerlichen Mitarbeitern der Blätter. Aufbewahrt und veröffentlicht wurden – und werden ja auch heute meist noch – Briefe von und an Personen, die in irgendeinem Bereich des gesellschaftlichen Lebens, des Denkens und Wissens (aus was für Gründen auch immer) für bedeutend, für denkwürdig, jedenfalls für erinnernswert gehalten wurden.

So lassen sich auch über den ›unbedeutenden‹ bürgerlichen Privat- und Geschäftsbrief des 18. Jhs. fast nur mittelbar gewonnene Aussagen machen. Diese werden uns in erster Linie ermöglicht durch das Studium der Musterstücke in den Brieflehrbüchern der Zeit, die im Gefolge der Gellertschen Brieflehre den Buchmarkt in der zweiten Jahrhunderthälfte nachgerade überschwemmten. (Die Bibliographie bei Nickisch 1969, S. 291 ff., weist über 200 Titel und Ausgaben aus.) Diese langanhaltende Briefbuch-Konjunktur dürfte ein untrüglicher Indikator für das gewachsene Briefschreibe-Bedürfnis auch des schlichteren Bürgertums sein. Briefsteller wurden ja nicht von Literaten, Professoren, Dichtern und sonstigen Hochgebildeten benutzt (von den Fällen abgesehen, in denen sie noch genötigt waren, in offiziöser Manier an hochmögende Persönlichkeiten zu schreiben, wobei sie sich der adäquaten Titulaturen und Floskeln zu vergewissern hatten), sondern von durchschnittlichen, weniger schreibgewandten Bürgern, die zumeist doch literaturfern lebten. Wenn wir uns also mit Hilfe der Exempel in den Brieflehrbüchern eine Vorstellung davon machen dürfen, wie der tatsächlich geschriebene pragmatische Durchschnittsbrief der Zeit beschaffen gewesen ist, dann wird man sagen können, daß sich nicht nur bei den sehr Gebildeten, sondern generell im Bürgertum eine frappierende Schmeidigung und Verfeinerung der deutschen Briefsprache durchgesetzt hatten. Die allgemein gewordene bürgerliche Briefkultur dürfte so zu einer der wesentlichsten Voraussetzungen dafür geworden sein, daß Deutsche fähig wurden, noch im 18. Jh. weltliterarisch relevante Leistungen zu erbringen. Gerade auch das Briefwerk der führenden Köpfe der klassischen Ära muß als essentieller Bestandteil ihres literarischen, philosophischen und wissenschaftlichen Oeuvres gelten. Der Brief erreichte bei Goethe, Schiller, Herder, Hölderlin, Jean Paul, W. v. Humboldt und einigen mehr klassischen Rang, insofern er beherrschter Ausdruck und vollkommener Spiegel menschlich und geistig hervorragender Persönlichkeiten und ihrer Zeit wurde. Ohne daß der Brief seine formale Identität einbüßte, erfuhr er eine bis dahin kaum vorstellbare gedanklich-inhaltliche und ausdrucksmäßige Bereicherung. Exemplarisch dafür ist der Briefwechsel zwischen Goethe und Schiller. Wiewohl in dieser Korrespondenz niemals die briefliche Gebrauchsform und die Funktion der persönlichen Mitteilung preisgegeben wurden, ist beides – die primär pragmatische Form und die Mitteilungsfunktion – zu höchster literarischer Dignität gesteigert: wegen der geistigen Bedeutung der Inhalte und wegen des der Kunstprosa der Zeit ebenbürtigen Sprachstils. Häufig handelte es sich bei diesen und vergleichbaren zeitgenössischen Briefen aber auch um ›literarische Gebrauchsformen‹ (Belke 1973, S. 8), da solche Briefe eine Synthese aus pragmatischer und essayistischer Form bildeten.

Spätestens die Briefe der Klassiker erweisen, daß es auch eine deutsche Brief*literatur* im anspruchsvollsten Sinne gibt.

Die Goethezeit war das klassische Zeitalter des deutschen Briefs, in dem man ihn zum Träger gemeinsamen Denkens, Fühlens und Strebens, somit zum Zentrum gesellschaftlichen Lebens erhob. Der Brief (...) wurde das willkommene Mittel zur Durchdringung diesseitiger Lebensfülle, zur Darstellung aller Bereiche des Seelischen und Geistigen aller Gebiete eines aufgeklärten Gefühls und Genusses. (Raabe 1963, S.9)

Stark begünstigt wurde der Aufstieg des deutschen Privatbriefs zu solcher Ranghöhe durch die kommunikative Situation der geistig führenden Gesellschaftsschicht, die ihrerseits bedingt war durch die politischen Gegebenheiten in Deutschland. Da die Vielstaaterei die Entfaltung einer geistig-kulturellen Metropole nicht zuließ (im Gegensatz etwa zu Frankreich, wo Paris die folgenreiche Rolle einer solchen schon lange übernommen hatte), bildeten sich zahlreiche kleinere, bestenfalls mittlere Kulturzentren heraus, z.T. an geographisch nicht sonderlich bedeutenden Orten wie beispielsweise Weimar, Jena, Heidelberg, München, Bayreuth, Darmstadt, Stuttgart, Dresden und Göttingen. Um sich von den geistigen Vorgängen, der literarischen Produktion und der Bewußtseinsentwicklung an diesen verschiedenen Orten ein Bild machen, um untereinander in eine womöglich wechselseitig befruchtende Beziehung treten, um sich miteinander verständigen, um miteinander diskutieren zu können, war man schon aus äußeren Gründen am meisten auf den Brief und die Post angewiesen; denn die persönliche Begegnung war wegen des strapaziösen und risikoreichen Reisens im Vergleich zu der Zeit nach 1850 (als das Zeitalter der Eisenbahn begonnen hatte) merklich erschwert und daher sehr viel seltener möglich. Mit Recht ist folglich festgestellt worden, daß »kaum je die Höhe einer geistigen Kultur in dem Maße an die Höhe einer Briefkultur gebunden« war wie im 18. Jahrhundert. (W. Müller-Seidel 1956, S. 189) Und dies galt in gleicher Weise für die Romantik, die ja noch tief ins 19. Jh. hineinreichte. So war für das 18. Jh. wie für den ›romantischen‹ Teil des 19. das Briefschreiben kommunikationsgeschichtlich von wahrhaft fundamentaler Bedeutung. Begründetermaßen darf man die Zeit zwischen 1790 und der Mitte des 19. Jhs. auch als die Epoche ansehen, in der die deutsche Briefkultur ihren Höhepunkt erreicht hat. (Vgl. Mattenklott u.a.1988, S. 12.)

Die bedeutendsten kritisch-theoretischen Köpfe der deutschen Romantik, die Brüder Schlegel, doch gutenteils auch Novalis und Tieck pflegten in ihren Briefen weiterhin das, was die hochrangigen literarisierten Briefe der Klassiker gekennzeichnet hatte: die Verbindung von Mitteilungen persönlicher Angelegenheiten mit gelehrten, ästhetisch-kritischen Essays oder Abhandlungen, freilich meist in einer abstrakteren, unanschaulicheren Diktion. Von den übrigen Romantikern und Romantikerinnen wurde der Brief wegen seines vielfältigen Formwertes noch höher geschätzt. Er wurde für sie eine der »wesentlichsten Äußerungs- und Darstellungsformen« überhaupt (Heuschele 1938, S. 30), ja er wurde bei den überaus bekenntnisfreudigen Vertretern der Romantik in ganz besonderem Maße Teil ihres Lebens und Werkes, zumal bei Novalis, Tieck, Brentano, Arnim und Eichendorff. Die Freundschaft zwischen vielen von ihnen fand ihren stärksten Ausdruck in den romantischen Briefkreisen. Der Brief wurde nun für das zeitgenössische Geistesleben oft wichtiger als ein Aufsatz oder gar ein Buch. Im Gegensatz zu den ausgewogenen, gedankenklar und sachbezogen formulierten Klassiker-Briefen waren die der meisten Romantiker »quellend subjektiv, voll schillernder vieldeutiger Geistigkeit und Ironie, immer aber voll reichen Lebens«. (Heuschele 1938, S. 32)

Dies letztere gilt in vorzüglichem Maße von den führenden Romantikerinnen, bei denen der Frauenbrief in Deutschland eine neue Blüte erreichte. Hier ist an erster Stelle Caroline Schlegel-Schelling zu nennen, die lange das Zentrum des frühromantischen Jenenser Kreises bildete. Nach ihr stand im Mittelpunkt der romantischen Briefkreise die ähnlich einzigartige sprühend-lebensvolle Bettina v. Arnim, für deren persönlich-originelles Sich-Mitteilen ebenso wie für ihre literarische Produktion der Brief die durch keine andere zu ersetzende Form war, so daß ihre Kunst sich »in der des Briefschreibens vollendet, aber auch erschöpft« hat. (Heuschele 1938, S. 32) »Sie steht als Beispiel für ein Frauenleben in Briefen.« (G. Mattenklott 1985, S. 127) Bettina schrieb wirkliche und erfundene Briefe; oft mischte sie scheinbar willkürlich und unbedenklich Reales und Fiktives, überformte wirkliche Briefe stilistisch und stellte mit ihnen ganze Bücher zusammen, so die Souveränität ihres romantischen Denkens und Existierens wie auch die Fülle ihrer brieflichen Ausdruckskunst manifestierend. Aus der Zeit der ausgehenden Romantik verdient besondere Erwähnung die gleichfalls hochrangige, erstaunlich realistische und zugleich unendlich mitteilungsfreudige Briefschreiberin Rahel Varnhagen v. Ense, die viele bedeutende Briefwechsel unterhielt; ihr hastiger, nervös-geistreicher Stil macht freilich die ganz spontanen Produkte ihrer Feder nicht eben besonders gut lesbar.

K.H. Bohrer hat konstatiert, daß im Gegensatz zum dialogischen Brief des 18. Jhs. der romantische Brief das Medium »monologische[r] Konstrukte(n) eines Ichs« ist, »das eigentlich keine Antwort mehr ermöglicht«. (1987, S. 214) Im romantischen Brief ist die vormalige kommunikativ-dialogische Funktion reduziert auf die »Spiegelfunktion der eigenen Subjektivität« (Ebd., S. 47) – wie das in besonders prägnanter Weise die Briefe Kleists, Brentanos und der Günderrode zeigen.

Das 19. ist das einzige Jahrhundert, für dessen erhalten gebliebene deutsche Briefe wir bislang über vollständige bibliographische Angaben verfügen – nebst einem Gesamtregister der Briefschreiber und -empfänger. F. Schlawes Repertorium von 1969, das die Briefsammlungen aus der Zeit zwischen 1815 und

1915 verzeichnet hat, vermittelt einen frappierenden Eindruck von der unüberschaubaren Masse und damit zugleich der Bedeutung der im 19. Jh. deutsch geschriebenen Briefe; es hat etwa 20000 Korrespondenzen der besagten Zeit erschlossen. Das Werk macht augenfällig, daß der Brief für die gesellschaftliche und literarische Entwicklung des 19. Jhs., auch jenseits der Hochromantik, nicht weniger relevant als für die analogen Entwicklungen des 18. gewesen ist. Schlawe bezeichnet sogar das 19. Jh. als die »Blütezeit der Briefliteratur.« (1969, Halbbd. 1, S. XI) Aus dem Gesamtregister des Repertoriums lassen sich literatursoziologisch überaus bedeutsame Hinweise entnehmen. Das Berufs- und Geschlechtsregister umfaßt die Briefe und Briefwechsel von Altphilologen, Archäologen, Dichtern, Frauen, Fürsten, Historikern, Juristen, Kirchengeschichtlern, Künstlern, Kunsthistorikern, Literaturwissenschaftlern, Medizinern, Militärs, Musikern, Musikhistorikern, Orientalisten, Naturwissenschaftlern, Pädagogen, Philosophen, Politikern, Publizisten, Nationalökonomen, Technikern, Theaterleuten und Schauspielern, Theologen, Verlegern und – einem Handwerker; ein Bauer, ein Dienstbote oder ein Arbeiter ist nicht darunter. Auch das historisch so bewußte 19. Jh. hat also im wesentlichen an Briefen nur aufbewahrt, was man aus irgendwelchen Gründen für überdurchschnittlich und mithin für besonders erinnernswert angesehen hat. Die Kennzeichnung des gewöhnlichen Privatbriefs aus dieser Epoche ist sonach ebenfalls angewiesen auf indirekt (etwa aus den zahlreichen Briefsteller-Mustern) gewonnene Aussagen sowie auf die Interpretation von eher zufällig erhalten gebliebenen Briefdokumenten.

Zwei neue Tendenzen kennzeichnen die Entwicklung des Briefes im 19. Jh. seit dem Auslaufen der romantischen Bewegung und dem Ende des Biedermeiers: einesteils kritisch-wissenschaftliche Versachlichung – andernteils Politisierung. Beide Tendenzen setzten sich vollends nach 1848 durch.

Der Aufschwung der philosophisch-historischen Wissenschaften wie bald auch der Naturwissenschaften förderte in bislang unbekanntem Maße die Entstehung gelehrter Briefwechsel. Philosophische und wissenschaftliche Fragen nahmen in den Korrespondenzen zahlreicher Zeitgenossen einen immer breiteren Raum ein, wenn nicht gar das Bedürfnis, sich über einschlägige Probleme auszutauschen, solche Briefwechsel erst hervorrief. Gerade die Romantik hatte entscheidend dazu beigetragen, daß neue historisch-philologische Wissenschaftszweige begründet wurden; daraus resultierten intensive und

ausgebreitete Briefwechsel. Oft begegneten sich dabei die
»menschlichen Sympathien mit wissenschaftlichen Absichten«.
(Grenzmann 1958, S. 191) Zu nennen sind in diesem Zusammenhang etwa die Korrespondenzen F. C. v. Savignys, des Be-
gründers der Rechtsgeschichte, der Brüder Grimm, K. Lach-
manns und K. Goedekes, der Väter der germanischen Philolo-
gie. Zu den großen philosophischen Briefschreibern noch der
ersten Phase des 19. Jhs. gehören Fichte, Schelling, F. v. Baader
und Hegel. Sie waren zugleich noch die Repräsentanten einer
Generation von Briefschreibern, die sich dem Ideal der universal denkenden und der sich universal bildenden Persönlichkeit
verpflichtet fühlten und dieser Einstellung in Inhalt, Form und
Stil ihrer Briefe Ausdruck verliehen. In den bloß gelehrten Korrespondenzen der Zeit dagegen wurde der innerlichkeitsbe-
stimmte Brief mehr und mehr von wissenschaftlicher Erörterung und sachbezogener Reflexion in brieflicher Form verdrängt; Sachlich-Fachliches stand im Vordergrund – das Spezia-
listentum kam auf. (Heuschele 1938, S. 42)
   Der Versachlichungtendenz im Briefwesen des 19. Jhs. ist
auch die auffällige Reduktion brieflicher Mitteilungsformen zuzuschreiben: Der knappen und knappsten Übermittlung von
Nachrichten dienten Postkarte und Telegramm, die beide Produkte der zweiten Hälfte des Jahrhunderts sind und eine Folge-
erscheinung der allgemeinen »Zunahme der Verkehrsgeschwin-
digkeit unter dem Druck, aus Zeit Geld zu machen«. (Mattenklott u. a. 1988, S. 11) Derlei bekam dem Brief nicht, denn es be-
schnitt immer mehr die Muße, die man zum Briefschreiben
braucht.
   Die Tendenz zur Politisierung kam zuerst und gleich sehr
nachhaltig zur Geltung in den Briefen, die die Jungdeutschen
schrieben, vor allem in denen L. Börnes, H. Heines und K.
Gutzkows. Bei ihnen war der Privatbrief zwar wie gewohnt an
einen einzelnen Partner, gleichzeitig jedoch an die Zeit und die
Öffentlichkeit gerichtet. Sie bedienten sich der Briefform ebenfalls als eines effektiven literarischen Mittels – etwa in der Form
des Reisebriefs –, um unmittelbar politisch wirken zu können.
Für K. Marx und F. Engels war der Brief in erster Linie ein Mittel der Klärung und der Propagierung ihrer politisch-ökonomi-
schen Ideen.
   Auch scheinbar so unpolitische Autoren wie K. Immermann,
J. Gotthelf, G. Keller, Annette v. Droste-Hülshoff, F. Grillparzer, A. Stifter und F. Hebbel haben auf ihre Weise Anteil an der
Politisierungstendenz im Briefwesen. In ihrer aller Briefwech-

sel bekundet die Behandlung des Verhältnisses von »Ich und Welt(...) in vielfacher Brechung« (Grenzmann 1958, S. 192) die angesichts der rapiden Wandlungen der Zeit und der Gesellschaft tief problematisch gewordene Beziehung des besonders bewußt und sensibel lebenden Individiums zu seiner Umwelt. Die ›soziale Frage‹, das dominierend werdende politische Problem des 19. Jhs. in Deutschland, warf ihren schweren Schatten auch auf die Korrespondenz solcher Briefschreiber, die primär oder professionell nichts mit ihr zu tun zu haben schienen.

Eigenartig mag auf den ersten Blick das Faktum berühren, daß trotz der Expansion des Pressewesens und trotz der Erfindung von Telegraf und Telefon das 19. Jh. die Zeit war, die uns die umfangreichsten Korrespondenzen beschert und überliefert hat. Und die kulturelle Bedeutung dieser Briefgespräche steht hinter ihrem Umfang meist nicht zurück. Die Zahl schreibgewandter und gebildeter Menschen war stark angewachsen, und aufgrund verbesserter technischer Möglichkeiten der Archivierung und der Publikation wurde die Tradierung von Briefdokumenten im Vergleich zu allen früheren Jahrhunderten ungemein erleichtert. Die bewußt wahrgenommene oder unbewußt erlebte Irritation der bedeutenderen Köpfe auf fast allen Gebieten der Kultur und der Politik durch die drängenden sozialen Probleme erklärt die Verunsicherung bei den meisten von ihnen und das aus ihr folgende Sich-Zurückziehen auf sich selbst. In ihren Briefen bekundeten sich sehr unmittelbar ihre Bedrückungen, ihre Vereinsamung, ihre Desorientierung in Zeit und Gesellschaft. Viele ›Große‹ lebten einsam nebeneinander her: Der Briefwechsel mit wenigen Vertrauten oder Gleichempfindenden wurde die gern und viel benutzte Brücke aus der Einsamkeit heraus. Mehr als 40% der von Hebbel überlieferten Texte sind z.B. Briefe! (Vgl. hierzu Heuschele 1938, S. 43.)

So entstanden die menschlich reichen und bewegenden Briefwechsel vieler Schriftsteller, Künstler und Gelehrter; außer den schon genannten die G. Büchners, E. Mörikes, C. F. Meyers, Th. Storms, A. Feuerbachs, H. v. Marées, J. Brahms', A. v. Villers', J. Burckhardts, L. v. Rankes, W. Buschs, Wagners, Nietzsches und nicht zuletzt die Th. Fontanes, der einer der passioniertesten, fleißigsten und zugleich größten deutschen Briefschreiber war. Zu den wichtigen Briefschreibern des 19. Jhs. gehören andererseits aber auch das reale Zeitgeschehen stark beeinflussende Politiker, Diplomaten und Militärs – z.B. O. v. Bismarck, H. v. Moltke, A. v. Roon und K. v. Schlözer. Wenn wir über literarische, künstlerische, politische und wissenschaftliche Ereignisse unseres Vorjahrhunderts »bis in alle Einzelheiten, wie nie zuvor, unterrichtet« sind (Raabe 1969, S.112), so verdanken wir das insbesondere der Fülle der überlieferten Briefe. Ihr Reichtum an Informationen in kultur-, literatur-, sprachstil-, sozial- und allgemeingeschichtlicher Hinsicht dürfte kaum von einer anderen Quellenart des 19. Jhs. übertroffen werden.

Ein weiteres Indiz für die Politisierungstendenz im Briefwechsel des 19. Jhs. ist, daß wesentliche literarische Verwendungsweisen der Briefform zur Beförderung politischer Intentionen eingesetzt wurden: man verfaßte entweder fingierte oder ›Offene Briefe‹. Aus der Monographie Rogges geht hervor, daß die Zahl politisch-öffentlich gemünzter fingierter Briefe in kritischer oder gar polemisch-satirischer Absicht bemerkenswert zunahm; sie erschienen entweder als Buch oder auch als Beitrag in Zeitschriften (z.B. im ›Kladderadatsch‹, 1848 ff., in der ›Zukunft‹, 1892 ff. und im ›Simplizissimus‹, 1896 ff.). (Vgl. hierzu auch 4.3.7., S. 149–152.) Auch von der Form des ›Sendschreibens‹, das – wie der Prototyp der fingierten satirischen Briefe, die ›Dunkelmännerbriefe‹ – aus der Reformationszeit bekannt ist, machte man im 19. Jh. wieder häufiger Gebrauch; es ist der unmittelbare Vorläufer des modernen ›Offenen Briefes‹. Während A. Glaßbrenner und Heine noch den Ausdruck ›Offenes Sendschreiben‹ gebrauchten – jener 1846 und dieser 1855 –, betitelten die Brüder H. und J. Hart ihr 1882 veröffentlichtes Schreiben an den Reichskanzler Bismarck als ›Offenen Brief‹ (wohl nach dem Vorbild des ›Offenen Briefes‹, den der Dänenkönig Christian VIII. 1846 zur Begründung seiner Ansprüche auf die Elbherzogtümer herausgegeben hatte). Seither ist die Form des Offenen Briefes zu einem immer beliebteren Mittel bei politisch Schwachen oder Ohnmächtigen geworden, moralisch-psychologisch auf politisch Mächtige Einfluß zu nehmen. Das 19. Jh. hat dafür die ersten modernen Beispiele geliefert.

2.4. 20. Jahrhundert

Nach Hillard ist der Brief bereits in der Romantik

in die individualistische Form der bürgerlichen Epoche getreten, in der das epistolographische Material sich nicht mehr über einen gemeinsamen Nenner vereinigen läßt. Interessant wird der Brief als Einzel- und Sonderfall. (1969, S. 344)

Die Briefe mit ungewöhnlichem gedanklichem und emotionalem Gehalt, an denen auch unser Jahrhundert erstaunlich reich ist, sind in der Tat so individuell geprägt, daß es kaum mehr möglich sein dürfte, sie in einer überschaubaren Systematik unterzubringen und dementsprechend zu etikettieren. Das wird allein glücken und erkenntnisfördernd sein bei den konventionellen Privatbriefen und bei den geschäftlichen Schreiben wegen ihrer nahezu genormten gebrauchssprachlichen Diktion; zudem unterliegt die Geschäftskorrespondenz in den letzten beiden Jahrzehnten einer forcierten Formalisierung.

Die Zahl konventioneller privater und geschäftlicher Briefe ist gegenüber dem 19. Jh. noch gewaltig gewachsen. Im Jahre 1936 beförderte die Reichspost bereits 4,5 Milliarden Stücke Briefpost. (Büngel 1939, S. 89) 1981 stellte die Bundespost 12,7 Milliarden Briefsendungen zu. (Langeheine I 1983, S. 299) 1986 waren es 13,2 Milliarden. Der Anteil von ›Briefen‹ im eigentlichen Sinne daran betrug rund 58%.

Die erdrückende quantitative Dominanz des rein pragmatisch-okkasionellen Briefes in unserem Jahrhundert hat die meisten Briefforscher und viele Zeitkritiker zu der kulturpessimistischen Auffassung veranlaßt, im Zuge der rapide fortschreitenden Technisierung der Kommunikation – durch Telegraf, Telefon, Funk, Radio, Fernschreiber, Fernsehen, Schreibmaschine, Tonband, Kassette, Bildschirm-Schreibmaschine, Telefax, Fernschreiben, sei die Möglichkeit einer Brief*kultur* unwiederbringlich verlorengegangen. Die verkehrstechnisch fast perfekt ›erschlossene‹ Gesellschaft von heute erlaube den Menschen nahezu beliebig viele persönliche Kontakte. Daher bevorzuge man das leichter zu bewerkstelligende direkte Gespräch – der Brief erscheint nur mehr als »Behelfskommunikation«. (Jappe 1969, S. 361)

Th. W. Adorno (1962) hat gemeint, wer in unserem Jahrhundert noch Briefe schreiben könne, verfüge über »archaische Fähigkeiten«; »eigentlich lassen sich keine Briefe mehr schreiben.« (S. 128) Die vielen bereits veröffentlichten Korrespondenzen von Menschen des 20. Jhs. erweisen jedoch, daß auch im Zeitalter der perfektionierten technischen Kommunikation der gehaltvolle, gedankenreiche Briefwechsel privater Natur ebenso möglich ist wie der literarisch-künstlerisch überformte Brief. Wer unvoreingenommen eine Reihe ›großer‹ deutscher Briefschreiber aufzustellen versucht, wird in diese Reihe auch eine beträchtliche Zahl von überdurchschnittlichen Epistolographen unseres Jahrhunderts aufnehmen müssen: allen voran vielleicht R. M. Rilke, der sein »ganzes Wesen den Briefen« anvertraute. (Raabe 1969, S. 112) Und wer wollte in dieser Reihe solchen Briefschreibern und Briefschreiberinnen wie F. Kafka, Rosa Luxemburg, H. v. Hofmannsthal, K. Tucholsky, K. Kraus, W. Benjamin, R. Musil, H. Broch, Else Lasker-Schüler, Th. Mann, S. Freud, G. Benn, E. Barlach, H. Hesse, R. Schneider, H. Kesten, R. Walser, M. Rychner und Th. Heuss einen Platz verwehren? Bei den meisten von ihnen ist noch die epistolographische Tradition des 19. Jhs. wirksam. Zu den großen Briefschreibern unseres Jahrhunderts gehören aber auch viele Verfasser der Studenten- und Soldatenbriefe aus den beiden Weltkriegen sowie von menschlich tief erschütternden Briefbotschaften, die aus Gefangenenlagern und Kerkern stammen.

Noch ist uns die Kenntnisnahme ungezählter Briefschaften aus unserer Epoche nicht möglich. Wird ihr Studium künftig möglich, müssen wir mit Erkenntnissen rechnen, die das derzeitige Bild von der Briefkultur unserer Zeit noch stark verändern, noch erheblich korrigieren können. Bis dahin sollte man mit einer Bewertung des Kultur- und Literaturphänomens Brief in der Gegenwart sehr zurückhaltend sein. Kriterien wie die, auf welche konservativer Kulturpessimismus rekurriert, sind für eine sachgerechte Einschätzung vermutlich eher untauglich. So sei im folgenden nur eine sehr behutsame Kennzeichnung des Briefwesens in unserem Zeitalter versucht.

Angesichts der individuellen Singularität, der den bedeutenderen modernen Brief schon seit der Romantik bestimmt habe, glaubt Hillard lediglich noch zwei Grundarten unterscheiden zu können: »die *dialogische* und die *monologische* Form.« Beim monologischen Brief habe der Schreiber «die Optik auf sich selbst«, er wolle »sich ergründen und zu sich selbst kommen.« Seine »Introspektion« suche »nicht den Partner eines Gesprächs, sondern den Reflex der eigenen Ansprache.« Dagegen setze der dialogische Brief das »Talent partnerschaftlicher Bindungen voraus.« Hervorbringen könne ihn aber nur der »Zauber des authentischen Augenblicks, der von unmeßbarer Dauer ist: der Augenblick des emotionellen Angezogenseins und des bereiten Sichöffnens.« (1969, S. 344)

Den beiden Grundarten ordnet Hillard gewichtige Briefwerke des 20. Jhs. zu. So seien z.B. die Briefe G. Benns von großer monologischer Dichte. Eine Variante des monologischen Typs stellten auch die ratgebenden Briefe dar, etwa die präzeptoralen St. Georges. Im Werk vieler Briefautoren finde sich aber sowohl die monologische wie die dialogische Grundform. F.

61

Kafka insbesondere habe »ambivalente(n)« Briefe geschrieben. Große Beispiele des dialogisch-gesprächsnahen, oft wie improvisiert wirkenden Brieftyps enthalte das epistolographische Werk H. v. Hofmannsthals (man denke an die berühmt gewordenen Briefwechsel mit R. Strauß, George, R.A. Schröder, R. Borchardt usf.), obwohl der Wiener in vielen Briefen auch ganz monologisch bleiben könne – wie sein Freund Borchardt als Briefschreiber durchweg. (1969, S. 344-349) Monologisch sind letztlich ebenfalls die kunstreichen Briefe des dichterischen Ratgebers und Trösters R. M. Rilke. Im Grunde sind sie Selbstergüsse, der Empfänger spielt nur eine marginale Rolle. (Vgl. A. Destro 1976, S. 208-218.) In letzter Konsequenz droht dem monologischen Briefschreiber der Verlust der Fähigkeit, mit dem Partner zu kommunizieren – ein Verlust, den Bohrer schon beim romantischen Brief konstatiert hat. (1987, S. 214; vgl. 2.3., S. 55) Für W.G. Müller (1985) bezeugen z.B. Kafkas Briefe, in denen man ansonsten die letzte bedeutende Ausprägung des Bekenntnisbriefs sehen kann, »in aller Schärfe (...) die Unmöglichkeit brieflicher Kommunikation« – wie sie gerade in Kafkas Briefwechsel mit Milena offenkundig geworden sei. (S. 87)

Die Tendenz zum Monologischen scheint in Briefen von Schriftstellern überhaupt stärker zu sein als die zum wirklich dialogischen Briefgespräch mit dem Partner – handelt es sich doch bei diesen Briefen, nach der Beobachtung M. Reich-Ranickis (1974), vor allem um »Versuche der Selbstbehauptung und der Selbstverteidigung, der direkten und der indirekten«; oft gehe die Selbstbehauptung gar in die »Selbstinszenierung« über. (S. 139) Dies gelte ganz besonders für die modernen Autoren – wie George, G. Hauptmann, Th. Mann, J. Roth, F. Wedekind, C. Sternheim und B. Brecht; auch für Rilke und sogar für den scheinbar so partnerbezogen schreibenden Briefautor Hofmannsthal, bei dem das vordergründig Dialogische im Grunde auch nur ein Mittel der Stilisierung und der Selbstinszenierung sei. (Reich-Ranicki 1974, S. 152)

Hillards Grobeinteilung galt nur für die literarisierten Privatbriefe der Moderne. Sie kann und soll nicht auch für die Charakterisierung der rein pragmatischen Korrespondenz bemüht werden. Diese erscheint Hillard als irrelevant, da reine Zweckbriefe »niemals Kunst und Kultur des Briefes repräsentiert« hätten. (1969, S. 342) Im übrigen sieht auch er das Ende des für ihn allein bedeutsamen individuellen Briefs gekommen, was in erster Linie der Anwendung der zur Informationstechnik gehörenden Maschinenschrift zuzuschreiben sei. (1969, S. 350)

Hinter Hillards Beurteilung des Briefwesens in unserem Jahrhundert steckt ein problematischer Kulturbegriff, der hier nicht eingehend erörtert werden kann. Erlaubt sein muß aber wenigstens die Frage, ob nicht auch die quantitative Teilhabe einer Gesellschaft an gebrauchsliterarischen Kommunikationsmöglichkeiten, zu denen der Brief seit jeher gehört hat, als ein Gradmesser für Kultur in Anspruch zu nehmen ist – außer persönlicher Ausdruckskunst und stilistischem Raffinement. Wenn dies diskutabel ist, dann haben wir es heute mit einer Briefkultur zu tun, die sich gewandelt hat und sich weiter wandelt, nicht jedoch mit ihrem Ende. Die Nachrichten- und Informationstechnik hat dafür gesorgt, daß die Menschen seit dem Ende des vorigen Jahrhunderts in rasch wachsendem Maße über viele neue soziokommunikative Möglichkeiten verfügen konnten. Deshalb hat der individuelle Brief seine kulturelle Rolle als quasi unersetzbares Vehikel für die Übermittlung und den Austausch von Informationen, Reflexionen und Emotionen wohl weitgehend ausgespielt. Die verkehrstechnisch ermöglichte hochgradige Mobilität in der modernen Gesellschaft gestattet so viele direkte Kontakte, daß der Typ des geistvoll-inhaltsreichen Privatbriefs, den das 18. Jh. ausgebildet und das 19. gepflegt hat, im 20. nur mehr wenig Chancen zu haben scheint.

Doch sind die der unmittelbaren Begegnung so zuträglichen soziokommunikativen Bedingungen, unter denen wir nunmehr leben, nicht auf immer garantiert und nicht für jedermann gegeben. Wo sie willkürlich eingeschränkt werden, wird der Brief, wird das Briefschreiben unversehens wieder wichtig. So häuften sich auffälligerweise zwischen 1933 und 1945 (wie schon einmal zwischen 1806 und 1813, als Deutschland unter der napoleonischen Herrschaft litt) die »politischen Briefe«, weil sie da als »eine Art von Untergrundzeitung« dienten. (Mattenklott u.a. 1988, S. 629) Bei Jappe heißt es:

Nicht Freiheit, Unterdrückung und Mangel an Kontakt führen zum Schreiben. Durch die Geschichte hindurch zeigt sich, daß der Brief eine Art geistiger Untergrundbewegung ist, die hochkommt, wenn sich die Gesellschaft auch an der Oberfläche nicht mehr human gibt. Der Brief ist die Reserve der persönlichen Bewegungsfreiheit. (1969, S. 362)

Für Jappes Auffassung spricht, daß die menschlich beeindruckendsten Briefe in unserem Zeitalter in der Tat von Personen geschrieben worden sind, die sich in einer Notlage, in einer extremen Lebenssituation befanden – man denke nur an die Briefe der in Stalingrad eingeschlossenen deutschen Soldaten, der vom

sicheren Tod bedrohten Verschwörer des 20. Juli, an die Briefe
von eingekerkerten oder exilierten Schriftstellern, Künstlern,
Politikern usf. Jappe leitet daraus die, freilich wohl überspit-
zende, These her: »Nach wie vor bedarf der Brief, um zu ge-
deihen, nicht einer allgemeinen Humanität und schon gar
nicht der Post – er bedarf der krassen, gefährlichen Ausnah-
mesituation« (1969, S. 361) Soweit dies zutrifft, gilt es doch
nur für den Typ des persönlichen Briefs, der an den großen
analogen Briefbeispielen des 18. und 19. Jhs. gemessen wird
und der bloß den kleinsten Teil der im 20. Jh. geschriebenen
deutschen Briefe ausmacht.

Bei der Erforschung des modernen Korrespondenzwesens
kann man sich jedoch nicht mehr allein an dem ›bedeutenden‹
Privatbrief der beiden Vorjahrhunderte orientieren; das käme
in methodischer Hinsicht einem Festhalten an einem engen
und exklusiven Begriff von Literatur gleich. (Dann würde
man z. B. schon Brechts Korrespondenz, die sich wegen ihrer
sachlich-geschäftsmäßigen Diktion von den stilvollen bürgerlichen Briefwechseln traditioneller Art scharf unterscheidet, nicht mehr zu den großen Briefwerken unseres Jahrhunderts rechnen dürfen.) Eine Textwissenschaft, die ihre Unter-
suchungsgegenstände als eminent gesellschaftlich bestimmte
zu begreifen gelernt hat, muß sich auch dem Massenphäno-
men ›Brief‹ stellen und Kategorien zu seiner wissenschaftlichen Erfassung entwickeln.

Es dürfte kaum mehr forschungstechnische Schwierigkeiten bereiten, ein repräsentatives Materialkorpus aus Briefen
und Karten des sog. ›kleinen Mannes‹ zusammenzustellen,
dessen Auswertung zu gesicherten Aussagen über alle massenhaft vorkommenden Brieftypen unserer Zeit führen
könnte. (Für alle früheren Jahrhunderte besteht diese Möglichkeit nicht mehr.)

Auch Hartwig weist nachdrücklich auf den »Funktionswandel des Briefverkehrs« in jüngerer Zeit hin, so daß die »Erforschung und Analyse der brieflichen Massenkommunikation«
besonders geboten sei. (1976, S. 125) Gegenüber dem 18. und
19. Jh. habe der Brief als »privates Kommunikationsmittel«
ebenso wie als »literarische Form« entscheidend an Bedeutung
verloren; die Epoche, in der er seine große Rolle als »kulturelle
Ausdrucksform« gespielt habe, sei zu Ende. Die Geschichte des
subjektivistischen Briefes sei aufs engste verknüpft mit der Geschichte des Bürgertums, in dessen großer Zeit die Subjektivität
einen »entschieden fortschrittlichen Kern« [!] hatte. »In dem

Maße [aber], in dem bürgerliche Öffentlichkeit zerfällt, verliert der Brief seine Bedeutung als repräsentative Form.« Heute schreibe der Durchschnittsbürger anstelle von persönlichen Briefen Bildpostkarten. Mit dem »Sieg der Bildpostkarte über den Brief« erweise sich, daß die »Kommunikation industrialisiert« sei, denn die Bildpostkarte »gibt den Inhalt der Kommunikation vor.« »(...) für die, die sonst nicht schreiben, dient sie zur Übermittlung von Nachrichten und Lebenszeichen.« (1976, S. 122 f.)

Unstreitig ist der Ansichtspostkarte im Massentourismus der Nachkriegszeit eine bedeutsame Rolle zugefallen, insofern der Kartentext die dreifache Funktion »als Freundschaftsbezeugung, [als] Kontaktaufnahme mit der Heimat und als Selbstreklame« erfüllt. Daher kann man dem Gebrauch der Bildpostkarte den positiven Aspekt abgewinnen, daß das, was die Masse der Urlaubs- und Bildungstouristen auf solch einer Karte nach Hause schreibt, immerhin »zu den wenigen noch zu einem gesellschaftlichen Zweck fixierten Äußerungen des ›everyman‹ gehört.« (Helena Szépe 1979, S. 315 f.)

Kommt freilich der heutige Normalbürger (sagen wir: eine Metzgersfrau) doch einmal in die Lage, einen ausführlichen Privatbrief schreiben zu müssen, ist es mit seinen diesbezüglichen Fähigkeiten begreiflicherweise nicht weit her – dies unterstellt zumindest Elke Heidenreich in dem Kapitel »Ein Brief an Willi Stratmann, Metzgermeister«, mit dem sie ihr launig-zeitkritisches Büchlein ›»Geschnitten oder am Stück?« Neues von Else Stratmann‹ (1985) einleitet. Heidenreich zeigt in dieser Einleitung gutmütig-parodistisch, wie schwer sich der durchschnittliche Zeitgenosse (mit Hauptschul-Abschluß) tut, wenn er sich in einem Brief persönlich und zudem situationsgerecht ausdrükken will.

Während der Brief als Träger privat-subjektiver Kommunikation auch bei den ›Gebildeten‹ viel von seiner gesellschaftlich-kulturellen Bedeutung eingebüßt zu haben scheint, hat er seine Bedeutung als Mittel begrenzt *privater* sowie als Vehikel *öffentlich*-subjektiver Kommunikation keineswegs verloren – im Gegenteil: In der Form des Geschäftsschreibens einerseits und in der Gestalt des Leserbriefs und des Offenen Briefs andererseits haben sich das Kommunikationsmedium Brief und seine Grundfunktionen bislang als denkbar lebendig, ja als unersetzlich erwiesen. Selbst dort, wo die Briefform heute bloß (wieder) in stark genormter und formularisierter Ausdrucksweise Verwendung findet, im geschäftlichen Korrespondenzwesen nämlich, wird der scheinbar private Charakter der Briefe gewahrt, obwohl man andernteils, aus Gründen der Rationalisierung, den Briefinhalt strikt auf seine sachinformativen Elemente zu beschränken bestrebt ist. (Eine der Hauptqualifikationen ganzer Berufsgruppen – der Schreibkräfte, Sekretärinenn, des mittleren Managements – besteht gerade darin, daß sie die rein sachbezogene, formularisierte Geschäftsbrief-Diktion möglichst sicher beherrschen.) Auf der anderen Seite haben auffallenderweise diejenigen Brieftypen den privaten Charakter preisgegeben, die in ungenormter, freier Ausdrucksweise subjektive Gedanken, Gefühle und Anliegen übermitteln: eben der Leserbrief und der Offene Brief. Beide sind für die Öffentlichkeit bestimmt.

Der Leserbrief, der schon im 18. Jh. aufkam, ist im Laufe des 20. zu einer Massenerscheinung geworden. Es gibt kaum eine Zeitung, kaum eine Illustrierte, kaum ein Magazin, die nicht regelmäßig Leserzuschriften veröffentlichen. Sie werden von Angehörigen aller Schichten verfaßt und sind längst zu einem wesentlichen Bestandteil der öffentlichen Meinungsbildung geworden. Eine besondere Variante des Leserbriefes an Zeitungen und beliebte Zeitschriften ist die Zuschrift solcher Leser, die um Rat oder Klärung in persönlichen Angelegenheiten bitten. Auch diese Leserbriefe samt dem Antwortbrief des zuständigen Redaktionsmitglieds werden in den betreffenden Blättern abgedruckt.

Der Offene Brief ist gleichfalls zu einem wichtigen Kommunikationsinstrument avanciert, dessen sich nicht mehr bloß mehr oder minder prominente Persönlichkeiten wie etwa bekannte Schriftsteller bedienen. Inzwischen benutzen es auch immer wieder einmal Angehörige fast aller Bevölkerungs- und Berufsgruppen, um Politik und Öffentlichkeit in ihrem Sinne, zugunsten ihrer Interessen zu beeinflussen.

Es muß Erstaunen hervorrufen, daß in jüngerer Zeit gerade Briefe, in denen sehr subjektive, sehr persönliche oder allenfalls gruppenspezifische Inhalte und Anliegen in individueller Sprache zum Ausdruck kommen, die Öffentlichkeit suchen. In früheren Jahrhunderten war eben der subjektive Brief der private Brief par excellence, der bestenfalls einer späteren, einer postaktuellen – meist eher literarisch interessierten und darum begrenzten – Leserschaft zugedacht war.

Wie ist es zu erklären, daß man in den letzten Jahrzehnten so kräftig Gebrauch macht von der Möglichkeit, in Leserbriefen und Offenen Briefen vergleichsweise Privates ohne Zögern der

Öffentlichkeit darzulegen? Ein wichtiger Grund dafür dürfte
sein, daß die grundgesetzlich gesicherte und in praxi respek-
tierte Meinungs- und Pressefreiheit selbstbewußtere Bürger
hervorgebracht hat, die ihr Denken und Fühlen (einschließlich
ihrer Intimsphäre) nicht mehr ängstlich verbergen müssen. So
wäre denn die Vielzahl von Leserbriefen und Offenen Briefen in
der Gegenwart auch als Ausdruck und Resultat der Demokrati-
sierung der Gesellschaft zu interpretieren.

Natürlich können diese beiden Kommunikationsinstrumente
manipuliert werden. Mittlerweile kennt man regelrecht insze-
nierte Leserbrief-Kampagnen, hinter denen eine Partei oder
sontige Interessengruppe steht. Die gleichen Gruppen lancieren
gelegentlich auch Anzeigen in der Form eines Offenen Briefes,
weil sie dieser Form offenbar mehr Wirkung zutrauen als einer
einfachen Anzeige.

Auf die wohl lange unterschätzte Bedeutung der Leserbriefe
für die Redaktion und den Verleger einer Zeitung hat zuerst L.
Bosshart (1974/75) aufmerksam gemacht. Medienforscher haben seither davor gewarnt, die anscheinend wachsende Zahl der
Hörer- und Zuschauerzuschriften auch an Rundfunk und Fernsehen im Anschluß an viele Sendungen weiterhin nur als ein
»Epiphänomen der gegenwärtigen Kommunikationskultur«
anzusehen (L. Huth/M. Krzeminski 1981, S. 296) Die Sendean-
stalten würden der Bedeutung dieser Zuschriften nicht entfernt
gerecht, wenn sie sie im wesentlichen bloß als Indikator für die
positive oder negative Bewertung einer Sendung betrachteten.
Vielmehr bekunde sich in der Hörer- und Zuschauerpost sehr
oft ein bemerkenswertes Bedürfnis nach Fortsetzung der durch
eine Sendung einseitig angestoßenen Kommunikation. Aus der
»persönlichen Anrede einer Bildschirmperson und einem dialogischen Schreibduktus« z.B. könne geschlossen werden, daß
»der Schreibende diese Person als Gesprächspartner erlebt hat«.
(Ebd., S. 279 f.) Zuschauer oder Hörer wollen sich mit ihren
Briefen ganz offenkundig an einem Kommunikationsgeschehen
beteiligen. Erwächst daraus für die Massenmedien eine neue
Pflicht, nämlich die zu einer Folgekommunikation? Mit dieser
Frage stellt sich zugleich die sehr weitreichende nach der
«Funktion der elektronischen Massenmedien in unserer Kom-
munikationskultur«. (Ebd., S. 306) Die von der noch jungen
Medienforschung aufgezeigte Problematik drängt einen des
weiteren zu der Frage, ob nicht der persönlich geschriebene
Brief im Rahmen des von den audiovisuellen Medien ausgelö-
sten Kommunikationsgeschehens eine neue Bedeutung gewinnt

– auch wenn sich dabei seine kommunikative Zielrichtung völlig
verändert, weil an die Stelle eines privaten Partners via Massen-
medium ein ›öffentlicher‹ tritt.

Das Mittel des Offenen Briefes, dessen sich heute ebenfalls
der Öffentlichkeit nicht bekannte Einzelpersonen oder aber
kleinere Gruppen, z.B. Bürgerinitiativen, Anwohner einer
Straße oder Schulklassen, bedienen, wird nach wie vor auch von
namhaften Schriftstellern nicht verschmäht. Autoren wie E.
Bloch, H. Böll, G. Grass, M. Walser, H. M. Enzensberger, A.
Andersch, S. Lenz, C. Amery u.v.a. haben die Form des Offenen Briefes dazu benutzt, um im Vertrauen auf die Macht des
künstlerisch geprägten Wortes unmittelbar Einfluß auf Vorgänge und Entwicklungen in Politik und Gesellschaft zu nehmen. Sie haben damit engagiert eine Tradition fortgeführt, die
von modernen Schriftstellern bereits in den ersten Jahrzehnten
unseres Jahrhunderts begründet wurde; es sei hier nur verwiesen auf die großen Offenen Briefe von Klabund, F. Werfel, G.
Hauptmann, A. T. Wegner, H. Mann, K. Kraus, Th. Mann, E.
Toller und O. M. Graf. Bei all diesen – hier zuerst und zuletzt
genannten – Autoren darf vorausgesetzt werden, daß sie ihr
Kunstverstand dazu bewogen hat, nach der Form des Offenen
Briefes zu greifen, die ja, historisch gesehen, eine literarisierte
Gebrauchsform ist. Der Brief in literarischer Verwendung ist
also in unserem Jahrhundert keineswegs abgeschrieben. Erinnert sei auch daran, daß weiterhin hier und dort vom polemisch-
satirisch akzentuierten fingierten Brief Gebrauch gemacht wird
(vgl. Rogge 1966, S. 196-212 sowie 4.3.7., S. 153 ff.) und daß
zahlreiche Autoren sogar die Geschichte der *rein* literarischen
Handhabung der Briefform in fast allen großen Literaturgat-
tungen bereichert haben. (Vgl. hierzu d. entsprechenden Ab-
schnitte in 4., S. 93 ff.)

Selbst die Zeit des intimsten Privatbrieftyps – des Liebesbriefs – ist keineswegs vorbei. M. Batz (1986) hat sich eingehend
mit dem Liebesbrief der achtziger Jahre befaßt und dabei aufre-
gende Entdeckungen gemacht – zunächst die, daß der Brief aus
den Liebesbeziehungen, gerade auch junger Menschen, mit-
nichten verschwunden ist: »Als der verschwiegene Dritte ist der
Brief nach wie vor wichtig, als sinnliches Geschenk, als Probe
und Entwurf für etwas, das immer ein Wagnis ist«. (S. 11) Aus
etwa 400 meist handgeschriebenen Liebesbriefen, die ihm in
Fotokopie vorlagen, hat Batz an die 180 Stücke und Auszüge
für seine Sammlung ›«Von Herzen, mit Schmerzen?«‹ ausge-
wählt. Sie sind durchaus unkonventionell, unsentimental und

oft ›formlos‹ zugunsten eines radikal persönlichen Ausdrucks
von Liebesgefühlen, nicht selten ungescheut obszön; sie machen auch von der Vulgärsprache Gebrauch und schlagen dennoch unversehens um in Verse, werden rhythmisch, konkreti-
stisch, poetisch, zeigen sich »berauscht von Bildern, Assozia-
tionen und Inspirationen.« Fast alle diese Briefe sind großartig
direkt und offen und überholen damit offensiv Traditionen und
Konventionen des bürgerlichen deutschen Liebesbriefs, schieben
sie souverän beiseite. Sie machen auch keine Konzessionen an bestimmte modische Züge in Gesellschaft und Kulturindustrie der
letzten Jahre: an das glatt Gefällige, das Schicke und Süße.

Die Härte, Klarheit und Obszönität, aber auch die Schönheit und Leidenschaft vieler Briefe sind ein Schlag gegen die Produkte des lieblosen
Geschmacks, das Schickliche und leicht Verkäufliche der Industrie, gegen den Trend zur Verkleinerung aller Dinge und die neue Biederkeit.
(Batz 1986, S. 12)

Das Urteil pessimistischer Kulturkritiker, die von einem unauf-
haltbaren Verfall der Briefkultur in unserer Zeit geredet haben,
ist also wohl fragwürdig. Marketing-Strategen haben schon
Ende der siebziger Jahre im Auftrag der Bundespost ermittelt,
daß die Bundesbürger den privaten Brief nach wie vor sehr
schätzen, daß sie vor allem gern solche private Post bekommen.
Das hat die Bundespost zum Anlaß für eine Werbekampagne
genommen (mit dem zentralen Slogan: ›Schreib mal wieder‹),
um den Bürgern auch das mühsamere Brief*schreiben* wieder
schmackhafter zu machen. Die Post scheint mit ihrer 1980 begonnenen Kampagne erfolgreich gewesen zu sein. Bereits 1984
nämlich ergaben differenzierte Erfolgsmessungen, daß die Zahl
privater Briefe um 5% zugenommen hatte. (Vgl. J. Titius 1984,
S. 15.)
   Der von den Kulturpessimisten unterstellte Negativ-Trend in
der Geschichte des Privatbriefs in unserem Jahrhundert scheint
mithin nicht sehr stabil, geschweige denn unumkehrbar zu sein.
Bemerkenswert ist, mit welchen Mitteln die Werbefeldherren
der Bundespost den Bundesrepublikanern wieder mehr Lust
zum Briefschreiben machen wollten. Das geschah mit Hilfe
flott und farbig aufgemachter und sehr kurz gefaßter Briefmuster, die suggerieren sollten, daß ein persönlicher Brief weder
umständlich-lang noch schön-korrekt noch ernst-gewichtig
sein müsse; er könne vielmehr jederzeit, auch ohne besonderen
Anlaß und ohne besonderen sprachlich-stilistischen Aufwand,
geschrieben werden.

Wenn der Erfolg der Post-Kampagne darauf zurückzuführen sein sollte, daß diese Hinweise und Anregungen auf fruchtbaren Boden gefallen sind, dann müßte ein guter Teil der nicht-ambitiösen Privatbriefe der jüngsten Zeit dadurch gekennzeichnet sein, daß sie besonders kurz, munter, lässig und flott formuliert sind. Das wäre dann die Fortsetzung der Geschichte des Briefes mit einigermaßen neuen ›Schreib-Mitteln‹. Eine nicht unterschwellig von kulturpessimistischen Anschauungen bestimmte Briefforschung täte jedenfalls gut daran, sich möglichst unvoreingenommen auf sehr veränderte Formen, Typen und Funktionen des Briefes am Ende des 20. Jhs. einzustellen.

Literatur zu 2.:

2.1. Mittelalter

Brackert, Helmut: ›Da stuont daz minne wol gezam.‹ Minnebriefe im späthöf. Roman. In: ZfdPh Sonderh. z. Bd. 93, 1974, S. 1–18.

Brief, Briefliteratur, Briefsammlungen. In: Lex. d. Mittelalters II. München u. Zürich 1983. Sp. 648–682. (M. reichhaltig. Lit.-angaben.)

Büngel, Werner: Der Brief, ein kulturgeschichtliches Dokument. Berlin 1939. Hier S. 37–45.

Bürgel, Peter: Brief. In: Faulstich, Werner (Hg.): Kritische Stichwörter zur Medienwissenschaft. München 1979. S. 26–47.

Eis, Gerhard: Zu den gereimten Liebesbriefen des Spätmittelalters. In: GRM 42, 1961, S. 332–335.

Erdmann, Carl: Studien zur Briefliteratur Deutschlands im elften Jahrhundert. Leipzig 1938. (Schriften d. Reichsinst. f. dt. Geschichtskde. 1.) (Unveränd. Nachdr. 1952.)

Habermas, Jürgen: Strukturwandel der Öffentlichkeit. Untersuchgn. z. e. Kategorie d. bürgerl. Gesellschaft. 5. Aufl. Neuwied u. Berlin 1971. (Slg. Luchterhand 25.) Darin bes. S. 28–30.

Klaiber, Theodor u. Lyon, Otto (Hg.): Die Meister des deutschen Briefes. In e. Ausw. hg. u. bearb. v. Th. K. u. O. L. Bielefeld u. Leipzig 1901.

Kytzler, Bernhard: Brief. In: dtv-Lexikon der Antike. Bd. 1. Hg. v. Carl Andresen u.a. München 1969, S. 261–266.

Magister Boncompagno: Rota Veneris. E. Liebesbriefsteller d. 13. Jhs. Hg. v. Friedrich Baethgen. Rom 1927. (Texte z. Kulturgesch. d. Mittelalters. 2. H.)

Mayser, Eugen: Briefe im mittelhochdeutschen Epos. In: ZfdPh 59, 1935, S. 136–147.

Oehl, Wilhelm (Hg.): Deutsche Mystikerbriefe des Mittelalters 1100–1550. München 1931. (Mystiker d. Abendlandes.)

Pfeiffer, Franz (Hg.): Heinzelein von Konstanz [Enth. u.a. Textabdr. der ›Minnelehre‹.] Leipzig MDCCCLII.

Raabe 1969, S. 107, S. 109 f. et passim.

Richstätter, Karl: Die Herz-Jesu-Verehrung des deutschen Mittelalters. Nach gedr. u. ungedr. Quellen dargest. 2., umgearb. u. verm. Aufl. München (usw.) 1924. Darin: Kap. ›Mystikerbriefe‹, S. 128–131.

Ritter, Albert: Altschwäbische Liebesbriefe. E. Studie z. Gesch. d. Liebesbriefpoesie. Graz 1897. (Grazer Studien z. dt. Philol. 5.)

Schmale, Franz-Josef: Die ›Precepta prosaici dictaminis secundum Tullium‹ und die ›Konstanzer Briefsammlung‹. Leverkusen 1950. (Zugl. Phil. Diss. Bonn 1950.)

Skrzypczak, Henryk: Stadt und Schriftlichkeit im deutschen Mittelalter. Beiträge z. Sozialgesch. d. Schreibens. Berlin, Phil. Diss. 1956. (Vervielf.)

Sparnaay, Hendricus = Vf. v. ›§ 1. Mittelalter‹ d. Artikels ›Brief‹ im RL. [s. Grenzmann 1958] S. 186 f.

Steinhausen 1889.

Steinhausen, Georg (Hg.): Deutsche Privatbriefe des Mittelalters. 2. Bde. Berlin 1899 u. 1907. (Denkmäler d. dt. Kulturgesch. 1. Abt. Briefe. 1. u. 2. Bd.)

Waller, Martha: Briefe in den deutschen Volksbüchern. In: ZfdPh 61, 1936, S. 293–309.

Weinacht, Helmut: Vom Himmel fiel der Geschäftsbrief nicht. E. Blick auf seine Vorgesch. In: D. Korrespondenz 3, 1973, S. 8–11.

Winter, Ursula: Myne lyue swester, ich grwte dyr ... E. privat. Briefwechsel aus d. Mitte d. 15. Jhs. In: Das Buch als Quelle historischer Forschung. Dr. F. Juntke anl. sein. 90. Geb. gewidmet. Leipzig 1977. (Arbeiten aus d. Univ.- u. Landesbibl. Sachsen-Anhalt in Halle a.d.S. Bd. 18.) S. 79–85.

Wriedt, Klaus: Schulen und bürgerliches Bildungswesen in Norddeutschland im Spätmittelalter. In: Moeller, Bernd / Patze, Hans u. Stackmann, Karl (Hg.): Studien zum städtischen Bildungswesen des späten Mittelalters und der frühen Neuzeit. Bericht üb. Kolloquien d. Kommission z. Erforschg. d. Kultur d. Spätma.s. 1978 bis 1981. Göttingen 1983. (Abhdlgn. d. Akademie d. Wiss.n in Göttingen. Philol.-Histor. Klasse. 3. F. Nr. 137.) S. 152–172.

2.2. 16. und 17. Jahrhundert

Ammermann, Monika: Bibliographie gedruckter Briefe des 17. Jahrhunderts. In: Wolfenbütteler Barock-Nachrichten VI, 1979, H. 1., S. 254–256.

Büngel 1939, S. 47–73.

Doerri, Heinrich: Der heroische Brief. Bestandsaufnahme, Gesch., Kritik e. humanist.-barock. Literaturgatg. Berlin 1968.

Grenzmann 1958, S. 187–189.

Habermas 1971, S. 29 f.

Hase, Oskar v.: Die Koberger. E. Darstellg. d. buchhändler. Geschäftsbetriebes in d. Zeit d. Übergangs v. Mittelalter z. Neuzeit. 3. Aufl. Amsterdam; Wiesbaden 1967. (Neudr. d. 2.., neugearb. Aufl. v. 1885, erw. um d. ›Briefbuch der Koberger‹.)

Hechtenberg, Klara: Der Briefstil im 17. Jahrhundert. E. Beitrag z. Fremdwörterfrage. Berlin 1903.

Heuschele 1938, S. 13–15.

Jappe 1969, S. 356 f.

Klaiber / Lyon 1901.

Klettke-Mengel, Ingeborg: Die Sprache in Fürstenbriefen der Reformationszeit, untersucht am Briefwechsel Albrechts von Preußen und Elisabeths von Braunschweig-Lüneburg. Köln, Berlin 1973. (Studien z. Gesch. Preußens. Bd. 19.)

Dies.: Fürsten und Fürstenbriefe. Z. Briefkultur im 16. Jh. an [!] geheim. und offiziell. preuß.-braunschweig. Korrespondenzen. Köln u. Berlin 1986. (Studien z. Gesch. Preußens. Bd. 38.)

Knoop, Mathilde: Madame. Liselotte von der Pfalz. E. Lebensbild. Stuttgart 1956.

Mennecke, Ute: Von der Freiheit des Briefschreibens. Luthers Brief an Albrecht von Mainz v. 31. Juli 1535. In: Arnold, Heinz Ludwig (Hg.): Martin Luther. München 1983. (Sonderbd. d. Reihe TEXT + KRITIK.) S. 144–156.

Metzler, Regine: Zur Textsorte Privatbrief in der ersten Hälfte des 16. Jahrhunderts, In: Grosse, Rudolf (Hg.): Untersuchungen zur Pragmatik und Semantik von Texten aus der ersten Hälfte des 16. Jahrhunderts. Berlin 1987. (Linguist Studien. Reihe A. Arbeitsberichte 168.) S. 1–74.

Nickisch 1969, S. 77–96.

Raabe 1969, S. 106 f., S. 109 f. et passim.

Rogge, Helmuth: Fingierte Briefe als Mittel politischer Satire. München 1966. Hier bes. S. 15–25 et passim.

Schnath, Georg: Ostfriesische Fürstenbriefe aus dem 17. Jahrhundert. Aurich 1929. (Abhdlgn. u. Vorträge z. Gesch. Ostfrieslands. 25.)

Steinhausen 1889 (ab S. 111) u. 1891 (bis S. 244).

Strich, Michael: Liselotte von Kurpfalz. Berlin 1925.

Trunz, Erich: Der deutsche Späthumanismus um 1600 als Standeskultur. In: Alewyn, Richard (Hg.): Deutsche Barockforschung. Dokumentation e. Epoche. Köln, Berlin 1965. S. 147–181, hier bes. S. 167–169.

Weinacht, Helmut: Lieben Freunde! Ewr lateynischer Brief ist uns kleglich zu hören! Wie s. d. dt. Brief v. d. lat. Urkunde löste. In: D. Korrespondenz 5, 1973, S. 6–8.

Worstbrock, Franz Josef (Hg.): Der Brief im Zeitalter der Renaissance. Weinheim 1983. (Mitteilg. IX d. Kommission f. Humanismusforschg. d. dt. Forschungsgemeinschaft.)

2.3. 18. und 19. Jahrhundert

Balet, Leo/Gerhard, Eberhard: Die Verbürgerlichung der deutschen Kunst, Literatur und Musik im 18. Jahrhundert. Hg. u. eingel. v. Gerd Mattenklott, Frankfurt/M. (usw.) 1973. (Ullstein Buch Nr. 2995.) [1. Ausg. 1936.]

Becker-Cantarino, Barbara: Leben als Text. Briefe als Ausdrucks- u. Verständigungsmittel in d. Briefkultur u. Lit. d. 18. Jhs. In: Gnüg, Hiltrud u. Möhrmann, Renate (Hg.): Frauen – Literatur – Geschichte. Schreibende Frauen v. Mittelalter bis z. Gegenw. Stuttgart 1985. S. 83–103.

Belke 1973, S. 7 f. sowie ab S. 142 passim.

Bohrer, Karl Heinz: Der romantische Brief. D. Entstehg. ästhet. Subjektivität. München, Wien 1987.

Brockmeyer, Rainer: Geschichte des deutschen Briefes von Gottsched bis zum Sturm und Drang, o.o. 1961 (vorher Münster/Westf., Phil. Diss. 1959).

Büngel 1939, S. 77–89.

Bürgel 1979.

Grenzmann 1958, S. 189–192.

Heuschele 1938, S. 15–53 u. S. 30–33.

Klaiber/Lyon 1901.

Mattenklott, Gert: Romantische Frauenkultur. Bettina v. Arnim z. Bspl. In: Gnüg, Hiltrud u. Möhrmann, Renate (Hg.) (s. o. unt. Bekker-Cantarino.) S. 123–143.

Ders., Schlaffer, Hannelore u. Schlaffer, Heinz (Hg.): Deutsche Briefe 1750–1950. Frankfurt a. M. 1988.

Mohr, Heinrich: »Freundschaftliche Briefe« - Literatur oder Privatsache? D. Streit um W. Gleims Nachlaß. In: Jb. d. Freien Dt. Hochstifts 1973, S. 14–75.

Müller-Seidel, Walter (Hg.): Schillers Werke. Nationalausgabe. Bd. 23: Briefwechsel. Schillers Briefe 1772–1785. Weimar 1956. Darin: Einführg. d. Hg., S. 189–205.

Müller, W. G. 1985.

Nickisch 1969, S. 183–186, S. 189–193 u. S. 291–308.

Ders.: Nachwort zu: Gellert, Christian Fürchtegott: Die epistolographischen Schriften. Faksim.-dr. nach d. Ausgaben v. 1742 u. 1751. Stuttgart 1971. (Dt. Neudrucke/Reihe Texte d. 18. Jhs.) S. 1*–20*.

Ders.: Die Frau als Briefschreiberin im Zeitalter der deutschen Aufklärung. In: Wolfenbütteler Studien z. Aufklärg. Bd. III, 1976, S. 29–65, hier S. 52–55.

Nies, Fritz: Un genre féminin. In: Revue d'Histoire Littéraire de la France 78, 1978, S. 994–1003.

Raabe 1963.

Ders. 1969, S. 110–112.

Rahn-Beckmann, Lilli: Der Darmstädter Freundeskreis. E. Beitrag z. Verständnis d. empfindsamen Seelenhaltg. d. 18. Jhs. Erlangen, Phil. Diss. 1934.

Rogge 1966, S. 26–82, S. 96 f. u. S. 106–197.

Runge, Anita/Steinbrügge, Liselotte (Hg.): Die Frau im Dialog. Studien zur Theorie u. Gesch. d. Briefes. Stuttgart [ersch. 1991].

Schlawe, Fritz: Die Briefsammlungen des 19. Jahrhunderts. Bibliographie d. Briefausgaben u. Gesamtregister d. Briefschreiber u. Briefempfänger, 1815–1915. Halbb. 1.2. Stuttgart 1969. (Repertorien z. dt. Lit.-gesch. 4.)

Schöne 1967, S. 198–208.

Sengle, Friedrich: Biedermeierzeit. Dt. Lit. im Spannungsfeld zw. Restauration u. Revolution 1815–1848. Bd. II. Die Formenwelt. Stuttgart 1972. Darin passim zw. S. 197 u. 214 sowie S. 197–214 u. S. 989–1000.

Shimbo, Sukeyoshi: Die innerpietistische Säkularisation des Bekenntnisbriefes. In: DVjs 56, 1982, S. 198–224.

Steinhausen 1891, S. 245–410.

2.4. 20. Jahrhundert

Adorno, Theodor W.: Nachwort zu: Deutsche Menschen. E. Folge v. Briefen. Ausgew. u. eingel. v. Walter Benjamin. Frankfurt/M. 1962. S. 119–128.

Améry 1976, S. 21–24.

Batz, Michael: Vorwort zu: B., M. (Hg.): »Von Herzen, mit Schmerzen?« Liebesbriefe d. achtziger Jahre. Hamburg, Zürich 1986.

Belke 1973, S. 148 f. sowie S. 150–152.

Bohrer 1987.

Bosshart, Louis: Die Leserbriefe – ein ungelöstes Feedback-Problem. In: Publizistik 19/20, 1974-75, S. 45–52.

Büngel 1939, S. 89–95.

Destro, Alberto: La comunicazone epistolare in R. M. Rilke. In: studi germanici 14, 1976, S. 197–220.

Grenzmann 1958, S. 193.

Hartwig 1976.

Heuschele 1938, S. 53–60.

Hillard 1969, S. 344–351.

Huth, Lutz: Das Bild vom Adressaten in der Zuschauerpost. Method. Probleme e. linguistisch genannt. Pragmatik. In: Klein, Josef/Presch, Gustav (Hg.): Institutionen – Konflikte – Sprache. Arbeiten z. linguist. Pragmatik. Tübingen 1981. S. 153–181.

Ders./Krzeminski, Michael: Zuschauerpost – ein Folgeproblem massenmedialer Kommunikation«. M. e. Anh. »Fernsehen und Folgekommunikation«. Tübingen 1981. ›(Medien in Forschg. + Unterr. Serie A. Bd. 6.)

Jappe 1969, S. 359–362.

Langeheine I 1983, S. 299.

Mattenklott u.a. 1988.

Müller, W. G. 1985.

Reich-Ranicki, Marcel: Hofmannsthal in seinen Briefen. In: Neue Rundschau 85, 1974, S. 138–154.

Rogge 1966, S. 196–213.

Runge/Steinbrügge [1991].

Schmitz, Gottfried: Zur deutschen Briefliteratur. In: D. Bücherwelt 9, 1912, S. 123–129 u. S. 149–156.

Sengle 1972, hier S. 199–214 sowie S. 199–204 et passim.

Szépe, Helena: Überlegungen zum Text der Ansichtspostkarte im Zeitalter des Massentourismus. In: Sprache im techn. Zeitalter 72, 1979, S. 314–316.

Titius, Jürgen: Erfolgsmessung der Werbekampagne »Schreib mal wieder«. In: Archiv f. d. Post- u. Fernmeldewesen 36, 1984, Nr. 1, S. 14–22.

3. Die praktische Brieflehre und ihre geschichtliche Entwicklung

In der einschlägigen Literatur kommen die beiden Termini ›Brieflehre‹ und ›Brieftheorie‹ nebeneinander vor; sie werden als Synonyme verwendet. Demgegenüber halte ich es für angezeigt, die beiden Begriffe für verschiedene Sachverhalte in Anspruch zu nehmen. Unter ›Brieflehre‹ oder ›Briefschreiblehre‹ werden im folgenden die Bemühungen der Formularbuch- und Briefsteller-Autoren verstanden, den Benutzern ihrer Werke zu erklären, was ein Brief sei und wie er abgefaßt werden müsse, wobei sie sich zahlreicher Musterstücke als praktischer Lehrhilfen bedienen. Die Brieflehre in diesem Sinne ist in Deutschland vom Mittelalter bis zum Ende des 18. Jhs. von erheblicher literatur-, bildungs-, und gesellschaftsgeschichtlicher Bedeutung gewesen. Sie lebt in den immer noch erstaunlich zahlreichen Anweisungen zum Briefschreiben bis heute fort. ›Theorie‹ fand und findet also in den epistolographischen Anweisungsbüchern lediglich zu handfesten Lehrzwecken statt, sie war und ist in diesem ganz engen Sinne funktional.

Hingegen wird hier unter ›Brieftheorie‹ bzw. ›Theorie des Briefes‹ das literatur- und kommunikationswissenschaftliche Bemühen verstanden, Wesen, Struktur, Funktion u. dgl. des Phänomens Brief zu erforschen und zu beschreiben. Hinter diesem Bemühen steht ein Erkenntnisinteresse, das nicht unmittelbar auf einen praktisch-didaktischen Zweck bezogen ist. Brieftheoretische Bemühungen in diesem Verstande gibt es erst seit dem Ende des 19. Jhs. (Vgl. hierzu 1.1., S. 1 ff.)

3.1. Mittelalter

Die Briefschreiblehre dürfte ebenso alt wie das Briefschreiben selbst sein. Seit es den Brief als Kommunikationsmittel gab, bestand natürlicherweise auch das Bedürfnis, die Fähigkeit zur Herstellung dieses Instruments schriftlicher Mitteilung zu tradieren. Was lag näher, als zu diesem Zweck bereits geschriebene und bewährte Briefe als Muster zu benutzen. Man stellte also Mustersammlungen für verschiedene ›Brieffälle‹ zusammen. Sie bildeten die Grundlage für den Unterricht im Abfassen von Briefen. Um die unterrichtliche Effektivität zu erhöhen, ließ man späterhin den Musterbrief-Sammlungen einen theoretischen Teil vorangehen, in dem Zweck, Aufbau, Form und Stil des Briefes erklärt wurden. Aufgekommen ist die Gattung der Briefsteller wohl im hellenistischen Ägypten des 2. bis 1. Jhs. v. Chr. (A. Brinkmann 1909, S. 312 ff.)

In den römischen Rhetorenschulen wurde das Briefschreiben seit der Kaiserzeit als Teil der Redekunst gelehrt und geübt. Im frühen Mittelalter wurde das einflußreichste Zentrum vorbildlichen Briefschreibens die päpstliche Kanzlei. Vor allem nach dem Beispiel der Cassiodorschen Sammlung (um 538 n. Chr.) entstanden die bald immer zahlreicher werdenden Zusammenstellungen von Brief- und Urkundenmustern (= formulae). Seit der ersten Hälfte des 12. Jhs. wurde es nach dem Vorbild der ›Praecepta dictaminum‹ (1115) des Bolognesers Adalbertus Samaritanus, des »Begründer[s] der eigentlichen Ars dictandi« (F. J. Schmale 1961, S. 7) üblich, den Mustersammlungen einen theoretischen, der antiken Rhetorik verpflichteten Teil voranzustellen. Die auf der Basis dieser Briefsammlungen seit dem Anfang des 12. Jhs. in Italien gelehrte ›Ars dictandi/dictaminis‹ gelangte von dort noch im selben Jahrhundert nach Frankreich und dann auch nach England und Deutschland. Im deutschen Bereich wurden freilich erst im Laufe des 13. Jhs. mehrere eigenständige Lehrwerke von Bedeutung geschaffen. Seit der zweiten Hälfte des 14. Jhs. wurde die Entwicklung der kanzlistischen Briefkunst besonders stark von den sehr verbreiteten reformerischen Werken Johanns von Neumarkt beeinflußt. Die mittelalterlichen Lehrbücher waren nicht Anweisungen zum Schreiben individuell-privater Briefe, sondern zur Abfassung von briefförmlichen Mitteilungen und Schriftsätzen mit urkundlichem oder sonst amtlichem Charakter – in lateinischer Sprache, wie man sie in den Kloster- und Domschulen lehrte.

Erst als im 14. Jh. das Deutsche auch als amtlich verwendete Sprache allmählich an Bedeutung gewann und die Laisierung der Briefschreibkunst merkliche Fortschritte machte, wurden die lateinischen Briefsammlungen nach und nach durch lateinisch-deutsche und endlich durch rein deutsche verdrängt. Sie tauchen zuerst im 15. Jh. auf und sind, was Inhalt und Anlage anbelangt, ganz von den entsprechenden älteren lateinsprachigen Werken abhängig. Sie fanden in den an vielen größeren Orten aufkommenden deutschen Schreibschulen Verwendung, in denen die künftigen Schreiber, Notare und Sekretäre der städtischen und höfischen Kanzleien im Aufsetzen von Briefen und Urkunden ausgebildet wurden.

Seit etwa 1450 wurden die der Briefschreiblehre dienenden deutschen sog. Formular- und Rhetorikbücher zuerst handschriftlich, dann gedruckt in immer größer werdender Zahl verbreitet. Dabei wurde das Ulmer ›Formulari‹ des Johann Zainer aus dem Jahre 1479 die Vorlage für alle späteren, bis weit ins 16. Jh. hinein gedruckten Kanzleibücher.

3.2. 16. bis 18. Jahrhundert

Substantiell blieb die Grundlage der Brieflehre bis zum Ende des 16. Jhs. die gleiche. Auch in den vielerlei Epistel- und Kanzleibüchlein (zumeist mit beigegebenem Titelbuch), die nach 1530 erschienen, galt unverändert, daß in einem Brief die standesbezogenen Titel sowie die Anrede- und ›Ehrwörter‹-Konventionen streng zu beachten seien, daß das Schreiben nach dem traditionellen Dispositionsschema (mit den Bestandteilen Salutatio, Exordium, Narratio, Petitio und Conclusio) aufzubauen sei und daß das Vorgetragene eine rhetorisch wohlgeformte Sprachgebung mit großangelegten, vielfach untergliederten Satzgefügen aufzuweisen habe – wobei die Stillage von der Standeszugehörigkeit der brieflich miteinander Verkehrenden bestimmt wurde. Maßstab für das Ideal der solcherart wohlgeordneten und wohlgeformten ›Missive‹ waren die in den Kanzleien üblichen formelhaften Schreiben. An den Musterstücken in den Briefbüchern der zweiten Jahrhunderthälfte kann man beobachten, daß der Umfang und die Bedeutung des Formelmäßigen zunahmen. Der private oder gar intime Brief (etwa der Liebesbrief) spielte in der deutschen Brieflehre des 15. und 16. Jhs. noch keine erwähnenswerte Rolle – im Gegensatz zur zeitgleichen neulateinischen Brieflehre der Humanisten, die in erster Linie der Pflege des gelehrten Privatbriefes galt (vgl. hierzu Smolak, S. XXXI ff.), und zum französischen Briefwesen, in welchem schon nach 1560 Briefe mit intimem Inhalt, solche über bürgerlich-private Angelegenheiten und Liebesbriefe wichtig zu werden anfingen. (Vgl. hierzu A. Viala 1981, S. 173 f.)

Die Stagnation in der Brieflehre hielt noch über das erste Drittel des 17. Jhs. hinaus an. Geprägt wurde diese Periode von den konservativen epistolographischen Lehrbüchern J. R. Satt-

lers. Für ihn wie für einige andere in seiner unmittelbaren Nachfolge stehende Brieflehrer war beherrschendes Stilvorbild das
Schreibgebaren der Kanzleien. Etwas in Bewegung geriet die
Lehre vom Schreiben deutscher Briefe erst seit etwa 1640. In
manchen Musterstücken der Briefbücher S. Butschkys und G.
Overheids begegnete schon eine etwas gelockerte Ausdrucksweise. In ihr wurde zum erstenmal der schmeidigende Einfluß
der zeitgenössischen französischen Epistolographie wirksam.
(1638 und 1645 waren die Briefbücher des damals in Europa
meist geschätzten französischen Brieflehrers J. P. de la Serre ins
Deutsche übersetzt worden, dessen erster ›Secrétaire‹ im Original bereits 1623 erschienen war.) Die deutschen Briefbuch-Au-
toren bemühten sich von nun an zunehmend darum, ihre lern-
willigen Leser einen devot-›zierlichen‹ Briefstil zu lehren.
    Die nächste Phase in der geschichtlichen Entwicklung der
deutschen Brieflehhre im 17. Jh. war von den großen theoretisch umfassend ausgearbeiteten Sekretariatsbüchern G. Ph.
Harsdörffers und K. Stielers aus den fünfziger bzw. siebziger
Jahren bestimmt. Wiewohl in der Lehre beider die Kanzlei und
die dort gepflegte Rhetorik weiterhin unbestrittenes Vorbild für
alles Briefschreiben waren, tauchte doch bei Harsdörffer als ein
zweites, neues Vorbild das der Sprache bei Hofe auf. Er setzte
in seiner Lehre nicht nur auf den Erfolg eines kanzlistisch-rhe-
torisch gekonnt aufgesetzten Briefes, sondern ebensosehr auf
eine höflich-preziös stilisierte Sprache. Demgegenüber brachte
Stieler in seinen üppigen Sekretariats-Lehrbüchern nichts eigentlich Neues; er faßte vielmehr noch einmal souverän und in
enzyklopädischer Manier alle maßgeblichen Tendenzen der
zünftigen deutschen Epistolographie des zurückliegenden 17.
Jhs. zusammen. Beide Autoren boten in ihren Anweisungsbüchern aber auch Exempel für sog. Liebes- und Frauenzimmer-
briefe bzw. für »Hauß-Briefe«. In diesen Mustern mit den vergleichsweise privaten Inhalten demonstrierten sie den am wenigsten kanzlistisch und exornativ-rhetorisch gefärbten Stil.
    Eine eindeutige Zurückdrängung erfuhr das Kanzlistisch-
Rhetorische erst in den gesellschaftsbildenden und epistolographischen Schriften Ch. Weises aus den achtziger Jahren des 17.
Jhs. Mit Rücksicht auf das von ihm vertretene gesellschaftliche
Ideal des Politisch-Galanten lehnte er auch für den Brief alles
›Fremde‹ und ›Gezwungene‹ ab, setzte er sich für eine direktere,
nüchternere Schreibweise ein. Er ersetzte zudem das alte Dis-
positionsschema durch ein neues Gliederungsschema – die
Chrie –, das aber den gedanklichen Aufbau des Briefes sehr viel

weniger einengte als das alte bis dahin benutzte Schema der Disposition.

Auf Weise folgte die Periode der galanten Brieflehre in Deutschland. Sie dominierte in dem Jahrzehnt vor bzw. nach der Jahrhundertwende und wurde von ihren führenden Repräsentanten als Teil der höfischen Anstandsliteratur (vgl. die zeitgenösischen ›Komplimentierbücher‹) verbreitet. Ihre erfolgreichsten Vertreter waren A. Bohse (gen. Talander) und Ch. F. Hunold (gen. Menantes). Sie sahen im Brief ein überaus nützliches Mittel galanter Gesellschafts- und Lebenskunst. Eben diese verbot es ihnen, radikal Neues für die Gestaltung des Briefes zu fordern. So vermischen sich in ihrer Lehre Traditionsgebundenes und Zukunftgerichtetes. Ihre Bewunderung des zeitgleichen französichen Briefstils brachte sie dazu, ihren Schülern als Modellschreiben Exempel in einem ›galanten‹ deutsch-französischem Mischstil vorzulegen. Mit ihm und einer ›zierlich‹-gewählten Ausdrucksweise werde ein Briefschreiber, so verheißen sie, sich bei all denen, auf die es in der – natürlich höfisch orientierten – Gesellschaft ankommt, erfolgreich ›insinuieren‹.

Entschiedener Neuem zugewandt war erst die Brieflehre des Schlesiers B. Neukirch. Er rückte in ihr zwei Postulate in den Vordergrund, denen – nicht nur im Briefwesen – die Zukunft gehören sollte: das der Natürlichkeit und das der Vernünftigkeit. Die traditionellen Vorbilder der Kanzlei und des Hofes wurden von ihm in Frage gestellt. Er wollte lieber den französischen Epistolographen folgen, die dazu rieten, den Brief ganz nach der Art eines mündlichen Vortrags oder Gesprächs einzurichten. Neukirch dachte dabei allerdings an eine Redeweise, wie sie unter galant gebildeten Zeitgenossen üblich war. So ist die von ihm proklamierte gesprächsnahe Natürlichkeit des Briefes durchaus als Funktion des Galanten zu interpretieren. Demgemäß sind die progressivsten Briefbeispiele, die im ›galanten stylus‹, beschaffen, die Neukirchs ›Anweisung zu Teutschen Briefen‹ von 1709 offerierte. Sie zeichnen sich durch eine unkanzlistische Direktheit, gedankliche Deutlichkeit und Ausdrucksgewandtheit aus, wie sie in den Musterstücken Bohses und Hunolds erst nur vereinzelt anzutreffen gewesen war. Mit Neukirchs ›Anweisung‹ war in der Entwicklung der deutschen Briefschreiblehre ein Durchbruch erzielt. Bezeichnenderweise war dieser im praktischen Teil des Neukirchschen Lehrbuches gerade dort am eindrucksvollsten gelungen, wo es mehr oder minder private, vertrauliche Angelegenheiten brieflich zu behandeln galt.

Allerdings blieb die mögliche Wirkung jenes Durchbruchs auf die deutsche Brieflehre vorerst noch aus. Etwa drei Jahrzehnte hindurch kam die Entwicklung nicht voran, obwohl weiterhin viele neue Briefsteller erschienen oder nachgedruckt wurden. Sie orientierten sich fast durchweg noch an den Prinzipien der Brieflehre eines Stieler, Weise oder – bestenfalls – Bohse. Erst in den vierziger Jahren des 18. Jhs. erhielt die Entwicklung der zünftigen Epistolographie einige wichtige Anstöße. Der zukunftsträchtigste stammte von Ch. F. Gellert, der 1742 in einem Beitrag zu den ›Belustigungen des Verstandes und des Witzes‹ schon alle substantiellen Vorstellungen und Forderungen vortrug, welche die Grundlage für die durchgreifende Reform des deutschen Briefwesens um die Jahrhundertmitte bilden sollte.

Dieser Reform war, im Gegensatz zu Neukirchs Vorstoß im Anfang des Jahrhunderts, eine denkbar große Wirkung beschieden – nicht zuletzt deshalb, weil der Boden durch Gottscheds sprachreformerische, stil- und literaturtheoretische Bemühungen bereitet war – und auch weil man sich nicht länger den Fortschritten der französischen und englischen Briefkultur mit ihren schon im 17. Jh. aufgekommenen Stilidealen der gesprächsnahen ›simplicité‹ bzw. ›plainness‹ verschließen konnte. (Vgl. hierzu Müller 1980, S. 138 bzw. S. 147-150.) 1751 erschienen gleich drei Briefbücher – von J. Ch. Stockhausen, Gellert und J. W. Schaubert –, die alle einen natürlichen, lebendigen und persönlichen Stil, und zwar für jegliche Briefart postulierten. Die alten Regeln und Schemata verwarfen sie. Ihre reformerischen Absichten galten aber nur dem Privatbrief, den man in einer freien, individuellen Ausdrucksweise abzufassen habe, wie sie im ungezwungen geführten Gespräch unter gebildeten Leuten mit ›gutem Geschmack‹ üblich sei. Die bei weitem nachhaltigste Wirkung von den drei Briefreformern hatte Gellert mit seinem in der Geschichte der deutschen Brieflehre epochemachenden Werk ›Briefe, nebst einer Praktischen Abhandlung von dem guten Geschmacke in Briefen‹. Sie beruhte insbesondere darauf, daß die von ihm vorgelegten Musterbriefe sich vollkommen mit dem deckten, was er theoretisch vertrat und forderte, und daß er, als der populärste deutsche Autor seiner Zeit, im Zeichen seiner Lehre mit zahlreichen Freunden und Bewunderern eine ausgedehnte Korrespondenz unterhielt.

Hatte die Briefschreiblehre vormals ganz unter dem Diktat der kanzlistischen Schreibweise gestanden, so geriet nun, in der zweiten Jahrhunderthälfte, der amtliche und geschäftliche

Briefverkehr unter den Einfluß des von Gellert und seinen Mitstreitern reformierten Privatbriefstils. Gellert-Epigonen verfaßten eigens Werke, die es sich zur Aufgabe machten, auch eine Reform des Kurial- und Handelsbriefstils gemäß dem Gellertschen Natürlichkeitsideal einzuleiten. (Gellerts Lehre vom Briefschreiben korrelierte übrigens mit der sich zeitlich parallel in der schönen Literatur durchsetzenden Auffassung, daß man nicht mehr nach Regeln dichten könne.)

Der Grundtendenz von Gellerts Reform, sich beim Briefschreiben von allen einengenden Regeln und Schemata freizumachen, hätte es entsprochen, wenn seine epistolographischen Schriften einen Schlußpunkt hinter alle zünftige, normative Briefschreiblehre gesetzt hätten. Tatsächlich aber nahm die Zahl der Brieflehrbücher in der zweiten Jahrhunderthälfte noch erheblich zu (ganz im Gegensatz zu Frankreich und England, wo Zahl und Bedeutung dieser didaktischen Werke schon ein Jahrhundert früher abgenommen hatte). Von der Briefmanie der Zeit wollten geschäftstüchtige Autoren und Verleger begreiflicherweise profitieren. Sie machten sich daher die Resonanz der Gellertschen Brieflehre zunutze. Doch die meisten nach-gellertschen Briefsteller beteten diese Lehre nach, verdünnten und verwässerten sie. Sie bemühten sich vor allem darum, die Briefstilreform einzelnen Ständen, Berufen und Regionen nahezubringen. Gellerts Lehre setzte sich so unwiderstehlich durch, daß sie noch im letzten Drittel des 18. Jhs. die nahezu verbindliche Grundlage für den schulischen Unterricht im Briefschreiben wurde. (Vgl. zum Vorstehenden Agnes Roseno 1933, Schöne 1967, S. 205–209 sowie Nickisch 1969, S. 48–195, D. Brüggemann 1971, Nickisch 1971, S. 1*–20* u. Nikkisch 1972.)

Über Gellerts Anschauungen hinaus gelangte im 18. Jh. nur ein Brief- und Stillehrer: K. Ph. Moritz. In seiner ›Anleitung zum Briefschreiben‹ von 1783 wandte er sich radikal gegen die Benutzung von Briefstellern aller Art. Wert hatte für ihn allein ein Brief in unverfälschter persönlicher Schreibart. Er lehnte einen an irgendwelche Regeln gebundenen Sonderstil für Briefe mit allem Nachdruck ab. Wie aus seinen stiltheoretischen ›Vorlesungen‹ von 1793/94 hervorgeht, soll für jegliche Textgattung, ob erhabenes Gedicht oder schlichtes Zweckschreiben, das Prinzip der ausdrucksmäßigen individuellen Originalität gelten. Auf solch einen übergeordneten, übergreifenden Stil-Konsens sollte nunmehr auch jeder Briefschreiber verpflichtet sein. Damit war jeder sich auf Regeln und Muster stützenden oder

berufenden Brieflehre theoretisch der Boden entzogen – eine
ganze Epoche der deutschen Briefschreiblehre war zu Ende.
Die stilästhetische Erledigung der Regel-Briefsteller durch Mo-
ritz verbot es anspruchsvolleren Autoren, fortan noch solche
Anweisungsbücher zu verfassen. (Vgl. Nickisch GRM 1969 u.
Nickisch 1969, S. 195–203.)

3.3. 19. und 20. Jahrhundert

Nach Gellert und vollends Moritz konnte der von den Briefstellern des 19. Jhs. verbreiteten Briefschreiblehre nur mehr das
Schicksal der Trivialisierung beschieden sein. Zahl und Auflagenhöhe der Trivialbriefsteller des neuen Jahrhunderts sind
gleichwohl erstaunlich groß. In der prätentiösen Form des
›Universalbriefstellers‹ erzielten einige dieser Werke geradezu
stupende Erfolge: O. F. Rammlers Lehrbuch von 1834 erreichte 1875 die 45. Auflage (1907 die 73.!), L. Kiesewetters
Briefbuch von 1843 1874 die 24. Auflage (1910 die 42.!), G. W.
Campes Anleitung von 1833 1933 die 49. Auflage (1954 die
52.!). Als ›Volksbuch‹ – ein Vorläufer des modernen Taschen-
buches – wurden die auf handliches Kaliber reduzierten ›Universalbriefsteller‹-Wälzer Bestandteil der im Kolportagehandel
vertriebenen Literatur. Sie vermittelten Aufstiegsbeflissenen
die Normen der sogenannten guten Gesellschaft auf dem Weg
über die Briefetikette. (An solchen Normen orientierte sich sogar noch ›Wehman's Deutsch-Amerikanischer Briefsteller‹, der
1894 in New York und Chicago herauskam und der vielen ausgewanderten Deutschen als Schreibhilfe dienen wollte.)
Offenkundig wurden diese Briefbücher zu einem Hausbuch
im Bürgertum – in der Funktion eines praktischen Ratgebers
ähnlich der eines Anstands- oder Kochbuches. Unter den angebotenen Briefmustern hielten sich daher noch lange solche, die,
unbeeindruckt von der Briefstilreform Gellerts und Morit-
zens, weiterhin eine ganze Menge devoter Formeln und alte
Aufbauschemata aufwiesen (sogar das alte Dispositionsschema
tauchte wieder auf!) und zur Nachahmung empfahlen. Die Pri-
vatbriefsteller führten die einzelnen Brieftypen weiter als »feste
Gattungen« mit je spezifischen Regeln vor und boten insbeson-

dere für die »Konventionalbriefe« (Glückwunsch-, Beileids- und Dankbriefe) als Muster pure »Fertigprodukte« an. (Susanne Ettl 1984, S. 50–52) Im Bereich der Warn- und Mahnbriefe fungierten die Modellbriefe überdies als Vermittler einer »kleinbürgerlichen Arbeitsethik« und von Grundsätzen einer gottgefälligen Lebensführung, womit die Universalbriefsteller sich in die »Tradition der Erbauungsliteratur« einfügten. (Ettl 1984, S. 94) Demgegenüber enthielten die vielgefragten Geschäftsbriefsteller zumeist sachbezogene Anweisungen und Beispiele; sie sind am Ende des Jahrhunderts schon zu einem »spezialisierte[n] Fachbuch« geworden. (Ettl 1984, S. 22) Sie orientierten sich, wie alle anderen Anleitungen zum Briefschreiben auch, an den bestehenden bürgerlich-patriarchalischen Verhältnissen, und sie lehrten ihre Benutzer, sich an die Gegebenheiten anzupassen. Den beginnenden Wandel der spätfeudal-bürgerlichen zur von Kapital, Arbeiterschaft und Industrie geprägten Gesellschaft nahmen die Briefsteller insgesamt nicht zur Kenntnis.

Im Fall der Liebesbriefe lizensierten die Briefsteller-Autoren immerhin den gesteigerten Ausdruck subjektiver Gefühle. Dabei wurde der Stil der entsprechenden Muster »immer glühender, beschwörender, immer religiöser«. (Brüggemann 1968, S. 89) Beim Liebesbrief in den Privatbriefstellern des späten 19. Jhs. wurde die Trivial-Literarisierung der Muster sogar bis hin zur Inszenierung einer kleinen Geschichte im Rahmen einer Reihe von Musterbriefen getrieben, die als solche gar nicht mehr brauchbar waren, so daß man annehmen muß, der Briefsteller-Autor habe sie tatsächlich als Lektüre für die Benutzer seines Werkes verfaßt. Aus dem Kommunikationslehrbuch wurde somit ein Surrogat für »literarische Unterhaltung«. (Ettl 1984, S. 146) Als nachahmungsfähige Muster für Lehrzwecke kamen auch die ›Klassikerbriefe‹ nicht in Betracht, die die Universalbriefsteller in großer Zahl als Modelle für Briefe allgemeinen Inhalts anboten. Auf diese Weise wurden die Briefsteller aber partiell zu Briefanthologien mit bildungsbürgerlich entschärften Klassikerepisteln. Damit beteiligten sie sich an einer Art literarischer Volksbildung im Sinne des nationalistischen Konservatismus, der das kleindeutsche Kaiserreich ideologisch trug. (Vgl. Ettl 1984, S. 150 ff.)

Gefühlsmäßige Exzessivität gestatteten die auf Wahrung und Stützung bürgerlich-mittelständischer Solidität bedachten Briefsteller freilich nur für eine Übergangsphase im Leben des jungen Kaufmanns oder Beamten. Alsdann waren wieder sehr nüchterne, realistische Briefe zu schreiben, die lebenspraktischen

Interessen zu dienen hatten. Die Diskrepanz zwischen einem hypertroph wuchernden sentimentalen Briefstil (wie man ihn nicht nur für Liebesbriefe, sondern auch für andere gefühlsbesetzte Schreibanlässe – etwa für Geburtsanzeigen und Beileidsbekundungen – empfahl) und den sehr realen wirtschaftlichen oder karrierebezogenen Interessen derer, die nach der Lehre der Briefsteller solch eine Diktion pflegen sollten, war am schärfsten in der wilhelminischen Ära ausgeprägt. In den Musterstükken der zeitgenössichen Briefsteller bezeugt sich eindrücklich die bis zum Ende dieser Ära allerwärts gelebte doppelte Moral der Bourgeoisie des kleindeutschen Kaiserreichs.

Neue Tendenzen und Töne in der Briefschreiblehre sind erst nach dem Ersten Weltkrieg wahrzunehmen, obwohl, etwa in den Bittbriefmustern, die vormaligen ›Devotionssignale‹ bis in die Zeit der Weimarer Republik mitgeschleppt wurden. (Ettl 1984, S. 76) Die unter dem Eindruck der wirtschafts- und sozialgeschichtlichen Entwicklung in der Weimarer Zeit konzipierten Anleitungen zum Briefschreiben legten Wert darauf, den Briefverkehr zu ›versachlichen‹. Zwar wurden immer noch ›Briefsteller für alle Wechselfälle des Lebens‹ verfaßt, aber dieser Typ, der weiter darauf spekulierte, als unentbehrliches Hausbuch gekauft zu werden, trat doch merklich gegenüber solchen Schreibanleitungen zurück, die sich darauf beschränkten, dem Ungeübten und Unsicheren Hilfen für den schriftlichen Umgang mit Behörden, Ämtern u. ä. anzubieten. Zahlenmäßig überwogen eindeutig Geschäftsbrief-Anleitungen. Auf dem Rückzug befanden sich dagegen die Schreibhilfen für Liebesbriefe.

Auch die Briefsteller-Autoren haben den sich seit dem Beginn dieses Jahrhunderts vollziehenden Wandel vom ›Brief‹wechsel‹ zum ›Schrift‹wechsel‹ registriert und haben sich in ihrer Produktion darauf einzustellen versucht. Im Falle des nunmehr dominierenden Geschäftsbriefstellers handelt es sich seit einigen Jahrzehnten um Fach- und Lehrbücher, die im regulären Unterricht für angehende Geschäftsleute, Sekretärinnen, Manager u. dgl. oder in der täglichen Praxis dieser Berufe benutzt werden.

Der Zug zur ›Sachlichkeit‹ wurde schon in den Liebesbriefmustern deutlich, welche die Briefsteller nach dem Ersten Weltkrieg offerierten. Sie verzichteten auf Überschwenglichkeit und sprachen eher zögernd von Liebe. In ihnen kam zum Ausdruck, daß man nun »allgemein nicht Leidenschaft, sondern Frohsinn und inniges Gemüt« voneinander erwartete. (Brüggemann

1968, S. 97) Das entspanntere Verhältnis zwischen den Geschlechtern erlaubte es jetzt den Brieflehrern sogar, die Beziehung zwischen geschiedenen Eheleuten in entsprechenden Musterstücken zu behandeln. Doch achteten auch die modernen Brieflehrer darauf, daß Gedanken und Ausdrucksweise gerade in den Briefmodellen für so heikle Lebenslagen im Rahmen bürgerlicher Wohlanständigkeit blieben. Emanzipatives oder gar Libertinistisches war für die Briefsteller weiterhin tabu.

Brüggemann und Ettl haben in ihrer Kommentierung charakteristischer Ratschläge und Briefbeispiele aus Briefstellern der Zeit zwischen 1933 und 1945 zeigen können, inwieweit und wie weit sich diese Anpassungsliteratur auch dem Nazismus und seinen politischen und gesellschaftlichen Anschauungen zur Verfügung stellte. Als Schlußformel wurde z. B. nun der ›deutsche Gruß‹ bzw. ›Heil Hitler‹ empfohlen. Für die briefliche Berücksichtigung der gesellschaftlichen Beziehungen zwischen höhergestellten und schlichteren Volksgenossen spielten ständestaatliche Vorstellungen und das Führerprinzip die Hauptrolle. Die für alle Briefarten nahegelegte Ausdrucksweise war gekennzeichnet durch eine forsch-fröhliche ›Sachlichkeit‹, die sich selbst in den Mustern für solche Briefe breitmachte, wie sie zwischen männlichen und weiblichen Volksgenossen gewechselt werden sollten, die eine ›Lebenskameradschaft‹ anstrebten. Im ganzen betrachtet wurden die Nazi-Briefsteller zu »Medien der Indoktrinierung« und die Musterbriefe darin in besonderem Maße zu »Instrumenten« der »Gleichschaltung«. (Ettl 1984, S. 183)

Die nach 1945 neu geschriebenen oder wieder aufgelegten Briefsteller paßten sich den neuen demokratischen Verhältnissen geschickt an. Den ideologisch-politischen Ballast der jüngsten deutschen Vergangenheit warfen sie beflissen ab. Ihre nunmehrigen Muster lassen aber, im Zeichen der Restauration, eine neue Form der Untertänigkeit erkennen. In ihren Empfehlungen, Hinweisen und Mustern vermittelten sie den Eindruck, als ob wir heute noch in einer »bürgerlichen Ordnung lebten, auf deren sichere Grundlagen und feste Werte wir uns nach wie vor (...) verlassen können.« (Brüggemann 1969, S. 145)

Der Bedarf an Briefratgebern (der Begriff Briefsteller ist aus den Titeln verschwunden!) auch in den letzten Jahrzehnten ist erstaunlich groß. Schöne hat ermittelt, daß 1966 mehr als vierzig Briefsteller im westdeutschen Buchhandel angeboten wurden. (1967, S. 194) Wer gelegentlich die Rubriken ›Gebrauchsliteratur‹, ›Praktische Ratgeber‹ u. dgl. in Verlagsprospekten

durchsieht, kann unschwer feststellen, daß das einschlägige
Angebot seither kaum geringer geworden sein dürfte. Die
Brieflehre, die in den Schreibanleitungen und Sprachempfeh-
lungen der jüngsten Zeit enthalten ist, konzentriert sich aber
immer stärker auf den Bereich der Geschäftskorrespondenz,
auf den Schriftverkehr mit Ämtern, Behörden und Firmen.
Die Zahl der Briefsteller, die uns das Schreiben intimer Briefe
lehren wollen, wird immer geringer: Ihrer enträt man heute
um so leichter, als die dafür angebotenen Briefmuster besonders dazu neigen, angestaubte Gefühls- und Sprachklischees
zu benutzen. Von den Liebesbriefstellern waren schon Mitte
der sechziger Jahre nur mehr ganze drei auf dem Buchmarkt.
(Schöne 1967, S. 194)
    Unentbehrlichkeit suggerieren demgegenüber die nun abso-
lut führenden Schreibhilfen für den von Amts oder Geschäfts
wegen erforderlichen Schriftverkehr. Der in ihren Mustern vor-
geführte Stil ist ein Produkt geradezu engagierter Anpassung an
die im Zeichen radikaler Ökonomisierung gepflogene Kommunikation in Handel und Industrie. Dezidiert werden alle einst-
mals gerade auch in Geschäftsbriefen verwendeten Verbrämun-
gen, Floskeln und Redundanzen verabschiedet. Der Brieftext
wird reduziert auf die Bestandteile, welche für die pure Information des Partners unerläßlich sind. Kennzeichnend für diese
Tendenz der jüngsten Briefschreiblehre ist ein Titel wie: ›Kür-
zer, knapper, präziser. Der neue Mitteilungsstil moderner Füh-
rungskräfte‹ (1971) von R. W. Schirm. Solche Brieflehre erreicht folgerichtig ihre Zwecke in idealer Weise, wenn sie die
Textmuster für möglichst viele geschäftliche und amtliche
Schreibanlässe derart zu rationalisieren vermag, daß dem Benutzer formularartig auszufüllende Schema-Schreiben zur Verfügung gestellt werden können. So preist 1977 der H. Holz-
mann Verlag in Bad Wörishofen die 6. Auflage des von ihm her-
ausgebrachten Geschäftsbriefstellers ›Briefe schreibt man heute
so‹ von W. Manekeller mit dem Versprechen an, das Buch zeige
Textverarbeitern, Textprogrammierern und Typistinnen, »wie
man zeit- und kostensparend das Briefbild vereinfacht, das Diktat strafft und die Textprogrammierung einführt.« (Anzeige in
der FAZ v. 19.09.1977) Die alleinige und fraglose Orientierung
für die in der Gegenwart gängigen und gefragten Briefsteller bilden die bestehenden gesellschaftlichen und wirtschaftlichen
Verhältnisse. Sie figurieren daher heute nicht selten unter dem
Schrifttum, das man unbedingt braucht, um in unserer Gesellschaft ›Erfolg‹ zu haben.

Ettl ist in ihrer Untersuchung der sog. modernen Briefsteller der drei Jahrzehnte von 1950 bis 1980 zu einer Reihe bemerkenswerter Beobachtungen, Feststellungen und Thesen gelangt. Angesichts der sich wandelnden Mitteilungsbedürfnisse und des Vordringens schnellerer Medien wie Telegraf und Telefon hat der Brief schon längst den Rang einer eigenen literarischen Gattung »mit spezifischen Produktionsregeln« eingebüßt. »Als letzte gattungsspezifische Merkmale sind nur Anrede und Gruß übriggeblieben.« (1984, S. 197) Die modernen Briefratgeber stützen sich daher in ihrer Lehre auf den Brief vornehmlich als auf ein »Mittel konventioneller Höflichkeit« und als auf ein »justitiables Dokument.« (1984, S. 193) Demgemäß überwiegen in den Briefbüchern der jüngsten Zeit die Muster für Konventionalbriefe – zuungunsten der Brieftypen, die narrative Qualitäten erfordern. Die modernen Kommunikationshelfer haben auch weitgehend auf Theorie verzichtet, da ein allgemeingültiger Konsens über guten Stil nach Maßgabe des früher anerkannten literarischen Kanons nicht mehr gegeben ist. Die Muster sind mithin auch nicht mehr Briefe im überlieferten Sinne des Begriffs; sie sind praktisch zu unpersönlichen Formularen geworden, die zumeist durch vorgedruckte Karten u. ä. ersetzt werden könnten und die lediglich noch zur Absolvierung »kommunikative(r) Pflichtakte« benutzt werden. (1984, S. 209) Sofern Klagen, Mahnungen und Beschwerden nicht gleichfalls zu Bestandstücken eines bürgerlichen Höflichkeitsrituals geworden sind, dient ihre vom Briefbuch-Autor empfohlene nüchtern-moderate Fassung im Notfall als justitiables Instrument (das man seinem Rechtsanwalt übergibt). Selbst für die – sehr selten gewordenen – Liebesbriefe gelten keine literarisch-schriftsprachlichen Vorbilder mehr. Auch hier schreibt man nach der Vorstellung der modernen Briefsteller ganz sachlich-direkt, ganz nach dem Vorbild der mündlichen Kommunikation. Die »Lockerung und Informalisierung« der allgemeinen Verhaltensstandards in der modernen Gesellschaft hat schließlich auch die Bedeutung der Gestaltung der sozialen Aspekte im Brief (Rücksicht auf Alter, Autorität, Geschlecht u. ä. des Partners) entscheidend reduziert. Hier ist an die Stelle der früheren Typisierung, die viel leichter systematisierbar und damit lehrbar war, eine weitgehende Individualisierung getreten. Aus dem briefbezogenen Stil- und Sprachlehrbuch ist ein standardisierte Höflichkeitsrituale vermittelndes Anstandsbuch geworden, dem gegenüber der zum Aussterben verurteilte Briefsteller herkömmlichen Typs wie ein »Fossil aus rhetorischer Vorzeit« wirkt. (1984, S. 242)

F. Rexhausens Parodie ›Mit deutscher Tinte. Briefe und Ansprachen für alle Wechselfälle des Lebens‹ (1965; 1981 erw. u. d. T.: ›Schön deutsch gesagt. Briefe und Ansprachen für alle Gelegenheiten‹) trifft eben diesen im Aussterben begriffenen Typus des Briefstellers – was schon der Untertitel seines Buches erkennen läßt. Es gliedert sich daher auch noch, ironischerweise ganz der Überlieferung gemäß, in einen theoretischen Teil (mit den Kapiteln »Warum Briefe schreiben?« und »Wie Briefe schreiben?«) und einen praktischen mit Beispielen für Glückwunschbriefe, Beileidsbriefe, Liebesbriefe usf. Form, Inhalt und Stil der Musterbriefe satirisieren treffsicher die Provinzialität und das Heuchlertum der bundesrepublikanischen Gesellschaft der Adenauer-Ära.

Hinzuweisen ist am Ende dieses Kapitels noch auf einen nicht unerheblichen Aspekt im Zusammenhang mit der Entwicklung der praktischen Brieflehre: Träger und Verbreiter der Briefschreiblehre waren und sind keinesfalls allein die so zahlreichen Schreibhelfer und Briefsteller. Es waren und sind dies in durchaus vergleichbarem Maße – seit dem Mittelalter – die verschiedenerlei Unterrichtsinstitutionen, vornehmlich die Schulen. Allerdings haben sie nie als Initiatoren in der geschichtlichen Entwicklung der Brieflehre gewirkt, sondern immer nur als Multiplikatoren bereits bewährter Lehren und Muster. Und ›Bewährtes‹ offerieren und verbreiten schließlich auch die modernen Firmen für Textwerbung: Sie bieten ihren Kunden in flotten Werbesprüchen das ›Texten/Formulieren von Briefen‹ (Geschäftsbriefe, Privatpost u. ä.) oder gar ein umfassendes Brief-Nachschlagewerk wie das von U. Schoenwald und R. Siegel an: ›Erfolgreiche Musterbriefe für alle geschäftlichen und privaten Vorgänge‹ (1988).

Literatur zu 3.:

3.1. Mittelalter
Brackert 1974, passim.
Brief, Briefliteratur, Briefsammlungen 1983, Sp. 652–656.
Brinkmann, A(ugust): Der älteste Briefsteller. In: Rhein. Museum f. Philol. N.F. 64. Bd., 1909, S. 310–317.
Bruckner, Ursula: Über das Inhaltsverzeichnis in »Formulare und deutsch Rhetorica«. In: Das Buch als Quelle historischer Forschung. Dr. F. Juntke anl. seines 90. Geb. gewidmet. Leipzig 1977. (Arbeiten an d. Univ.- u. Landesbibl. Sachsen-Anhalt in Halle a. d. S. Bd. 18.) S. 93–99.

Bütow, Adolf: Die Entwicklung der mittelalterlichen Briefsteller bis zur Mitte des 12. Jahrhunderts, mit besonderer Berücksichtigung der Theorieen [!] der ars dictandi. Greifswald, Phil. Diss. 1908.

Curtius, Ernst Robert: Europäische Literatur und lateinisches Mittelalter. 6. Aufl. Bern u. München 1967. S. 85 f. et passim.

Erdmann 1938.

Höver, Werner: Johann von Neumarkt. In: D. dt. Lit. d. Mittelalters. Verfasserlex. 4. Bd. 2., völl. neu bearb. Aufl. Berlin, New York 1983, Sp. 686–695.

Jens, Walter: Rhetorik. In: RL Bd. 3. 2. Aufl. Berlin, New York 1977. S. 432–456.

Joachimsen, Paul: Vom Mittelalter zur Reformation. In: Histor. Vjs. 20, 1920/21, S. 426–470. (Neudr. Darmstadt 1959 = Libelli. Bd. 50.)

Joachimsohn, Paul: Aus der Vorgeschichte des ›Formulare und deutsch rhetorica‹. In: ZfdA 37, 1893, S. 24–121.

Merkel, Gottfried F.: Das Aufkommen der deutschen Sprache in den städtischen Kanzleien des ausgehenden Mittelalters. Leipzig 1930. (Beiträge z. Kulturgesch. d. Mittelalters u. d. Renaissance. Bd. 45.) (Neudr. Hildesheim 1973.)

Nickisch 1969, S. 17–21. (Auf S. 241–245 d. älter. Forschungsarbeiten z. Teilproblemen d. Briefsteller-Lit. bis 1800 verzeichnet.)

Quadlbauer, Franz: Die antike Theorie der genera dicendi im lateinischen Mittelalter. Graz (usw.) 1962. (Österr. Akademie d. Wissenschaften. Sitzungsberichte. Bd. 241, Abh. 2.)

Ritter 1897, passim.

Rockinger, Ludwig: Briefsteller und formelbücher des eilften bis vierzehnten jahrhunderts. München 1863.(Quellen u. Erörterungen z. bayer. u. dt Gesch. Bd. 9.) (Neudr. New York 1961.)

Schaller, Hans Martin: Ars dictaminis, Ars dictandi. In: Lex. d. Mittelalters I. München und Zürich 1980, Sp. 1034–1039.

Schmale 1950.

Ders. (Hg.): Adalbertus Samaritanus. Praecepta dictaminum. Weimar 1961. (Mon. Germ. Histor. Quellen z. Geistesgesch. d. Mittelalters. III. Bd.)

Schuler, Peter-Johannes: Formelbuch und Ars dictandi. Kaum genutzte Quellen z. polit. u. sozial. Gesch. In: Jäger, Helmut u. a. (Hg.): Civitatum communitas. ...Festschr. Heinz Stoob... Köln, Wien 1984. (Städteforschg. Reihe A: Darstellgn. Bd. 21, Tl. 1.) S. 374–389.

Smolak, Kurt: Einleitung zu: Erasmus von Rotterdam: De Conscribendis Epistolis. Anleitung zum Briefschreiben. (Auswahl.) Übers., eingel. u. m. Anm. vers. v. K. S. Darmstadt 1980. (E. v. R.: Ausgew. Schriften. Bd. VIII.) [Lat. u. dt.] S. IX–LXXXVI.

Steinhausen 1889, S. 101–110 et passim.

Vogt (, o. Vorn.): Die deutschen Briefsteller. In: Archiv für Post u. Telegraphie 63, 1935, S. 217–224; hier S. 217 f.

Worstbrock, Franz Josef: ›Formulare und deutsch Rhetorica‹. In: D. dt. Lit. d. Mittelalters. Verfasserlex. 2. Bd. 2., völl. neu. bearb. Aufl. Berlin, New York 1979, Sp. 794 f.

3.2. 16. bis 18. Jahrhundert

Brockmeyer 1961, passim

Brüggemann, Diethelm: Vom Herzen direkt in die Feder. D. Deutschen in ihr. Briefstellern. In: D. Monat 17, 1965, H. 207, S. 30–47.

Ders.: Vom Herzen direkt in die Feder. D. Deutschen in ihr. Briefstellern. München 1968. (dtv 503.)

Ders.: Gellert, der gute Geschmack und die üblen Briefsteller. Z. Gesch. d. Rhetorik d. Moderne. In: DVjs 45, 1971, S. 117–149.

Ebrecht, Angelika u. a. (Hg.): Brieftheorie des 18. Jahrhunderts. Texte, Kommentare, Essays. Stuttgart 1990. [Diese wertvolle Arbeit wurde mir erst nach d. Drucklegg. meines Buches zugängl.]

Eiermann, Walter: Gellerts Briefstil. Leipzig 1912. (Teutonia. H. 23.) (Vorher Phil. Diss. Kiel 1911.)

Müller, W. G. 1980.

Nickisch, Reinhard M. G.: Karl Philipp Moritz als Stiltheoretiker. In: GRM 19, 1969, S. 262–269.

Ders. 1969.

Ders. 1971, S. 1*–20*.

Ders.: Gottsched und die deutsche Epistolographie des 18. Jahrhunderts. In: Euph. 66, 1972, S. 365–382.

Nies, Fritz: Gattungspoetik und Publikumsstruktur. Z. Gesch. d. Sévignébriefe. München 1972. (Theorie d. Gesch. u. d. schön. Künste. Bd. 21.)

Ristow, Brigitte: Komplimentierbuch. In: RL. Bd. 1., 2. Aufl. Berlin 1958, S. 879–882.

Robertson, Jean : The Art of Letter Writing. An essay on the handbooks published in England during the sixteenth a. seventeenth centuries. Liverpool 1942.

Roseno, Agnes: Die Entwicklung der Brieftheorie von 1655–1709. (Dargest. an Hand der Briefsteller v. Georg Philipp Harsdörfer, Kaspar Stieler, Christian Weise u. Benjamin Neukirch.) Köln, Phil. Diss. 1933.

Schöne 1969, S. 193–210.

Steinhausen 1889 u. 1891, passim.

Ullrich, Hans: Goethes Leipziger Briefe und die Gellertsche Brieflehre. Göttingen, Phil. Diss. 1923. (Masch.)

Viala, Alain: La genèse des formes épistolaires en français et leurs sources latines et européennes: Essai de chronologie distinctive (XVIe–XVIIe s.). In: Revue de Littérature Comparée 55, 1981, S. 165–183.

Vogt, S. 218–221.

Weinacht, Helmut: »Programmierte Korrespondenz« vor 400 Jahren. In: D. Korrespondenz 6, 1973, S. 12–14.

Wendland, Ulrich: Die Theoretiker und Theorien der sogen. galanten Stilepoche und die deutsche Sprache. E. Beitrag z. Erkenntnis d. Sprachreformbestrebungen vor Gottsched. Leipzig 1930. (Form u. Geist H. 17.) (Zugl. Phil. Diss. Greifswald 1930.)

3.3. 19. und 20. Jahrhundert

Brüggemann 1965.

Ders. 1968.

Ermert 1979, S. 12–17 et passim.

Ettl, Susanne: Anleitungen zu schriftlicher Kommunikation. Betrachtgn. z. Systematik v. Privatbriefstellern. In: Grosse, Siegfried (Hg.): Schriftsprachlichkeit. Düsseldorf 1983. (Sprache d. Gegenwart. Bd. LIX.) S. 179–189.

Dies.: Anleitungen zu schriftlicher Kommunikation. Briefsteller v. 1880–1980. Tübingen 1984. (Reihe Germanist. Linguistik. 50.) (Zugl. Phil. Diss. München 1984.)

Hartwig 1976.

Richter, Bruno: Der Brief und seine Stellung in der Erziehung und im Unterricht seit Gellert. Leipzig, Phil. Diss. 1900.

Schöne 1967, S. 194.

4. Brief und briefliche Formen in uneigentlicher Verwendung

4.1. Brief und Literatur

4.1.1. ›Briefdichtung‹

M. F. Motsch hat versucht, die von ihm zusammenfassend als ›Briefdichtung‹ bezeichnete Literatur in einem knappen Aufriß zu gliedern. Er wollte damit zu Forschungen anregen, die zu einer »Gesamtdarstellung der poetischen Briefdichtung« führen sollen. (1971, S. 387) Nach Motsch zerfällt die Briefdichtung in »drei Grundgruppen: den literarischen Prosabrief, den poetischen Brief (poet. Epistel) und das Briefgedicht.« (1971, S. 388) Zum ›literarischen Prosabrief‹ rechnet er sowohl Briefe, die »von vornherein als literarische Werke konzipiert« wurden (ebd.) – z. B. die Apostelbriefe oder die ›Epistolae obscurorum virorum‹ –, wie auch die ursprünglich privaten Briefe solcher Verfasser, die, gleichgültig ob sie an eine spätere Veröffentlichung dachten oder nicht, ihre Briefe mit literarischen Qualitäten ausstatteten. Er übersieht dabei die entscheidende Differenz bei der Funktion der brieflichen Form für die beiden Spielarten seines ›literarischen Prosabriefes‹: Im ersten Fall ist die vom Autor benutzte Briefform nur bedingt erforderlich, nämlich insoweit die Absicht der Verfasser solcher Werke wie der Apostelbriefe darin bestand, Lehren darzulegen und Erbauung zu ermöglichen (wofür ja auch die Form einer traktatähnlichen Darstellung hätte in Frage kommen können), und die bestand bei den Urhebern der ›Dunkelmännerbriefe‹ darin, zu verspotten und zu polemisieren (für welche Intention die Briefform ebensowenig unerläßlich war). Im zweiten Fall dagegen, bei den an reale Adressaten gerichteten literarisch interessanten Privatbriefen, ist die Briefform schlechterdings unumgänglich. Motsch ignoriert also, zugespitzt formuliert, den Unterschied zwischen ›literarischen Briefen‹ und ›Briefen von Literaten‹ und leitet ihre Gemeinsamkeit und Zusammengehörigkeit lediglich von dem sekundären Merkmal der Prosaform her.

Den sog. ›poetischen Brief‹ bzw. die ›poetische Epistel‹ kennt man als literarisches Genre seit der Antike. Es handelt sich hierbei hauptsächlich um versifizierte Briefe elegischen Charakters. Die neulateinisch schreibenden Humanisten haben diese Dichtungsform wieder aufgenommen. In der deutschsprachigen Dichtung spielte der poetische Versbrief besonders im 17. und 18. Jh. eine höchst beachtenswerte Rolle. Poetische Briefe, vielfach zur Gelegenheitsdichtung gehörig, wurden an wirkliche Empfänger versandt. Doch waren sie von Anfang an auf ein größeres Publikum berechnet, so daß es von derartigen poetischen Episteln bis zu solchen, die ihren Empfänger fingieren, nur ein kleiner Schritt ist. Noch kleiner ist dann der Schritt zu poetischen Briefen, die keinen bestimmten, sondern nur mehr einen ›allgemeinen‹ fingierten Adressaten haben (»Freund«, »Freundin« o. ä.) oder deren Adressat gar »rein fiktiv« ist – »eine verstorbene historische oder mythologische Person, eine allegorische oder personifizierte Gestalt oder ein Tier oder Gegenstand.« (Motsch 1971, S. 390) Schließlich kann außer dem Adressaten auch der Absender fiktiv sein: »der Brief wird zur reinen Fiktion.« (Ebd.) Dies kommt vor allem häufig in der galanten Briefdichtung vor. Die bekanntesten und zugleich eigentümlichsten poetischen Briefe dieser Art sind aber die nach dem Vorbild der Ovidschen ›Heroides‹ gedichteten ›Heldenbriefe‹, die den ›hohen Stil‹ und in thematischer Hinsicht eben einen ›heroischen‹ Vorwurf erfordern.

Bei den poetischen Briefen insgesamt erscheint es sinnvoll, wenn man die an wirkliche Adressaten geschickten und die mehr oder minder fiktiven poetischen Episteln in einer Gruppe zusammenfaßt; denn auch die zunächst realiter abgesandten Briefe sind Produkte, in denen die Literarisierung derart dominiert, daß die pragmatische Primärfunktion des Briefes effektiv aufgehoben ist. Daher unterscheiden sie sich nicht mehr essentiell von den bereits als fiktiv geplanten poetischen Briefen.

Als dritte und letzte Gruppe betrachtet Motsch die ›Briefgedichte‹, die er schlicht so definiert: »Ein Briefgedicht ist jedes an einen ›Empfänger‹ gerichtete oder adressierte Gedicht«. (1971, S. 391) Er versteht unter einem Briefgedicht also ein Versgebilde, das den Brief vertritt, indem es anstelle eines Briefes eine Information, Bitte, Frage etc. an den Adressaten heranträgt. Erläuternd fügt er hinzu: »Goethes Gedicht ›An Frau von Stein‹ ist ebenso ein Briefgedicht wie die üblichen Reimereien auf Glückwunschkarten.« (Ebd.) Diese Erläuterung überzeugt indes nicht recht. Prinzipiell spricht nämlich nichts dagegen, das sog. Briefgedicht als ein Subgenre *der* poetischen Epistel anzusehen, die an einen persönlichen konkreten Adressaten gerich-

94

tet waren. Ihre Besonderheit leiten die von Motsch so bezeichneten Briefgedichte ja bloß aus dem Umstand ab, daß da Gedichte statt eines Briefes, aber mehr oder weniger erkennbar in
der Funktion eines solchen auftreten und daß sie im Gegensatz
zu derjenigen Art von poetischen Briefen, deren Vorkommen
praktisch auf das 18. Jh. beschränkt blieb, auch noch jenseits
dieser Epoche Verwendung fanden und finden.

Die systematisierende Studie von Motsch, behindert wohl
durch den latent exklusiven Begriff der ›Briefdichtung‹, erfaßt
bei weitem nicht all das, was deutsche Schriftsteller in den vergangenen Jahrhunderten unter Verwendung brieflicher Formen
als literarischer Gestaltungsmittel hervorgebracht haben. Damit man dieser literarhistorischen Tatsache Rechnung tragen
kann, müssen grundsätzliche und weitere systematische Überlegungen angestellt werden.

4.1.2. Ist der Brief Literatur?

Ist ›Literatur‹ ein Begriff, der alle intentionalen schriftlichen
Textphänomene umfaßt, ist die Frage eine rhetorische Frage.
Meint man hingegen mit Literatur belletristisches Schrifttum,
wird die Antwort schwierig und problematischer.

F. Kemp (1979) erklärt im Blick auf die große Korrespondenz
der Rahel Varnhagen:

> Briefe sind nicht in erster Linie Literatur, mögen sie auch literarischer
> Mittel sich bedienen; sie sind Fragen, Antworten, Reizungen, Verfüh-
> rungen, Zeugnisse des Augenblicks und bestimmt, ins Leben zu wirken
> und sich darin aufzulösen. Briefe, gar Liebesbriefe, sind keine Monu-
> mente; sie sind, wie alles Erotische, bestimmt, im Moment der Erfah-
> rung aufgelöst, verzehrt zu werden, und noch dem späteren Leser wol-
> len sie, das ist ihre Unsterblichkeit, unmittelbar ins Blut gehen. (S. 407)

Was auf den ersten Blick wie eine sehr entschiedene, klare Aussage wirkt, erweist sich bei näherem Hinsehen als anfechtbar, ja
widersprüchlich: Wenn Briefe, zumal erotische, keine »Mo-
numente« sind, sondern Gebilde, die (womöglich auch dank
der in ihnen eingesetzten »literarische[n] Mittel«?) so viel Wirk-
kraft in sich tragen, daß diese sich bei der Rezeption durch den
ersten, nominellen Empfänger eben nicht schon erschöpft, sondern »noch dem späteren Leser (...) unmittelbar ins Blut« geht,
dann können sie offenbar gerade das leisten, was man der Literatur »in erster Linie« und im Gegensatz zu okkasionellen

95

Gebrauchstexten zuschreibt. Frühere Epochen haben denn auch dem Brief erheblich mehr zugetraut.

Am Ende des 18. Jhs., das in Deutschland ein Jahrhundert des Briefes, ja der Briefmanie gewesen war, behauptete Novalis: »Der wahre Brief ist, seiner Natur nach, poetisch.« (›Blütenstaub‹, Nr. 56, in: Athenaeum, H. 1, 1798) Diese aphoristisch verabsolutierende Aussage, mit der der Frühromantiker die Briefform so nachdrücklich für die heraufkommende romantische Dichtung reklamierte, war möglich geworden am Ausgang eines Jahrhunderts, in dem der Brief seine Bewährungsprobe als literarische Gestaltungsmöglichkeit zigfach bestanden hatte.

Die Handhabung der Gebrauchsform Brief war den gebildeten Schichten so vertraut und selbstverständlich geworden, daß immer mehr Autoren sich seine Popularität für ihre ästhetischen Absichten zunutze machten. Mit der ›uneigentlichen‹, meist auch noch fiktionalen Verwendung des Briefes oder formaler Elemente desselben knüpften sie dabei vielfach an entsprechende Traditionen der europäischen Literatur an; z. T. fügten sie aber auch den tradierten neue Spielarten der uneigentlichen Verwendung des Briefes hinzu.

Es ist hier nicht der Ort für eine Erörterung der Fragen und Probleme, die der Versuch einer Definition von belletristischer Literatur involviert. Prinzipiell akzeptabel dürfte es aber sein, wenn man zwecks Bestimmung des generellen Unterschieds zwischen künstlerischen und nicht-künstlerischen Texten feststellt: Die ersteren sind gekennzeichnet durch mehr oder minder bewußte Überformung mit dem Ziel ästhetisch-rhetorischer Wirkung(en) bei mehr als *einer* Person, bei mehr als *einem* Rezipienten. Hiernach wäre Literatur nicht identisch mit fiktional-ästhetischen Texten, etwa gar mit ›Dichtung‹ im traditionellen Sinne. Vielmehr gölte hier ein Literaturbegriff mittlerer Reichweite, der die sog. Dichtung selbstverständlich mit umfaßt, andererseits aber alle pragmatischen Texte, welche lediglich einen funktional-kommunikativen Wert im Hinblick auf konkrete Lebensvollzüge haben, ausschließt – also das, was man in jüngerer Zeit auch Gebrauchs- bzw. expositorische Texte nennt. (Belke 1973, S. 8)

Briefe, insoweit sie Elemente und Momente ästhetisch wirksamer Formung – vorab im Sprachstil, jedoch auch im Aufbau, in der Komposition usf. – enthalten, gehören mithin zur Literatur – auch wenn sie primär einem realen und okkasionellen Zweck dienen bzw. gedient haben. Belke reiht sie unter die »*literarisierten* Gebrauchsformen« ein (1973, S. 8), Hess spricht im Blick auf entsprechende Brieffälle von einer »Mischform aus Gebrauchsbrief und literarischem *Kunst*brief« (1979, S. 483 f.), und bei W. Füger heißen sie einfach »*Kunst*briefe«. (1977, S. 628) Damit ist aber keine Rangzuweisung oder sonstige Bewertung ausgesprochen. (Ob die angestrebte ästhetische Durchformung gelungen oder mißlungen, ob solche Briefe ›echt‹ oder ›kitschig‹ sind etc., spielt für die Frage nach ihrer Zugehörigkeit zur Literatur keine Rolle.) Damit ist vollends nicht gemeint, daß nur die ›literarisierten‹ Briefe erforschenswert seien. Gemeint ist damit lediglich, daß es sinnvoll und sachgerecht ist, zwischen einer »informell[en] Kurznotiz« (Hess 1979, S. 482) oder einem gängig-routinemäßigen Geschäftsschreiben der Firma X einerseits und einem Brief Rilkes an Helene v. Nostitz andererseits kategorial zu unterscheiden. In praxi und auch in den Augen der breiten Öffentlichkeit sind die Grenzen zwischen ›normalem‹ Brief und ›Kunstbrief‹ fließend, so daß beim Genre Brief generell »ein gattungstheoretischer Dogmatismus« durchaus »problematisch« ist. (W. G. Müller 1985, S. 68)

Begreiflicherweise haben die dem Brief, seiner Form und seinen kommunikativen Grundfunktionen inhärenten spezifischen Aussage- und Wirkungsmöglichkeiten (ebenso wie die entsprechenden Möglichkeiten der Erzählung, des Berichts, der Schilderung, der Erörterung, des Dialogs, der Rede usw.) seit je auch den literarisch ambitionierten Schriftsteller angezogen, der sie seinen künstlerischen Absichten nutzbar machte. Beschränkt sich ein Autor dabei nicht auf den Einsatz rhetorischer und stilästhetischer Mittel in einem privaten und zweckbezogenen Schreiben, sondern setzt er die briefliche Form gezielt zu fiktionalen Zwecken ein, fingiert er mithin die Briefsituation in schwächerem oder stärkerem Maße: dann vollführt er den qualitativen Sprung von der eigentlichen zur uneigentlichen Verwendung der Briefform. Dabei ist, virtuell und bei idealtypischer Betrachtungsweise, der Grad der Fingierung (vgl. hierzu 1.4., S. 21) dem Grad der Literarizität proportional. Im Unterschied zu den nur ›literarisierten‹ Gebrauchsformen bezeichnet Belke darum einleuchtenderweise solche Texte, »die sich die Möglichkeiten reiner bzw. literarisierter Gebrauchsformen zunutze machen, sie fiktional einsetzen und dadurch ihren Gegenstand erst konstituieren«, als »*literarische* Gebrauchsformen«. (1973, S. 8)

Man hat zu Recht darauf bestanden, daß für Autoren wie Hölderlin, Brentano und Rilke der Brief ebenso eine Form der dichterischen Produktion war wie das Gedicht oder der Roman

– daß ihre Briefe deshalb zum Zentrum ihres dichterischen Werkes und ihrer dichterischen Existenz gehören. Doch handelt es sich bei diesen Briefen keineswegs um ›literarische Gebrauchsformen‹ mit einer so klar ersichtlichen Fingierung, wie oben beschrieben. Vielmehr sind diese Texte vordergründig ›Privatbriefe‹, gerichtet an ganz bestimmte reale Personen, weshalb sie auch lange Zeit fast ausschließlich als biographische und/oder werkgeschichtliche Informationsquellen ausgeschöpft worden sind. Erst jüngere Forschungen haben, etwa im Falle Brentanos, dargetan, daß private Briefe einen ganz eigentümlichen ästhetischen Wert besitzen können. Sie sind in einem solchen Maße subtil stilisiert, daß W. Frühwald glaubt, für den großen Romantiker das Verdienst beanspruchen zu dürfen, er habe den nicht fingierten Brief »als Kunstform in die deutsche Literatur« eingeführt. (1971, S. 286) Und H.-J. Fortmüller billigt Brentano aus den gleichen Gründen eine »exzeptionelle Stellung (...) in der Geschichte des Briefes« zu. (1977, S. 21) Bei Brentano – und Entsprechendes gilt von Rilke – geht das Raffinement der Stilisierung so weit, daß der scheinbar nur ganz persönlich sich mitteilende Briefschreiber als eine »ästhetische Rolle« benutzt wird – das Sich-privat-Mitteilen selbst wird somit Fiktion. (Fortmüller 1977, S. 17; vgl. auch Bohrer 1987, S. 214, 239 u. ö.) Der Brief, der durch seine Stilisiertheit den empirischen Kontext, aus dem er hervorgeht, überschreitet, wird eben deshalb zum »Gegenstand eines überindividuellen Interesses« und gewinnt so einen spezifischen ästhetischen Wert. (Fortmüller 1977, S. 131)

In der vom realen Leben entfremdeten künstlerischen Überhöhung privater Beziehungen durch den Brief ist Brentano auch dem Briefschreiber W. Benjamin in unserem Jahrhundert vergleichbar. (Vgl. Fortmüller 1977, S. 132.) Und es sei daran erinnert, daß nicht erst in der Romantik bzw. in der literarischen Moderne, sondern bereits in der Korrespondenz der Humanisten ein ähnlich hochgradig stilisierter Typus als »reine Ausprägung eines literarischen Werkbriefs« sich herausgebildet hatte. (Hess 1979, S. 484; vgl. hierzu 1.4., S. 21 f.)

4.1.3. Ist der Brief eine literarische Gattung?

Der Brief in eigentlicher (primärer) Verwendung hat a priori in einem »spezifisch ästhetischen Sinn« keinen »Gattungs-Charakter«, da er als solcher, wie das Tagebuch, zum ›dialogischen

Formtyp‹ gehörig (Bürgel 1983, S. 177), in seiner pragmatisch-intentionalen Funktion »qua Medium« lediglich »Ausdruck *einer* realen personalisierten Sozialbeziehung« ist. (Bürgel 1979, S. 37) Der Privatbrief ist darüber hinaus, jedenfalls seit dem 18. Jh., bezüglich seiner Themen, seines Aufbaus und seiner Sprachgebung völlig frei, so daß seine Homogenität allein durch die Persönlichkeit des Verfassers, nicht aber durch einen spezifischen gattungskonstitutiven Stil gestiftet wird. Er ist insofern »ein Tragelaph.« (Bürgel 1983, S. 179) In texttheoretischer Hinsicht stellt sich das Ergebnis der praktisch unbegrenzten Freiheit des Briefes, was seine Thematik und Sprachgebung angeht, so dar, daß er, sofern er verschiedene Gegenstände behandelt, als ein Text »höherer Ordnung« begriffen werden kann; denn er besteht aus mehreren Teiltexten, die ihrerseits auch für fast alle sprachlichen Formen offen sind. Eine typische Briefsprache gibt es nicht. (Ermert 1979, S. 82 f. bzw. S. 87 f.)

In puncto Freiheit des Inhalts, der Anlage und des Stils ist indes zwischen dem fortschrittlichen Privatbrief des 18. Jhs. und dem Brief früherer Jahrhunderte zu unterscheiden, da der letztere ja den strengen Regeln und Normen der rhetorischen Brieflehre unterworfen war, deren Beachtung dem Brief insoweit sehr wohl literarischen Gattungscharakter verlieh. Der moderne Brief, wie er sich seit der Aufklärung entwickelt hat, ist eine eindeutig bestimmbare schriftliche kommunikative Gebrauchsform und insofern ebenfalls eine ›Gattung‹ – freilich keine literarische mehr.

Demgegenüber weist der Brief in uneigentlicher Verwendung keinen gattungsmäßig geschlossenen Charakter mehr auf. Dafür tauchen die Briefform oder Elemente derselben in sekundärer Verwendungsweise als ästhetische Gestaltungsmittel im Rahmen genuin literarischer und publizistischer Gattungen auf. Diese Nutzung brieflicher Formen hat die den Rahmen bildenden Gattungen – man denke an das Briefgedicht, den Briefroman, den Briefessay, den Reisebrief u. ä. – nicht nur strukturell geprägt, sondern auch eine staunenswerte Vielfalt und Fülle solcher epistolar geprägter literarischer Produkte hervorgebracht, die ganzen Epochen oder Phasen der Literaturgeschichte ihren Stempel aufgedrückt haben. Am stärksten ist davon die deutsche Literatur des 18. Jhs. bestimmt worden – wie übrigens auch die französiche (diese allerdings schon seit etwa 1660).

Bei dem Versuch, die Literarizität des Briefes zu erfassen, ist noch auf ein Phänomen einzugehen, dessen Bedeutung geeignet ist, die bislang als vertretbar erachtete Grenzziehung zwischen eigentlicher und uneigentlicher Verwendung der Briefform weitgehend zu relativieren. Für das Wirksamwerden ästhetischer Qualitäten eines Briefes ist nicht ausschließlich die bewußte künstlerische Gestaltungsabsicht maßgebend oder ursächlich, sondern ebensowohl das Rezeptionsverhalten der Briefleser. ›Uneigentlich‹ verwendet wird ein privater Brief strenggenommen ja schon dann, wenn er, u. U. entgegen der originären Intention des Briefschreibers, veröffentlicht wird. Selbst dort, wo der Brief in rein kommunikativer Absicht als schriftliche Zweckform gebraucht worden ist, kann es – genauso wie bei noch viel literaturferneren Text-Produkten (historisch gewordenen Rezepten, Büro-Ordnungen, Gesetzen, Arzneibüchern u. dgl.) – im Falle der Veröffentlichung des aliterarisch konzipierten Textes zu ästhetischen Wirkungen in der Rezeption später lebender Leser kommen. (Vgl. hierzu Belke 1973, S. 8.) Vollends dort, wo bei ursprünglich privater Korrespondenz doch von vornherein im Blick auf eine spätere Publizierung und mithin für eine noch unbekannte zahlreiche Empfängerschaft geschrieben worden ist und für diesen latenten Zweck womöglich kalkuliert oder auch unbewußt rhetorischästhetische Formmittel eingesetzt worden sind (wie z. B. schon bei den meisten Humanisten-Briefen), ist die Grenze der eigentlichen Verwendung des Briefes zugunsten seines über-privaten literarischen Charakters überschritten.

Uneigentliche Verwendung liegt jedenfalls bereits dann vor, wenn ein an einen privaten Adressaten gerichtetes Schreiben späterhin (im Extremfall ohne Wissen oder gar gegen den Willen des Emittenten) publiziert wird. Die Auffassung jedoch, daß Privatbriefe durch die Tatsache der späteren Drucklegung allein schon literarische Dignität gewännen, indem sie auf diese Weise zur »eigentliche[n] Gattungsform des Briefes« würden, der einen interpretationswürdigen »Kunstcharakter« besitze (Raabe 1966, S. 74), scheint mir zu weit zu gehen; denn die Publikation von privaten Briefen erfolgte und erfolgt ja nicht bloß dann, wenn diese ›künstlerisch wertvoll‹ waren oder sind. Der Druck sichert ihnen allenfalls historische Bedeutung oder ermöglicht eine künftige ästhetische Wirkung, verleiht ihnen aber nicht automatisch die Qualität einer künstlerisch relevanten Literaturgattung. Richtig ist, daß der Brief erst durch seine Publikation zum »Gegenstand des öffentlichen Interesses« wird und daß der veröffentlichte Brief mit dem privaten »nur noch den Wortlaut gemein« hat. Denn »was im Leben gar nicht, nicht mehr oder noch nicht zu einer Form gefunden haben mochte«, erhält durch die Veröffentlichung »gestalthafte Festigkeit und Gültigkeit, wie sie sonst nur Kunstwerke beanspruchen.« (Mattenklott u. a. 1988, S. 7 f.) Lediglich in diesem reduktiven Sinne kann der veröffentlichte Brief als eine literarische Gattung angesehen werden.

4.2. Literarischer Privatbrief und literarisierter Brief

Beispiele für literarische Privatbriefe finden sich in erster Linie in der Korrespondenz von Schriftstellern, Poeten und Künstlern, die gleichsam von Berufs wegen auch beim Schreiben privater Briefe ihrem ästhetischen Sinn, ihrem Sinn für Form und Stil eher folgen und Geltung verschaffen als der nichtkünstlerische Briefverfasser. Deshalb auch hat dem Briefwerk solcher Persönlichkeiten schon immer das stärkste und zeitweilig sogar alleinige Interesse der Literaturwissenschaft gegolten. Bei künstlerisch begabten Briefschreibern wird der Privatbrief »tendenziell (...) eine fast naturwüchsige literarische Form.« (H. Vormweg 1987) Literarische Privatbriefe können zudem einen derartigen Grad der Stilisierung erreichen, daß just das subtil stilisierte Private an ihnen zu einer neuen ästhetischen Qualität wird. (Vgl. hierzu 4.1.2., S. 98.)

Kommt zu den rhetorischen und ästhetischen Elementen im Privatbrief die uneigentliche Verwendungsweise der Briefform als solcher hinzu, wird die Zugehörigkeit eines derartigen Briefes zur ‹Literatur› auch im engeren Sinne unübersehbar; denn sekundäre Verwendung der Briefform ist ja schon gegeben, wenn der Briefautor sich statt an einen einzelnen privaten Empfänger mittelbar oder explizit an eine begrenzte oder uneingeschränkte Öffentlichkeit wendet. Von dieser vergleichsweise schlichtesten Spielart uneigentlicher Verwendung der Briefform haben deutsche Autoren der Neuzeit so häufig Gebrauch gemacht, daß es ausgeschlossen ist, hier auch nur eine Skizze der Geschichte des literarisierten Briefes zu entwerfen. Der Hinweis auf wesentliche Beispiele muß genügen.

Der literarisierte Brief ist seit jeher vornehmlich als wirkungsvolle Möglichkeit genutzt worden, öffentlichkeitsrelevante Themen und Anliegen ins Gespräch zu bringen. An erster Stelle ist hier an die historisch und literarisch so bedeutsamen Sendbriefe Luthers aus der Hochzeit der Reformation zu erinnern. In großem und kennzeichnendem Maße bediente man sich dann erst wieder im Zeitalter der Aufklärung des literarisierten Briefes als eines öffentlich wirksamen Literaturgenres. Diese Briefe, oft als Sendschreiben oder Episteln betitelt, waren den verschiedensten Themen und Problemen gewidmet, bevorzugt jedoch geschichtlichen, gesellschaftspolitischen, literarischen, theologisch-religiösen und philosophischen. Nicht selten wuchsen sich solche öffentlichen, obzwar meist an konkrete Personen gerichteten und mit bemerkenswertem rhetorischen Aufwand geschriebenen Briefe zu essay-ähnlichen Darlegungen aus, doch ohne auf ihre appellativen, pädagogischen, aufklärenden, erbaulichen oder auch kämpferisch-polemischen Grundintentionen zu verzichten. In dieser Hinsicht haben sich, außer C. L. Liscow und G. W. Rabener, besonders Lessing, J. Möser und J. K. Lavater mit zahlreichen ›Sendschreiben‹, ›Schreiben‹ und ›Episteln‹ über die erwähnten Themen und Fragen hervorgetan. Auch die berühmte Sturm und Drang-Schrift ›Zum Schäkespears Tag‹ (1771) des jungen Goethe ist partiell als Sendschreiben stilisiert.

Die Entwicklung im 19. Jh. geht in die Richtung dessen, was im 20. Jh. als ›Offener Brief‹ überaus häufig geworden ist (die Bezeichnung selbst kommt schon gelegentlich in der zweiten Hälfte des 18. Jhs. vor – da meist noch synonym mit dem älteren ›Sendschreiben‹). Arm an Vorformen des modernen Offenen Briefes ist die Biedermeier-Epoche. Das ändert sich erst in der Vormärz-Zeit. Eine spektakuläre Station auf dem Wege der Entwicklung zum Offenen Brief der Moderne war der Brief des republikanischen Lyrikers G. Herwegh an den König von Preußen, der im Dezember 1842 ohne Wissen des Verfassers von der ›Leipziger Allgemeinen Zeitung‹ gedruckt wurde – ein auf diese Weise öffentlich gewordener Brief, der wegen des in seinem Inhalt zutage tretenden Antimonarchismus den Anlaß für eine entschieden illiberale Phase der preußischen Innenpolitik gab. Aus der an Offenen Briefen ebenfalls armen zweiten Hälfte des 19. Jhs. ragt heraus der ›Offene Brief an den Fürsten Bismarck‹ (1882) der Gebrüder H. und J. Hart, und zwar wegen seines mit Aplomb vorgetragenen Appells an den hochmögenden Adressaten, sich mit staatlichen Mitteln für die Förderung der Künste, der Literatur und des Theaters durch das neugeschaffene Deutsche Reich zu verwenden.

Im 20. Jh. ist der Offene Brief, mit offener Verfasserangabe, zu der wohl am meisten benutzten literarischen Waffe geworden, mit der sich Schriftsteller auf direktem Wege in öffentliche Auseinandersetzungen einschalteten oder mit der sie solche gar erst auslösten. ›Öffentliche‹ Kurzbriefe enthält schon die Rubrik ›Kleiner Briefkasten‹ in der expressionistischen Zeitschrift ›Die Aktion‹ seit 1914. Sie decken das ganze Spektrum vom ironisch geführten Scharmützel bis zur scharfen Polemik ab und stammen vielfach von führenden Autoren der Zeit – z.B. von E. Mühsam, R. Dehmel und Else Lasker-Schüler – oder auch von der Redaktion des Blattes. Gerade im Zusammenhang mit Entwicklungen und Ereignissen von nationaler oder gar welthistorischer Bedeutung in unserem Jahrhundert – den beiden Weltkriegen, dem nazistischen Terrorregime, wichtigen Wahlen, der Deutschen Frage usf. – tauchen als Verfasser kritischer oder beschwörend appellierender Offener Briefe bald bekannte und berühmte Namen deutscher Schriftsteller auf: K. Kraus, F. Werfel, Klabund (= A. Hentschke), H. Hesse, Lasker-Schüler, R. Schickele, J. Wassermann, H. Broch, A. T. Wegner, G. Hauptmann, J. R. Becher, R. Borchardt, Th. und H. Mann, K. Mann, E. Toller, O. M. Graf, W. Bredel, C. Zuckmayer, G. Benn, H. Böll, H. M. Enzensberger, G. Grass, Erhart Kästner, M. Walser, R. Hochhuth, M. Frisch, A. Andersch, F. X. Kroetz, C. Amery. Viele der Offenen Briefe dieser Autoren, die moralisch-humanes Engagement mit dem kraftvollen Einsatz rhetorisch-literarischer Mittel verbanden, fanden eine starke öffentliche Resonanz – selten freilich zugunsten der Intentionen der Briefverfasser. Dennoch scheinen Schriftsteller nach wie vor das Instrument des Offenen Briefes als die gerade einem Mann des Wortes adäquate Waffe der Einmischung in öffentliche Angelegenheiten zu betrachten.

Wie weiter oben ausgeführt (vgl. 4.1.2., S. 97), ist die Literarizität eines Briefes quasi garantiert, wenn er außer stilästhetischen Qualitäten und der Publizität noch ein fiktives Moment aufweist (fingierter Absender, fingierter Empfänger, fingierte Briefsituation, die einem realen Verfasser das Schreiben eines Briefes ›ermöglicht‹). Mit dem Kunstgriff, die Figur des Briefschreibers zu erfinden, arbeitete beispielsweise Rabener in dem ›Schreiben eines Gratulanten an den Autor ...‹ (1744). Als ›Gratulant‹ wird in dem Schreiben ein junger Mann bezeichnet, der sich für begabt hält, sein künftiges Dasein als Glückwunschdichter zu fristen. Rabener zielte damit ironisch auf alle jungen Leute, die meinten, als Nur-Poet, also ohne materielle Absicherung in einem bürgerlichen Beruf, leben zu können. Mit dem gleichen Kunstgriff hantierte Möser, der seinen Verleger an ihn schreiben ließ (›Mein Verleger an mich‹, 1780). In diesem Brief bringt der Schreiber u.a. seinen Ärger darüber zum Ausdruck, daß die Empfindsamkeit allmählich aus der Mode gerät – hat sie ihm doch mehr als 20.000 Leserinnen beschert. Der konservative Aufklärer Möser übte auf diese Weise ironisch Kritik an der Wirkung und dem Einfluß der Empfindsamkeit auf das Bürgertum der Zeit.

Gern wandten die Satiriker der Aufklärung die Fingierungsspielart an, den Briefempfänger zu erfinden. Mit dem opusculum ›Ueber die Unnöthigkeit der guten Werke zur Seligkeit. Eine bescheidene Epistel an den Herrn M. L. [= Martin Luther]‹ (entstd. vermutl. 1730; zuerst gedr. 1803) gelang beispielsweise Liscow eine treffsichere Satire auf die zeitgenössische lutherische Orthodoxie. Mit seinem ebenfalls für einen erdachten Empfänger bestimmten ›Schreiben von vernünftiger Erlernung der Sprachen und Wissenschaften auf niedern Schulen‹ (1742), das an einen nicht näher bezeichneten »Herrn« gerichtet ist, satirisierte Rabener den falschen Ehrgeiz derjenigen jungen Männer, die verfrüht gelehrte Studien treiben wollten. Auch in Mösers Schriften kann man etliche einschlägige Fälle derart fingierter Schreiben, z.B. seine ›Vergleichung eines alten und neuen Soupé‹ (1797), finden.

Die Literaten des 19. Jhs. haben dem Kunstgriff, einen Adressaten zu fingieren, anscheinend keinen Geschmack mehr abgewinnen können. Auch in der Literatur unseres Jahrhunderts sind entsprechende Beispiele spärlich. I. Goll schrieb 1919 in der Form eines Briefes einen Nachruf auf G. Apollinaire: ›Brief an den verstorbenen Dichter Apollinaire‹. 1934 veröffentlichte der exilierte kommunistische Autor F. C. Weiskopf ›Ein[en] Brief‹, der ihm die Möglichkeit bot, einem imaginierten Empfänger vertraulich zu schildern, warum und wie er einen zum Spitzel gewordenen Genossen erschoß. Der Empfänger-Fiktion bedienten sich auch R. A. Schröder und P. Suhrkamp, die beide einen ›Brief an einen Heimkehrer‹ (1945 bzw. 1946) verfaßten.

Die spielerischste – weil der Phantasie eines Autors den größten Spielraum eröffnende – Variante des literarisierten Briefs, die auf der Erfindung der gesamten Briefsituation basiert, ist ebenfalls am meisten von Schriftstellern des 18. Jhs. in Anspruch genommen worden. Auch sie eignet sich vorzüglich für die Realisierung satirischer und kritischer Intentionen. Bezeichnenderweise haben daher wiederum Autoren wie Liscow, Rabener, Lichtenberg (›Gnädigstes Sendschreiben der Erde an den Mond‹, 1780) und Möser, doch auch M. Claudius (›Schreiben eines parforcegejagten Hirschen an den Fürsten, der ihn

parforcegejagt hatte ...‹, 1778) diese gesteigertste Form der
Brieffingierung häufiger angewandt. Sie eignete sich aber
ebenso dazu, enthusiastisch-schwärmerische Gefühle für Dinge
und Personen zum Ausdruck zu bringen – wie das einzelne in
Briefform gestaltete Stücke in den ›Herzensergießungen eines
kunstliebenden Klosterbruders‹ (1797) und den ›Phantasien
über die Kunst‹ (1799) des Frühromantikers W. H. Wackenro-
der zeigen.

Im 19. Jh. dagegen scheint man auf die höchstgradige Fingierung bei Einzelbriefen nur mehr sehr selten zurückgegriffen zu
haben. Brentano nutzte sie z.B. in zwei Beiträgen für die Zeitschrift ›Der Gesellschafter‹ (1817 u. 1818) u.d.T. ›Aus einem
geplünderten Postfelleisen‹. Sie enthalten vier einzelne, der Fiktion nach nicht zusammenhängende Briefe, die mit überlegenem Spott ausgestattete zeit- und literatursatirische Kabinett-
stückchen darstellen. Zumindest der Kuriosität halber sei der
gekonnt satirische, anonym erschienene ›Brief des Hundes
Pluto an seine Geliebe »Diana«‹ (Unterhaltungs- u. Anzeigen-
blatt f. Göttingen u. Umgegend, Nr. 94, 1855) erwähnt, der die
in Göttingen damals geplante Einführung der Hundesteuer mit
überlegenem Spott aufs Korn nahm.

Auch die Autoren des 20. Jhs. haben für die hier zur Rede ste-
hende Form der epistolaren Fingierung nur noch wenig übrig.
Als einige bemerkenswerte Beispiele seien genannt: Berta Lasks
›Brief einer Frau an ihre Freunde hinter den Bergen‹ (1918), der
mit expressionistischer Sprachkraft und mythisch-visionären
Bildern die Geschichte der Leiden der Frau als eine ergreifende
Anklage gestaltet, R. Walsers graziös-manierierte selbst-refle-
xive ›Brief‹-Prosastücke (1926/27/28) und das menschlich sehr
anrührende poetische Exempel kompletter Fingierung der
Briefsituation, das R. O. Wiemer in seinem Buch ›Häuser aus
denen ich kam. Ungeschriebene Briefe‹ (1985) statuiert, indem
er mittels erdachter Briefe von vielen seiner Vorfahren aus dem
19. und 20. Jh. »Bruchstücke einer Familienchronik« (S. 6) präsentiert.

Gelegentlich fingieren Autoren eine Briefsituation, um sich
in scheinbar vertraulicher Form zu einer ganz realen oder aktuellen Angelegenheit, Fragestellung, Problematik u.dgl. äußern
zu können. Fingierung der Briefsituation bedeutet natürlich
immer, daß ein Empfänger erfunden werden muß bzw. die
Notwendigkeit, einem realen Empfänger in einer gegebenen Situation, aus gegebenem Anlaß etc. einen Brief zu schreiben.
Obenhin betrachtet scheint sich diese Art literarisierter Briefe

nicht von der zu unterscheiden, die nur mit dem Kunstgriff der Empfänger-Fingierung operiert, und in ›technischer‹ Hinsicht besteht da in der Tat kein Unterschied – wohl aber in inhaltlichem Betracht. Denn bei den Brieffällen, um die es hier geht, liegt der Reiz der Fingierung nicht so sehr in der phantasievollen Erfindung der Figur des Adressaten, sondern viel mehr in der brieflichen Behandlung der Sache, des Anliegens, des Problems; die erfinderische Ausgestaltung einer Empfängerpersönlichkeit fällt demgegenüber nur wenig ins Gewicht.

Bei Mösers Aufsatz ›Ueber die Deutsche Sprache und Litteratur. Schreiben an einen Freund‹ (1781) z.B. ist bereits bezeichnend, daß der Haupttitel der zu erörternden Sache vorbehalten ist; erst der Untertitel verweist auf die briefliche Form der Darlegungen. Das Ganze hat äußerlich in der Tat die Aufmachung eines Schreibens an einen Freund, aber dieser gewinnt nicht im geringsten Kontur; die Empfängergestalt bleibt undeutlich – ist gleichgültig. Wichtig ist Möser allein die Sache, d.h. konkret hier die Verteidigung des Ranges der zeitgenössischen deutschen Literatur gegen Friedrichs II. von Unkenntnis und Einseitigkeit gekennzeichnete Schrift ›De la littérature allemande‹ von 1780.

Ähnlich wie Möser geht Hofmannsthal bei einer Besprechung der Jugendbriefe Goethes vor, mit der er den mit Goethe unvertrauten Laien-Leser für ihre Lektüre gewinnen will. Diesen nämlich vertritt der ›Schiffsleutnant E. K.‹, an den Hofmannsthal – fingiert – schreibt; der Titel der Besprechung lautet: ›Die Briefe des jungen Goethe. An den Schiffsleutnant E. K.‹ (1904). Eine Briefsituation erfindet auch R. G. Binding in seiner ›Antwort eines Deutschen an die Welt‹ (1933). Die Inanspruchnahme einer öffentlich-diffusen Empfängerschaft nutzt der politisch unbedarfte rechtslastige Binding dazu, um Hitler, die Nazis und das von diesen herbeigeführte Erwachen Deutschlands aus der Sicht eines mystisch verbrämten Nationalismus vor der ›Welt‹ zu rechtfertigen. Als ein letztes in diesen Zusammenhang gehöriges Beispiel sei U. Johnsons ›Brief aus New York‹ (1967) angeführt, der ebenfalls an ein nur imaginiertes, nicht deutlicher umrissenes Du gerichtet ist und in dessen interpunktionsloser melancholisch-ironischer Prosa die in so vielfacher Anwendung beobachtete Farbe Gelb unversehens zu einer poetischen Chiffre für den politisch und moralisch defekten Staat wird, in dem der ›Brief‹ geschrieben wurde.

4.3. Briefsammlungen und Brieffolgen

Die Zahl der in der deutschen Literatur vorkommenden Briefsammlungen, Brieffolgen, Briefwechsel u.dgl. ist Legion. Kaysers ›Vollständiges Bücher-Lexikon‹ (1. Th., 1834) verzeichnet allein für den Zeitraum von Goethes Leben weit über 500 einschlägige Titel. Im folgenden kann deshalb nur ein exemplarisches Verfahren zur Anwendung kommen. Es besteht darin, daß in zumeist chronologischer Ordnung besonders wichtige oder typische Beispiele angeführt und/oder kurz charakterisiert werden.

4.3.1. Veröffentlichte private Briefsammlungen

Es war schon mehrfach davon die Rede, daß die Trennlinie zwischen eigentlicher und uneigentlicher Verwendung der Gebrauchstextsorte Brief dann überschritten ist, wenn ein wirklicher Brief in den Dienst nicht-pragmatischer Intentionen gestellt wird, – wenn er also seine Qualität als Träger einer aktuellen schriftlich realisierten Sprechhandlung im Rahmen einer individuellen realen Beziehung zwischen räumlich getrennten Partnern verliert. Und das geschieht ja bereits dann, wenn ein Privatbrief veröffentlicht wird: Seine eigentliche Bestimmung ist damit aufgehoben – es beginnt seine sekundäre Verwendung. Eben diesen Sachverhalt meint der pointierte Satz P. Raabes: »Der veröffentlichte Brief ist immer ein Paradoxon.« (1963, S. 7) Dabei ist es gleichgültig, ob die Veröffentlichung mit oder ohne Zustimmung des Briefverfassers erfolgt. Unabhängig von den verschiedenen Beweggründen und Absichten, die zur Publikation privater Briefe führen, gilt für alle auf solche Weise ›öffentlich‹ gewordenen Texte, daß sie, entgegen der primären Intention ihrer Verfasser, von Dritten eingesehen werden können; ja es kann sogar, wofern eine publizierte Briefsammlung auch die jeweiligen Antwortbriefe enthält, die kommunikative Situation, aus der die Briefe stammen oder die durch sie erst geschaffen worden ist, von Dritten imaginativ aktualisiert und erlebnismäßig weitgehend nachvollzogen werden.

In Deutschland wurde es im 18. Jh. Mode, private Briefe zu publizieren. Vorbilder dafür hatte man vor allem in den gedruckt vorliegenden Briefsammlungen der großen französischen Epistolographinnen und Epistolographen des 17. und frühen 18. Jhs. Seither wurde die private Korrespondenz der allermeisten Persönlichkeiten, die aus unterschiedlichen Gründen als bedeutend angesehen wurden, durch den Druck allgemein zugänglich gemacht. Die Fülle dieser gedruckten Briefsammlungen ist unübersehbar geworden, und sie wächst ständig weiter. Ausschlaggebend für die Publikation können der biographische Quellenwert, die historische, politische, moralische, philosophische, religiöse, kulturelle etc. Bedeutung des Briefschreibers, sein menschlicher Rang, der sachliche oder gedankliche Wert der Briefe – kann aber auch die Faszination ihrer Sprachgestalt (meist im Verein mit einem der genannten außerkünstlerischen Werte) sein. Natürlich darf man hier auch nicht den wirtschaftlichen Gesichtspunkt unterschätzen, also die Hoffnung von Verlegern, mit dem Druck solcher Briefsammlungen beträchtliche Absatzerfolge zu erzielen.

Letzteres gilt auch für die Briefpublikationen des 18. Jhs., deren Herausgeber sich vornehmlich auf den menschlichen Wert und die Schönheit der Briefe beriefen – die eben deshalb nicht länger dem einzelnen Empfänger allein vorbehalten bleiben dürften. Die vielen im Zeichen des zeittypischen Freundschaftskultes gedruckten Sammlungen ›Freundschaftlicher Briefe‹ sind Dokumente dieser Einstellung und Überzeugung. Sie bezeugen zugleich, wie wichtig das sich seines Wertes bewußt werdende Bürgertum das ›Private‹ nahm – so wichtig, daß es dieses ›öffentlich‹ machen mußte. In der deutschen Briefgeschichte früherer Jahrhunderte hat es kein analoges Bedürfnis gegeben. Das 15., das 16. und das 17. Jh. haben daher auch keine vergleichbaren Briefsammlungen hinterlassen. Vielleicht darf man aber die von Ch. Scheurl übersetzten ›Viertzig sendbriefe aus dem Latein …‹ des Humanisten S. Tucher an Caritas Pirckheimer, die hochgebildete Schwester W. Pirckheimers, als eine bemerkenswerte Ausnahme ansehen; sie wurden schon 1515 gedruckt und sind das Dokument einer mystisch-geistlichen Freundschaft.

Prototypisch für die deutschen Briefsammlungen des freundschaftsseligen 18. Jhs. wurden die ›Sechzig freundschaftlichen Briefe‹ J. W. L. Gleims (1746) und die Briefwechsel, die aus dem Halleschen und Halberstädter Kreis stammen, also die empfindsamen Korrespondenzen Gleims mit J. G. Jacobi, W. Heinse, J. v. Müller, J. P. Uz und K. W. Ramler. Um deutlich zu machen, daß es den mehr oder minder befugten Editoren der Briefsammlungen wirklich auf den human-erbaulichen Gehalt und die sprachschöne Gestalt der veröffentlichten Stücke ankam, ließen die Herausgeber zumeist Namen und Daten der

Originale weg oder machten sie auf verschiedene Weise unkenntlich. Das Interesse für die Person(en) des(der) Briefschreiber(s) und die literarischen Ambitionen der Herausgeber hielten sich dabei ersichtlich die Waage.

Die hiervor beschriebene Art der Briefsammlungen war Ausdruck der neuen Wertschätzung unmittelbarer Lebensäußerungen einer Persönlichkeit. Derartige Sammlungen trugen dem inständigen Interesse Rechnung, das man im gebildeten Bürgertum seit den Tagen Gleims bis in die Biedermeierzeit hinein für ›Originalbriefe‹ hegte. Die gleiche Wertschätzung liegt den Briefsammlungen zugrunde, die seit der Empfindsamkeit und der Goethe-Zeit bis heute ununterbrochen veranstaltet und an deren Authentizität immer strengere Ansprüche gestellt worden sind – die strengsten zweifellos bei den sog. historisch-kritischen Ausgaben des Briefwerks von Dichtern, Künstlern und Philosophen. Dabei trat das Kriterium des humanen und ästhetischen Werts hinter das der historischen und lebensmäßigen Echtheit der Briefe zurück. Dieser Echtheit sind z.B. auch die Zusammenstellungen von Briefen, Briefauszügen und Briefzitaten aus einzelnen oder allen Lebensperioden einer – meist namhaften – Persönlichkeit zum Zweck einer biographischen Darstellung verpflichtet, mit der man der betreffenden Person Pietät erweisen und zugleich eine Art geistiges Denkmal, zur Erbauung aller ihrer Freunde und Verehrer, setzen wollte. Solche Briefwerke stellen eine säkularisierte Fortsetzung der christlich-erbaulichen Briefe früherer Zeiten dar (vgl. Sengle 1972, S. 210), wie sie etwa noch die Sammlung ›Geistliche und erbauliche Briefe über das inwendige Leben und wahre Wesen des Christenthums ...‹ (2 Bde., 1773/75) des niederrheinischen Pietisten G. Tersteegen enthielt. Im Idealfall hat der Editor, Redaktor oder Autor eines ›Lebensbildes in Briefen‹ den originalen Wortlaut des Briefschreibers gewissenhaft bewahrt, so daß der Leser der Persönlichkeit des mit Hilfe echten Briefmaterials Dargestellten bei der Lektüre denkbar nahekommen kann.

Ein frühes, besonders berühmt gewordenes Beispiel für eine pietätvolle und bildungsgeschichtlich motivierte Zusammenstellung von Briefen ist der ›Briefwechsel zwischen Schiller und Goethe‹ (IV Tle., 1828/29). Aus der Periode der späten Romantik ist hervorgegangen das vielgelesene Werk K. A. Varnhagen v. Enses über seine verstorbene Frau: ›Rahel. Ein Buch des Andenkens für ihre Freunde (Briefe und Tagebuchblätter)‹ (2 Tle., 1834). Im gleichen Jahr brachte K. v. Woltmann seine Sammlung ›Deutsche Briefe‹ (I; mehr nicht ersch.) mit Stücken aus der

Korrespondenz Goethes, des Großherzogs von Frankfurt, Therese Hubers u.a. bemerkenswerter Zeitgenossen heraus. Da der Herausgeber nur das Zeit und Gegenwart Überdauernde bewahren helfen wollte, hat er in den Briefen alles das weggelassen, »was nicht charakteristisch oder an sich wichtig ist.« (S. IV) Auch die Jungdeutschen leisteten mit Th. Mundts Buch ›Charlotte Stieglitz, ein Denkmal‹ (1835) zu der hier in Rede stehenden Spezies von Briefpublikationen einen erfolgreichen Beitrag. Als Teil einer Art Heiligenvita gar verstanden die anonym bleibenden Herausgeber ihre Edition der ›Briefe von Wilhelm von Humboldt an eine Freundin‹ (1847), die dieser in seiner Jugend flüchtig kennengelernt und die sich später an den Minister Humboldt um Hilfe zur Wiedererlangung ihres verlorenen Vermögens gewandt hatte. Als »*literarisches Denkmal*« (S. 18) mit Dokumenten zum Leben A. v. Knigges publizierte H. Klencke sein Sammelwerk ›Aus einer alten Kiste. Originalbriefe, Handschriften und Documente aus dem Nachlasse eines bekannten Mannes‹ (1853), das insbesondere Briefe Schillers, Bürgers, Lavaters, Klopstocks, Nicolais, F.L. Stolbergs, Frau v. Laroche's und natürlich Teile aus Briefen v. Knigges selbst enthielt.

Ersichtlich von Verehrung für die Persönlichkeit bestimmt, die man mittels Originalbriefen darstellt, sind entsprechende Veröffentlichungen bis in unser Jahrhundert hinein. Zum Beleg dafür noch eine Reihe von Beispielen: A. J. C. Hare's Biographie ›Freifrau von Bunsen. Ein Lebensbild, aus ihren Briefen zusammengestellt‹ (dt. Ausg. v. H. Tharau, 2 Bde., 1881) – Graf R. Hoyos' Sammlung ›[Alexander v. Villers:] Briefe eines Unbekannten (1868-80)‹ (1881) – B. Auerbachs durch Auswahl zu einem biographischen Denkmal umgestaltete ›Briefe an seinen Freund Jakob Auerbach‹ (1884) – ›Marie Helene von Kügelgen geb. Zöge von Manteuffel. Ein Lebensbild in Briefen‹ (anonym ersch. 1900) – L. Geigers Biographie ›Therese Huber 1764 bis 1829. Leben und Briefe einer deutschen Frau‹ (1901) – Augusta Weldler-Steinbergs Edition ›Rahel Varnhagen. Ein Frauenleben in Briefen‹ (1912) – Adele Gunderts Buch ›Marie Hesse. Ein Lebensbild in Briefen und Tagebüchern‹ (1934) – B. Kautskys Ausgabe ›Rosa Luxemburg: Briefe an Freunde‹ (nach dem v. Luise Kautsky fertiggest. Ms., 1950) – G. Jäckels Biographie ›Wo aber Gefahr ist wächst das Rettende auch. Hölderlins Leben in Briefen und Dichtungen‹ (1960) – Barbara Glauerts kommentierte Neuausgabe ›Claire Goll – Iwan Goll. Meiner Seele Töne. Das literarische Dokument eines Lebens zwi-

schen Kunst und Liebe – aufgezeichnet in ihren Briefen‹ (1978)
– F. Wanders Zusammenstellung ›Maxie Wander: Leben wär'
eine prima Alternative. Tagebuchaufzeichnungen und Briefe‹
(1980).

Nüchterner oder gar von wissenschaftlicher Distanz zum
Gegenstand geprägt sind zahlreiche ähnliche biographische Publikationen aus jüngerer Zeit, für die hier stellvertretend ge-
nannt seien: H.-H. Reuters Edition ›Theodor Fontane. Von
Dreißig bis Achtzig. Sein Leben in seinen Briefen‹ (1959) – F.
Kemps Zusammenstellung ›Goethe. Leben und Welt in Briefen‹
(1978; hervorgegangen aus e. Sendereihe d. Bayer. Rundfunks)
– die ebenfalls von F. Kemp erstellte Ausgabe ›Rahel Varnha-
gen: Briefwechsel‹ (4 Bde., 1979) – F. J. Raddatz' Auswahl
›Mohr und General. Marx und Engels in ihren Briefen‹ (1980) –
S. K. Padovers Edition ›Karl Marx in seinen Briefen‹ (1981) – G.
Richters kommentierte Ausgabe ›Liebstes bestes Clärchen!
Briefe von Goethes Nichte Lulu Schlosser aus Karlsruhe 1792-
1794‹ (1982) – M. Maurers Edition ›Ich bin mehr Herz als Kopf.
Sophie von La Roche. Ein Lebensbild in Briefen‹ (1983).

Ein begrenztes biographisches und literarhistorisches Interesse befriedigen schließlich auch publizierte Sammlungen von
ursprünglich privaten Briefen, mit denen Schriftsteller Fragen
nach ihrem Leben und Engagement beantwortet haben. Eine
solche Sammlung stellt beispielsweise das von H.-J. Müller und
der Arbeitsgemeinschaft Literatur am Weidig-Gymnasium in
Butzbach herausgegebene Buch ›Butzbacher Autorenbefra-
gung. Briefe zur Deutschstunde‹ (1973) dar, das sich aus mehreren hundert Briefen lebender deutscher Autoren zusammen-
setzt. Biographische Interessen bedient demgegenüber allenfalls in zweiter Linie B. W. Wessling mit der partiellen und se-
lektiven Edition von (in ihrer Echtheit freilich umstrittenen)
Briefen von, an und über Julie Schrader, den sog. welfischen
Schwan; schon der ironisch-komische Titel der Edition – ›Z. Zt.
postlagernd. Die Correspondencen der Pusteblume‹ (1976) – si-
gnalisiert, was der entwaffnende Inhalt und die unfreiwilligen
poetischen Entgleisungen der schreiblustigen Gesellschafts-
dame aus der wilhelminischen Zeit ungewollt erzeugen: Heiter-
keit und Amüsement.

Briefsammlungen des bisher behandelten Typs bilden gleichsam den untersten Bereich der uneigentlichen Verwendung des
Briefes. Dieser Bereich liegt dem der primären Verwendung
noch am nächsten, denn im Gegensatz zu allen Spielarten der
Fingierung epistolarer Formen ist ja bei der post-aktuellen

Publizierung echter Privatbriefe weder der Absender noch der Empfänger noch die Briefsituation erfunden oder vorgetäuscht. Der eigentlichen Verwendung stehen auch noch solche privaten Briefe nahe, deren Verfasser bei der Niederschrift an eine spätere Veröffentlichung gedacht oder diese regelrecht eingeplant haben. Da sind in der Strategie der brieflichen Sprechhandlung die Kenntnisnahme und der Nachvollzug durch Dritte und damit die sekundäre Verwendung des Briefes bereits berücksichtigt. Selbst die Möglichkeit, im Rahmen eines privaten Briefwechsels den Partner nachgerade nur als »Ersatzadressat[en]« für das eigentlich apostrophierte, aber publizistisch noch nicht erreichbare große Publikum« zu mißbrauchen, muß für bestimmte Briefautoren in Anschlag gebracht werden – wie das z.B. für die ›unsäglichen Liebesbriefe‹ Kleists an seine Braut Wilhelmine v. Zenge gezeigt werden konnte. (H.-J. Schrader 1981/82, S. 89)

Einen Grenzfall stellt die von Ruth Evans unter dem beziehungsreichen Titel ›Briefe, die sie nicht erreichten‹ (vgl. Elisabeth v. Heykings Briefroman ›Briefe, die ihn nicht erreichten‹, 1903!) herausgegebene Sammlung von Briefen der Hamburgerin Mathilde Wolff-Mönckeberg (1980) dar (zuerst engl.: On the Other Side. To my Children: From Germany 1940–1945, 1979). Die Schreiberin verfaßte während der Kriegsjahre meist im Abstand von mehreren Monaten lange Briefe an ihre Kinder, obwohl diese bereits seit dem Ausbruch des Krieges im Ausland lebten und keine Post aus Deutschland empfangen konnten. Die Briefe – mit ihren bewegenden Schilderungen der häuslich-familiären und lokalen Geschehnisse im Schatten des Nazi-Regimes – wurden mithin geschrieben in dem klaren Wissen darum, daß sie nicht an die Adressaten abgeschickt werden würden. Selbst an eine spätere Publikation hat die Autorin wohl nicht gedacht; die Briefe sind von einer Tochter bloß durch Zufall lange nach dem Kriege entdeckt worden. Vielmehr scheint die Verfasserin die Form eines Briefes an einen ihr lieben Adressaten der ja ebenfalls möglichen Form des Tagebuchs vorgezogen zu haben. Offenbar erleichterte ihr das, freilich einseitig geführte, Brief-Gespräch mit den nicht erreichbaren Kindern die durch den Krieg erzwungene Trennung. Auch bei diesen ‹echten› privaten Briefen handelt es sich letztlich, da sie in Wahrheit auf der Grenze zwischen Tagebuch und Brief angesiedelt sind, um eine – wenn auch sehr rare – Weise der uneigentlichen Verwendung der brieflichen Form.

Natürlich kann es bei gedruckten Privatbriefen im Einzelfall sehr schwer sein, zu entscheiden, ob oder inwieweit der Autor beim Schreiben seines Briefes an dessen spätere Publikation gedacht hat. Den Gedanken an Veröffentlichung muß man bereits den ungezählten Verfassern privater Briefe des 18. Jhs. unterstellen, die ja meist sehr bald in der Form einer Sammlung ‹Freundschaftlicher Briefe› das Licht der Öffentlichkeit erblickten. Zwar hat sich F. H. Jacobi mit seiner ›Gelegenheitsschrift‹ ›Was gebieten Ehre, Sittlichkeit und Recht in Absicht vertraulicher Briefe von Verstorbenen und noch Lebenden?‹ (1806) erbittert dagegen zur Wehr gesetzt, daß der ihm als unantastbar geltende private Freiraum, innerhalb dessen man unbehelligt durch unbefugte Dritte freundschaftlich-vertrauliche Briefe wechseln konnte, durch die Furcht vor späterer Publizierung solcher ganz persönlicher Mitteilungen verlorengehen sollte. Aber mit seinem rigorosen Eintreten für eine Trennung zwischen Persönlich-Privatem und Literarisch-Öffentlichem stand Jacobi praktisch allein. Seine Zeit war dieser Trennung durchaus abhold. Das Bedürfnis nach Ermöglichung der Anteilnahme an privater brieflicher Mitteilung war schlechterdings allgemein. Man befriedigte es vielfach nicht erst durch Veröffentlichung von Sammlungen privater Briefe, sondern schon vorher durch das Vorlesen, Herumreichen und Austauschen frisch empfangener vertraulicher Schreiben. Insofern muß man bei den meisten Autoren solcher Schreiben davon ausgehen, daß sie die (ihnen selbstredend bekannte) ›sekundäre‹ Verwendung ihrer Briefe a priori mit ins Auge faßten und diese dementsprechend stilisierten. Da die im 18. Jh. aufgekommene Gepflogenheit, private Briefe interessanter Autoren zu drucken, seither fortbesteht, wird man auch bei den persönlichen Schreiben der meisten späteren Autoren, sofern sie zu einiger Bedeutung gelangt sind, annehmen dürfen, daß sie bei der Abfassung nicht ganz ohne Rücksicht auf die Nachwelt formuliert haben.

4.3.2. Reisebriefsammlungen

Fließend ist der Übergang von privaten Einzelbriefen, bei deren Abfassung der Schreiber bereits an eine spätere Veröffentlichung dachte, zu einer kleineren oder größeren Folge von solchen Briefen an ein privates Individuum, die alle einem bestimmten Gegenstand, einer bestimmten Materie oder einem bestimmten thematischen Bereich gewidmet und die meist ebenfalls von vornherein so geschrieben sind, daß sie sich für eine Publikation eignen. Besonders überzeugende Beispiele dafür sind die überaus zahlreichen Reisebriefsammlungen, die im Kontext der im 18. Jh. generell zu großer Beliebtheit gelangenden Reiseliteratur entstanden sind.

Das Zustandekommen der Reisebrieffolgen basiert stets auf der gleichen Konstellation: Gatte, Vater, Freund oder Freundin gehen auf Reisen und berichten regelmäßig in Briefen an die daheim Gebliebenen – die Gattin, die Familie, die Freundin, den Freund usw. – über ihre Reiseeindrücke und -erlebnisse in der Fremde. Insoweit scheint es sich bei diesen Briefen um solche in primärer Verwendung zu handeln. Doch ihre oft sehr rasch erfolgende Veröffentlichung läßt erkennen, daß die scheinbar vertraulichen Privatbriefe durchaus schon im Blick auf ein großes Lesepublikum verfaßt wurden. Stimulierend haben hier die in Abschriften bereits zu Beginn des 18. Jhs. verbreiteten, aber erst 1725 gedruckten ›Lettres sur les Anglois et les François‹ des Berner Patriziers und Offiziers B. L. v. Muralt wie auch die vielbeachteten ›Letters from the East‹ der englischen Diplomaten-Gattin Lady Mary Wortley Montagu von 1763 gewirkt.

Viele Reisebrief-Bücher legten Wert darauf, der Leserschaft deutlich zu machen, daß sie aus einer Folge privater Briefe hervorgegangen seien. Aber auch dort, wo auf diesen Sachverhalt nicht ausdrücklich hingewiesen wurde (im Untertitel oder Vorwort etwa), handelte es sich häufig um überarbeitete, redigierte, stilisierte Fassungen ehemals privater Reisebriefe oder briefnaher privater Reisenotizen. Ausläufer dieser Art Reisebriefliteratur, die vor allem im 19. Jh. blühte, sind noch in unserem Jahrhundert zu registrieren.

Zur Illustration nenne ich die Titel einer Reihe von bedeutenden Reisebriefsammlungen aus den letzten zweihundert Jahren: H. P. Sturz: Briefe, im Jahre 1768 auf einer Reise im Gefolge des Königs von Dänemark geschrieben (1777/78) – G. Ch. Lichtenberg: Briefe aus England (1776/78) – J. Richter: Reise von Wien nach Paris. In Briefen an einen Freund (1781) – K. Ph. Moritz: Reisen eines Deutschen in England im Jahre 1782. In Briefen an Herrn Direktor Gedike (1783) – Ders.: Reisen eines Deutschen in Italien in den Jahren 1786 bis 1788. In Briefen (3 Tle., 1792/93) – C. Meiners: Briefe über die Schweiz (4 Tle., 1784/85/90) – Sophie Schwarz (geb. Becker): Briefe einer Curländerin. Auf einer Reise durch Deutschland (2 Tle., 1791) – J. F. Reichardt: Vertraute Briefe über Frankreich. Auf einer Reise im Jahre 1792 geschrieben (2 Tle., 1792/93) – J. Ch. G. Schaeffer: Briefe auf einer Reise durch Frankreich, England, Holland und Italien in den Jahren 1787 und 1788 geschrieben (2 Bdchn., 1794) – Goethe: Briefe aus der Schweiz (1808) – Ders.: Italienische Reise (teilw. aus Briefen an Frau v. Stein hervorgegangen, 1816/17) – H. v. Pückler-Muskau: Briefe eines Verstorbenen (aus privat. Reisebriefen aus England u. Frankreich an seine Gattin hervorgegangen, 1830-32) – L. Börne: Briefe aus Paris, bzw.: Neue Briefe aus Paris (aus e. Briefwechsel mit seiner Freundin Jeanette Wohl hervorgegangen, 1832-34) – Therese v. Bacheracht: Briefe aus dem Süden (anonym ersch., 1841) – F. Mendelssohn-Bartholdy: Reisebriefe ... aus den Jahren 1830 bis 1832 (hg. v. P. Mendelssohn-Bartholdy, 1861) – Fanny Lewald: Reisebriefe aus Deutschland, Italien und Frankreich (1877, 1878) (1880) – F. G. Jünger: Briefe aus Mondello (1930) – R. G. Binding: Marmor, Sonne und Wein. Briefe einer Griechenlandreise (entstd. 1909, gedr. 1953).

Der Erfolg und die zunehmende Beliebtheit veröffentlichter Sammlungen persönlicher Reisebriefe führten rasch dazu, daß Autoren den privaten Charakter einer Folge von Reisebriefen fingierten oder daß sie private Reisekorrespondenzen für eine Publikation so sehr veränderten, erweiterten, ergänzten, umformten etc., daß das neu entstehende Produkt mit der zugrunde liegenden Folge realer Briefe wenig mehr gemein hatte, vielmehr ebenfalls ein quasi-fiktionales Werk wurde, in welchem die Briefform im uneigentlichen Sinne vorkam. (Selbst bei den oben angeführten Beispielen ist nicht in allen Fällen mit völliger Sicherheit zu entscheiden, wie ›echt‹ die publizierten Reisebriefe sind.) Zeitkritisch denkende Geister erkannten sehr schnell, wie ausgezeichnet sich die Form der beliebten Reisebriefsammlungen für publizistische Zwecke, als Vehikel für gesellschaftliche und politische Kritik, gebrauchen ließ. Die Wiedergabe von Reiseerlebnissen und Natureindrücken ging dabei Hand in Hand mit kritischen Reflexionen und/oder ironisch-satirischen Schilderungen – ja, die Form der Reisebriefe diente vielfach nachgerade zur Tarnung für die primär kritischen Intentionen eines Autors.

Ein frühes und gleich besonders erfolgreiches Werk dieser Art waren die anonym erschienenen ›Briefe eines reisenden Franzosen über Deutschland an seinen Bruder zu Paris‹ (1783) von J. C. Riesbeck. Im Titel scheint als anregendes Muster deutlich Montesquieus berühmte Schrift ›Lettres Persanes‹ (1721) durch. Ähnlich anregend könnten aber auch die ›Lettres chinoises‹ (1739/40) von J.-B. de Boyer, Marquis d'Argens gewirkt haben, zumal diese 1768-71 in deutscher Übersetzung herausgekommen waren.

Herausgefordert durch das beherrschende Ereignis der Zeit, die Französische Revolution, setzte sich in den neunziger Jahren des 18. Jhs. das politisch-kritische Interesse der Reisebrief-Schreiber vollends durch. Am Beginn stehen da die ›Briefe aus Paris während der Französischen Revolution geschrieben‹ (1790) des Popularschriftstellers J. H. Campe. Thematisch genauso orientiert sind die bereits erwähnten ›Vertrauten Briefe über Frankreich. Auf einer Reise im Jahr 1792 geschrieben‹ (2 Tle., 1792/93), die der Liedkomponist und Musikkritiker J. F. Reichardt nach seiner Rückkehr nach Deutschland veröffentlichte. Verhaltener in ihrer Kritik, diesmal an deutschen Verhältnissen, waren A. v. Knigges ›Briefe, auf einer Reise aus Lothringen nach Niedersachsen geschrieben‹ und C. G. S. Heuns anonym publizierte Brieffolge ›Carls vaterländische Reisen in Briefen an Eduard‹ (beide 1793). In literarischer Hinsicht stellen den ersten Höhepunkt der kritisch-publizistischen Reisebriefliteratur vor der Jahrhundertwende die einschlägigen Werke G. Forsters dar. Sie wurden tendenziell ein Muster auch für die Reisebrieffolgen des 19. Jhs. Das gilt vor allem für Forsters bedeutendstes Werk, die ›Ansichten vom Niederrhein‹ (3 Bde., 1791-94), weniger für die ›Parisischen Umrisse‹ (1793/94), bei denen der Reisebriefcharakter nicht mehr sehr deutlich erkennbar ist. Eher satirisch waren die drei Reisebriefwerke des jakobinischen deutschen Polit-Publizisten G. F. Rebmann: ›Briefe über Erlangen‹ (1792); ›Briefe über Jena‹ (1793); ›Holland und Frankreich, in Briefen geschrieben auf einer Reise von der Niederelbe nach Paris im Jahr 1796 ...‹ (1797/98).

Am Anfang des neuen Jahrhunderts erschienen zwei weitere Gipfelwerke der kritischen deutschen Reisebriefliteratur: der ›Spaziergang nach Syrakus im Jahre 1802‹ (1803) und ›Mein Sommer 1805‹ (1806) – Früchte zweier ausgedehnter Reisen des spätaufklärerischen und demokratisch gesinnten Schriftstellers J. G. Seume durch Italien bzw. Polen, Rußland und Skandinavien. Den beiden rasch berühmt werdenden Werken Seumes waren die heute kaum mehr bekannten, ebenfalls (sozial-)kritischen ›Briefe über einige der merkwürdigsten Städte im nördlichen Deutschland‹ (1801) des politischen Publizisten G. Merkel vorausgegangen. Teilweise liberal, teilweise auch recht scharf (nämlich dann, wenn es um die römische Kirche und den römischen Klerus geht) war die Kritik, die der schwäbische Romancier und Publizist Ph. J. Rehfues in seiner Reisebeschreibung

›Briefe aus Italien während der Jahre 1801, 1802, 1803, 1804, 1805 …‹ (4 Bde., 1809-10) an den Zuständen des Landes übte, wo er mehrere Jahre Hauslehrer war.

H. Heines ›Briefe aus Berlin‹ (1822) sind ein Vorklang der jungdeutschen Reiseliteratur. Ehe die Jungdeutschen mit ihren die zeitgenössische Politik und Gesellschaft scharf kritisierenden Reisebrieffolgen die Herrschenden der Vormärzzeit herausforderten und dabei diese Literaturform auf eine später nicht wieder erreichte Höhe führten, erzielten der skeptizistische Publizist K. J. Weber mit seinem satirisch-zeitkritischen Werk ›Deutschland oder Briefe eines in Deutschland reisenden Deutschen‹ (4 Bde., 1826-28) und der jungdeutsch beeinflußte fürstliche Reiseschriftsteller H. v. Pückler-Muskau mit seinen sittenkritischen ›Briefen eines Verstorbenen‹ (4 Bde., 1830-32) große Publikumserfolge. Zu den wichtigsten Reisebriefwerken mit kritisch-publizistischer Tendenz aus der jungdeutschen Periode gehören F. S. A. Gathys ›Briefe aus Paris‹ (anonym ersch., 1831), L. Börnes eminent politische ›Briefe aus Paris‹ (1832) sowie seine ›Neuen Briefe aus Paris‹ (1833/34), Th. Mundts ›Madonna‹ (Reisebriefe im Rahmen einer romanhaften Handlung, 1835) sowie seine ›Briefe aus London‹ (1838), Pückler-Muskaus ›Semilasso in Afrika‹ (5 Bde., 1836) und K. Gutzkows ›Briefe aus Paris‹ (2 Bde., 1842). In den Kontext der kritischen jungdeutschen Reisebriefliteratur gehören auch E. Beurmanns ›Vertraute Briefe über Preußens Hauptstadt‹ (2 Tle., anonym ersch., 1837), da der Verfasser in ihnen offen mit Mundt, Wienbarg und Gutzkow sympathisiert. Dagegen hat der jungdeutsche Einfluß auf Ida Gräfin Hahn-Hahns ›Orientalische Briefe‹ (3 Bde., 1844) bloß oberflächlich gewirkt, denn das zeitkritische Moment ist in diesen Reisebriefen nur wenig ausgeprägt; stellenweise ist sogar schon die Tendenz zum später sich voll entwickelnden penetranten sozialen Konservatismus der Gräfin Hahn-Hahn spürbar.

Literarisch bemerkenswerte Beiträge zur Reisebriefliteratur des 19. Jhs. mit teils stärker, teils schwächer hervortretenden zeitkritischen Intentionen haben der Kunsthistoriker K. Schnaase (‹Niederländische Briefe‹, 1834), der preußische Offizier H. v. Moltke (‹Briefe über Zustände und Begebenheiten in der Türkei…‹, hg. v. C. Ritter, 1841) und der ebenfalls preußische Diplomat K. v. Schlözer (u.a. ›Römische Briefe 1864-1869‹, hg. v. Karl v. Sch., 1912 und ›Mexikanische Briefe 1869-1871‹, hg. v. dems., 1913) beigesteuert – alle drei Vertreter einer maßvollen national-konservativen Denkweise. Erwähnung verdienen hier auch Th. Fontanes ›Reisebriefe aus Jütland‹ (1864/65) und seine ›Reisebriefe vom Kriegsschauplatz Böhmen 1866‹(als Buch zuerst 1973) sowie die ›Briefe aus England. (Sommer und Herbst 1873)‹ (1876) des Essayisten K. Hillebrand. Ihre Erlebnisse und Beobachtungen im Osten Amerikas schildert, moderat kritisch, die österreichische Diplomatengattin Catharina Migerka in ihren ›Briefen aus Philadelphia an eine Freundin‹ (1877). Ein latent kolonialistisch-imperialistisches Interesse verrät das gutenteils aus Reisebriefen hervorgegangene aufwendig ausgestattete Buch ›Vom Goldnen Horn zu den Quellen des Euphrat‹ (1893) des Türkei-Reisenden E. Naumann.

Im 20. Jh. spielt die Reisebriefliteratur keine besondere Rolle mehr. Nur in einem sehr bedingten und bedenklichen Sinne sind M. Beckmanns ›Briefe im Kriege‹ (1916) als Reisebriefe zu lesen, obwohl das Grundmuster der herkömmlichen Reisebriefsammlungen gewahrt ist: Der in einer gefahrvollen Ferne weilende Gatte bescheibt in sehr persönlichen Briefen an die Gattin, was er an der Ost- und Westfront als freiwilliger Krankenpfleger erlebt und sieht – und er sieht das schreckliche Geschehen fast durchgängig aus der Distanz des neugierigen Künstlers, dessen Hauptinteresse es ist, das Ungewöhnliche und Fremdartige des Krieges in Zeichnungen festzuhalten. In der Zeit der Weimarer Republik hat dann das Erlebnis des neuen sowjetischen Rußland deutsche Literaten dazu angeregt, ihre Eindrücke und Beobachtungen für das heimische Publikum in der Form einer Reisebrieffolge zu schildern. So nannte A. Paquet seine – allerdings ganz unepistolaren – Schilderungen ›Briefe aus Moskau‹ (Haupttitel: ›Im kommunistischen Rußland‹, 1919). Nur wenige Jahre später erschienen Frida Rubiners ›Briefe aus Sowjetrußland‹ (1923/24). In die Form freundschaftlicher Reisebriefe kleidete auch E. Toller seine schon 1926 entstandenen ›Russischen Reisebilder‹ (1930). Fast ebensoviel Interesse wie Rußland erregte in Deutschland in den zwanziger Jahren das zur Weltmacht aufsteigende Amerika. Es wurde in G. Frenssens ›Briefen aus Amerika‹ (1923) recht fair, wenn auch aus der Sicht eines sehr ›bodenständig‹ empfindenden Deutschen geschildert, der das riesige Land auf einer fünf Monate währenden Reise kennengelernt hatte; für seinen Bericht wählte er die Form von Briefen und briefnahen Aufzeichnungen.

Hauptsächlich aus einer Sammlung von Reisebriefen an Vertraute – Gattin und Freunde – besteht der groben Form nach ebenfalls R. D. Brinkmanns Buch ›Rom, Blicke‹ (entstd. 1972-

73, ersch. posthum 1979). Außer den z.T. exzessiv langen Briefen bietet der Band noch Tagebuchnotizen und collage-artig eingefügte Fotos, Ansichtskarten, Stadtpläne, Quittungen usf. Das in den zahlreichen Briefen und Karten Mitgeteilte erweist sich letztlich als eine radikale, mit einer schonungslosen Ich-Entblößung des Verfassers einhergehende Zeit- und Kulturkritik – Rom als Inbild für die hoffnungslose moralische und ästhetische Verkommenheit der Jetztzeit. Eine bewußte Wiederbelebung der Tradition der Reisebriefliteratur hat der DDR-Autor R. Christ mit seinem Band ›Adieu bis bald‹ (1979 versucht; dieser enthält ganz persönliche und gleichzeitig kritische Briefe aus vielen Teilen der Welt, die der Autor bereist hat.

4.3.3. Informierend-werbende Brieffolgen

Der primären Verwendung der Briefform vergleichsweise nahe kommen solche schriftlichen Mitteilungen, die in mehr oder minder deutlich ausgeprägter brieflicher Aufmachung an eine genau bezeichnete Mehrzahl von Adressaten gerichtet sind. Absender, Empfänger und Gegenstand sind real – lediglich die Briefsituation als solche entspricht nicht der ursprünglichen Verwendung des Briefes. Diese Briefsituation erweist sich nämlich in den weiter unten zu betrachtenden Fällen insofern als ›uneigentlich‹, als sie vom Absender regelmäßig und ohne Rücksicht auf die individuellen Korrespondenz-Bedürfnisse des einzelnen unter den vielen Empfängern herbeigeführt wird. Die Rede ist hier von briefförmlichen Benachrichtigungen, die als Gemeindebriefe, Zirkulare, Herausgeberbriefe, sog. Hausmitteilungen, Verlagsbriefe u.ä. mit verläßlicher oder doch ziemlicher Regelmäßigkeit ihre der Zahl nach begrenzte Empfängerschaft erreichen. Dadurch, daß diese – meist auch durch den Druck vervielfältigten – Benachrichtigungen als Teile einer prinzipiell und theoretisch nicht limitierten Reihe einer Gruppe, einem Kreis, einer Fraktion, einer Gemeinde, einer Anhängerschaft, jedenfalls einer Mehrzahl von Empfängern zugedacht sind, werden sie zugleich und unvermeidlich eingeschränkt ›öffentlich‹. Auch aus diesem Grunde handelt es sich bei derartigen Briefen nicht um eine Verwendung des Genres in primärer Funktion.
    Die hier zu charakterisierenden Brieffolgen verdanken ihre Entstehung in erster Linie dem Bedürfnis des/der Schreiber(s), die Angeschriebenen stetig und aktuell zu *informieren*. Die

gegebenen Informationen verbinden sich aber fast immer mit offen oder latent *werbenden* Absichten. Diese können jedoch auch den Vorrang vor der informierenden Funktion haben.

Indem man die Angeschriebenen spüren läßt, daß man sie durch die übermittelten Informationen an dem Wissen über Gegenstände, Vorgänge und Personen beteiligt, das nur einer bestimmten Gruppe, Schicht, Gemeinschaft usw. zuteil wird, vermittelt man ihnen das unterschwellig schmeichelnde Gefühl, ein ›insider‹ zu sein und damit zu irgendwie Bevorzugten zu zählen – ein Effekt, der durch die zumindest konnotativ Vertraulichkeit suggerierende Briefform verstärkt wird. Mit solchen Mitteln wünscht und vermag der ›Sender‹ überdies den Zusammenhalt einer Gruppe, Gemeinde, Fraktion usw. zu bewahren, zu intensivieren, zu fördern oder ggf. neu zu beleben.

Derlei sollen insonderheit etwa parteinahe sog. Informationsdienste leisten, die sich in Briefform präsentieren – z.B. der CSU-nahe ›Münchner Brief‹, der (seit 1978) ähnlich regelmäßig erscheint wie der zur Heftform angeschwollene ›Informations-Rundbrief des Sozialistischen Büros‹(seit 1973). Der Information und gleichzeitigen ideologischen Stärkung und Agitierung von Anhängern und Sympathisanten sollten seinerzeit auch die ›Spartakusbriefe‹ dienen, die als illegales Organ der linken Antikriegsfraktion der SPD um K. Liebknecht und Rosa Luxemburg von 1914 bis 1918 herauskamen.

Entschieden werbenden Charakter haben ebenfalls die Informationen und Nachrichten über Interna, die den Lesergemeinden der ›Brigitte‹-, ›SPIEGEL‹- und ›Stern‹-Leser im Rahmen der regelmäßig ein Zeitschriften-Heft eröffnenden Herausgeber- oder Redaktionsbriefe übermittelt werden. Besonders persönlich geben sich dabei die Briefschreiber in ›Brigitte‹ und ›Stern‹ (vgl. »Herzlich Ihre Brigitte«, »Herzlich Ihr X.X. [Name d. Chefredakteurs]). Zurückhaltender geben sich die Briefautoren im ›SPIEGEL‹, die auf Anrede und Unterschrift verzichten, dafür aber mit der Kennzeichnung ihres Briefes als »Hausmitteilung« dem Leser das wohltuende Empfinden vermitteln, daß er so zum Mitwisser hochgradig interner Vorgänge und Kenntnisse gemacht wird – womit die Verfasser eine spezifische Wirkungschance der Form des persönlichen Briefes ausnutzen.

Erbauliche, seelen- und glaubensstärkende Funktionen haben die sehr verbreiteten christlichen Gemeindebriefe. Aber auch sie enthalten Nachrichten, vor allen Dingen über das Gemeindeleben und die Gemeinde berührende Vorgänge in der

Welt der Kirche. Die Verfasser solcher Briefe sind darauf aus, durch regelmäßige Ansprache der Glieder der Gemeinde deren Gemeinschaft zu bewahren und zu vertiefen. (Möglichkeiten, vielleicht mit Hilfe eines neuen publizistischen Konzepts die Wirkung von Gemeindebriefen zu verstärken, diskutierte z.B. die ›Evangelische Akademie Loccum‹ im März 1987.)

Vorrangig informative Funktion haben Brieffolgen wie die ›Bertelsmann-Briefe‹ des gleichnamigen Großverlags und die ›Wiener Bücherbriefe‹ des Kulturamtes der Stadt Wien, die, da gleichfalls periodisch und in der Form von Heften bzw. geordnet nach Jahrgängen erscheinend, Zeitschrift-Charakter annehmen. Auch hier deutet aber die Bezeichnung ›Briefe‹ auf den Wunsch der Herausgeber oder Verfasser hin, für ihre Mitteilungen, Nachrichten, Angaben etc. beim Leser das Vertrauen zu erwecken, das dieser dem Inhalt eines wirklichen Briefes gewöhnlich entgegenbringt.

Das gleiche gilt für die in Briefform verpackten Informationen, die den Adressaten pekuniäre, steuerliche oder sonstige wirtschaftliche Vorteile ermöglichen sollen – z.B. die ›Geldbriefe‹ H.-P. Holbachs, die von 1972 bis 1982(?) zweimal monatlich erschienen, oder die ›Neuen Wirtschafts Briefe. Zeitschrift für Steuer- und Wirtschaftsrecht‹ (1947ff.), die ein stetig um aktuelle Zusätze erweitertes Nachschlagewerk für steuerlich und wirtschaftlich interessierte ›Brief‹-Leser darstellen.

Alle diese brieföfflichen Serien für einen begrenzten Adressaten-Kreis, die an erster Stelle informationellen und propagandistischen bzw. auch erbaulich-werbenden Zwecken dienen, spekulieren ersichtlich, wiewohl das epistolare Moment bei ihnen nur eine sekundäre Rolle spielt, auf die Grundqualitäten des besonders Vertrauenswürdigen und Persönlichen, die dem Brief in eigentlicher Verwendung beigemessen werden. Das geschieht selbst dort noch, wo – wie in zeitschriftenähnlichen Informationsorganen – der Name Brief kaum mehr als eine metaphorische Bezeichnung hergibt.

Eine intimer stilisierte Variante informativ-erbaulicher Brieffolgen stellen H. Hesses ›Briefe an Freunde. Rundbriefe 1946-1962‹ (1977) dar. Hesse, der sich vor der Menge von Leserzuschriften – zumal nach dem Ende des Zweiten Weltkriegs – kaum zu retten wußte, half sich schließlich damit, daß er seit 1946 vergleichsweise regelmäßig in einem Rundbrief pauschal auf die Fülle privater Einzelbriefe seiner Leser antwortete. Obwohl der Verfasser dieser ›Rundbriefe‹ in erster Linie weder ›informieren‹ noch ›erbaulich werben‹ wollte, befriedigte er mit seinen öffentlichen Antworten praktisch doch das Bedürfnis seiner ›Freunde‹ nach Auskunft über Ergehen, Denken und Schaffen des verehrten Autors und bestätigte und stärkte so durch seine Rundschreiben objektiv die Existenz einer großen Lesergemeinde. Insofern gingen der Suhrkamp-Verlag und V. Michels (der Hesses ›Rundbriefe‹ für die Ausgabe von 1977 zusammengestellt hat) sicherlich zu weit, als sie die diese Art ›Briefe an Freunde‹ als eine »neue(n) literarische(n) Gattung« annoncierten. Sie sind tatsächlich nur ein vornehmeres Pendant im literarischen Raum zu den weiter oben gekennzeichneten Brieffolgen informierenden und werbend-erbaulichen Charakters.

4.3.4. Belehrende Brieffolgen

Aus einer Folge ursprünglich privater Schreiben sind auch publizierte Zusammenstellungen von Briefen hervorgegangen, deren Zustandekommen einem *pädagogischen* Grundimpuls des Verfassers zuzuschreiben ist. Nicht selten jedoch muß man den Hinweisen der Herausgeber auf die private Vorgeschichte solcher Brieffolgen mißtrauen. Denn entweder handelt es sich bei den der Öffentlichkeit präsentierten Briefen um Schreiben, die, obschon zunächst an einen privaten Adressaten gerichtet, doch gleich im Blick auf eine spätere Drucklegung konzipiert worden sind, oder aber um erfundene Produkte in Briefform, die nie für eine reale Privatperson bestimmt waren. Schließlich kann eine vormals private Brieffolge auch zum Zwecke einer später ins Auge gefaßten Veröffentlichung ergänzt, erweitert, ausgebaut und – thematisch und/oder kompositorisch – abgerundet worden sein, womit die pädagogische Intention im Hinblick auf den erhofften großen Leserkreis wirksamer gestaltet werden sollte.

Der belehrende Impuls der in diesem Zusammenhang zu besprechenden Brieffolgen ist auf den verschiedensten Gebieten zum Zuge gekommen: auf moralischem, ästhetischem, theologischem, philosophischem, bildungsmäßigem, wissenschaftlichem, erzieherischem, lebenskundlichem, wirtschaftlichem und politischem. Auf welchem vorrangig, ergab sich aus den geistigen und weltanschschaulichen Präferenzen der Epochen, in denen die didaktisierenden Brieffolgen ihr Publikum suchten.

Den bürgerlich-christlichen Tugendidealen der Zeit verpflichtet war der ›Versuch einiger Moralischen Briefe in gebundener Rede an Seinen Enkel und Pflege=Sohn Johannes von der Laag‹ (1747) des niederdeutschen Kaufmanns J. Ch. Cuno. Seine aus paarreimigen Alexandrinern bestehenden Versbriefe transportieren eine penetrant betonte Väter-Weisheit und -Frömmigkeit, mit denen das Erziehungsobjekt förmlich getränkt werden sollte. J. J. Dusch gab ein Jahrzwölft später einen Band ›Briefe an Freunde und Freundinnen über verschiedene kritische, freundschaftliche, und andere vermischte Materien‹ (1759) heraus, mit dem er Briefschreibebeflissenen quasi-originale Muster, an denen es in Deutschland immer noch mangele, an die Hand geben wollte. Sein pädagogischer Impuls zielte also (im Kontext mit der Gellertschen Briefstilreform) auf die Hebung der deutschen Briefkultur. Desselben Autors ›Briefe zur Bildung des Geschmacks an einen jungen Herrn von Stande‹ (6 Tle., 1764-73) gelten demgegenüber zunächst nur der fortlaufenden Unterrichtung des bewußten jungen Herrn »in der schönen Literatur« seiner Zeit; er, der Schreiber der Briefe, »sei aber bald gedrängt worden, sie drucken zu lassen.« (Vorber., unpag.) Duschs Sammlung von Lehrbriefen enthält eine ganze Serie poetikgeschichtlicher Vorlesungen. Der Verbesserung der häuslichen Erziehung junger Mädchen gewidmet waren dagegen R. Zobels ›Briefe über die Erziehung der Frauenzimmer‹ (1773), in denen der Verfasser seiner Briefpartnerin im Geiste eines bürgerlichen, frommen Patriarchalismus praktische Ratschläge für die Ausbildung ihrer heranwachsenden Töchter erteilte (wie das gelegentlich auch schon, ebenfalls in entsprechenden Briefen, in den ›Moralischen Wochenschriften‹ geschehen war).

Theologische und/oder christlich-moralische Belehrung intendierten z.B. A. v. Hallers ›Briefe über die wichtigsten Wahrheiten der Offenbarung‹ (1772), J. J. Spaldings ›Vertraute Briefe, die Religion betreffend‹ (1774), C. F. Bahrdts ›Briefe über die Bibel, im Volkston‹ (1782-83) – die sogar die institutionalisierte Form einer regelmäßig erscheinenden ›Wochenschrift‹ annehmen sollten –, M. Claudius'‹ ›Briefe an Andres‹ (1771-1810), J. K. Lavaters ›Briefe über die Schriftlehre von unsrer Versöhnung mit Gott durch Christum‹ (entstd. 1793, gedr. 1801) und J. M. Sailers eigene Briefe an Leidende, Trostbedürftige und Wahrheitssucher im letzten Band seiner sechsbändigen Sammlung ›Briefe aus allen Jahrhunderten der christlichen Zeitrechnung‹ (1804).

Vorgeblich zur Warnung und moralischen Immunisierung wohlbehüteter Jünglinge und Jungfrauen schilderte der Verfasser der fingierten ›Briefe über die Galanterien von Berlin, auf einer Reise gesammlet von einem österreichischen Offizier‹ (1782) die vielerlei erotisch-sexuellen Gefahren, denen besonders junge Menschen in der preußischen Hauptstadt ausgesetzt seien. Die vom Autor erörterten Themen (u.a. Homosexualität, Päderastie, Onanie und die Qualität der Berliner Hurenhäuser) sowie die zahlreichen galanten Histörchen waren wohl der Grund dafür, daß der Band nicht nur den Namen des Verfassers (J. Friedel), sondern auch den des Verlegers und den Erscheinungsort verschwieg.

Im Rahmen einer Zeitschrift, die erzieherische Absichten im Sinne der Spätaufklärung verfolgte, brachte Ch. F. Weiße seinen als leicht durchschaubare Fiktion präsentierten ›Briefwechsel der Familie des Kinderfreundes‹ (12 Bde., 1784-92) heraus. In den gesammelten Briefen der Kinder der ›Kinderfreund‹-Familie, die diese im Laufe ihrer Entwicklung bis zum Erwachsensein miteinander gewechselt haben, wurden moralische, gesellschaftliche, charakterologische und lebenspraktische Fragen unterhaltsam erörtert; Einlagen zwischen den Briefen (kurze Erzählungen, Gedichte, Lieder, kleine Schauspiele) sollten zur Auflockerung dienen. So sollte Kindern und Heranwachsenden einer »*bürgerlichen gesitteten Familie aus dem mittleren Stande*« dazu verholfen werden, »*sich weise und tugendhaft*« zu betragen, »*wenn sie glücklich werden wollen*«. (12. Bd., 1792, S. 318)

Zur Belehrung in ästhetischen Fragen nutzte auch K. Ph. Moritz die Form einer Brieffolge. Aus Gründen der Abwechslung in der formalen Darbietung fügte er in seinem ›Versuch einer deutschen Prosodie‹ (1786) in den Dialog zwischen den Kunstfiguren Euphem und Arist fünf Briefe lehrhaft-erklärenden Charakters ein, die der erstere an seinen Schüler Arist zwecks zusätzlicher Unterrichtung gesendet hat.

Die für philosophisches Denken nicht zureichend begabten Frauen mit Kants Vernunftphilosophie in popularisierender Manier vertraut zu machen und dabei zugleich darzutun, daß dessen Lehre sehr wohl mit der des Christentums vereinbar sei, war das gönnerhafte pädagogische Bestreben G. L. Bekenns, das er mit seinen zwölf ›Briefen an Emma‹ (Haupttitel: ›Ueber die Kantische Philosophie mit Hinsicht auf gewisse Bedürfnisse des Zeitalters‹, 1791) verfolgte. Ironisch und anzüglich belehrte A. v. Kotzebue in seiner kleinen ›Geschichte unserer Unwissenheit. In Briefen an eine Dame‹ (= ›Die jüngsten Kinder meiner Laune‹, 1. Bdchn., 1793) die Leser über das angeblich philosophiegeschichtlich nachweisbare Unvermögen der Menschen, etwas Sicheres zu wissen. Kotzebue bediente sich für seine philosophischen Belehrungen im Plauderton der Fiktion von Briefen an eine gewisse junge »schöne Julia«. Und auch A.W. Schlegel tat in seinen ›Briefen über Poesie, Silbenmaaß und Sprache‹ (1795/96; nicht zu Ende geführt) so, als wolle er eine »liebste Freundin« namens Amalie behutsam über die Bedeutung belehren, welche die Metrik und ihre Mühseligkeiten für die Poesie haben.

Ernsthafte bildende Belehrung hatte gleichfalls Caroline de la Motte Fouqué mit einer Folge von ›Briefen über Zweck und Richtung weiblicher Bildung. Eine Weihnachtsgabe‹ (1811) sowie mit ihren ›Briefen über die griechische Mythologie, für Frauen‹ (1812) im Sinn, mit denen sie ganz im Geiste des neuen romantischen Ideals einer allseitigen Bildung auch für die Frauen zu wirken versuchte. Dagegen wollte J. L. Ewald mit seinen vier Bänden über ›Eheliche Verhältnisse und eheliches Leben, in Briefen‹ (1810-13) (deren insgesamt 178 Stücke fast nach Art eines langatmigen Briefromans inhaltlich und personell miteinander verbunden sind) Mädchen und junge Frauen lediglich geistig und moralisch für ihre Rolle in einer christlich-patriarchalisch formierten Familie präparieren.

Auch im weiteren Verlauf des 19. Jhs. benutzte man die Briefform gern und mit Erfolg zu didaktischen und bildenden Zwecken. F. J. Jacobsen z.B. führte in ›Briefen an eine deutsche Edelfrau über die neueste englische belletristische Literatur‹ (1820) seine Adressatin (und mit ihr die übrigen Leser) in die damalige englische Gegenwartsliteratur ein, vor allem in das Werk Byrons. (Mit der ›Edelfrau‹ war übrigens Elise v. Hohenhausen, die Freundin der Droste, gemeint.) Über alle nur denkbaren Phänomene des Schönen – von der Naturschönheit bis hin zur Tanz- und Gartenkunst in Antike, Mittelalter und Neuzeit – wollte Ch. Oeser in wohlwollend-patriarchalischer Erziehungsmanier seine jungen Leserinnen belehren, und zwar in einem Werk mit dem pathetischen Titel ›Weihegeschenk für deutsche Jungfrauen, in Briefen an Selma über höhere Bildung‹ (1838; oft verb. u. verm.; 1883 unt. veränd. Titel 24. Aufl.!), das fast ein halbes Jahrhundert lang ein nobles Hausbuch in bürgerlichen Kreisen gewesen sein muß.

Sehr bekannt und erfolgreich wurden ebenfalls J. v. Liebigs ›Chemische Briefe‹, die zuerst in der ›Augsburger Allgemeinen Zeitung‹ und dann als Buch (1844 u.ö. in stark erw. Ausgaben) erschienen. Die Briefform als solche ist freilich in Liebigs Werk wenig ausgeprägt; sie diente dem Verfasser nur als vage konturierter Rahmen für eine besonders locker stilisierte populärwissenschaftliche Darstellung, mit der er die Gebildeten leichter und wirksamer für die Unterrichtung über die rasch aufstrebende Naturwissenschaft Chemie zu interessieren hoffte. Der Erfolg des Liebigschen Buches war offenkundig der Grund dafür, daß sich C. Vogt dessen Form zum Vorbild nahm für die ebenfalls leicht faßliche Behandlung einer anderen naturwissenschaftlichen Materie, denn nur drei Jahre nach Liebigs Werk veröffentlichte Vogt seine ›Physiologischen Briefe für Gebildete aller Stände‹ (1847). Wie bei Liebig ist auch bei Vogt die prätendierte Briefform kaum mehr recht wahrnehmbar.

Auf eine private Brieffolge eines ungenannt bleibenden jungen Deutschen gingen die von G. G. Lange herausgegebenen ›Briefe aus Amerika für deutsche Auswanderer‹ (1852) zurück. Sie enthalten einen Bericht über die Fahrt des Verfassers an Bord des Auswandererschiffes ›Wellington‹ in die USA zusammen mit sehr konkreten Ratschlägen (einschließlich etlicher Zeichnungen). Das Büchlein war dazu bestimmt, künftigen Auswanderern auf der großen Reise als praktischer Leitfaden zu dienen.

Wieder für einen ganz anderen Lehr-Zweck nutzte die christlich-liberal engagierte Fanny Lewald die Wirkungschancen einer Brieffolge: Ihre ›Osterbriefe für die Frauen‹ (1863) stellen eine Mischung aus gesellschaftspolitischen Belehrungen und sozialreformerischen Appellen dar, mit denen die Autorin die Lage der handarbeitenden Frauen der unteren Stände verbessern helfen wollte.

Auf einen sehr begrenzten ästhetischen Bereich bezogen sich die ›Epischen Briefe‹ (1874/75) W. Jordans, in denen es um die Welt der persischen, griechischen und germanischen Sagen geht. Für seine unterhaltenden populärwissenschaftlichen Darlegungen benutzte der epigonale Erfolgsschriftsteller ebenfalls eine dürftige Brieffiktion, von der er wohl meinte, daß sie geeignet sei, seine gelehrte Materie dem Publikum der ›Gartenlaube‹ – in der die Briefreihe erschien – besonders gut genießbar zu machen.

Die Organisationsform einer Brieffolge für belehrende und aufklärende Intentionen wurde (und wird) auch noch von Schriftstellern unseres Jahrhunderts in Anspruch genommen. Sehr eindrucksvoll gelang etwa Lou Andreas-Salomé die Umsetzung ihrer fortschrittlichen Absichten in den ›Drei Briefen an einen Knaben‹ (1917). In den (zunächst an einen privaten

Adressaten geschriebenen) Briefen ließ die Verfasserin dem jungen Empfänger altersgerecht und humorvoll-freundlich Aufklärung in geschlechtlichen Dingen zuteil werden. Mit dem ›Öffentlich-Machen‹ der kleinen Briefreihe half sie Voraussetzungen schaffen für die Initiierung einer progressiven Jugenderziehung in einer prüden und verklemmten Gesellschaft.

Den Anstoß zur Formulierung einer Reihe von bedeutsamen Briefen A. Döblins, die dieser u.d.T. ›Wissen und Verändern! Offene Briefe an einen jungen Menschen‹ (1931) veröffentlichte, hatte eine private Zuschrift eines Studenten an den berühmten Autor gegeben, worin jener Döblin um Rat, Belehrung, ja um geistige Führerschaft in einer aufgeregten und wirrenreichen Epoche bat. Dieser kam der Bitte in einer Folge großenteils umfangreicher Briefe nach, indem er dem jungen Mann – namens Gustav Hocke – die Geschichte der deutschen Unfreiheit vor Augen führte und darauf insistierte, daß der Geistige nunmehr an die Seite des Proletariats gehöre, wo allein wahre Geistigkeit zu finden sei, denn das Bürgertum habe durch seinen Bund mit dem Kapital die Freiheit verraten. Allerdings müsse man statt der klassenkämpferischen die »menschliche« Position beziehen und den Sozialismus wieder als »‹Utopie‹« herstellen. (S. 29f.) Die Briefe sind als Fortsetzungsbriefe geschrieben, die sich, dem prototypischen brieflichen Grundgestus gemäß, immer wieder ausdrücklich dem individuellen Partner zuwenden und auf dessen (nicht mitabgedruckte) ›Zwischen‹-Briefe Bezug nehmen. Erst am Ende der Briefreihe gerät dieser mehr und mehr aus dem Blick, und der epistolare Stil geht über in die Diktion einer weltanschaulich-traktathaften Darstellung.

Vergleichbar mit Döblins ›Offenen Briefen‹ ist L. Reiners' Buch ›Die Sache mit der Wirtschaft. Briefe eines Unternehmers an seinen Sohn‹ (1956) nur in einem Punkt: Auch in dieser Brieffolge ließ ein Angehöriger der erfahrenen älteren Generation einem Jüngeren Belehrung angedeihen - doch nur auf einem fachlich eingeschränkten Gebiet: dem der liberal und kapitalistisch interpretierten Wirtschaft.

Politisch ausgerichtet waren hinwiederum H. W. Richters ›Briefe an einen jungen Sozialisten‹ (1974), bei deren Abfassung der bekannte Autor anfänglich zwar an einen realen jungen Anhänger des Sozialismus dachte, der ihm jedoch beim Schreiben der Briefe bald zu einer »fiktiven Person« wurde, zu einer «Inkarnation für viele, die Deine Anschauung teilen.« (S. 32) Richter machte in seiner Briefserie den Versuch, den ungestümen

›neuen‹ Sozialismus der Studentenbewegung der zu Ende gehenden sechziger und beginnenden siebziger Jahre mit der Geschichte dieser Weltanschauung im 20. Jh. und mit seinen persönlichen einschlägigen Erfahrungen und Erlebnissen zu vermitteln. Seine langmütige kritische Belehrung des jungen Mannes gipfelte in dem Rat, sich der Erkenntnis zu öffnen, daß Kapitalismus und Sozialismus wegen ihrer blinden Fortschrittsgläubigkeit beide historisch überholt seien.

Der Soziologe H. P. Bahrdt publizierte 1982 ›Großvaterbriefe. Über das Leben mit Kindern in der Familie‹. Auch diese zehn, zunächst privat an Sohn und Schwiegertochter geschriebenen, Briefe entsprangen dem Wunsch, der jüngeren Generation mit auf eigenen Lebenserfahrungen basierenden Ratschlägen bei der Erziehung der Kinder zu helfen.

Der pädagogische Impuls ist dagegen fast ganz ins Väterlich-Partnerschaftliche sublimiert in K. Schnetzlers ›Dialog in Briefen zwischen Vater und Sohn‹ mit dem Haupttitel ›Lieber Jacob‹ (1981) – der in Wahrheit eine monologische Folge von Briefen des Vaters ist – und in P. Härtlings ›Brief an meine Kinder‹ (1986), bei dem es sich tatsächlich um einen langen Fortsetzungsbrief handelt, in welchem das Persönliche zugleich als allgemein belangvoll erscheint und erscheinen soll.

Der kurze Überblick über exemplarisch bedeutsame Briefsammlungen mit didaktischer Grundorientierung aus den letzten drei Jahrhunderten läßt erkennen, wie nutzbringend die Briefform oder auch nur ein rudimentärer epistolarer Rahmen für die Vermittlung von Materien sein kann, die besonders rasch in Gefahr geraten, bei ihrer Darstellung mittels anderer Präsentationsformen wie Abhandlung, Traktat, Aufsatz und Lehrbuch trocken oder aufdringlich zu wirken. Durch die epistolare Formgebung gelingt es den Autoren offenbar, mit ihren pädagogischen Intentionen und Themen leichter an die Leser heranzukommen.

4.3.5. Essayistische Brieffolgen

Dort, wo es dem Briefschreiber nicht darum geht, als Präzeptor, Mahner oder Ratgeber aufzutreten, sondern wo er das Bedürfnis hat, eine Idee, eine Frage, ein Thema, ein Problem, eine Erkenntnis, eine Erfahrung o.dgl. gedanklich zu umkreisen und kritisch-geistvoll zu erörtern: da werden aus vertraulichen Schreiben unversehens Aufsätze – *Essays* im briefförmlichen

Rahmen. Erhält ihr Verfasser durch den Partner einmal oder mehrmals den Anstoß dazu, das angeschnittene Thema weiter zu diskutieren, das aufgeworfene Problem aus anderen Gesichtspunkten zu betrachten, die dargelegte Erkenntnis zu vertiefen, ein knapp entworfenes Ideenkonzept zu entfalten usf., dann entsteht nahezu auf natürliche Weise eine Folge von problembezogenen Studien in epistolarer Darbietungsform. Ein Autor kann jedoch auch selber den Wunsch verspürt haben, einem ersten Schreiben weitere folgen zu lassen, einfach weil er den begonnenen Gedanken fortführen, verdeutlichen, korrigieren oder steigern wollte. Beteiligt sich der Partner in Antwortschreiben aktiv an der Diskussion, so führt das zu einer Reihe von essayartigen Briefen, zu der zwei Korrespondenzpartner beigetragen haben. (Selbstverständlich können auch mehr als zwei Partner brieflich so formbewußt miteinander über eine Thematik diskutieren, daß daraus gleichfalls eine Serie von brieflichen Essays hervorgeht.)

Auch bei essayistischen Brieffolgen reicht das Spektrum der Verwendung der Briefform wieder von ›privat‹ und ›vertraulich‹ bis zu ›offen‹ und ›veröffentlicht‹, von ›real‹ bis zu gänzlich ›fiktiv‹. Ursprünglich private Brief-Aufsätze wurden später als eine Sammlung oder Folge von Briefen eher zufällig zum Druck gebracht oder aber wurden schon mit dem Gedanken an eine spätere Publikation formuliert. Mit der Drucklegung verlassen jedenfalls auch essayistisch strukturierte Briefe den Bereich der primären Anwendung der Briefform. Von vornherein angesiedelt im Bereich der uneigentlichen Benutzung der epistolaren Form sind dagegen – übrigens unabhängig davon, ob eine Veröffentlichung erfolgt bzw. gelingt – solche essayistischen Briefe, die, partiell oder durchaus, nicht aus einer realen Briefsituation hervorgegangen sind, sondern für die eine Briefsituation künstlich herbeigeführt worden ist.

Von der Möglichkeit, fingierte Briefessay-Folgen zu gestalten, haben viele Autoren der deutschen Literatur, überwiegend im 18. Jh., Gebrauch gemacht. Die Geschichte der literarisch genutzten Briefform im 19. und 20. Jh. weist gleichfalls noch zahlreiche Essay-Sammlungen in fingierter Briefgestalt auf – wie auch solche, die auf einen mehr oder minder privaten Briefwechsel zurückgehen. (Z. ›Briefessay‹ vgl. ansonsten 4.5., S. 170 ff.)

4.3.6. Sammlungen ›kritischer‹ Briefe

Eine Grenze zwischen Sammlungen von Briefen, die man als Epistolaressays ansprechen kann, und solchen, die als formales Vehikel für literar-, kunst- und musikästhetische wie auch für gelehrte *Kritik* und *Kritiken* benutzt worden sind, läßt sich gerade bei entsprechenden Werken des 18. Jhs. schwer ziehen. Der Essay als bewußt gepflegtes literarisches Genus ist noch nicht entwickelt. Daher vermischen sich auf dem Gebiet der ästhetischen und gelehrten Kritik Historisches und Aktuelles, verbinden sich grundlegende Reflexionen mit der kritischen und/oder polemischen Besprechung einzelner Werke oder kultureller Ereignisse. Bei Lessing, dem Vater der deutschen Essayliteratur, ist diese synthetische Mischung aus prinzipieller Erörterung und aktueller Rezension besonders charakteristisch ausgeprägt.

Da Sammlungen ›kritischer‹ Briefe auf öffentliche Wirkung aus sind, ist bei ihnen die uneigentliche Verwendung der Briefform in aller Regel gegeben. Die Verfasser oder Herausgeber redigieren selektiv reale Briefe oder aber schreiben bzw. edieren fingierte Briefe, wobei sie, sehr erfinderisch, mannigfache Fiktionsvarianten ins Spiel bringen. Sehr beliebt sind: die Herausgeberfiktion, die Erfindung eines Briefwechsels zwischen zwei oder mehreren Personen und die polemische Erwiderung auf eine kritische Brieffolge durch eine neue Brieffolge. Die geistig fruchtbarsten und folgenreichsten Streitigkeiten im 18. Jh. sind fast durchweg in der Form ›kritischer‹ Brieffolgen ausgetragen worden. (Sehr viel seltener haben sich die Autoren auf einen Einzelbrief beschränkt.)

Als eine frühe wesentliche ausländische Anregung zu dieser Form literatur-, kunst- und philosophiekritischer Darstellung darf man die auch als Reisebriefwerk wichtigen ›Lettres sur les Anglois et les François‹ (1725) des Schweizers v. Muralt ansehen (die schon viel früher durch Abschriften bekannt geworden waren). Gut zehn Jahre später brachte Muralts Landsmann J. J. Bodmer den ›Brief-Wechsel von der Natur des Poetischen Geschmackes‹ (1736) heraus, der auf einem tatsächlichen brieflichen Austausch mit dem Italiener P. dei Conti di Calepio basierte. Wiederum im Abstand eines Dezenniums veröffentlichte derselbe Bodmer ›Critische Briefe‹ (1746). Beide Werke waren wesentliche Beiträge zur ästhetischen und poetologischen Diskussion der Gottsched-Zeit. 1750/51 erschien, herausgegeben von J. P. Kohl, der ›Gesammelte Briefwechsel der Gelehrten, die zum Wachsthum der Wissenschaften ... in eine so genante correspondirende Geselschaft zusammengetreten‹(2 Bde.) Die Sammlung enthielt (vorher schon in Zeitschriften-Form publizierte) freundschaftlich gepflogene gelehrt-kritische Briefwechsel u.a. mit Rezensionen seltener, aber wertvoller wissenschaftlicher Bücher. Mehrfach haben die Verfasser die Gestalt des Sendschreibens gewählt – was deutlich auf die beabsichtigte öffentliche Wirkung des kritisch Mitgeteilten und Erörterten hinweist.

Prompt ironisierte G. W. Rabener im ›Vorbericht‹ zu seinen ›Satirischen Briefen‹ (1752) die jüngste Neigung der Deutschen, auch alle gelehrten Themen in Briefform abzuhandeln; sogar aus der ›Asiatischen Banise‹ könne man einen Brief machen, man brauche nur alle paar Seiten eine Anrede »Gnädiges Frl.« einzusetzen.

Mit den ›Briefen über den itzigen Zustand der schönen Wissenschaften in Deutschland‹(1755) unternahm F. Nicolai eine überparteiliche Bestandsaufnahme der zeitgenössischen Literatur und der literar- und theaterästhetischen Bemühungen der Gottsched-Ära. Diese ›Briefe‹ des jungen Berliner Aufklärers legten den Grund für das Freundschaftsbündnis zwischen Nicolai, M. Mendelssohn und Lessing, der selbst schon mit ›Kritischen Briefen‹(1753) über gelehrte Gegenstände und zeitgenössische Literatur hervorgetreten war.

Zu einem Glanzstück der deutschen Literaturkritik im 18. Jh. wurde dann Lessings wohl berühmteste Brieffolge ›Briefe die Neueste Litteratur betreffend‹(1759-65). Diese, natürlich fingierten, ›Briefe‹ waren Bestandteil eines wöchentlich erscheinenden literaturkritischen Organs, das der Freund Nicolai herausbrachte und zu dem Lessing als Anonymus mit insgesamt 55 Briefstücken die wichtigsten Beiträge lieferte. Bereits 1760 meldete sich ein, ebenfalls anonym bleibender, Verteidiger der Gottschedischen Theaterreform in einer polemischen Schrift zu Wort: in den ›Briefen, die Einführung des Englischen Geschmacks betreffend, wo zugleich auf den Siebzehnten der Briefe, die neue Litteratur betreffend, geantwortet wird‹. Ihr Verfasser war der Gottsched-Anhänger K. C. Canzler. Zugunsten Gottscheds trat gleichfalls der Wiener J. v. Sonnenfels in seiner theaterkritischen Zeitschrift ›Briefe über die wienerischen Schaubühnen‹ (1768/69) an die Öffentlichkeit; er wollte den Hanswurst auch vom Wiener Theater vertreiben – womit er übrigens Goethes Widerspruch herausforderte.

Mit ›Fünf Hirtenbriefen, das Schuldrama betreffend‹ (1763) griff der Königsberger J. G. Hamann temperamentvoll in den Streit um die Eigenständigkeit und die besonderen Aufgaben des Schuldramas ein. Er verteidigte in den ›Hirtenbriefen‹ den ihm befreundeten Rektor der Rigaer Domschule gegen die Kritik des Bückeburger Popularphilosophen Th. Abbt. Der nachmals als ›Magus aus Norden‹ berühmt werdende Hamann hatte sich auch schon in seiner großen Schrift, der ›Aesthetica in nuce‹, die ein Hauptstück seiner ›Kreuzzüge des Philologen‹ (1762) darstellt, u.d.T. ‹Kleeblatt Hellenistischer Briefe‹ der Form einer fingierten Brieffolge bedient.

Das kritische Hauptwerk des Stürmers und Drängers H. W. v. Gerstenberg, die ›Briefe über Merkwürdigkeiten der Litteratur‹ (3 Slgn., 1766-70) – nach dem Erscheinungsort der 1. und 2. ›Sammlung‹ auch ›Schleswigsche Literaturbriefe‹ genannt –, würdigte bedeutende Werke der Weltliteratur und reflektierte kritisch im Sinne der neuen Genielehre die die sechziger Jahre des 18. Jhs. beherrschenden Fragen der Poetik und Ästhetik. In vieler Hinsicht hat sich Gerstenberg die Lessingschen ›Literatur-Briefe‹ zum Muster genommen. Die das Werk strukturierende Fiktion besteht darin, daß die »Herausgeber der gegenwärtigen Brief-Sammlung« (Vorbem. z. 1. Slg.) dem interessierten Publikum die literaturkritische Korrespondenz einer Gruppe von an verschiedenen Orten Europas lebenden Männern zugänglich machen wollen. Man erkennt hier in vagen Umrissen als weiteres Fiktionsmuster die in jener Zeit so beliebten ›Freundschaftlichen Briefe‹.

Dieses Muster ist ebenfalls noch in Lessings ›Briefen antiquarischen Inhalts‹ (1768/69) wirksam, doch meistenteils auch nur in der Schwundstufe. Lessing bietet seine ›Antiquarischen Briefe‹ als Briefe an einen fiktiven »Freund« dar, den er über seinen (ja tatsächlich vorher) öffentlich ausgetragenen Streit mit dem Leipziger Literaten und Altertumskundler C. A. Klotz unterrichtet. Mit Klotz befreundet war hingegen der Erfurter F. J. Riedel, der in seiner Schrift ›Ueber das Publicum. Briefe an einige Glieder desselben‹(1768), von einem subjektiven Schönheitsbegriff ausgehend, polemisch gegen den alten Bodmer anging – in Gestalt von zehn fiktiven Briefen an von ihm hoch geschätzte Kenner und Leser der Literatur, so z.B. an Weiße, Mendelssohn, Wieland, Jacobi und Gleim.

Hauptzielscheibe der in einer anderen Sammlung polemischer Briefe vorgetragenen Kritik war Gellert, der an Lessing, Wieland, Klopstock und etlichen anderen jüngeren Autoren gemessen wurde. Diese Sammlung vereinigte den von L. A. Unzer initiierten Briefwechsel mit J. Mauvillon u.d.T.: ›Ueber den Werth einiger Deutschen Dichter und ueber andere Gegenstände den Geschmack und die schöne Litteratur betreffend‹ (2 Bde., 1771/72). Die ›Vorrede‹ zu dem anonym erschienenen Werk beginnt übrigens mit einer – für das briefselige Zeitalter bezeichnenderweise – notwendigen Klarstellung:

Es ist eine so abgenutzte Erfindung, dem Publico etwas unter der Einkleidung von Briefen vorzutragen, daß man sich derselben gewiß nicht würde bedienet haben, wenn es nicht mit den gegenwärtigen eine andere Bewandniß hätte. Der Herausgeber kan versichern, daß sie nichts weniger, als erdichtete Briefe sind. (S. 3 f.)

Ch. M. Wieland verteidigte in ›Briefen an einen Freund über das deutsche Singspiel, Alceste‹ (1773) die Umformung der Euripides-Tragödie in seine gleichnamige rokokohafte Oper, die im selben Jahr auf dem Weimarer Hoftheater mit der Musik von A. Schweitzer aufgeführt worden war. Literaturkritisch hat sich Wieland später nur noch einmal in der Form fingierter Briefe, nämlich in den ›Briefen an einen jungen Dichter (1782 u. 1784 im ›Teutschen Merkur‹), geäußert; seine Kritik darin war indes eher klassizistisch orientiert, auch wenn er den Wert der Dichtungen Shakespeares und des jungen Goethe besonders hervorhob. Theater- und Dramenkritik war ebenfalls das Thema der ›Briefe die Seylerische Schauspielergesellschaft ... betreffend‹ (1777), mit denen der Stürmer und Dränger H. L. Wagner die Leistungen der Seylerschen Truppe bei ihren Frankfurter Aufführungen im Sommer 1777 eingehend würdigte.

Epistolare Strukturen spielen des weiteren in den einzigartig anregenden und temperamentvollen literaturkritischen Werken J. G. Herders eine große Rolle, gerade auch in seinen frühen, noch anonym herausgegebenen, an Lessings ‹Literatur-Briefe‹ anknüpfenden Arbeiten: in ›Ueber die neuere deutsche Litteratur. Sammlung von Fragmenten‹ (3 Slgn., 1766-68), in ›Kritische Wälder. Oder Betrachtungen, die Kunst und Wissenschaft des Schönen betreffend‹ (3 Bde., 1769), in ›Andenken an einige ältere deutsche Dichter, in Briefen ...‹ (1779-81 im ›Deutschen Museum‹) und in dem Fragment gebliebenen ›Litterarischen Briefwechsel‹ (1782 im ›Deutschen Museum‹). In die theologische Diskussion der Zeit schaltete sich Herder mit den souverän präzeptoralen ›Briefen, das Studium der Theologie betreffend‹ (4 Thle., 1780-81) ein, in denen er mit Nachdruck die Vereinbarkeit von Vernunft, Natur und Offenbarung postulierte.

Um theologisch-philosophische Fragen ging es gleichfalls in einer sehr polemisch geführten Auseinandersetzung F. H. Jacobis mit M. Mendelssohn, an der sich der erstere mit seiner Streitschrift ›Ueber die Lehre des Spinoza, in Briefen an Herrn Moses Mendelssohn‹ (1785) beteiligte. In diesen ›Briefen‹ wollte Jacobi Mendelssohns Auffassung, Lessing sei immer Deist gewesen, dadurch als falsch entlarven, daß er nachwies, der späte Lessing sei in Wahrheit ein Freund der Lehre Spinozas gewesen, was für den Irrationalisten Jacobi praktisch gleichbedeutend mit dem Vorwurf des Atheismus war.

Mit treffsicherer satirischer Schärfe ging G. Ch. Lichtenberg in seinen drei ›Episteln an Tobias Göbhard‹ (1776/78) gegen die illegalen Nachdruck-Praktiken der Zeit an. Ebenso attackierte er ironisch in den ›Briefen von Mägden über Literatur‹ (zuerst gedr. 1844; entstd. vermutl. zw. 1776 u. 1778) manche überzogenen literarisch-gesellschaftlichen Aktivitäten mitsamt dem Rezensenten(un)wesen und der aufkommenden Geniesucht.

Auf das Feld ›staatswirtschaftlicher‹ Kritik führen uns J. Mauvillons ›Physiokratische Briefe an den Herrn Professor Dohm. Oder Vertheidigung und Erläuterungen der wahren staatswirthschaftlichen Gesetze [!] die unter dem Nahmen des Physiokratischen Systems bekannt sind‹(1780). Im Rahmen und auch im Ton der zeitüblichen freundschaftlichen Briefe wurde hier ein gelehrter Streit ausgetragen, wobei die Brieffiktion indes nur oberflächlich gewahrt wurde.

1788 erschienen in Wielands ›Teutschem Merkur‹ F. Schillers ›Briefe über Don Carlos‹, mit denen sich der junge Dramatiker gegen öffentlich und privat geäußerte Kritik an seiner Tragödie von 1787 verteidigte und zu einem besseren und angemesseneren Verständnis vor allem der Rolle des Marquis Posa beitragen wollte. Der Folge von zwölf Briefen liegt als Formmuster die beliebte und bewährte Fiktion von Briefen an einen Freund zugrunde, doch ist der briefliche Rahmen nur schwach ausgebildet; das kritisch-essayistische Moment dominiert die Darstellung so sehr, daß man fast vergessen kann, daß man es angeblich mit Briefprosa zu tun hat. Schillers frühen Dramen galt auch eine zu kritischen Zwecken erfundene Diskussion im Rahmen der ›Briefe über Mannheim‹(1791), die die konservativ gewordene Sophie v. Laroche publizierte. Neues oder Anregendes über den Dramatiker Schiller fanden die Zeitgenossen darin freilich nicht.

Melancholische philosophisch-zeitkritische Expektorationen eines ebenfalls konservativ denkenden Geistes enthielten

F. H. Jacobis ›Zufällige Ergießungen eines einsamen Denkers in Briefen an vertraute Freunde‹(1795 in ›Die Horen‹; nicht vollendet), die sich als Teil eines Briefwechsels (die Antwort-Briefe sind ausgespart) präsentieren. Die im 18. Jh. bewährte Gepflogenheit, philosophische Angelegenheiten in Brieform zu behandeln, übernahm auch noch der junge F. W. J. Schelling. Die Wahl dieser Form in seinen ›Philosophischen Briefen über Dogmatismus und Kriticismus‹ (1795) für eine Auseinandersetzung mit orthodoxen Theologen, die Kants Lehre zu einem moralischen Beweis für die Existenz Gottes umfälschten, begründete er in der ›Vorerinnerung‹ zu diesen – insgesamt zehn – ›Briefen‹ damit, daß er glaube, »seine Ideen in dieser deutlicher, als in einer andern Form darstellen zu können«.

Wie kaum anders zu erwarten, ist im 18. Jh. die briefliche Aufmachung bzw. das Muster einer Briefsammlung auch im Bereich musikkritischer Darlegungen und Erörterungen bemüht worden. Den Anfang damit machte der Musikgelehrte F. W. Marpurg mit der Zeitschrift ›Kritische Briefe über die Tonkunst ...‹ (2 Bde., 1760 u. 1763), bei der jede Nummer aus einem fiktiven – musikwissenschaftlich bzw. musikästhetisch gewichtigen – ›Brief‹ mit Kompositionsbeigaben bestand. Die musikgeschichtlich wohl bedeutendsten Beispiele musikkritischer Briefe lieferte dann der mit Goethe befreundete ungemein produktive Musikschriftsteller und Komponist J. F. Reichardt. Von ihm stammen die folgenden einschlägigen, z.T. polemisch heftigen musikkritischen Schriften: ›Briefe eines aufmerksamen Reisenden die Musik betreffend‹ (2 Thle., 1774 u. 1776) – ›Ueber die Deutsche comische Oper nebst einem Anhange eines freundschaftlichen Briefes über die musikalische Poesie‹ (1774) – ›Schreiben über die Berlinische Musik‹ (1775). Mit seinen musikkritischen ›Briefen‹ wollte Reichardt nachdrücklich zur Hebung der musikalischen Kultur in Deutschland beitragen. Auch E. T. A. Hoffmann benutzte als Musikkritiker in der Zeit der Romantik noch des öfteren die Brieform. Besonders zu erwähnen sind seine ›Briefe über die Tonkunst in Berlin‹ (Erster Br. 1815; mehr nicht ersch.) und ›Ein Brief des Kapellmeisters Johannes Kreisler‹ (1819).

Nach wie vor begegnet die Brieform am häufigsten in der Literaturkritik. 1797 veröffentlichte der rührige Publizist G. Merkel ›Briefe über dänische Literatur‹. Man kann sie als eine Art Vorübung zu einer umfangreichen Briefsammlung ansehen, in der Merkel als Gegner der um 1800 aufkommenden Romantik die Vertreter der neuen geistig-literarischen Richtung mit polemischer Kritik überzog. Mit seinen ›Briefen an ein Frauenzimmer über die wichtigsten Produkte der schönen Literatur in Teutschland‹ (7 Bde., 1800-03) zielte er kritisch besonders auf Tieck und Jean Paul, aber auch noch auf Schiller. Eines der gewichtigsten Dokumente publizistisch wirksamer Literaturkritik der Romantik selbst stellen F. Schleiermachers ›Vertraute Briefe über Friedrich Schlegels Lucinde‹ (1800) dar. Mit ihnen versuchte Schleiermacher den in erotischer Hinsicht gewagten romantischen Roman seines Freundes Schlegel gegen eine empörte Kritik in Schutz zu nehmen. Den ‹Vertrauten Briefen‹ liegt die Fiktion einer neunteiligen Korrespondenz zwischen mehreren männlichen und weiblichen Personen zugrunde. Der Herausgeber dieser Brieffolge stellt sich im ersten Brief als jemand dar, dem der Briefwechsel von einem anderen anvertraut worden ist. Schleiermacher hoffte, mit diesen Kunstgriffen die Leser der ›Lucinde‹ leichter für ein genaueres und gerechteres Verständnis des Romans gewinnen zu können.

Im 19. Jh. nahm die Neigung, sich in literarischen und gelehrten Angelegenheiten mittels fingierter Briefe kritisch auseinanderzusetzen, im ganzen zwar etwas ab, aber sie bestand doch fort, und so kann die Geschichte dieser Art von Kritik im neuen Jahrhundert durchaus noch höchst bemerkenswerte Zeugnisse für die wirkungsvolle uneigentliche Verwendung der Briefform zu dem genannten Zweck vorweisen.

Mit einer sehr raffinierten und effektvollen Fiktion hantierte A. Müllner bei seinen literaturkritischen Satiren und Glossen, die als Buch u.d.T. ›Kozebue's Literatur-Briefe aus der Unterwelt‹ (1826) erschienen: Müllner ließ darin den 1819 ermordeten Kotzebue aus dem Jenseits Briefe über die modische zeitgenössische Literatur u.ä.m. an das von diesem selbst bei Lebzeiten gegründete ›Literarische Wochenblatt‹ schreiben.

Der junge Geschichtsforscher G. G. Gervinus griff in ›Historischen Briefen‹ (1832) mit Schärfe den Göttinger Historiker A. Heeren wegen der Flachheit und Fehlerhaftigkeit von dessen umfänglicher Darstellung des Altertums an. Gervinus gab im letzten der zehn ›Briefe‹ vor, der Freund, dem er seine Kritik eigentlich nur vertraulich habe mitteilen wollen, habe diese Briefe eigenmächtig veröffentlicht; indessen habe er sich dann diesem Vorgehen des Brieffreundes gebeugt und auch die früheren Briefe der Öffentlichkeit übergeben, weil denn doch »der Wahrheit die Ehre« zu geben sei. (S. 135)

Um Probleme und Kontroversen der zeitgenössischen Literatur ging es wieder in G. O. Marbachs Briefsammlung ›Ueber moderne Literatur. In Briefen an eine Dame‹ (3 Sendgn., 1836-38). Gegenstand der Marbachschen Kritik waren in erster Linie die Schriften der Jungdeutschen (Börne, Heine, Gutzkow, Wienbarg, Laube, Kühne).

Die Jungdeutschen, die selbst sich der Möglichkeiten der zwanglosen Darstellung der Briefform besonders häufig und wirkungsvoll bedienten, griffen auf diese mitunter auch zur Verbreitung ihrer theater- und kunstkritischen Intentionen zurück. H. Heine veröffentlichte 1838 eine solche Briefreihe: ›Über die französische Bühne. Vertraute Briefe an August Lewald‹. Es handelte sich bei diesen insgesamt zehn ›Briefen‹ freilich nicht bloß um rein theater- und bühnenkritische Darlegungen, sondern Heine nutzte diese geschickt dazu, die bedrückend reaktionären Zustände im vormärzlichen Deutschland zu kritisieren. H. Laube dagegen, der zahm gewordene Jungdeutsche, beschränkte sich in seinen ›Briefen über das deutsche Theater‹ (1846/47) auf den im Titel der Schrift bezeichneten Gegenstand. Theatergeschichtlich sind seine ›Briefe‹ jedoch hochbedeutsam. Als Vehikel für recht moderat-ironische und verdeckt polemische literatur- und kulturkritische Plaudereien gebrauchte die epistolare Formgebung für eine Artikel-Folge in der ›Gartenlaube‹ auch der ehemals engagierte Jungdeutsche K. Gutzkow: Er betitelte sie ›Literarische Briefe. An eine deutsche Frau in Paris‹ (1869). Die Fiktion dieser ›Briefe‹ besteht darin, daß der Verfasser so tut, als müsse er eine ihm persönlich befreundete Deutsche, die seit zehn Jahren in Paris lebt, über die zeitgenössische deutsche Literatur- und Kulturszene unterrichten. (Der ›Gartenlauben‹-Redaktion war aber selbst der ironische Plauderton eines gemäßigten Gutzkow noch zu kritisch. Eine Fortsetzung der Reihe über die ersten fünf ›Briefe‹ hinaus unterblieb daher.)

Die prinzipiell gleiche Fiktion wandte, wiederum in der ›Gartenlaube‹, R. Gottschall in seinen ›Literaturbriefen an eine Dame‹ (1869-80) an, mit denen er in durchweg positiv-werbenden literaturkritischen Würdigungen eine vorgeblich an der Ostsee einsam und zurückgezogen lebende Schloßbewohnerin für die damalige deutsche Gegenwartsliteratur erwärmen wollte. Mit seinem Ton traf er offenbar – im Gegensatz zu dem reizbar-ironischen Gutzkow – das, was die ›Gartenlaube‹ ihrer Leserschaft glaubte anbieten und zumuten zu dürfen, so daß er mit seinen ›Literaturbriefen‹, die großenteils heute völlig vergessene Trivialautoren rühmten, die Leserinnen der ›Gartenlaube‹ über ein Jahrzehnt lang beglücken konnte.

Zahmheit und Konformismus waren dagegen nicht Sache K. Hillebrands, des ehemaligen Teilnehmers am Aufstand in Baden von 1849 und Sekretärs H. Heines, denn in den anonym publizierten ›Zwölf Briefen eines ästhetischen Ketzer's‹ (1874) trug er eine umfassend angelegte Kritik an Kunst und Kunstbetrieb der Zeit vor. Hillebrand ging dabei von der Grundvoraussetzung aus, daß alle Kunst »naturgemäß aristokratisch« und daß deshalb die moderne vervielfältigende »Kunst-Industrie« zu verdammen sei. (S. 53 bzw. S. 61) Gewissermaßen um seine ketzerischen Ansichten zu entschuldigen, gibt er vor, der Duzfreund, für den die Briefe eigentlich nur bestimmt gewesen seien, habe diese »in die Öffentlichkeit gebracht.« (S. 103)

In unserem Jahrhundert besteht offenkundig nur mehr ein schwaches Bedürfnis, literarische, künstlerische u.ä. Kritik im Rahmen einer Brieffolge zu üben, und vollends scheint die Möglichkeit, dies mittels einer Reihe von rundum fingierten Briefen zu tun, ihren Reiz verloren zu haben. Es fällt nicht leicht, entsprechende Beispiele zu finden.

F. Blei publizierte 1914 in der expressionistischen Zeitschrift ›Die Aktion‹ drei ›Briefe‹, in denen er einem jungen angehenden Autor desillusionierend ironische Ratschläge für dessen weiteres Fortkommen gab. Dabei glossierte er die unsichere und zweifelhafte Stellung des Schriftstellers in der zeitgenössischen Gesellschaft und den sog. Ruhm des arrivierten Literaten. (Der letzte der drei ›Briefe‹ trägt das Datum: »Sommer 1908«. Das scheint ein Hinweis darauf zu sein, daß die erst sechs Jahre später in Druck gegebenen Briefe ursprünglich private Antworten auf die Fragen eines ratsuchenden Debütanten waren.)

Auch die wenigen Beispiele für briefförmliche kritisch-reflexive Äußerungen über Literatur, Theater u.ä. seit den zwanziger Jahren sind Publikationen von Briefen, die zwischen realen Personen gewechselt oder von einer solchen an eine solche geschrieben wurden. Das Moment der Fiktivität ist verschwunden, der Grad der uneigentlichen Verwendung der Briefform ist der niedrigste, weil das ›Uneigentliche‹ nur in der Tatsache der Veröffentlichung begründet liegt – wie etwa im Falle von ›Ein Briefwechsel zwischen Anna Seghers und Georg Lukács‹ (1939) oder des ›Briefwechsels über Literatur‹ (1960) zwischen H. Heißenbüttel und H. Vormweg. Auch wenn ein Theaterkritiker (wie B. Rachuth 1977 in der Zeitung ›Göttinger Tageblatt‹) sich in der Form eines Briefes an das jugendliche und reifere Publikum eines Stückes wendet («Liebe Menschen ab 8«) und das Stück darin freundlich-kritisch bespricht, wird dabei lediglich die Brief*situation* fingiert – Schreiber, Partner, Anlaß und Gegenstand sind ja real. Reiz und Zauber einer gesteigerten oder gar kompletten Fiktion, wie sie die Kritiker im 18. Jh. oft und oft und im 19. Jh. immer noch vergleichsweise häufig in ihren einschlägigen Brieffolgen anwandten, sind anscheinend verbraucht.

Anmerkung

Es dürfte zumindest diskutabel sein, daß in einem Kapitel über Brieffolgen auch gelegentlich von Einzelbriefen gehandelt worden ist, die von ihren Verfassern als Präsentationsform für literaturkritische Äußerungen, Fehden, Reflexionen u. dgl. m. gewählt wurden. Kritik, Polemik, Stellungnahmen usf. fordern Erwiderung, Reaktion, Gegenkritik usf. heraus, sind ihrer Natur nach auf ›Wort-Wechsel‹, auf Fortsetzung, Dialog, Gespräch, Berichtigung, Ergänzung, Replik usw. angelegt, weshalb man den kritikübenden Einzelbrief als den Beginn oder doch den Teil einer meist aus eher zufälligen Gründen nicht zustande gekommenen Brieffolge, eines nicht in Gang gekommenen Briefwechsels ansehen darf. Die von dem einen Brief mit Sicherheit bei dem/der Betroffenen oder Angesprochenen ausgelösten Reaktionen haben sich aus ebenfalls zufälligen Gründen lediglich nicht in die Kommunikationsform des Gegen-, Antwort- oder Fortsetzungsbriefs übersetzt.
Ich verweise zum Beleg dafür noch auf einige wenige hierhergehörige Fälle. J. P. Uz ließ 1760 ein ›Schreiben über die Duschische Beurtheilung des Siegs des Liebesgottes‹ drucken. Damit setzte er sich im Zusammenhang einer literarischen Fehde gegen J. J. Duschs kleinliche Kritik an seinem komischen Epos ›Der Sieg des Liebesgottes‹ (1753) zur Wehr. Auch G. Forster verteidigte in einem ›Fragment eines Briefes an einen deutschen Schriftsteller, über Schillers Götter Griechenlands‹ (1789) öffentlich den hochgeschätzten F. Schiller gegen Angriffe von seiten F. Stolbergs; dabei geriet Forster die Verteidigung eines literarischen Produkts zu einer umfassenderen – politisch-gesellschaftlichen – Kritik an den seit Friedrichs II. Tod in Preußen herrschenden Zuständen. Auf einen einzigen Brief beschränkte sich gleichfalls die von einem aktuellen Ereignis (einer Aufführung von Ibsens ›Frau am Meere‹) ausgehende und zu prinzipiellen Erwägungen fortschreitende Theater- und Dramenkritik M. Halbes in seinem ›Berliner Brief‹ (1889); im Rahmen einer, freilich völlig verkümmerten, Brieffiktion plädierte Halbe für die neue naturalistische Dramatik. R. Schneiders beziehungsreich betitelter ›Letzter Brief, die neueste deutsche Literatur betreffend‹ (1981) artikulierte eine ironische, z.T. sarkastische Kritik am aktuellen Literaturbetrieb der Bundesrepublik.
In all diesen Fällen hat es keine Reaktion oder Fortsetzung in Briefform gegeben, obwohl Art und Inhalt dieser Schreiben und Briefe ganz offensichtlich darauf angelegt waren. Daher scheint es zulässig und

sinnvoll, diese Einzelbrief gebliebenen kritischen Vorstöße als Bestandteil einer *ideellen* ›kritischen‹ Briefreihe zu betrachten.

4.3.7. *Publizistisch-kritische Brieffolgen*

Im 18. Jh. erregten Themen und Fragestellungen aus dem Bereich der damals so genannten schönen Wissenschaften nicht selten öffentliches Interesse oder doch eine über den engeren Kreis der Fach- und Zunftgenossen hinausgehende Aufmerksamkeit. Ebensogut wie literarische, schöngeistige und gelehrte Materien ließen sich in der Form einer Briefreihe aber auch alle Gegenstände kritisch traktieren, die das öffentliche Interesse schlechterdings beanspruchen konnten. Daher ist nun von Brieffolgen zu handeln, denen aufgrund ihrer expliziten Intention oder ihrer faktischen Wirkung *publizistischer* Charakter zukommt.

Publizistische Briefe sind als solche für die Öffentlichkeit, also für eine diffuse Empfängerschaft bestimmt und stilistisch auf öffentliche Wirkung und Resonanz hin angelegt. Ihnen liegen darum fast nie ehemals private Briefe zugrunde. (Insofern bildet eine seltene Ausnahme der von einem anonymen Herausgeber veröffentlichte ›Geheime Brief-Wechsel Des Herrn Grafens von Zinzendorf Mit denen Inspirierten …‹ von 1741; der Band enthält nämlich authentische private Schreiben Zinzendorfs, mit deren Abdruck der Herausgeber den Grafen diskreditieren wollte. Hier wurden also private Briefe publizistisch gegen ihren Verfasser verwendet.) Selbst wenn in einer publizistischen Briefserie nominell ein persönlicher Empfänger angesprochen wird, ist die Öffentlichkeit der eigentliche Adressat. Bei einer solchen Brieffolge liegt mithin immer sekundäre Verwendung der Briefform vor, die ihre höchste Steigerung dann erreicht, wenn der reale Verfasser zum Zweck seiner öffentlichen Kritik, seiner öffentlichen Angriffe, seiner öffentlichen Polemik usw. – sei es zur Tarnung, aus Vorsicht oder auch aus spielerisch-ästhetischen Beweggründen – die Figuren des Briefschreibers und des Briefempfängers erfunden hat. Real sind aber auch stets die Objekte der publizistischen Kritik, ganz überwiegend Personen, Vorgänge und Probleme des gesellschaftlichen und politischen Lebens.

Als Mittel politischer Satire sind solche fingierten Briefe eingehend von H. Rogge (1966) untersucht worden. Da politisch motivierte Briefpublikationen besonders oft den Schutz der

Anonymität suchten, hat er alle zwischen 1700 und 1920 erschienenen und bibliographisch erfaßten anonymen Veröffentlichungen in epistolarer Aufmachung ermittelt; er ist so auf über 1600 nachgewiesene Stücke gekommen. Ihren Höhepunkt erreichte die Geschichte der politisch-satirischen Briefe in der Dekade zwischen 1842 und 1851. In ihr erschienen allein mehr als 200 solcher Publikationen. (Vgl. Rogge 1966, S. 11f.)

Das quasi klassisch gewordene Beispiel für eine publizistisch intendierte und denkbar wirkungsvolle satirische Brieffolge in Deutschland sind die ‹Dunkelmännerbriefe› von 1515/17. Ihrem effektsicheren Grundmuster folgten die Verfasser politsatirischer Briefsammlungen, die gerade im Kontext kirchenpolitischer Auseinandersetzungen besonders häufig zu registrieren sind, immer wieder – bis in unser Jahrhundert hinein. (Vgl. Rogge 1966, S. 24-82.) Ein anderes frühes zur Nachahmung herausforderndes großes Beispiel für eine fingierte Brieffolge mit publizistischem Charakter wurden B. Pascals weltliterarisch bedeutsame ›Lettres à un Provincial‹ (1656/57).

Hierzulande gelangten deutschsprachige Brieffolgen als Instrumente publizistischer Kritik indes erst zu besonderer Bedeutung, als das selbstbewußter werdende Bürgertum Publizität als ein vorzüglich wirksames Mittel dafür erkannte, sich im Sozialgefüge eine seinem Selbstwertgefühl und seiner ökonomischen Potenz entsprechende Position zu erkämpfen. Die Beachtung, die literatur- und kunstkritische, philosophische und gelehrte Kontroversen des 18. Jhs. erstaunlicherweise in einer breiten Öffentlichkeit fanden, erklärt sich in der Hauptsache daraus, daß die bürgerlichen Privatleute sich der literarischen Öffentlichkeit als einer »Vorform der politisch fungierenden Öffentlichkeit« bedienten; die literarische Öffentlichkeit war das »Übungsfeld eines öffentlichen Räsonnements« (Habermas 1971, S. 44), wie es dem, der an der politischen Gestaltung der Gesellschaft teilhat, zusteht. In der Hochzeit der Aufklärung dominierten noch kritische Briefe über Themen und Gegenstände der schönen Wissenschaften. Im letzten Viertel des 18. Jhs. nahm dagegen die Zahl der eindeutig und unmittelbar publizistisch orientierten Briefsammlungen auffällig zu, und in der ersten Hälfte des 19. Jhs. schrieb man schon beinahe ungescheut ›Politische Briefe‹ – so bezeichnenderweise der Titel einer fingierten Briefsammlung des jungen H. Laube von 1833.

Einen Vorklang in der genregeschichtlichen Entwicklung der publizistisch-kritischen Brieffolge im 18. Jh. stellen G. W. Rabeners ›Satirische Briefe‹ (ab 1741; ges. 1772) dar, mit denen der frühaufklärerische Moralist allgemeinmenschliche Schwächen und gesellschaftliche Defekte aufs Korn nahm. Doch hütete er sich darin noch ängstlich davor, seine ironischen Angriffe auf den herrschenden Adel und auf politische Fragen auszudehnen. Seine erdichteten Briefsatiren lehnten sich witzigerweise an die seinem bürgerlichen Lesepublikum wohlbekannten Schreibmuster für Empfehlungs-, Liebes-, Mahn-, Bittbriefe usw. in den Briefstellern der Zeit an. Da wagte sich einige Jahrzehnte später H. P. Sturz mit seinen ›Briefen eines deutschen Edelmanns‹ (1778) erheblich weiter vor: Sie zielten satirisch auf die Prahlsucht des deutschen Adels.

Am bemerkenswertesten für die Publizistik der deutschen Aufklärung sind womöglich A. L. Schlözers ›Briefwechsel‹-Zeitschriften, von denen er zwischen 1774 und 1793 drei herausgab: den ›Briefwechsel meist statistischen Inhalts‹ (1774-75), den ›Briefwechsel meist historischen und politischen Inhalts‹ (1776-82) und die ›Stats-Anzeigen‹ (1782-93) – bis 1793 das Weitererscheinen der letzteren von der Zensur verboten wurde. Schlözers Zeitschriften lebten von einem beinahe weltweiten Korrespondentennetz. Die bei ihm eingehenden Briefe mit politischen, ökonomischen, literarischen, etc. Nachrichten (oft mit dokumentarischen Beilagen) wurden von ihm publiziert, wofern die Wahrheit des Berichteten verbürgt erschien. Das aber erwies sich als politisch brisant, wie die Unterdrückung der ›Stats-Anzeigen‹ im Jahre 1793 zeigt. In Schlözers Zeitschriften war der Nachrichten-Brief zu einer publizistischen Waffe geworden.

Eine politische Dimension hatten im 18. Jh. fast immer konfessionelle Streitfragen. Wer sie zum Gegenstand einer fingierten Briefreihe machte, konnte sicher sein, damit eine große – manchmal bis zum Skandal gehende – Wirkung zu erzielen. Dies gilt etwa für die anonym erschienenen ›Briefe über das Mönchswesen von einem catholischen Pfarrer an einen Freund‹ (1771), welche das Mönchtum als Hort und Quelle von Unwissen und Aberglauben brandmarkten. (Sie stammten von dem aufgeklärten Katholiken G. M. F. La Roche, dem Gatten der Autorin der ›Geschichte des Fräuleins von Sternheim‹.) Öffentlich wirksam waren ebenfalls J. G. Hamanns ›Hierophantische Briefe‹ (1775), mit denen der ›Magus‹ den Königsberger protestantischen Theologen und Hofprediger J. A. Starck scharf angriff, weil er ihn (wie sich später herausstellte, zu Recht) des Kryptokatholizismus verdächtigte. Zugleich wollte Hamann aber mit seiner polemischen Brieffolge die Religionspolitik Friedrichs II. treffen.

Ihre fulminante öffentliche Wirkung bezogen auch die Briefe, aus denen Lessings ›Anti-Goeze‹(1778) bestand, aus der Tatsache, daß im 18. Jh. Auseinandersetzungen über Glaubens- und Konfessionsfragen am Fundament der zeitgenössischen Gesellschaft rüttelten – insbesondere dann, wenn, wie im Falle Lessings, orthodoxe Positionen im Geiste des Rationalismus und eines ›vernünftigen‹ Christentums überlegen in Frage gestellt wurden. Solche Positionen kritisch zu unterminieren war ebenfalls die Intention des Fortsetzers der ›Briefe über das Mönchswesen‹(3 Bde., 1780-81), J. C. Riesbecks, der mit dieser Kritik und diesem Werktitel unüberhörbar und absichtsvoll das Erbe von La Roche antrat. Auf das zeitbedingte große Interesse an Glaubensproblemen durfte auch Herder mit seinen ›Briefen über Tempelherrn, Freimäurer und Rosenkreuzer‹ (1782) rechnen, zumal die Freimaurerei im Deutschland des 18. Jhs. einen bemerkenswerten Aufschwung nahm und sich ihr viele geistige und politische Größen der Zeit verschrieben.

Kritisch gegen den Papst und die katholische Kirche, doch auch gegen die deutsche Vielstaaterei sowie gegen die Sitten der Wiener Gesellschaft gerichtet waren die – eine reine Fiktion darstellenden – ›Marokkanischen Briefe. Aus dem Arabischen‹ (1784) des Wiener Publizisten J. Pezzl (der schon vorher, in ›Briefen aus dem Noviziat‹, 1780-82, ähnlich wie La Roche und Riesbeck, das Mönchtum angegriffen hatte). Unverkennbar ist der Anklang des Titels an Montesquieus berühmte musterstiftende ›Lettres Persanes‹ von 1721. Die erwähnte breitgefächerte Kritik äußert ein – erfundener – reisender marokkanischer Geschäftsmann in Briefen an einen Freund in Tanger. Für ein weiteres publizistisches Werk wählte Pezzl abermals die briefliche Einkleidung: 1787 ließ er ›Abdul Erzerums neue persische Briefe‹ erscheinen; diesmal bezog sich der Titel noch deutlicher auf Montesquieus kanonisches Muster von 1721. (Vgl. hierzu auch Rogge, S. 123 f.)

Gegen weltbürgerliche Aufklärung und gegen Freimaurertum glaubte der konservative Offizier E. A. A. v. Göchhausen Front machen zu müssen. Unter Zuhilfenahme der Fiktion eines ungenannt bleibenden Herausgebers veröffentlichte Göchhausen eine ›Enthüllung des Systems der Weltbürger-Republik. In Briefen aus der Verlassenschaft eines Freymaurers. Wahrscheinlich manchem Leser um zwanzig Jahr zu spät publiziert‹ (1786). Im Gegensatz zu dieser schon konventionell gewordenen Fiktion hatte sich J. Friedel auf eine nachgerade phantastische Konstruktion eingelassen, als er 1785 seine pro-josefinischen ›Briefe aus dem Monde …‹ an einen Freund auf der Erde und ›Briefe aus der Hölle‹ an sich selbst gelangen ließ (beide Brieffolgen in einem Band). Prompt folgten J. Richters ›Briefe aus dem Himmel über die Freimaurerrevolution in Wien‹ (1786), die sich mit dem Freimaurerpatent Josefs II. vom Dezember 1785 auseinandersetzten. Die ›Briefe‹ waren an Anhänger des Josefinismus gerichtet und hatten König Salomon und Luther zu fiktiven Verfassern.

Die josefinischen Reformen seit 1781 waren überhaupt der Anlaß für sehr rege publizistische Aktivitäten. Das wohl bedeutendste Produkt dieser Publizistik im Habsburger Reich waren J. Richters ›Briefe eines Eipeldauers an seinen Herrn Vetter in Kakran, über d' Wienstadt‹, die 1785 zuerst herauskamen und sich, mit einer einjährigen Unterbrechung (1789), bis 1821 (285 Hefte in 43 Bdn.) hielten. Sie kritisierten und satirisierten effektvoll-aufklärerisch – mittels der Fiktion des in die fremde Stadt gekommenen einfältigen Bauern, der naiv seinem daheim gebliebenen Vetter brieflich berichtet – alle möglichen zeitgeschichtlichen Erscheinungen des öffentlichen und gesellschaftlichen Lebens der österreichischen Hauptstadt. Die so überaus erfolgreiche – weil immer um Aktualität bemühte – Wochenschrift der ›Eipeldauer-Briefe‹ fand viele Nachahmer, z.B. einen Anonymus, der sich mit ›Töffels Briefen aus Leipzig an seine Mutter zu Merané‹ (1811-13) kritisch der Personen und Ereignisse annahm, welche in der Leipziger Region die Öffentlichkeit interessierten.

Mit einer sehr viel gewagteren Fiktion arbeitete der sich als ›Herausgeber‹ ausgebende M. F. Trenk v. Tonder, der ein Vierteljahrhundert lang die im westdeutschen Raum ungemein beliebten ›Politischen Gespräche der Todten‹ (1786-1810) herausbrachte. Von den insgesamt 25 Jahrgängen dieser ›Gespräche‹ führten etliche den Zusatz-Titel: ›nebst geheimem Brief-Wechsel zwischen den Lebenden und den Toten‹ (o.ä.). Die kritische Stoßrichtung war etwa die gleiche wie beim österreichischen ›Eipeldauer‹. Durch ihre rasch wachsende Verbreitung übertrafen die ›Politischen Gespräche … nebst geheimem Brief-Wechsel‹ die Wiener Wochenschrift jedoch bald an Wirkung, nicht zuletzt aufgrund ihrer für die damalige Zeit kaum überbietbaren Aktualität, da Tonders publizistisches Organ die politischen Vorgänge im Abstand von oft nur zehn Tagen kritisch besprach. Erschien das Werk anfangs bloß in Neuwied a.Rh., kam es später auch in Offenbach, Hamburg und Frankfurt heraus (Nachdrucke gab es in Prag, Wien, Preßburg, Graz, Linz und

Pest). Erstaunlich war auch die Auflagenhöhe: Sie dürfte schon 1787 bei 3000 Exemplaren gelegen haben. Trenk v. Tonders Erfolg war so groß, daß seine ›Gespräche‹ schließlich viermal in acht Tagen zu haben waren, nachdem sie zunächst nur zweimal in der Woche erschienen waren.

Die Lust, mit der im josefinischen Österreich in brieflicher Form kritisiert und polemisiert wurde, bezeugen auch die anonym publizierten ›Briefe über den gegenwärtigen Zustand der Litteratur und des Buchhandels in Oesterreich‹ (1788), die sich als vertrauliche Berichte eines aus dem Reich in Wien eingereisten Setzers an seinen daheim lebenden Bruder präsentierten. Sie kritisierten moderat, z.T. auch launig, in beschränkt aufklärerischem, antiklerikalem, aber kaisertreuem Geist Vorgänge und Zustände im Druckergewerbe, brachten auch manchen Klatsch und gewährten nebenher aufschlußreiche Einblicke in die hektisch gewordene literarische und journalistische Produktion, in der Brieffolgen als Mittel publizistischer Aktivitäten nachgerade zu einer Manier geworden waren.

Von ganz anderem Format war, im Vergleich zu der Masse rasch hingeworfener und zu Recht vergessener pamphletistischer Briefe, die Zeitschrift ›Hyperboreische Briefe‹ (6 Bde., 1788-90) des radikalen – und darob von den deutschen Behörden sekkierten und verfolgten – schwäbischen Demokraten W. L. Wekhrlin. In seinem Werk machte er sich rasch zum leidenschaftlichen Befürworter der Französischen Revolution. Mit dem von ihm gewählten Titel der Zeitschrift zog er ersichtlich die Beliebtheit der Briefform gerade auch als publizistische Darbietungsmöglichkeit in Betracht; das mythologische Attribut hingegen diente wohl mehr der Tarnung, indizierte dem Kundigen jedoch auch etwas von der dem Wekhrlinschen Journal zugrunde liegenden idealistisch-staatsutopischen Denkweise, wie sie in den ›Briefen‹ zum Ausdruck kam. Ganz auf der Linie Wekhrlins, der 1792 starb, blieb der Herausgeber der ›Neuen Hyperboreischen Briefe …‹ (1795/96), der ebenfalls jakobinisch gesinnte Hamburger H. Würzer, der den von Wekhrlin übernommenen Titel seiner Zeitschrift sehr zeittypisch ergänzte: ›… oder politische Träumereyen, Einfälle und Erzählungen aus meines Vetters Brieftasche‹. Mit dieser so erweiterten Betitelung wurde dem Publikum die Vorstellung suggeriert, als würden in der Zeitschrift, die radikaldemokratische, revolutionäre Ideen verbreiten wollte, Teile einer familiär-vertraulichen Briefsammlung preisgegeben. Demokratisch-revolutionärer Gesinnung entsprang gleichfalls die auf sechzehn Briefe berechnete, aber Fragment gebliebene (und erst 1843 aus dem Nachlaß publizierte) ›Darstellung der Revolution in Mainz‹ (entstd. 1793), mit welcher der geistig und literarisch bedeutendste Jakobiner, G. Forster, die umstürzlerischen Vorgänge in Mainz publizistisch wirksam schildern und verteidigen wollte.

Neben der demokratisch-jakobinischen meldete sich gegen Ende des 18. Jhs. auch eine traditionellen Wertvorstellungen verpflichtete Publizistik in epistolarer Aufmachung zu Wort. Als Produkt einer solchen gaben sich z.B. R. W. v. Kaltenborns ›Briefe eines alten preussischen Officiers verschiedene Charakterzüge Friedrichs des Einzigen betreffend‹ (1790/91) zu erkennen. Konservativ-aufklärerische Denkungsart bezeugen auch J. Mösers drei ›Briefe aus Virginien‹ ›Ueber die allgemeine Toleranz‹ (so der Haupttitel der ›Briefe‹, die zwischen 1787 und 1794 erschienen). Mit diesen – fingierten – Episteln an einen »Freund« über Probleme des Zusammenlebens in dem jungen amerikanischen Staat Virginia warb der Osnabrücker Publizist für ein geregeltes Gemeinschaftsleben, in das toleranterweise selbst Atheisten und zur Anarchie neigende Minderheiten eingebunden werden sollten.

Der Sorge eines konservativen protestantischen Geistlichen wegen der angeblich sittenverderblichen Folgen der Vielleserei verdankten sich die ‹Vertrauten Briefe über die jetzige abentheuerliche Lesesucht und den Einfluß derselben auf die Verminderung des häuslichen und öffentlichen Glücks‹ (1794), mit denen J. G. Hoche die bürgerliche Öffentlichkeit alarmieren wollte. Sehr viel gelassener gab sich der moderate Spätaufklärer Ch. F. Sintenis, als er seine zeitkritischen, moralpädagogischen und philosophischen Vorstellungen einer mehrbändigen Briefserie, den sehr formsicheren essayartigen ›Briefen über die wichtigsten Gegenstände der Menschheit‹ (4 Bde., 1794-98), anvertraute.

Einer einzelnen Person und einem einzelnen Werk galten die scharfen, ja großenteils pasquillantischen (begreiflicherweise anonym veröffentlichten) ‹Beyträge und Berichtigungen zu Herrn D. Karl Friedrich Bahrdts Lebensbeschreibung; in Briefen eines Pfälzers‹ (1791), die von dem abenteuerfreudigen Theologen und Bahrdt-Schüler F. Ch. Laukhard stammten. Der Verfasser gab sich als Moralist, der sich aufgerufen fühlte, die ausschweifende Lebensführung Bahrdts zu geißeln, da sie so kraß von den in dessen Schriften verkündeten religiösen und sittlichen Grundsätzen abwich.

Mit den Zuständen in einer großen Stadt befaßte sich die leicht als Fiktion durchschaubare Schrift A. Maurers: ›Leipzig im Taumel. Nach Originalbriefen eines reisenden Edelmanns‹ (1793). Die unter einem sprechenden Pseudonym (Ernestus Gotofredus Lagophthalmus = Hasenauge) veröffentlichte Brieffolge transportierte zum guten Teil deftige sozial- und sittenkritische Reportagen über die moralisch heruntergekommene Messe-Stadt Leipzig. Der Verfasser wurde rasch ausfindig gemacht und aus Leipzig ausgewiesen, das Buch konfisziert und verboten.

Einem ganzen Territorium und den politischen Verhältnissen dort war ein Bändchen mit insgesamt neun fingierten Briefen (und dazugehörigen Antworten) des Württembergers F. Bernritter gewidmet, das 1799 – ohne Verfasserangabe – herauskam. Der Titel – ›Neue Wirtembergische Briefe. Gesammelt in den Jahren 1797 und 1798‹ verriet ein beachtliches taktisches Geschick des Autors, denn dieser Titel legte den potentiellen Lesern des Werkchens die Annahme nahe, es liefere eine Fortsetzung der ebenfalls fingierten ›Würtembergischen Briefe, oder Schilderung der Sitten und der Merkwürdigen Personen dieses Herzogthums‹ von 1766, die, auch schon ohne Verfasserangabe ediert, vergleichsweise loyale, jedenfalls systemimmanente und auf das Land beschränkte Kritik an etlichen Mißständen im Herzogtum Württemberg geübt hatten. Bernritters Briefsammlung enthielt demgegenüber eine so deutliche allgemeingefaßte politische Kritik, daß die Sammlung als ein unter dem Eindruck und Einfluß der Französischen Revolution entstandenes publizistisches Werk zu sehen ist. Die ›Briefe‹ äußern z.B. Zweifel an der Existenzberechtigung des Adels, fordern die Trennung von Religion und öffentlicher Erziehung, plädieren für eine allgemeine Volkserziehung und für die Abschaffung der Söldnerheere zugunsten der Einrichtung einer Volksmiliz. Sinnigerweise entstammen die Schreiber der erfundenen Briefe den verschiedenen Ständen und Berufen, denen Bernritters positive oder negative Kritik galt.

Unerfreuliche persönliche Erfahrungen mit der vom revolutionären Frankreich geschaffenen Helvetischen Republik veranlaßten den Autor zur Niederschrift der ‹Freymüthigen Briefe von Johann Kaspar Lavater über des Deportationswesen und seine eigne Deportation nach Basel‹ (2 Bde., 1800/1801). Der autobiographische Charakter dieser Briefstücke trat erkennbar hinter Lavaters Intention zurück, mit der Veröffentlichung dieser persönlichen Dokumente publizistisch die Französische Re-

147

volution in Frage zu stellen. Nach seinen Erfahrungen mit ihr vermochte er in der Freiheit, die die Franzosen brachten, nur eine Scheinfreiheit zu erblicken – in Wahrheit verbreiteten sie Terror und Gewalt, unterdrückten die Freiheit und begingen Unrecht an ehrenwerten Schweizer Bürgern.

Die in den voraufgegangenen Ausführungen besprochenen Beispiele dürften hinreichend illustriert haben, in welchem Maße Autoren in den letzten zweieinhalb Dezennien des Jahrhunderts der Aufklärung und der Französischen Revolution einer wachsenden Neigung nachgaben, die in der Zeit so beliebten Formen des Briefes, des Briefwechsels, der Brieffolge u.dgl.m. in den Dienst ihrer publizistisch-kritischen Absichten zu stellen. Diese Tendenz hielt im neuen Jahrhundert an, doch nur bis zur Jahrhundertmitte, also bis zur deutschen Revolution von 1848/49. Die neue Epoche brachte den fingierten Brief mit prononciert politischem Charakter hervor. (Vgl. Sengle 1972, S. 200f.) Dagegen ist die zweite Jahrhunderthälfte geradezu verblüffend arm an Brieffolgen, die auf das kritische Interesse an öffentlichen, gesellschaftlichen und politischen Fragen abhoben.

Der preußische Beamte und Publizist F. v. Cölln erregte zu der Zeit, da Preußen sich Napoleon beugen mußte, mit seinen anonym erscheinenden ›Vertrauten Briefen über die innern Verhältnisse am Preußischen Hofe seit dem Tode Friedrichs II.‹ (6 Bde., 1807-09) erhebliches Aufsehen. Trotz seiner Kritik am altpreußischen Militärwesen, an obsolet gewordenen Privilegien u.ä. war die gut preußische Gesinnung des im Grunde konservativ denkenden Verfassers der ›Vertrauten Briefe‹ unübersehbar. In die gleiche Richtung weist die Grundtendenz von vier ›Satirischen Briefen‹ H. v. Kleists, die 1809 entstanden, aber damals nicht gedruckt wurden. Die erfundenen Schreiben, deren Verfasser sich als national unzuverlässig bloßstellten, sollten die Wiederaufrichtung und Regeneration Preußen-Deutschlands im Kampf gegen Napoleon unterstützen. Als konservative Zeitkritik sind schließlich auch einzustufen Caroline de la Motte Fouqués ›Briefe über Berlin, im Winter 1821‹ (1821).

Die Initiierung eines publizistischen Langzeiterfolges gelang dem überaus fruchtbaren Trivialromancier und Journalisten J. A. Gleich in Wien mit der Herausgabe der ›Komischen Briefe des Hans-Jörgels von Gumpoldskirchen an seinen Schwager Maxel in Feselau …‹ (1832-36), einer Zeitschrift, die den beliebten ›Eipeldauer‹ praktisch fortsetzte, wenn auch mit einer etwas

veränderten Fiktion und in der Kritik zahmer. Dem späteren
Herausgeber J. B. Weis glückte es, die »Volksschrift« (Vorw.,
1832) der ›Komischen Briefe‹ noch bis 1848 weiterzuführen.
Eine deutliche Zunahme an politisch- und gesellschafts-kriti-
schen Briefsammlungen ist in der Periode des 19. Jhs. zu verzeichnen, in der liberales und jungdeutsches Ideengut die Ge-
müter besonders bewegte. Der Württemberger Liberale P. Pfi-
zer veröffentlichte 1831 den – fingierten, aber private eigene
und fremde Briefe verarbeitenden – ›Briefwechsel zweier Deutschen‹, den er als Forum für die Erörterung teilweise recht ver-
wickelter politischer Überlegungen benutzte. Sie liefen darauf hinaus, daß zugunsten der Freiheit, die höher als die deutsche Einheit zu veranschlagen sei, die süddeutschen Staaten
im Einvernehmen mit Frankreich eine freiheitsfördernde Politik gegenüber dem starken, jedoch freiheitsfeindlichen
Preußen treiben sollten, damit dieses selbst liberaler würde
und sich dann an die Spitze der für die deutsche Einheit wirkenden Kräfte setzte.
Brisante politische und soziale Kritik artikulierte der junge
ehrgeizige K. Gutzkow in seiner ersten Buchpublikation, den
herausfordernden ›Briefen eines Narren an eine Närrin‹ (1832).
Gutzkow wandte sich darin, unter dem Herausgeber-Pseu-
donym Jonathan Kennedy und mittels der raffinierten Fiktion
von Briefen eines Verrückten an seine Geliebte, teilweise sarka-
stisch gegen alle wichtigen bestehenden Institutionen: Monar-
chie, Staat, Erbadel, Kirche, Militär usf. Durch eine politisch
wirksame Literatur und durch »Ideenschmuggel« müßten diese
Einrichtungen unterminiert werden. Gutzkow pries den Indi-
vidualismus; mit seiner Forderung nach denkbar großer persönlicher und gedanklicher Freiheit ließ er einen Vorklang dessen ertönen, was er hernach in seinem skandalmachenden Roman ›Wally, die Zweiflerin‹ (1835) in einer literarisch strengeren
Gestaltung postulierte und propagierte.
Ein anderer führender Jungdeutscher, H. Laube, schrieb, außer Reisebriefliteratur, ebenfalls eine Brieffolge, mit der er auf
ganz direkte publizistische Wirkung aus war: Seine ›Politischen
Briefe‹ (= ›Das Neue Jahrhundert‹, 2. Thl., 1833) mit ihren liberalen, demokratischen, emanzipatorischen Ideen trugen ihm
sogar Haft und Polizeiaufsicht ein; in den ›Briefen‹ hatte es
Laube zudem gewagt, sich kritisch mit brandaktuellen Vorgängen in der zeitgenössischen Politik, so z.B. mit dem polnischen
Aufstand gegen die zaristische Herrschaft, zu befassen. 1835
wurde die Briefsammlung denn auch verboten.

Im Vergleich mit anderen kritischen jungdeutschen Produktionen mit epistolarer Struktur (vor allem im Vergleich mit der Reisebriefliteratur) ist die Zahl offen-kritischer Brieffolgen sicher sehr gering. Angesichts des Mißtrauens der Zensur und der behördlichen Repressionen, mit denen liberale und demokratische Geister während der Metternich-Zeit allenthalben in Deutschland zu rechnen hatten, zogen es die Autoren vor, besser getarnte Literatur zu verfassen.

Gleichwohl begegnen, außerhalb der jungdeutschen Szene im engeren Sinne, weiterhin zahlreiche publizistisch wirksame Briefsammlungen. Ausdruck liberalen Denkens waren z.B. auch die ›Jüdischen Briefe‹ (2 Bde., 1840-42) des politischen Schriftstellers G. Riesser, die mit ihrem Untertitel ›Zur Abwehr und Verständigung‹ deutlich auf die mit der Briefreihe verfolgten Intentionen des energisch für die Judenemanzipation eintretenden Verfassers verwiesen – Intentionen, zu denen er sich durch Gutzkows Roman ›Wally‹ ermutigt gefühlt hatte.

Eine Zeitsatire mit partienweise heineschen Qualitäten stellen ›Konrad Siebenhorn's Höllenbriefe an seine lieben Freunde in Deutschland‹ (1843) dar. Als Herausgeber figurierte ein gewisser F. Fuchsmund – ein Pseudonym für den jungen F. A. Gregorovius. Im Rahmen einer phantastisch-kecken Fiktion (die dem Autor übermütige und drastische Schilderungen über einen Aufenthalt in der Hölle erlaubte) kritisierte der mit den Jungdeutschen und dem Liberalismus sympathisierende Gregorovius die gesellschaftlichen und politischen Zustände Preußen-Deutschlands in umfassender Weise. Zielscheibe der sprachmächtigen und phantasievollen satirischen Brieffolge waren das Philistertum, die Monarchen und Politiker seiner Zeit und der Geschichte, konfessionelle Engherzigkeit, Modeauswüchse, überzogene weibliche Emanzipationsansprüche, die zeitgenössische Philosophie und Theologie, Militär und Adel, Todesstrafe und Hinrichtungsarten, das klerikale, rückständig-eigenbrötlerische Bayern, der universitäre Wissenschaftsbetrieb und der Zeitgeist. Gegen Ende des Werkes allerdings verliert die phantastische Brieffiktion ihre Form-Konturen.

Kritisch-freigeistig und, hinsichtlich der ins Spiel gebrachten fiktiven Momente, nicht sehr viel weniger phantasievoll waren die ›Militärischen Briefe eines Verstorbenen an seine noch lebenden Freunde, historischen, wissenschaftlichen, kritischen und humoristischen Inhalts‹ (1841) sowie die ›Militärischen Briefe eines Lebenden an seinen Freund Clausewitz im Olymp‹ (1846) des bedeutenden sächsischen Militärschriftstellers K. E.

Poenitz. Im ersten Werk schrieben tote Größen der Geschichte über ihre Gespräche im Jenseits; im zweiten antwortete der Autor dem verstorbenen Clausewitz im Jenseits. Beide Werke dienten der Popularisierung des Clausewitzschen Denkens in der weiterreichenden Absicht, Kritik an der damaligen Struktur und Verfassung des preußischen Militärwesens zu üben. Poenitz plädierte für eine demokratische Armee, in der nicht Geburt und Besitz, sondern Bildung und Leistung die Priorität besäßen.

Wenig ausgeprägt war die epistolare Fiktion in den ohne Verfasserangabe herausgekommenen ›Briefen aus Wien. Von einem Eingeborenen‹ (2 Bde., 1844), deren Verfasser J. Turora war. Von einem liberal-bürgerlichen Standpunkt aus griff er die politischen, sozialen, kulturellen und administrativen Verhältnisse im vormärzlichen Wien harsch an, ohne indes das staatliche System in Frage zu stellen.

Besonders fabulos dagegen war wieder die Fiktion, die H. Rau seinen gleichfalls anonym erschienenen ›Briefen eines Affen an seine Brüder‹ (1846) zugrunde legte: Der Schreiber dieser ›Briefe‹ ist ein aus Borneo stammender Menschenaffe namens Jocko, der als Gefangener in Europa leben muß und dabei die Menschen und ihre Lebensformen kennenlernt. Diese Konstruktion ermöglichte Rau eine nahezu universelle Zivilisations- und Gesellschaftskritik in satirischer Form. Rau blieb jedoch nicht bei seiner anklägerischen Kritik stehen, sondern entwickelte auch konstruktive Ideen, z.B. die der Gründung von Arbeiter-Kolonien in Deutschland zur Überwindung des Pauperismus oder die der Einrichtung einer Nationalbank zuungunsten einer Anhäufung von Kapital in privater Hand.

Ob fingiert oder nicht, läßt sich nicht sicher entscheiden im Falle der – wiederum anonym publizierten – ›Briefe eines polnischen Edelmanns an einen deutschen Publicisten über die jüngsten Ereignisse in Polen ...‹ (1846). Der Band enthielt zusätzlich noch einen Offenen Brief ›An den Fürsten Metternich‹ sowie ein ›Nachwort‹ des ebenfalls namenlos bleibenden ›Herausgebers‹ und ist als ganzer ein Dokument aktueller Polit-Publizistik – scharf antiösterreichisch, geschrieben von einem national-polnisch-aristokratischen Standpunkt.

Da die Chancen, in Briefreihen publizistisch-kritisch zu wirken, nach dem Wiedererstarken der reaktionären Kräfte in Preußen und dem übrigen Deutschland von progressiven Geistern offenbar geringer eingeschätzt wurden, kamen entsprechend orientierte Brieffolgen in der Gestalt selbständiger Publikationen in den Jahrzehnten nach der Jahrhundertmitte kaum mehr zustande. Zu erwähnen wäre immerhin die im Zusammenhang mit den realpolitisch-kleindeutschen Einigungsbestrebungen stehende Folge von ›Vertraulichen Briefen aus dem Zollparlament (1868-1869-1870)‹ (1870) des ehemaligen liberalen Abgeordneten und späteren Bismarck-Parteigängers L. Bamberger – eine Brieffolge wahl-propagandistischen Charakters auf beachtlichem stilistischen Niveau. Sich als liberal-fortschrittlich verstehende Autoren bedienten sich der Form einzelner Briefe, aber auch der ganzer (z.T. sogar unbegrenzt fortgeführter) Briefserien kritisch-satirischen Zuschnitts, wenn sie sich als Mitarbeiter in den führenden humoristischen Zeitschriften der zweiten Hälfte des 19. und beginnenden 20. Jhs. betätigten. Solche epistolar strukturierten Stücke wurden – hier wirkte offenbar der Erfolg oder das Vorbild aller wichtigen deutschen Witzblätter der Vormärz-Zeit nach – ein fester Bestandteil jener Zeitschriften: die Rede ist hier von Blättern wie ›Kladderadatsch‹, ›Die Zukunft‹, ›Jugend‹, ›Simplicissimus‹ und ›März‹, die entscheidenden Anteil an der »Blütezeit der politischen Satire« vor dem Ersten Weltkrieg hatten. (Rogge 1966, S. 161ff. u. S. 207)

Die Gestaltungsform fingierter Korrespondenzen als selbständiger Publikationen wurde dafür nun häufger von der konservativ-reaktionären Richtung der Publizistik in Anspruch genommen. (Eingehende Würdigung bei Rogge 1966, S. 148-160.) Hier seien wenigstens die Titel der wichtigsten dieser Brieffolgen genannt: [J. P. Lange:] ›Briefe eines communistischen Propheten‹ (1850) (Schrift, die Kommunisten und Jesuiten durch die monströse Projektion eines Bündnisses zwischen beiden satirisch bloßzustellen versucht) – [V. v. Strauß:] ›Briefe über Staatskunst‹ (1853) (antipreußisch-großdeutsch, legitimistisch und agressiv konservativ) – B. v. Hodenberg: ›Sechs Briefe über die Gewissens- und Begriffsverwirrung in Politik, Kirche und Wissenschaft der Gegenwart‹ (1867) (antipreußisch, welfisch-konservativ) – [J. R. Bosse/J. C. Glaser:] ›Briefe conservativer Freunde über die conservative Partei und Politik in Preußen‹(1867-68) (diskutieren in fingierter Manier damalige innenpolitische Probleme aus liberal-konservativer Sicht).

Auch in der Briefgeschichte des 20. Jhs. sind durchaus noch Briefsammlungen mit mehr oder minder offen publizistischer Tendenz zu registrieren. Sie spielten freilich – ebensowenig wie in der zweiten Hälfte des 19. Jhs. – unter den öffentlichkeitswirksamen kommunikativen Formen keine auffällige Rolle mehr. Einige Brieffolgen erregten gleichwohl besondere Aufmerksamkeit oder waren überdurchschnittlich erfolgreich.

Dies gilt etwa für Berta v. Suttners ›Briefe an einen Toten‹ (1904), die Teil ihres Engagements für Frieden und Abrüstung in Europa waren. In erfundenen Briefen an ihren 1902 verstorbenen Gatten meditierte die Schreiberin über ihre Hoffnung auf Fortschritte bei den Bemühungen um Gewaltverzicht, Kriegsverhinderung und Überwindung des Rassenwahns. Sie vermischte dabei in teilweise rührend idealistischer Weise Persönlich-Privates mit Weltanschaulich-Politischem. Die Fiktion des intimen Briefgesprächs mit dem Toten nutzte die (ein Jahr später mit dem Friedensnobelpreis ausgezeichnete) Verfasserin geschickt dazu, ihre friedens- und gesellschaftspolitischen Vorstellungen darzulegen, denen zufolge künftig die Lösung von bislang kriegerisch ausgetragenen Konflikten durch ein Schiedsgericht erfolgen sollte, die nationalen Regierungen durch eine Weltregierung ersetzt und die Trusts durch eine Art Staatssozialismus abgelöst werden sollten.

Mit ganz ähnlichen Themen, die durch den Ausbruch des Weltkriegs auf schreckliche Weise aktuell geworden waren, befaßte sich die Dichterin Annette Kolb in ihren ›Dreizehn Briefen einer Deutsch-Französin‹ (1916). Auch diese ›Briefe‹ waren an einen Verstorbenen gerichtet; aber ihr Inhalt war, wie schon der der Suttnerschen ›Briefe‹, ganz und gar für die Lebenden, zumal für die kriegswütigen männlichen Zeitgenossen in Deutschland und Frankreich, bestimmt. Kolb wandte sich leidenschaftlich gegen den unsinnigen chauvinistischen Haß der beiden Nachbarvölker aufeinander, denen sie sich beiden gleichermaßen durch ihre deutsch-französische Herkunft verbunden fühlte (»Zwei Fahnen, schwesterlich umflort, halten meine Hände umklammert«, S. 130). Die ›Dreizehn Briefe‹ vermögen noch immer durch ihre fast lyrische Sprache zu erschüttern. In dieser Sprache kam die ratlose Traurigkeit einer Gespaltenen zum Ausdruck, die nicht mehr wußte, wo ihr Platz war.

Wilhelminische Untertanengesinnung, klerikale Politik und Provinzialismus griff in höchst effektvoller satirischer Manier der Bayer L. Thoma in dem ›Briefwechsel des bayrischen Landtagsabgeordneten Jozef Filser‹ und in ›Jozef Filsers Briefwexel‹ (2 Bde., 1909 u. 1912; vorher ab 1907 im ›Simplicissimus‹ ersch.) an. Als Strukturmodell für diese mundartlichen Briefsatiren ist das bereits mehrfach erwähnte Muster ›Der Bauer in der Stadt‹ anzusehen (auf dem z.B. schon der so populäre österreichische ›Eipeldauer‹ des 18. Jhs. fußte). Brisant wurde dieses

Grundmuster bei Thoma dadurch, daß der einfältige, derbe Bauer in der Stadt überdies »Folksvertreter« ist und als solcher ständig mit öffentlichen Angelegenheiten und politischen Vorgängen zu tun hat.

Durch die Chance eines staatlichen und gesellschaftlichen Neubeginns in den Anfängen der Weimarer Republik herausgefordert, glaubte W. Vershofen, einer der Mitbegründer der ›Werkleute auf Haus Nyland‹, dem gerade gewählten Parlament eine mystisch-ideelle Aufgabe stellen zu sollen: In seinen beiden ‹Briefen aus der Nationalversammlung› (1919) setzte er ihm als letztes, höchstes Ziel die »Gründung des Reiches der Seele« (S. 170), das durch eine entsprechende geistbetonte und antimaterielle Erziehung der Jugend anzustreben sei. Noch während der Zeit der Weimarer Republik betätigte sich H. Grimm als publizistischer Propagator seiner rassistischen, nationalistischen und kolonialistischen ›Volk ohne Raum‹-Ideologie mit ›Dreizehn Briefen aus Deutsch-Südwestafrika‹ (1928), in denen aber so gut wie nichts sich briefartig ausnimmt (kein Datum, keine Anrede, kein Gruß o.ä.). Es handelt sich bei diesen sog. ›Briefen‹ um nichts anderes als um propagandistische Aufsätze.

Auch nach 1933 verschmähten den Nazis und ihrer Ideologie günstig gesinnte Autoren nicht die bewährte Verwendung von Briefwechseln zu publizistischen Zwecken. Einer dieser Autoren trat sogar als – der Tendenz nach zweifellos unbefugter – Nachahmer und Fortsetzer L. Thomas auf. Er publizierte 1939 ›Josef Filsers Ende. Ledzer Briefwexel und bolidisches Testament. Im Geiste Ludwig Thomas aufgeschrieben von Max Kirschner‹. Zu durchsichtigen direkten Propaganda-Zwecken bediente sich F. Kranlich eines zurechtgemachten Briefwechsels (der aus einer Reihe privater Briefe hervorgegangen sein mag). In seinem Buch ›Die ersten Schritte. Briefe eines Schwerverwundeten‹ (1942) demonstrierte der Schreiber mit linientreuen Briefen an Frau, Eltern und Freunde penetrant seine Treue zu einem nazistischen Großdeutschland und einen pseudophilosophischen Heroismus. Stil und Ton der wichtigsten Partien dieses Machwerks machten es zu einer Art Mustersammlung nazistischer Soldatenbriefe.

Rational-nüchterne Kritik dagegen, und zwar an der modernen amerikanischen Zivilisation, Gesellschaft und Demokratie, übte der exilierte B. Brecht gleich nach dem Ende des Zweiten Weltkriegs in einer fragmentarischen Brieffolge m.d.T. ›Briefe an einen erwachsenen Amerikaner‹ (entstd. wohl 1946; ersch. 1967).

Es hat den Anschein, als hätten sich Literaten und Journalisten der Nachkriegszeit erst wieder nach dem Ende der restaurativen Phase in der Geschichte der Bundesrepublik stärker auf die Chancen öffentlicher Resonanz besonnen, die publizistisch angelegten Brieffolgen erfahrungsgemäß innewohnen. Erwähnenswert als Beispiele für politisch-satirische Brieffiktionen aus der späten Adenauer-Zeit sind nur wenige Schriften – etwa A. Althens ›Briefe des Stadtrats Josef Filser junior an seinen Freund‹ mit dem Obertitel ›Liber Schbäzi!‹ (1963), geschrieben im Geiste und in der Manier Thomas, doch ohne dessen fulminante satirische Qualitäten. Zu nennen wären auch noch H. J. Gerboths Büchlein ›Karlchen Schmitz, Mein Briefwechsel mit Konrad Adenauer‹ und Th. Kochs ›Briefe aus Krähwinkel‹ (beide 1965); beide Werke sind eher erheiternd als aggressiv.

Abgesehen von den ›Offenen Briefen an die Deutschen‹, einer kleinen Sammlung mit Beiträgen von H. Böll, P. Härtling, R. Krämer-Badoni u.a. (hg. v. J. Musulin, 1969), stammen die interessanteren publizistischen Brieffolgen aus den siebziger und achtziger Jahren. 1975 erschienen ›Briefe und Gespräche 1972 bis 1975‹ der drei führenden sozialdemokratischen Politiker W. Brandt, B. Kreisky und O. Palme mit Darlegungen über Grundsatzfragen der Politik und des Staates aus parteipolitischer Sicht. Im Zeichen der Hysterie, welche von den terroristischen Aktivitäten der Baader-Meinhof-Gruppe ausgelöst wurde, gaben F. Duve, H. Böll und K. Staeck die vielbeachtete Sammlung von ›Briefen zur Verteidigung der Republik‹ (1978) heraus.

Einer vergleichsweise leisen Kritik verpflichtet waren die ›Dreizehn Briefe an G.‹ (Haupttitel: ›Standpunkt und Spielraum‹) (1977) des SED-Mitglieds G. Hauptmann, der in diesen mit literarischem Anspruch geschriebenen Freundesbriefen Probleme der Gesellschaft und Literatur im Sinne der DDR-Staatsideologie erörterte.

Im Kontext der in den siebziger Jahren sich verstärkenden weiblichen Emanzipationsbestrebungen publizierten bekannte Politikerinnen, Wissenschaftlerinnen und Publizistinnen einen Sammelband ›Mut zur Öffentlichkeit. Briefe an junge Frauen‹ (hg. v. Sonja Schmid-Burgh, 1978). Mit diesen – überwiegend fingierten – Briefen wollten die Beiträgerinnen des Bandes den meist immer noch allein im häuslich-privaten Bereich lebenden und arbeitenden Geschlechtsgenossinnen Mut zur Mitwirkung am und im öffentlichen Leben unserer Demokratie machen. Um über typische Rollenprobleme der Frau in der modernen

Industriegesellschaft (z.B. über das der Vereinbarkeit von beruflicher und hausfraulicher Tätigkeit) möglichst vertraulich und persönlich plaudern zu können, wählte die Journalistin Liane Lorenz (Ps. für Liane Koppenwallner) die Fiktion eines Briefwechsels zwischen den Schwestern Sina und Ilona, beide um die vierzig Jahre alt. Diese erfundene Korrespondenz erschien eine Zeitlang regelmäßig in der deutschen Ausgabe der amerikanischen Frauenzeitschrift ›Cosmopolitan‹ (1980-81).

Nicht um ›uneigentliche‹, sondern strenggenommen um Pseudo-Briefe handelte es sich bei den periodisch abgedruckten sog. ›Briefen aus den Hauptstädten der Welt‹ (seit 1981 u.d.T.: ›Briefe aus den großen Städten der Welt‹), die man seit 1980 in dem Wochenblatt ›Die Zeit‹ lesen konnte; was da als ›Brief‹ bezeichnet war, hätte ebensogut die Bezeichnung Bericht vertragen; es verwies kaum etwas darin auf epistolare Formgebung. Anscheinend spekulierte die Redaktion auf den Reiz des Vertraulich-Lockeren, der sich für die allermeisten Leser mit dem Genre-Etikett Brief noch immer verbindet. (Auch mag hier das berühmte Modell der ›Pariser Briefe‹ nachgewirkt haben, die H. Heine von 1840 bis 1843 als Berichte über Politik, Kunst, Literatur und Gesellschaft in der französischen Hauptstadt an die Augsburger ›Allgemeine Zeitung‹ schickte – auch schon unter weitestgehender Vernachlässigung der Briefform – und die dann 1854, in überarbeiteter und erweiterter Fassung u.d.T. ›Lutetia‹ als Buch erschienen.)

Einen verblüffenden Erfolg erzielten ›Winfried Bornemanns Briefmacken‹ (1982). Sie enthielten die Korrespondenz des Verfassers W. B. mit prominenten Persönlichkeiten, Behörden, bekannten Firmen usw. Die Briefwechsel hatten sich ergeben, nachdem Bornemann mit einem verdeckt unseriösen Anliegen an die Adressaten herangetreten war. Diese durchschauten den eulenspiegelhaft grundierten Ernst der Anliegen jedoch meist nicht und stellten sich folglich in ihren Antworten spektakulär bloß – als humor- und phantasielos, als bürokratisch oder ideologisch verknöchert. So entstand ein satirisches Panorama der bundesdeutschen Gesellschaft und Politik, zu dem die sich Bloßstellenden unfreiwillig beigetragen hatten.

Die in den achtziger Jahren zunehmende Angst vieler Menschen vor dem künftigen Schicksal der Menschheit angesichts so vieler existentieller Bedrohungen schlug sich auch in der jüngsten Geschichte der publizistischen Brieffolgen nieder. Sorge um die Zukunft der Urenkel-Generation trieb z.B. den DDR-Schriftsteller J. Kuczynski dazu, in seinem Buch ›Dialog mit einem Urenkel. Neunzehn Briefe und ein Tagebuch‹ (1983) in Gestalt einer Briefreihe versuchsweise Antworten auf die Fragen zu geben, die seinen Urenkel und die Gesellschaft allgemein um das Jahr 2000 bedrängen könnten. Ebenfalls von der Sorge um die künftige Existenz der Menschheit getrieben, aber nicht verhalten und betrachtsam, sondern entschieden auf aktuelle politische Wirkung abzielend, war das Unternehmen ›Der unendliche Brief‹, initiiert von einer kleinen Gruppe Erwachsener um den Hamburger Kinderbuch-Autor H. Güssefeld. Wie die Presse im April 1984 berichtete, handelte es sich dabei um eine – nicht begrenzte – Serie von Briefen vornehmlich ganz junger Menschen, die sich mit ihrem Schreiben gemeinsam an den amerikanischen Präsidenten und den Führer der Sowjetunion wandten und sie baten, im Interesse aller Menschen endlich abzurüsten und den Frieden zu wahren. Gesammelt hatten Güssefeld und seine Mitstreiter seinerzeit bereits über 13.000 Briefe, die, aneinandergeklebt, etwa zwei Kilometer lang waren – dies dürfte also buchstäblich die bisher längste publizistische Brieffolge der deutschen Briefgeschichte geworden sein.

4.4. Einlage-Briefe

4.4.1. Briefeinlagen als Belege

In seiner Textgestalt unverändert bleibt der Brief dort, wo er zu Belegzwecken im Rahmen einer anderen schriftlichen Darstellungsform seinen Platz als Einlage (ggf. auch als Anhang) findet. Das kann der Fall sein bei einem Tatsachenbericht, einer Reportage, einem Gutachten, einer Streitschrift, einer Anklageschrift usw. – im Grunde genommen überall dort, wo ein vollständiger Privatbrief oder Teile eines solchen als Belege ›zitiert‹ werden. In authentischer Textgestalt kann ein Brief aber ebenso als integraler Bestandteil – als ›Einlage‹ – vorkommen in fiktionaler Dokumentarliteratur: in entsprechenden Romanen und Dramen etwa.

Natürlich kann auch in all diesen Fällen nicht mehr von eigentlicher Verwendung des Briefes die Rede sein, da der als Einlage figurierende und fungierende Brieftext ja seinem primären Zweck – dem privaten schriftlichen Austausch – bereits entfremdet ist. Diese Entfremdung ist bedingt durch die mit dem Einlage-Charakter notwendigermaßen verbundene ›Veröffent-

lichung‹ des Briefes. Briefen als solchen wird fraglos ein besonders beweiskräftiger Dokumentationswert zuerkannt. Darauf
vertrauen verständlicherweise alle, die Briefeinlagen in fakten-
bezogenen Sachdarstellungen oder dokumentaristischer Literatur verwenden.

4.4.2. Briefe als Einlagen in erzählender Literatur

Gänzlich andere Funktionen als die des Beweisens und Doku-
mentierens erfüllen die Briefeinlagen in rein fiktionaler Erzählliteratur. Das läßt sich schon an den Werbebrief- und Liebesbrief-Einlagen in den mittelhochdeutschen Epen zeigen. Diese
Briefe sollten in erster Linie demonstrieren, daß sie sowohl stilistisch wie inhaltlich bestimmten durch die Gattungstradition
gesicherten Ansprüchen genügen. Das hat dann in den späthöfischen Epen zu manieristischer Ausgestaltung der eingelegten
Minnebriefe geführt. (Vgl. hierzu 2.1., S. 33.)
Die in den Gang des Geschehens integrierten Liebesbriefe haben ansonsten kompositorische Aufgaben zu erfüllen. Sie führen die Handlung weiter, intensivieren sie, kommentieren sie
u.ä.m. Während die eingelegten Briefe in den Epen des Hochmittelalters auch solche epischen Funktionen haben, fallen die
brieflichen Einlagen im späthöfischen Roman aus dem Handlungsgeschehen heraus: Sie stellen handlungsunabhängige,
überindividuelle Exemplare des Liebesbriefes dar, in denen die
Sprache zu allgemeingültigen Formeln stilisiert ist. Eine »wesentliche Neuerung« bringt Rudolf von Ems in seinem ›Wille-
halm von Orlens‹ (nach 1235), indem er statt Einzelbriefen erst-
malig in der deutschen Epik den »Briefwechsel« als Einlage benutzt, dessen einzelne huldigende Minnebriefe sich zudem
durch virtuose Rhetorik auszeichnen. (Brackert 1974, S. 8f. u.
S. 13) Solche stilisierten Liebesbrief-Einlagen geraten aber allmählich so schematisch-starr, daß sie zur Parodierung einladen,
wie sie Heinrich Wittenwiler dann in seinem ›Ring‹ (um 1410)
realisiert hat. Der ›Ring‹ enthält übrigens den längsten, wohlgemerkt parodistischen, Minnebrief der mittelhochdeutschen Literatur überhaupt. (Vgl. hierzu Brackert 1974, S. 13-17 sowie
2.1., S. 33.)
Ob die eingelegten Briefe und Briefwechsel nun in epischer
oder dekorativer oder parodistischer Funktion benutzt wurden
– es handelt sich bei all diesen Einlagen in den höfischen und
späthöfischen epischen Werken um Briefe in uneigentlicher,

nämlich literarisch-fiktionaler Verwendung. Mit dem Niedergang des mittelhochdeutschen Epos ging indes der Reiz, erfundene Briefe als integrales Element epischer Großformen einzusetzen, keineswegs verloren. Im Gegenteil, die spätere Entwicklung zeigt, daß die funktionellen und gestalterischen Möglichkeiten der brieflichen Einlage in erzählender Literatur noch ausgeweitet wurden.

Zunächst transformierten die sog. Volksbücher des 15. und 16. Jhs., die ja gutenteils Prosaauflösungen mittelhochdeutscher Versepen oder Übersetzungen französischer Prosaromane sind, auch ihre Briefeinlagen in Prosa. Diese wurden im Ansatz bereits zur Charakterisierung der die Briefe wechselnden Personen oder aber zur Gestaltung des Handlungsverlaufs herangezogen. Dabei zeigen sich die Prosa-Briefeinlagen noch unbeeindruckt von dem zur gleichen Zeit vorherrschenden Kanzleistil: Ihre Sprache wirkt knapp, deutlich, formelfern, ja nahezu ›volkstümlich‹, gerade auch in den Liebesbriefen. Kanzlistischer und zugleich humanistischer Einfluß macht sich nur im ›Dr. Faust‹ (1587) bemerkbar, während im ›Lalebuch‹(1597) übertriebene kanzleimäßige und urkundliche Wendungen in den Briefeinlagen die satirische Grundtendenz dieses Volksbuches unterstützen. Eine wirkliche Abhängigkeit vom zeitgenössischen Kanzleistil weisen erst die in ›Genoveva‹ (1602) eingelegten Briefe auf, denen obendrein auch eine größere Sentimentalität eignet.

Eingelegter Briefe bediente sich gleichfalls schon im 16. Jh. der Verfasser der frühesten deutschen Romane, J. Wickram. Briefeinlagen, zumeist von humanistischem Stilwollen geprägt, kommen in fast allen seinen moralisierenden Romanwerken vor. Teilweise werden die – inhaltlich sehr verschiedenen – Briefe bereits recht geschickt bei der Gestaltung der Handlungsführung eingesetzt. Briefeinlagen im weiteren Sinne sind ebenfalls die rhetorisch aufwendigen Widmungsschreiben, die Wickram einigen seiner Romane vorangestellt hat. Als belehrende und moralisierende Vorreden sollten sie seinen Werken das rechte Verständnis bei den Lesern, dem städtischen Bürgertum, sichern. (Vgl. z. Vorstehenden insbes. Martha Waller 1937 u. 1939.)

Dem Voranbringen der Handlung dienen großenteils auch die eingelegten erfundenen Briefe, die sich in der Erzählliteratur des 17. Jhs., zumal in allen höfischen Romanen, finden. Manchmal übernehmen die epistolaren Bestandteile der Barockromane zusätzlich die Aufgabe, »typische Verhaltenssituationen im Hinblick auf ein Menschenideal zu stilisieren.« Der »größte Reichtum an Formen und Funktionen« bei den eingelegten Briefen ist in den Romanen Herzog Anton Ulrichs zu registrieren. (A. Haslinger 1970, S. 209) In seiner ›Aramena‹ (1669/73) kommen an die hundert Stücke vor, in denen sich dieser Reichtum entfaltet.

Einseitiger ist die Verwendung bei anderen bedeutenden Romanschreibern des Barock, etwa bei J. Barclay/M. Opitz, C. v. Lohenstein, A. v. Zigler, Ph. v. Zesen, A. H. Buchholtz, C. Weise oder C. Reuter. Da dominiert entweder der dekorativ-illustrative oder der moralisch-didaktische Zweck, dem die eingelegten Briefe dienen. Bei Zigler als einzigem kommen Briefeinlagen auch in der Form der Hofmannswaldauschen ›Heroiden‹ vor, die als solche jedoch kaum handlungsbezogen sind, vielmehr als eingeschobene poetisch-epistolographische Musterstücke glänzen. (Vgl. Haslinger 1970, S. 209.)

Fast im Übermaß machen die tonangebenden spätbarocken Romanautoren – die ›galanten‹ Literaten A. Bohse, C. F. Hunold und J. L. Rost – von eingelegten Briefen und Briefwechseln in ihren zahlreichen Werken Gebrauch. In manchen Bohseschen Romanen sieht es sogar danach aus, als sollte die dürftige Handlung nur dazu dienen, die Vielzahl musterartiger Brieffolgen miteinander in Zusammenhang zu bringen (Bohse war ja nicht nur ein erfolgreicher Romanschreiber, sondern ein mindestens ebenso erfolgreicher Briefsteller-Autor!).

Ton und Schreibart der eingelegten Briefstücke entsprechen der Diktion und der Stillage der barocken Romane insgesamt. Individuelle Färbung der einzelnen Briefe nach Maßgabe der verschiedenen Verfasser- und Empfängerpersönlichkeiten hätte der von überindividuellen Lebens- und Verhaltensnormen bestimmten Haltung des barocken und ›galanten‹ Menschen widersprochen. Lediglich in J. Beers unhöfischem, ›niederem‹ Doppelroman ›Die teutschen Winter-Nächte‹ und ›Die kurzweiligen Sommer-Täge‹ (1682/83) erscheinen die eingeschalteten Briefe bereits ansatzweise als Mittel zur Charakterisierung der schreibenden Personen. Unindividuell ist dagegen noch der Stil des für die Handlungsstruktur sehr wichtigen eingeschobenen Liebesbriefes der Hauptheldin in der erfolgreichsten deutschen Robinsonade, der ›Insel Felsenburg‹ (1731 ff.) J. G. Schnabels.

Schreibart und kompositorische Funktionen der Briefeinlagen entwickeln sich erst differenzierter in der Roman- und Erzählliteratur der Aufklärung und der Empfindsamkeit. Die gestalterische Rolle, die die Einlagen in einem epischen Werk spielen, wird gewichtiger. So hat W. Füger (1977) vorgeschlagen, für sie den Terminus ›Romanbrief‹ einzuführen. (S. 632) G. Honnefelder (1973 u. 1975) hat als erster die erzähltechnische Verwendung des Briefes im deutschen Roman des 17. bis 20. Jhs. im Zusammenhang untersucht. Sein Ziel war es, alle »Grundverwendungsweisen des Briefes im Roman« aufzuzeigen, um so jeweils die »›strukturelle Leistung‹« der eingelegten Briefe in einem Werk deutlich machen zu können. (1975, S. 2) Nach Honnefelder lassen sich die erzählerischen Funktionen des Romanbriefs, der als solcher die »Grundstruktur der ›Erzählung in der Erzählung‹« aufweist (1975, S. 12), in drei »Grundformen« zusammenfassen: 1. der Brief als »›Akt‹« (treibt oder verzögert z.B. die Handlung), 2. der Brief als »›Aussage‹ und als ›Ausdruck‹« (führt etwa in neue Handlungskomplexe ein, charakterisiert Personen, fungiert als fiktives authentisches Dokument) und 3. der Brief als Bestandteil von »›Briefwechseln‹« (als Teil von solchen womöglich Kompositionsprinzip oder ein Element des Romanganzen, vor allem geeignet zur durchgängigen Perspektivierung des Erzählten). (1975, S. 12-14) »Mit der Verwendung des Briefes bindet sich der Romanautor notwendig an die Eigengesetze dieser Gattung.« (1973, S. 3) Denn beim Brief bedient er sich ja eines Erzählelements, »das in sich bereits ein literarisches Genus darstellt.« Die spezifische Chance bei der Verwendung dieses Elements liegt darin, daß erzählt wird, »ohne daß der Autor selbst als der unmittelbare Erzähler dieser Passage in Erscheinung tritt.« (1973, S. 2)

In Gellerts ›Schwedischer Gräfin‹(1747/48) z.B. bewirken die vielen eingeschobenen Briefe – als ein die Struktur eines Ich-Romans bestimmendes Element des Erzählens – das, was Honnefelder als eine Leistung der 3. Grundform herausgestellt hat: das Handlungsgeschehen perspektiviert darzubieten. In der Tat wird in dem Roman erzählerisch alles Wesentliche in den Briefen der Figuren präsentiert, so daß die Erzähler-Autorität ausgeschaltet erscheint. Dafür ist die ordnende Aktivität des Lesers um so mehr gefordert. So zukunfträchtig diese Weise erzählerischer Gestaltung anmutet, so traditionsabhängig bleibt die Stilform der eingelegten Briefe; denn Gellert bemüht sich bei diesen – hierin tendenziell noch der Stilisierung der Briefe in den höfischen Romanen verpflichtet – vor allem um die Darstellung »von typischen Verhaltensweisen vorbildlicher Menschen.« (Honnefelder 1975, S. 67)

Einen höheren Grad von Glaubwürdigkeit erstrebt mit den Stilmitteln einer individuell-psychologischen Briefformung erst der Er-Roman um 1780, der die überlieferte auktoriale Erzählmanier zugunsten einer personal-neutralen stark zurückgedrängt hat (in den auktorial erzählten Werken dieser Phase der deutschen Romangeschichte spielt die Briefeinlage bezeichnenderweise kaum eine Rolle). Eingeschobene Briefe und Briefwechsel werden in den Romanen um 1780 fast unvermeidlich dann benutzt, wenn es um die Gestaltung von Liebesbeziehungen geht. Gellerts mit Hilfe der Briefeinlagen realisierte polyperspektivische Erzählweise ist dagegen in den Romanwerken der siebziger und achtziger Jahre (bei J. K. Wezel, F. Schiller, J. H. Jung-Stilling, J. G. Schummel u.a.) nicht aufgenommen oder gar fortentwickelt worden.

Wie schon in den Romanen des 17. Jhs. (bei Lohenstein und Zigler beispielsweise) schwellen auch in den entsprechenden Werken des ausgehenden 18. Jhs. die epistolaren Einlagen zu ganzen Brief-Kapiteln an, die zwischen den Kapiteln berichtenden Charakters auftauchen. Ersichtlich experimentierte man da mit den Möglichkeiten, die das im 18. Jh. zu unübertroffener Beliebtheit aufgestiegene Medium Brief als erzählerisches Gestaltungsmittel bot. Über die romaneske Mischform aus Erzählbericht und Brief dezidiert hinaus ging der Briefroman, indem er die narrative Verwendung von Briefen zum »beherrschenden formalen Mittel« machte – aber er erschöpfte sich andererseits eben auch dadurch, daß er die »partikuläre Verwendung der Form ›Brief‹ zum exklusiven Mittel« erhob. (Honnefelder 1975, S. 112 f.)

Hatten die Romanautoren des 18. Jhs. besonderen Wert darauf gelegt, die in den Handlungsgang eingefügten Briefe dem Leser als »dokumentarische Realitätspartikel« (Füger 1977, S. 632) erscheinen zu lassen, die die Wahrscheinlichkeit und Echtheit des Geschehens garantieren, stellte Goethe sie in seinen ›Wahlverwandtschaften‹ (1809) wieder ganz in den Dienst eines pronociert auktorialen Erzählens. Am schein-dokumentarischen Charakter der brieflichen Einlagen lag Goethe offenbar wenig. Vielfach werden die Briefe dem Leser nur indirekt oder unvollständig (ohne Kopf, ohne Datum usw.) dargeboten. Goethe benutzt die in den Roman integrierten Briefe und Briefausschnitte vielmehr zur Betonung des Kunst- und Fiktionscharakters seines Werkes. (Er geht sogar so weit, eine der Hauptgestalten – Eduard – im Namen Ottiliens – einer anderen Hauptfigur – Liebesbriefe an sich selbst schreiben zu lassen!) So gewinnt der eingelegte Brief bei Goethe als ›Ding‹ eine symbolische Doppeldeutigkeit, die auf das »hinter der Dialektik von Sein und Schein waltende ›Spiel der Mächte‹« verweist. (Honnefelder 1975, S. 119)

Auch in der romantischen Erzählkunst sind die epistolaren Elemente in struktureller Hinsicht – als Mittel der erzählerischen Verknüpfung bei der Handlungsdarstellung – funktionslos geworden. An den brieflichen Bestandteilen von C. Brentanos ›Godwi‹ (1801/02) zeigt sich überdies deutlich, daß »die bis dahin vorherrschende Forderung nach Authentizität und Dokumentationscharakter in der Auflösung begriffen ist.« Dafür wird der eingelegte Brief zum »Medium einer neuen, sich poetisch verstehenden Fiktion« (was dann, wie oben ausgeführt, in Goethes ›Wahlverwandtschaften‹ zuerst vollendet realisiert wurde). (Honnefelder 1975, S. 131) Der Anteil von Romanpartien, die mittels Briefen gestaltet sind, ist jedoch bei Brentano viel größer als bei Goethe; ebenso später auch bei K. L. Immermann (›Die Epigonen‹, 1836) und F. Dingelstedt (›Unter der Erde‹, 1840), die, wie schon Brentano und Goethe, aber auch E. T. A. Hoffmann (vgl. etwa den spielerisch-experimentellen Einsatz von Einlagebriefen in der Erzählung ›Der Sandmann‹, 1816) den fiktiven Charakter der eingeschobenen Briefe erzählerisch wirksam werden lassen.

Von den Romanverfassern der ersten Hälfte des 19. Jhs. hat, nach Goethe, künstlerisch am wirkungsvollsten E. Mörike das Mittel der Briefeinlagen eingesetzt. Indem er in seinem ›Maler Nolten‹ (1832) zum Herzstück der Handlung die Korrespondenz macht, die der Schauspieler Larkens verhängnisvollerweise anstelle von Nolten mit dessen Braut Agnes führt, kann er den Brief »als Verdinglichung seines Schreibers (...) zum Symbol der Irreversibiliät und Macht der Vergangenheit des Menschen über seine Gegenwart« steigern. (Honnefelder 1975, S. 142) Der zentralen inhaltlich-symbolischen Bedeutung der eingelegten Korrespondenzen entspricht es, daß in der erzählerischen Anlage des Romans eine weitgehende »Parallelisierung der Briefstruktur innerhalb des Romans mit der Kompositionsstruktur des Romans als Ganzem [!]« erkennbar wird (ebd., S. 144) – eine narrative Gestaltungsleistung, deren Perfektionierung erst etwa ein halbes Jahrhundert später Th. Fontane gelingen wird. Andererseits greift Mörike bei seinem Umgang mit Romanbriefen noch auf probate Darbietungsmuster des 18. Jhs. zurück, indem er partiell mit der bekannten Herausgeber-Fiktion arbeitet.

163

In der zweiten Hälfte des 19. Jhs. bleibt die Briefeinlage weiterhin ein oft gebrauchtes Mittel der Erzählkunst. Unterschiedliche Funktionen erfüllend, taucht es mehr oder minder häufig bei vielen Erzählern auf, z.B. bei G. Keller, G. Freytag, W. Raabe, F. Spielhagen, P. Heyse, A. Schnitzler – vor allem aber im Erzählwerk Fontanes, das, Gipfel und Ende des deutschen realistischen Romans, zugleich auch den Höhepunkt der erzählerischen Verwendung des eingelegten Briefes darstellt. (Vgl. Honnefelder 1975, S. 2 bzw. S. 148.)

Im Romanwerk Fontanes übernehmen die Briefeinlagen insgesamt eine Doppelfunktion, »nämlich sowohl Verständigungsmittel der Figuren als auch Verknüpfungsmittel des Autors zu sein«. (Honnefelder 1973, S. 19) Fontane verbindet erzählerisch mittels eingeschobener Briefe und Briefwechsel verschiedene Schauplätze und Zeiten des Romangeschehens. Mit den Briefeinlagen als Mitteln der »Synchronisierung und Trennung der einzelnen diachronen Zeitabläufe« vermag er besonders wirkungsvoll seine Grundintention narrativ umzusetzen: »den Standpunkt des offen vermittelnden Erzählers zu verlassen und sich hinter das verwendete Mittel zurückzuziehen« (Honnefelder 1973, S. 15) – freilich ohne im letzten verhindern zu können, daß der Erzähler als »Urheber der Fiktion« und somit doch auch als »Vermittler« sichtbar bleibt. (Ebd. 1973, S. 26) Zu Recht ist von der Forschung als Hauptmerkmal der Fontaneschen Romankunst das perspektivische Erzählen herausgestellt worden. Die eingelegten Briefe sind dafür ein unersetzbares funktionales Mittel, da sie Vorgang und Aussage zugleich sind. Der große Berliner Realist läßt sogar ›Briefe in Briefen‹ vorkommen (es wird in einem Brief aus anderen Briefen referiert, oder es wird einem Brief ein fremder beigefügt) und erreicht damit eine doppelte Perspektivierung, die das erzählerische Grundanliegen Fontanes eindringlich verdeutlicht:

Nicht eine umfassende Einsicht in den Charakter oder das Verhalten einer Figur zu geben, sondern das Gesetz der Perspektivität (...) als solches darzustellen, ist für Fontane nicht nur die wichtigere und umfassendere, sondern die einzig mögliche Einsicht. (Honnefelder 1973, S. 34)

Fontane hat die artistischen Möglichkeiten des Romanbriefs so effektiv ausgeschöpft wie kein deutscher Epiker vor ihm. Der spätere Roman weist keine prinzipiell neuen Verwendungsweisen der Briefeinlagen mehr auf – »im Gegenteil, von seiner veränderten Struktur her macht er das Erzählmittel ›Brief‹ weitgehend überflüssig.« (Honnefelder 1975, S. 2) Im modernen Roman des 20. Jhs. erfüllen vielfach innere Monologe oder Partien mit erlebter Rede die Funktionen der Briefeinlagen, wohingegen die durchaus weiterhin in Romanen oder Erzählungen – etwa in denen R. Walsers, Kafkas, Th. Manns, J. Wassermanns, Döblins, Brochs, Musils, G. Grass', Ingeborg Bachmanns und M. Walsers – vorkommenden Briefe lediglich funktionslos gewordene Bestandteile des Erzählvorgangs sind; allenfalls übernehmen sie gelegentlich noch in bewährter Manier traditionelle erzählerische Aufgaben (z.B. die über dreißig Briefeinlagen in Th. Manns ›Buddenbrooks‹, 1901). An die Stelle des Briefes tritt in der Erzählliteratur immer häufiger das Telefongespräch. Daran mag man ablesen, daß die Geschichte der Briefeinlage in der Epik sich tendenziell parallel zur allgemeinen Geschichte des Briefes in unserem Jahrhundert entwickelt. Als symptomatisch kann vielleicht gelten, daß Musil einen der fünf eingelegten Briefe im ›Mann ohne Eigenschaften‹ (1930) zu einer »montierten Mischung von Dialog, Reflexion, erlebter Rede, dargestelltem Bewußtseinszustand und naivem Bericht« gemacht hat, wodurch dieser Brief der Clarisse zum »Roman en miniature« geworden ist – damit aber hat Musil die »tradierte Form des Briefes unausgesprochen ad absurdum« geführt. (Honnefelder 1975, S. 233) Der Schluß von Clarisses Brief lautet bezeichnenderweise: »*Nie* kann man die Dinge ausdrücken. Am allerwenigsten brieflich.«

Im Gegensatz zu Honnefelder behauptet Füger, Verwendung und Bedeutung der Einlagebriefe hätten im Roman des 20. Jhs. eine Steigerung erfahren – derart, daß sie in Werken dieser Spezies »nachgerade eine Schlüsselstellung einnehmen« können. (1977, S. 638) Neu sei, daß bei den Romanbriefen in den großen Erzählwerken unserer Epoche das Hauptinteresse der Autoren der Empfängerseite, der Rezeptionsproblematik, der »*Appell*dimension« des Briefes gelte. (1977, S. 637) Füger stützt sich bei seinen Thesen freilich nur auf die Untersuchung des Romanwerks von vier bedeutenden modernen Erzählern: von F. M. Dostojewski, Th. Mann, F. Kafka und J. Joyce. Seine Einsichten beinhalten folgendes: Wie in der neueren Erzählliteratur allgemein würden gerade auch im Romanbrief seit Dostojewski »Reaktion und Situation des Rezipienten« immer stärker »in die Darstellung einbezogen und bewußt thematisiert«. (1977, S. 654) Während die Deutung der eingelegten Briefe bei Dostojewski und beim späten Th. Mann noch gelinge – beim ersteren mittels psychologischer Einfühlung, beim letzteren durch den

Einsatz hermeneutischer Mittel –, müsse für Kafka und vollends für Joyce gelten:

Die ehemals als manifest unterstellte Aussage eines Briefes wird zunächst latent, später kryptisch, schließlich prinzipiell unfaßbar. Dieser Prozeß fortschreitenden Infragestellens von Sinnvermittlung durch schriftliche Äußerungen ist für weite Teile modernen Erzählens charakteristisch. (1977, S. 655)

Für Füger hat der Romanbrief in seiner Funktion eines »exemplarischen Modellfalls der Interpretationsbedürftigkeit schriftlicher Äußerungen« (im Gegensatz zum pragmatischen Privatbrief, dessen Bedeutung schwinde) eine bemerkenswerte Aufwertung erfahren – kann er doch zum »Kern- und Angelpunkt eines Romans, im Extremfall zum Prototyp literarischen Ausdrucks schlechthin« werden. (1977, S. 657)

Die Kontroverse Honnefelder (1975) – Füger (1977) verdeutlicht, daß Rolle und Relevanz der Briefeinlagen in modernen Erzählwerken noch nicht hinreichend erforscht sind. Dies mögen abschließende Bemerkungen zu einem spektakulären Fall der erzählerischen Verwendung des Einlagebriefs illustrieren. Wie schon in der Novelle ›Ein fliehendes Pferd‹ (1978) (vgl. 1.3., S. 18) läßt M. Walser auch in seinem Roman ›Brief an Lord Liszt‹ (1982) den Helden einen intimen Brief zur Klärung und eventuellen Aufkündigung einer heiklen freundschaftlichen Beziehung schreiben. Wiederum wird der – exorbitant lange – Brief schließlich nicht abgesandt; abermals enthält er, wie seinem Verfasser beim Schreiben bewußt wird, brieflich nicht mehr Mitteilbares. Während jedoch der Briefschreibe-Vorgang in der Novelle Episode bleibt, wird er in dem Roman für Aussage und Struktur des Werkes bestimmend.

Der verdiente Abteilungsleiter Franz Horn will, im Anschluß an einen zeitlich schon etwas zurückliegenden Streit, mittels eines einläßlichen Briefes sein Verhältnis zu dem Freund und Firmen-Kollegen Dr. Liszt durchleuchten und klären (beide waren bereits die Hauptgestalten in Walsers Roman ›Jenseits der Liebe‹ von 1976). »Lord« ist die bemüht ironische und zugleich respektvolle Anrede in dem lang und länger werdenden Brief. Was sich nun in dem Roman nach dem einleitenden Erzählbericht als Einlage ankündigt, wird unversehens so wichtig, so beherrschend, daß es den erzählenden Rahmen überflutet. Horn kommt mit dem Brief nicht zu Ende; er muß immer neu ansetzen, er muß fortfahren, weil ihm irgendein Aspekt, irgendein Element der Beziehung zu Liszt immer noch nicht genau genug, immer noch nicht vollständig genug aufgehellt, immer noch nicht deutlich und wahr genug ausgesprochen zu sein scheint. Und so folgt dem ohnehin überlangen Brief ein

Postscriptum nach dem andern – am Ende sind es 19 Stück! Horns anfängliche Absicht, durch Aussprache Klärung und Befreiung zu erreichen, hat sich zur Manie ausgewachsen, hat zur hemmungslosen, quälenden Selbstanalyse eines losgelassenen Briefschreibers geführt. Anteile des Erzählberichts von etwa nur einer Seite tauchen lediglich noch nach dem Hauptbrief und dem ersten Postskript auf.

In Walsers erzählerischer Arbeit ist der Romanbrief zum Überbrief, ist er hypertroph geworden und überspringt alle vernünftig-realistischen Grenzen. Er kehrt quantitativ und qualitativ die Proportionen von Rahmen und Einlage um (denn die letztere macht über drei Viertel des Romans aus). Zugespitzt formuliert: Bei Walser wird der erzählende Rahmen zur ›Einlage‹ in der Einlage. Der Roman könnte mithin ein Beleg für die Fügersche These von der neuerlichen und außerordentlichen Bedeutung der Briefeinlage in der Erzählkunst der Moderne sein, insofern auch Walser mit seiner forcierten Überdehnung der brieflichen Mitteilungs- und Gestaltungsmöglichkeiten ein Exempel für das Vordringen an äußerste Grenzen literarischer Kommunikation statuiert.

4.4.3. Briefe als Einlagen in dramatischer Literatur

Briefe, die in dramatischer Literatur vorkommen, empfindet man sehr viel weniger als ›Einlagen‹ als ihre Pendants in erzählerischen Werken. Das hängt mit dem dialogischen Grundcharakter alles Dramatischen zusammen, dem der Brief als Redesubstitut für die Kommunikation zwischen räumlich getrennten Partnern denkbar nahesteht:

allein der Mangel an sinnlicher Aktualität verweist die geschriebene Botschaft gegenüber dem gegenwärtigen Dialoggeschehen in den zweiten Rang. Dies aber ist nichts anderes als der Sold für den Sonderstatus des Bühnenbriefs, für seine einzigartig explosive Potenz im szenischen Kontext. (V. Klotz 1972, S. 10)

Die Affinität zwischen brieflichem und dramatischem Dialog dürfte der maßgebliche Grund dafür sein, daß in der Geschichte des Dramas der Brief von Anfang an eine für das Handlungsgeschehen wesentliche Rolle gespielt hat. ›Bühnenbriefe‹ weisen fast immer ins Zentrum des jeweiligen dramatischen Vorgangs. (Klotz 1972, S. 43)

Bereits die antiken Dramatiker Euripides, Aristophanes und Plautus verwenden Briefeinlagen. In Deutschland sind Briefe gleichfalls schon Elemente der Handlung in den mittelalterlichen Passionsspielen wie auch in den frühneuzeitlichen Stücken von H. Sachs und J. Ayrer. Die dramatischen Möglichkeiten der Briefeinlage werden jedoch erst von den Theaterdichtern seit der Shakespeare-Zeit voll ausgeschöpft.

Mit diesen Möglichkeiten hat sich P. Pütz (1970) eingehend befaßt:

Der Brief (...) ist (...) dem Dramatiker ein willkommenes Mittel, Beziehungen zu entfernten Personen, Orten und Zeiten zu knüpfen. Durch Boten und Briefe kann er Befehle übermitteln und Reaktionen auslösen lassen und somit den szenisch beschränkten Wirkungskreis unendlich erweitern... Briefe können weiterhin dazu dienen, Vorgeschichte nachzuholen, sie können den direkten Dialog ablösen, sie sind in hohem Maße geeignet, Intrigen in Gang zu setzen und zu fördern, und können schließlich Sukzession bewirken. (S. 49)

Der Einsatz des Briefes im Drama offeriert »Spannungsmomente ohne Zahl.« (Ebd., S. 82) So können sich Menschen in einem Brief besser verstellen als in einer persönlichen Unterredung. Ein Brief läßt sich in vieler Hinsicht fälschen: bezüglich des Absenders, des Empfängers und des Inhalts. Ein Briefverfasser kann eine falsche Identität vorspiegeln – weshalb sich kaum ein Mittel so gut zum Intrigenspiel eignet wie der Brief. (Vgl. ebd.) Als Spannungsträger erweist sich der Brief auch »in seiner Eigenschaft als Andeutung«; selbst ungelesen bleibende Briefe vermögen Spannung zu erzeugen. (Ebd., S. 122) In Dramen mit mehrsträngiger Handlungsführung und häufigen Schauplatzwechseln kann der Brief ein besonders taugliches dramaturgisches Mittel zur Verknüpfung der verschiedenen Handlungsstränge und Orte sein (wie das schon das dramengeschichtlich relativ frühe Beispiel des Lenzschen ›Hofmeisters‹ von 1774 zeigt). In Dramen unseres Jahrhunderts freilich wird der Brief bereits durch das Telefon abgelöst, das dessen Funktion aber nur teilweise übernehmen kann.

Einen Überblick über die Verwendung des Briefes im neueren deutschen Drama hat H. U. Metzger (1938) in seiner – unter dem Einfluß der völkisch-nazistischen Rassenideologie verfaßten – Dissertation zu geben versucht.

Er unterscheidet als »Typen des dramatisch verwendeten Briefes« »*Liebesbrief*« und »*Botenbrief*«. (S. 71) Hinzu kommt der Intrigenbrief, der eigentlich aus der romanischen Schicksalsgestaltung im Drama stamme (!). (S. 72) Liebes- und Intrigenbriefe kommen in der barocken Dramatik A. Gryphius' und

C. Weises vor. Vorzugsweise die Briefintrige benutzen die meisten Dramenschreiber der Aufklärung: J. E. Schlegel, C. F. Weiße, Gellert und Lessing. Alle drei Brieftypen findet man sodann in den Schauspielen der Stürmer und Dränger: beim jungen Goethe, bei Maler Müller, bei J. M. R. Lenz, bei H. L. Wagner und bei Schiller. Der Intrigenbrief wird dagegen seltener in den Dramen der deutschen Klassik eingesetzt. Aus dem Rahmen fällt Schillers ›Wallenstein‹ (1798/99): Darin verwendet der Dichter zwölfmal ganze Briefkabalen.

Auch das Drama der Romantik und des 19. Jhs. macht von eingeschalteten Briefen reichen und – zum großen Teil – differenziert-wirkungsvollen Gebrauch. ›Schicksalhafte‹ Bedeutung gewinnen die Briefe im Verlauf der Handlung in der dramatischen Kunst Kleists und der Romantiker L. Tieck, Z. Werner und A. Müllner wie auch, sehr viel später wieder, in den frühnaturalistischen Stücken L. Anzengrubers. Der Brief innerhalb der Exposition ist besonders beliebt bei J. v. Eichendorff, A. W. Iffland, A. v. Kotzebue und auch noch bei F. Grillparzer. Kotzebue setzt überdies in seinen Schauspielen zuerst den Brief auch als Vehikel komisch-ironischer und burlesker Intentionen ein.

Den Brief in effektvoll gesteigerter Manier benutzen später das sog. Wiener Volksstück – vor allem das J. N. Nestroys – sowie, in seinem Gefolge, Schwänke und Possen des 19. Jhs. bis zum Überdruß. Dabei spielt natürlich weiterhin eine wichtige Rolle der Brief in intrigenstiftender Funktion. Eher psychologisch-realistischer Gestaltung als der Handlungsführung dienen eingelegte Briefe in den Bühnenstücken C. D. Grabbes, F. Hebbels und O. Ludwigs. Neue Nebengattungen des Briefes wie Depesche und Telegramm kommen zuerst in Dramen G. Freytags zur Geltung. Im naturalistischen Drama fungiert der Brief vornehmlich als Requisit der modernen zeitgenössischen Lebenswirklichkeit, die ja G. Hauptmann und seine literarischen Mitstreiter möglichst direkt abbilden wollten. Theatermäßig wirksam zugunsten der Handlungsführung handhaben die Briefeinlage erst wieder F. Wedekind und der expressionistische Dramatiker G. Kaiser.

Briefeinlagen, ›Bühnenbriefe‹, Briefszenen sind aber nicht nur immer wiederkehrende Bestandteile des Schauspiels, sondern kommen seit dem frühen 18. Jh. ebenso im Musiktheater vor. Allerdings ist der Brief in der Nummern-Oper und – -Operette – von W. A. Mozarts Opern über J. Strauß' Operetten bis hin zu R. Strauß' ›Rosenkavalier‹ – eben bloß eine musikalische

Nummer unter anderen, also in dramatischer Hinsicht viel weniger relevant als im Sprechstück. Inhalt und Bedeutung eines Briefes werden in Oper und Operette zwar musikalisch verdeutlicht und verstärkt, doch der »repetitorische(r) Nummerncharakter« widerstrebt jedem vorwärtseilenden Handlungstrend. (Klotz 1972, S. 55)

Untersuchungen zur Briefeinlage in der dramatischen Literatur seit dem Expressionismus fehlen vollständig. Mangel herrscht aber auch an Arbeiten, die sich einläßlicher mit den eingeschobenen Briefen in einzelnen dramatischen Stücken beschäftigen. Eine rühmliche Ausnahme stellt lediglich O. Seidlins einschlägige Studie (1963) dar, die Schillers frühen Dramen gewidmet ist. Sie weist nach, daß die epistolaren Elemente in diesen nicht allein äußerliche Mittel, Hebel und Motive der dramatischen Handlung sind, sondern zugleich »poetische Symbole« – »Metaphern höchsten Ranges«. (S. 94 bzw. 119) In den vielfältigen und extremen Manipulationen und Fehlinterpretationen, denen die Briefe in Schillers frühen Stücken ausgesetzt sind, wird der Brief als solcher zur »Chiffre trügerischer Indirektheit und dubioser Mediation«. (S. 104) Seidlins Fazit des Studiums der Schillerschen Briefeinlagen lautet:

Es ist die wahre Tragödie des Menschen, daß in dieser Welt, auf der Ebene der Kommunikation, das Zeichen, das Kommunikation stiften sollte, an seinem Ursprung schon vergiftet ist. (S. 105)

Die Fehlbarkeit des Menschen ist es, die das kommunikative Zeichen zum Instrument der Verfehlung macht. (S. 118)

4.5. Briefessay

In die deutsche Literatur fand das literaturgeschichtlich relativ junge Genre des Essays erst um die Mitte des 18. Jhs. Eingang. Der Gattungsname setzte sich gar erst nach der Mitte des 19. Jhs. durch. Der Einfluß der großen französischen und englischen Vorläufer Montaigne und Bacon vom Ende des 16. Jhs. hat bei der Entstehung des deutschen Essays wohl nur indirekt mitgewirkt: »Was (...) in der [deutschen] Literatur des 18. Jhs. als Essayistisches erkennbar wird, entstand aus eigenen Ansätzen.« (G. Haas 1969, S. 20) Die Entwicklung dieser Ansätze zur literarischen Kunstgattung des Essays ist auffallenderweise mit der Briefform verknüpft. Als Vorläufer kann man daher auch den Typus des humanistischen »Grundsatz- oder Thesenbrief[s]« mit seinen gelehrten oder kulturpolitischen Erörterungen (Hess 1979, S. 483) in Anspruch nehmen.

L. Rohner (1966) hat, nach einer umfassenden Bestandsaufnahme der Geschichte, der Themen und der strukturellen Momente dieses jungen literarischen Genres, eine Definition des Essays formuliert:

‹ein kürzeres, geschlossenes, verhältnismäßig locker komponiertes Stück betrachtsamer Prosa, das in ästhetisch anspruchsvoller Form einen (...) Gegenstand meist kritisch deutend umspielt, dabei am liebsten synthetisch, assoziativ, anschauungsbildend verfährt, den fiktiven Partner im geistigen Gespräch virtuos unterhält und dessen Bildung, kombinatorisches Denken, Phantasie erlebnishaft einsetzt›. (S. 672)

Diese Wesensbestimmung des Essays macht es aus der Rückschau auf die Anfänge der neuen Gattung plausibel, daß sich die ersten Essayisten in Deutschland vor allem die Briefform als Einkleidungsmöglichkeit für ihre Intentionen zunutze machten; denn überschaubarer Umfang, lockerer Aufbau, assoziative Gedankenführung, dialogische Partnerorientierung, Gesprächsnähe, anspruchsvolle Unterhaltsamkeit – das waren Merkmale und Qualitäten, wie sie der gerade im 18. Jh. so sehr geschätzte geistvolle Brief ebenfalls aufwies.

Derjenige, der wohl als der »entscheidende Inaugurator des Essays in der deutschen Literatur« gelten kann (K. G. Just 1960, Sp. 1971), nämlich Lessing, hat sich denn auch in denjenigen seiner Werke, in denen sich essayistische Denk- und Schreibweise manifestierte – in den ›Briefen‹ (publiziert im Rahmen der ›Schriften‹ von 1753-55), in den ›Briefen, die Neueste Litteratur betreffend‹ (1759-65) und in den ›Briefen antiquarischen Inhalts‹ (1768/69) –, der Form des fingierten Briefes zusamt der Anrede eines fiktiven Adressaten bedient. Diese epistolare Form für den Essay oder essayverwandte schriftstellerische Anliegen erfreute sich im Jahrhundert Lessings auch sonst größter Beliebtheit. Als ›begriffliche‹ Essays können gleichfalls schon die ›Briefe über die Empfindungen‹ (1755) des Lessing-Freundes M. Mendelssohn angesprochen werden. (Vgl. hierzu B. Berger 1964, S. 199 f.) Essayartiges in mehr oder minder ausgeprägter epistolarer Darbietungsweise findet sich sodann bei den meisten deutschsprachigen Autoren des 18. Jhs.; so z.B. bei J. E. Schlegel, F. Nicolai, Th. Abbt, J. J. Engel, J. K. Lavater, C. Garve, J. v. Sonnenfels, J. H. Campe, C. M. Wieland, J. J. Winckelmann, J. G. Hamann, S. Geßner, J. C. Wezel, J. J. W. Heinse, G. C. Lichtenberg, J. Möser und F. H. Jacobi.

171

Häufig wurde bei essayistischer Schreibweise im späteren 18. Jh. nicht die Briefform schlechthin, sondern die speziellere des Reisebriefs verwendet. So sind H. P. Sturzens ›Briefe, im Jahre 1768 auf einer Reise im Gefolge des Königs von Dänemark geschrieben‹ (1777/78) erste »geographisch-länderkundlich schildernde Essays«. (Berger 1964, S. 203) Ganz ähnlichen Charakter haben G. Forsters klassische Prosa repräsentierende ›Ansichten vom Niederrhein …‹ (1791-94), die aus Reisebriefen hervorgegangen sind.

Sehr selten dagegen sind im 18. Jh. noch zeithistorische Briefessays. Ein Muster dafür haben wir in J. G. Seumes ›Zwei Briefen über die neuesten Veränderungen in Rußland seit der Thronbesteigung Pauls des Ersten‹ (1797) vor uns.

Auch die Klassiker haben für ihre essayistischen Produktionen gern die briefliche Form benutzt. Herder hat sie sogar bevorzugt. Er hat allerdings schon in seiner frühen Sammlung von ›Fragmenten über die neuere deutsche Literatur. … Beilage zu den Briefen, die neueste Literatur betreffend‹ (1767/68) mit einer schwächer ausgeprägten Brieffiktion als Lessing gearbeitet (er kommt z.B. ohne Anrede aus). Herders literaturgeschichtlich so folgenreicher ›Auszug aus einem Briefwechsel über Ossian und die Lieder alter Völker‹ (1773) nutzt, wie der Titel bereits ankündigt, abermals die Möglichkeiten der Brieffiktion. Auch sonst hat Herder, der ›Unsystematiker‹, eine große Vorliebe für epistolar eingerichtete Essays entwickelt. Als bedeutendste klassische Essaysammlung überhaupt werden Herders ›Briefe zur Beförderung der Humanität‹ (1793-97) angesehen. (Vgl. M. Bense 1952, S. 62.) Aus der gleichen Zeit stammt Schillers philosophisches Hauptwerk ›Über die ästhetische Erziehung des Menschen, in einer Reihe von Briefen‹ (1795), das in die Tradition des begrifflichen Essays gehört – das jedoch die Briefform nicht ganz durchhält. Zu berücksichtigen sind hier aus der Zeit der Klassik ebenfalls diejenigen Briefe Goethes an Schiller, Zelter, Humboldt usf. (wie auch diejenigen Schillers an Goethe), welche »fragmentarische Essays in Fülle« enthalten (Berger 1964, S. 210), obwohl bei ihnen die Form des Briefes nicht als Einkleidung oder Verkleidung benutzt worden ist und insofern keine uneigentliche Verwendung der Briefgestalt vorliegt.

»Essayhaft fingierte(n) Brief[e]« (Rohner 1966, S. 360) haben dagegen auch etliche Autoren der Romantik verfaßt. Bedeutende Beispiele dafür sind etwa Novalis‹ Sendschreiben ›Die Christenheit oder Europa‹ (1799), F. Schlegels ›Brief über den

Roman‹, der einen Teil des ›Gesprächs über die Poesie‹ (1800) bildet, und K. W. F. Solgers Abhandlung über Goethes ›Wahlverwandtschaften‹ (1809), die der Form eines Briefes nahekommt.

Das 19. Jh. bringt abermals eine Fülle hochrangiger essayistischer Literatur hervor. Man wird sich nunmehr erst eigentlich der Besonderheit der Gattung Essay bewußt. Demgegenüber nehmen Zahl und Bedeutung des Briefessays, verglichen mit der essayistischen Gesamtproduktion, seit der Romantik auffallend ab. Das 19. Jh. findet an der artifiziellen Verwendung der Briefform längst nicht mehr soviel Geschmack wie das 18. Neben dem Briefgedicht und dem Briefroman büßt auch der Briefessay seine Gunst beim Lesepublikum weitgehend ein, womit sich erweist, daß beim Essay die Briefform ebensowenig wie beim Gedicht und beim Roman wesensnotwendiger Bestandteil des Genres ist, vielmehr bloß akzidentell. Dies ist zu betonen angesichts der Tatsache, daß in Deutschland die Anfänge der essayistischen Schreibweise im 18. Jh. so eng mit der Briefform verbunden sind, wie auch im Hinblick darauf, daß selbst unter den ältesten Vorläufern und Vorformen des Essays in der römischen wie in der deutschen Literatur (bei Cicero, Seneca und Luther etwa) immer schon »epistolare Formen« mit im Spiel gewesen sind. (Just 1960, Sp. 1910; vgl. auch Haas 1969, S. 12.) Das Aufkommen und die Entfaltung essayistischer Literatur in Frankreich und England im 17. und in Deutschland im 18. Jh. sind so unübersehbar mit der Briefform verquickt, daß Just feststellen konnte:

Bei essayistischen Briefen bzw. Briefstellen (...) handelt es sich meist (...) um eindeutige Beispiele der Essay-Gattung (...). Äußere und innere Zielrichtung des Briefes fallen dabei mit dem essayistischen Anliegen in eines zusammen. (1960, Sp. 1909)

Was bei der Essay-Prosa nur »unsichtbar, wasserzeichengleich« vorhanden ist (Just 1960, Sp. 1907), nämlich die dialogische Struktur, ist beim Brief offenkundig und unmittelbar konstitutiv.

Daß sich der Essay seit der Romantik immer stärker von epistolarer Formgebung gelöst hat und daß er sich im 19. und 20. Jh. nur mehr vergleichsweise selten in der Briefform darbietet, hat Helga Bleckwenn (1974) zu der radikalen Frage veranlaßt: »Ist der Essay als Mitteilungsform an die Stelle des (fingierten) Briefes getreten?« (S. 122) Sie vertritt sogar den Standpunkt, man sollte die großen literaturkritischen und philosophischen

Briefe Lessings, Herders und Schillers, da sie »der Form nach nun einmal Briefe« seien, aus der Geschichte des deutschen Essays ausschließen. (1974, S. 122) Dem ist entgegenzuhalten, daß die briefliche Form dem Essay eben nur akzidentell, nicht wesensimmanent ist. Teilweise schon in der Frühzeit, aber auch im 18. Jh., der Hochzeit epistolarer Essay-Gestaltung, und vollends im 19. und 20. Jh. hat sich gezeigt, daß der Essay nicht auf die Briefform angewiesen ist. Er präsentiert sich auch gern in der Gestalt der essayverwandten Gattungen des Dialogs, der Rede, der Abhandlung, des Traktats, des Aphorismus, des Feuilletons, ja selbst als Roman- oder Tagebuch-Passage. Da sich dem Essayisten »mehrere Formen anbieten« können, »die rein formal nicht Essays sind«, läßt sich der Essay auch »nicht allein nach formalen Prinzipien bestimmen«. (R. Exner 1962, S. 177) Daher muß der Brief ebenfalls als eine unter zahlreichen anderen möglichen Essayformen angesehen und interpretiert werden, die sich jedoch mitunter auch zur strenger strukturierten ›Epistel‹ formalisieren kann – wie etwa im Falle der Brief-Aufsätze H. v. Kleists (vgl. hierzu H. J. Kreutzer 1968, S. 203) –, ja sogar Versgestalt annehmen kann – wie im Falle der in der deutschen Literatur freilich fast singulären ›Moralischen Briefe in Versen‹ (1752) und der ›Briefe von Verstorbenen an hinterlassene Freunde‹(1753) von Wieland.

Seit der Romantik haben deutsche Essayisten ihre Produkte zwar, wie erwähnt, sehr viel seltener als in der Zeit davor unter der Form des wirklichen oder fingierten Briefes »versteckt« (Rohner 1966, S. 487), dafür aber dürfte der Grad der formkünstlerischen Bewußtheit, mit der sie sich zur Wahl gerade dieser literarischen Gestalt entschlossen, im Laufe des 19. und 20. Jhs. größer geworden sein. Denn auffallenderweise gehört zu den hochrangigen Beispielen der modernen deutschen Essayliteratur eine ganze Reihe besonders erwähnenswerter Epistolaressays. Hinzuweisen wäre da etwa auf C. G. Jochmanns ›Briefe eines Homöopathischgeheilten an die zünftigen Widersacher der Homöopathie‹ (1829), auf Reisebriefe wie L. Börnes ›Briefe aus Paris‹ (1832), H. v. Pückler-Muskaus ›Briefe eines Verstorbenen‹ (1830-32), H. v. Moltkes ›Briefe über Zustände und Begebenheiten in der Türkei aus den Jahren 1835 bis 1839‹ (1841) und desselben Verfassers ›Briefe aus Rußland‹(1877) (vgl. hierzu auch 4.3.2., S. 115 ff.), auf K. Hillebrands ›Zwölf Briefe eines ästhetischen Ketzer's‹ (1874) und L. Bambergers sog. ›Weihnachtsbriefe‹ (1899).

Als ein Höhepunkt in der Geschichte des jüngeren deutschen Essays am Beginn unseres Jahrhunderts gilt in der Forschung unbestritten H. v. Hofmannsthals Werk ›Ein Brief‹ (›Brief des Lord Chandos‹) (1902), der zugleich das «berühmteste deutsche Beispiel eines Epistolar-Essays» ist. (Rohner 1966, S. 467) Ein weiterer bedeutender briefförmlicher Essay ist ebenfalls Hofmannsthals Prosastück ›Briefe des Zurückgekehrten‹ (1908). Briefessays finden sich dann aber auch im Werk so wichtiger Autoren des 20. Jhs. wie dem R. Borchardts, R. M. Rilkes, G. Lukács‹, G. Benns, A. Döblins, R. A. Schröders, R. Kassners, E. W. Eschmanns, E. und F. G. Jüngers, H. Bölls, P. Suhrkamps, Ch. Enzenbergers und Christa Wolfs.

Rohner meint, daß der Essay gerade dort hohen »künstlerischen Rang« erreiche, »wo er (...), mit künstlerischer Ironie die Gestik des Briefs (...) fingiert, wo er sich den imaginären Partner selbst schafft.« (1966, S. 466) Dies gilt vorzüglich von den epistolaren Formen des Essays in unserem Jahrhundert, welche artistisch-raffiniert die dialogische Tiefenstruktur ausnutzen, die die prinzipielle Verwandtschaft von Brief und Essay begründet. Daß es nach der Ansicht Bergers in einem Briefessay keinen echten inneren Dialog gebe, weil das »imaginäre Du des fingierten Briefes (...) kaum personhaltiger als jeder imaginäre Leser« sei (1964, S. 40f.), kann man nicht mehr als ernsthaften Einwand gegen Art und Rang brieflicher Essayformen betrachten. (Überhaupt werden Bergers teilweise mit polemischem Ingrimm vorgenommene Abgrenzungsversuche zwischen echten und Pseudo-Essays generell, zwischen scheinbaren und wirklichen Briefessays u.ä. der Offenheit dieser Gattung für Themen, Formen und Stillagen, die sich der Essay im Laufe seiner Geschichte erschlossen hat, nicht gerecht.)

Abschließend bleibt festzuhalten: Der Essayist, der sich mehr oder minder bewußt der Briefform bedient, verwendet diese grundsätzlich in ›uneigentlicher‹ Weise. Dabei ist nicht ausschlaggebend, ob er sich einen »imaginären Partner« (Rohner) schafft. Auch beim Briefessay gibt es, wie seine Geschichte zeigt, bei der uneigentlichen Verwendung der epistolaren Formen verschiedene Grade und Varianten der Fingierung. Schon der Essay, der sich explizit als Brief eines realen Verfassers an einen realen Adressaten darbietet, überschreitet die Grenzen des ›eigentlichen‹ privaten Briefes, wenn sein bedeutender Inhalt erkennbar auf mehr als den unmittelbar angesprochenen einzelnen Empfänger berechnet ist. Das ist beispielsweise der Fall bei Schillers Briefen ›Über die ästhetische Erziehung des

Menschen‹, die an seinen Wohltäter, den Prinzen F. C. v. Schleswig-Holstein-Augustenburg, gerichtet waren; das ist der Fall bei Rilkes essayhaften Briefen über Cézanne (1907), die für seine Frau Clara Westhoff bestimmt waren; das ist der Fall bei Lukács‹ Essay ›Über Wesen und Form des Essays‹, der zunächst als ›Brief an Leo Popper‹ (1911) verfaßt worden ist, und das ist schließlich auch der Fall bei E. Penzoldts ›Episteln‹ (1949) – kleinen intimen Kurzessays im Plauderton, die aus Briefen an eine reale (ungenannt bleibende) Geliebte hervorgegangen sind. Daß der anscheinend private Charakter all dieser (und vergleichbarer) Briefe nicht ›ernst zu nehmen‹ ist, erhellt schon daraus, daß die Verfasser solcher briefessayistischer Darbietungen diese noch bei Lebzeiten zum Druck befördert haben.

Wählt oder nennt nun der Autor eines Briefessays einen imaginären Adressaten (so daß automatisch auch die Briefsituation als solche eine fingierte ist) oder erfindet er gar Empfänger und Schreiber seiner Mitteilungen, so läßt er gewissermaßen die Maske gleich fallen: Der überprivate Charakter seines Briefes ist offenkundig wie zumeist auch die »künstlerische(r) Ironie«, mit der die »Gestik des Briefes« (Rohner) vorgegeben wird. An einen imaginären, ja fabulosen Adressaten richtet beispielshalber E. Jünger seinen ›Sizilischen Brief an den Mann im Mond‹ (in: ›Blätter und Steine‹, 1934), und in Herders ›Briefen zur Beförderung der Humanität‹ sind die vorgeblich Briefe wechselnden »Freunde« – also Schreiber *und* Empfänger – gleichfalls erdachte Gestalten. Die Qualität des Imaginativen liegt natürlich auch dann vor, wenn der Adressat eine historische Person ist, die schon längst nicht mehr lebt: Hofmannsthal läßt seinen erfundenen Lord Chandos an den historischen Francis Bacon schreiben. Besonders weit treibt das Spiel mit der uneigentlichen Verwendung, sprich: mit potenzierter Fingierung der Briefform Wieland in seinem späten Werk ›Aristipp und einige seiner Zeitgenossen‹ (1800/01); denn er hat in diesem Briefroman aus den ohnehin ja schon fiktional-künstlerischen Zwekken dienenden Briefen vielfach noch (zumal im 4. Teil) epistolare Essays gemacht oder doch viele Briefe zu ausgedehnten essayartigen Darlegungen benutzt, so daß der durch die Briefroman-Konstruktion bedingte Charakter (fingierter) ›Privatbriefe‹ darüber fast verblaßt. Und nicht weniger artistisch ist das Verfahren, das W. Jens in seinem ›Dialog über den Roman‹ genannten Werk ›Herr Meister‹ (1963) angewandt hat. Der ›Dialog‹ besteht nämlich aus einem fingierten Briefwechsel (mit der aus der Geschichte des Briefromans geläufigen Herausgeber-Fiktion), in welchem sich ein Schriftsteller A. mit einem Literarhistoriker B. über ein Romanprojekt austauscht, was zu vielfach grundlegenden romanästhetischen Darlegungen Anlaß gibt. Das Ganze wirkt wie ein Groß-Essay in briefdialogischer Form.

Das zuletzt behandelte Beispiel verweist darauf, daß auch in unserem Jahrhundert die Chance der sekundären Verwendung der Briefform zugunsten essayistischer Darstellungsweise von namhaften Autoren weiterhin wahrgenommen wird. Parallel zur Abnahme der Bedeutung des persönlichen Briefes seit dem 19. Jh. hat die Anwendung epistolarer Formen im Bereich des essayistischen Schrifttums allerdings quantitativ ebenfalls stark abgenommen.

4.6. Epistolare Lyrik

4.6.1 Briefgedichte – Gedicht-Briefe

Die älteste und zugleich von der Form des pragmatischen Prosabriefs am weitesten entfernte Spielart des Briefes in literarischer Verwendung ist das Briefgedicht, bei welchem es sich nicht so sehr um einen »»Brief in Gedichtform‹« handelt als vielmehr um ein »Gedicht, das als Botschaft oder anstelle eines Briefes« abgesandt worden ist. (M. Motsch 1971, S. 390 f.) Solche »poetischen Liebesgrüße« dürften schon die ›winileods‹ in karolingischer Zeit gewesen sein. (H. de Boor 1964, S. 240) Auch der bekannte erste Text aus ›Des Minnesangs Frühling‹ »Du bis mîn, ich bin dîn« kann als ein solches Briefgedicht in Reimprosa gelesen werden. Später hat Ulrich von Lichtenstein seiner Dame manche seiner ›Lieder‹ gewissermaßen anstatt eines Briefes zukommen lassen. (Vgl. hierzu 2.1., S. 32 f.) Die Minnedichtung ist überhaupt zu guten Teilen »Grußpoesie«. »Der poetische Liebesgruß ist dabei nicht nur konventionelle Botschaft, sondern didaktisches Mittel zur Erlernung des höfischen Tons.« (Grenzmann 1958, S. 194)

Für die Ermittlung von Briefgedichten in der späteren deutschen Literatur ist die oben zitierte sehr einengende Kennzeichnung dieses Typs bei Motsch nur bedingt von Nutzen. Strenggenommen wären danach nur alle die Gedichte als Briefgedichte zu klassifizieren, die nachweislich anstelle einer persönlichen

brieflichen Botschaft einem bestimmten Adressaten übermittelt
worden sind. Die formalen Merkmale der Briefgedichte, bei denen dieser Nachweis möglich ist, sind aber größtenteils so un-
spezifisch, daß an ihnen allein ein Briefgedicht als solches nicht
sicher erkannt werden kann. Die recht zahlreichen Gedichte
Goethes ›An Frau von Stein ...‹ zwischen 1776 und 1786 z.B.,
die großenteils den Briefgedicht-Kriterien von Motsch entsprechen und in der Tat an die Stelle eines okkasionellen Briefes getreten sind, bieten in Aufbau und Stil so wenig brieftypische
Kennzeichen, daß die Texte dieser Gedichte nicht immer klar
von solchen Gedichten zu unterscheiden sind, die einer bestimmten Person *gewidmet* wurden oder die eine stilisierte *Ansprache* an jemanden oder eine gedachte *Aussprache* mit jeman-
dem enthalten. Briefgedichte im Sinne Motschens dürften sonach in der Briefdichtung nur eine etwas unsichere Randstel-
lung einnehmen können. Dort, wo für den Literarhistoriker die
briefvertretende Funktion eines Gedichtes nachweisbar ist,
sollte man daher besser von Gedicht-Briefen sprechen, mit welchem Terminus auch wohl die »üblichen Reimereien auf Glückwunschkarten«, die Motsch dem Typus Briefgedicht zugeschla-
gen wissen will (1971, S. 391), glücklicher bezeichnet wären.

Gedicht-Briefe hat Goethe z.B. fast während seines ganzen
Lebens verfaßt. 1770/71 gingen Billette in Gedichtform nach
Sesenheim, 1773 wechselten Goethe und Gotter Gedicht-Briefe
miteinander. Des weiteren hat Goethe Gedicht-Briefe an J. H.
Merck, an Auguste v. Stolberg, »An Lottchen«, an Schlosser,
Tischbein, C. G. v. Voigt, A. v. Humboldt u.v.a. geschickt.
Gedicht-Briefe findet man gleichfalls in der Korrespondenz vieler seiner Zeitgenossen – bei Merck und G. C. Lichtenberg
etwa, aber auch in der Korrespondenz von Goethes Mutter Catharina Elisabeth. Der wichtigste Gedicht-Brief-Schreiber der
Romantik ist C. Brentano gewesen, der zumal in seiner Frühzeit recht umfangreiche Gedicht-Briefe produziert hat. Ja, gelegentlich kam es sogar zu Gedicht-Brief-Wechseln zwischen ihm
und seinen Partnern, u.a. mit der poetisch begabten Sophie Me-
reau. Auch seine Schwester Bettina liebte es, in ihre Briefprosa
Versgebilde hineinzumischen. Bei Clemens erreichen die Gedicht-Briefe indes eine neue ›literarische‹ Qualität, die die spezifische Relevanz epistolarer Formgebung für Brentanos Dichtung überhaupt deutlich macht. In seinen Briefen und Gedichten an Emilie Linder nämlich hat er versucht, die Geliebte seiner
späten Jahre zu poetisieren und zu pseudonymisieren, indem er
»durch die Darstellung seiner Liebe zu Emilie für eine reale oder

fingierte dritte Person die eigentliche Adressatin in die Rolle der Leserin« drängte.

In der Vorstellung des Autors wird durch solche ›Liebesbriefe an Dritte‹ die Esoterik der Korrespondenz aufgebrochen, die Beschränkung auf das intime Liebesgespräch aufgehoben und der Brief, das Brief-Gedicht [nach meiner Terminologie: Gedicht-Brief, R.N.] einem imaginierten Publikum erschlossen. (K. Feilchenfeldt/W. Frühwald 1976, S. 221)

Nach dem Ende der romantischen Ära ist der Gedicht-Brief nur mehr sehr selten in der deutschen Briefliteratur anzutreffen, vereinzelt etwa bei K. L. Immermann und Annette v. Droste-Hülshoff oder bei Heine, relativ zahlreich dagegen ist er noch bei F. Rückert. Ansonsten sinkt der poetische Gedicht-Brief ab in die Niederungen trivial-klischeehafter Liebesgrüße in Reimform, die auf Jahrmärkten feilgeboten werden. (E. Meyer 1903, S. 408) Am Ende des 19. Jhs. schreiben ab und zu wieder anspruchsvolle Gedicht-Briefe W. Busch und D. v. Liliencron.

In der Literatur des 20. Jhs. ist epistolare Poesie nahezu eine Rarität geworden. Gedicht-Briefe sind (bis auf ein Stück) alle an ein weibliches Du gerichteten ›Reisebriefe eines Artisten‹(1927) von J. Ringelnatz. Am bemerkenswertesten unter den Gedicht-Briefen unseres Jahrhunderts sind womöglich W. Mehrings zwölf ›Briefe aus Mitternacht, 1937–1941‹ (1971), die um 1940 entstanden sind und das schwere Schicksal des antifaschistischen Exilanten thematisieren. Sie wenden sich an die ferne Geliebte ›Hertha‹. Jeder Gedicht-Brief besteht aus mehreren achtzeiligen Strophen.

Briefgedichte im weitesten Sinne des Begriffs sind R. Leonhards ›Briefe an Margit‹(1919), A. Ehrensteins ›Briefe an Gott‹(1922), R. M. Rilkes ›Briefwechsel in Gedichten‹ mit der Österreicherin Erika Mitterer (entstd. zwischen 1924 u. 1926) und G. Benns später lyrischer Text ›März. Brief nach Meran‹(1952). Während im Fall der Prosa- und Versgedichte der beiden Expressionisten Leonhard und Ehrenstein (der erstere feiert hymnisch, der letztere klagt hiobgleich) die Bezeichnung ›Briefe‹ eher nur eine (ironische) Metapher ist für Botschaften an die überhöhte Geliebte bzw. an ein als unerreichbar erfahrenes Wesen und in Rilkes Gedicht-Botschaften an die Partnerin (die ihrerseits auch mit Versen antwortet) der Terminus ›Brief‹ gar nicht auftaucht, richtet der alte Benn die Verszeilen seines ebenfalls ›Brief‹ genannten Gedichtes sehnsüchtig an die Mandel- und Forsythienblüten des milden Meran im Süden. Mit einigem Abstand könnte man hier noch an einige angeblich

179

zwischen 1941 und 1943 entstandene Gedicht-Briefe G. Fore-
stiers (eigentl. K. E. Krämer) nennen, die dieser von der Front
an seine (fiktive?) Geliebte Jeanette richtete (enth. in: ›Briefe an
eine Unbekannte‹, 1955).

4.6.2. Poetische Episteln

Motschens oben angeführte Ausgrenzung der nur vage kontu-
rierten Textsorte der Gedicht-Briefe aus dem Gebiet der Briefdichtung hat immerhin den Vorteil, daß der sog. ›poetischen
Epistel‹ recht eindeutige Formmerkmale zugesprochen werden
können. Ihr hat Motsch selbst eine eingehende Untersuchung
gewidmet (1974). Ihre Blütezeit hatte die poetische Epistel im
17. und 18. Jh. Sie wurde damals zumeist als ›poetisches Schreiben‹ bzw. ›Sendschreiben‹ oder auch einfach als ›Brief‹ bezeichnet. Sie mußte sich an einen bestimmten Empfänger wenden
und mußte dementsprechend die Bestandteile Anrede, Mitteilung und Schluß enthalten. Wenngleich die meisten der poetischen Episteln tatsächlich an einen echten Empfänger gesandt
wurden, waren sie im Grunde doch für einen größeren Leserkreis bestimmt. So blieben denn des öfteren auch Anrede- und
Schlußformeln weg, wurde der Adressat nur recht allgemein
oder auch unter einem Pseudonym angesprochen. Schließlich
konnten sogar Absender und Adressat fiktiv sein. Strengeren
Aufbaugesetzen war die poetische Epistel nicht unterworfen.
Strophische Gliederung oder komplizierte Versmaße waren
nicht üblich oder gar verbindlich. Etwa bis zur Mitte des 18.
Jhs. war der Alexandriner vorherrschend. Danach bedienten
sich die Autoren freierer Versmaße, meistens jambischer 4-, 5-
und 6-Heber, die überdies noch innerhalb der Epistel in freier
Abfolge gebraucht wurden. Die Anordnung des Reims, der als
Paar- oder Kreuzreim bis etwa 1750 für die poetische Epistel
praktisch obligatorisch war, behandelte man in der zweiten
Jahrhunderthälfte ebenfalls freier. Auch galt der Reim nun als
solcher nicht mehr als unumgänglich. In stilistischer Hinsicht
sah man, wegen des brieflichen Grundcharakters der poetischen
Epistel, einen ungezwungen-natürlichen Ton und eine mittlere
Stillage als angemessen an. (Motsch 1974, S. 81-90)
  Die Geschichte der poetischen Epistel reicht zurück bis in die
römische Literatur der Antike. Als Urmuster galten die Episteln des Horaz und Ovids. Ihnen waren auch die verschiedenen poetischen Episteln in lateinischer Sprache verpflichtet, die

im frühen Mittelalter – seit karolingischer Zeit – im Rahmen der Korrespondenz zwischen gelehrten Klerikern (Alcuin, Paulus Diaconus, später Walahfrid Strabo, Notker Balbulus u.a.) oder dann im 11. und 12. Jh. auch zwischen Klerikern und Nonnen adliger Herkunft gewechselt wurden. Poetische Episteln im strengeren Sinne kamen in der deutschsprachigen Literatur des frühen und hohen Mittelalters nicht vor. Für die eigentliche poetische Epistel fehlte es noch an einem ausreichend lesekundigen Publikum. (Motsch 1974, S. 13-22)

Es war nur folgerichtig, daß die Bewunderung der deutschen Humanisten für die antike Literatur auch der Episteldichtung der römischen Dichter Horaz und Ovid galt. So erfreute sich die poetische Epistel bald in der neulateinischen Literatur des 15. und 16. Jhs. einiger Beliebtheit. Man wählte dabei oft die »Einkleidung der Elegie« nach dem Vorbild Ovids. (Motsch 1974, S. 24) Solche elegischen Episteln schrieben insbesondere Eobanus Hessus und seine Freunde, aber auch Ulrich v. Hutten u.v.a. Parallel zu diesen Versuchen der Humanisten, poetische Episteln nach antikem Vorbild zu gestalten, gab es eher vereinzelt Bemühungen, Kunstformen des ritterlichen Hochmittelalters wiederzubeleben. Z.B. richtete der Ritter Püterich von Reichertshausen 1462 einen ›Ehrenbrief‹ – eine große Versepistel in Titurel-Strophen – an die Erzherzogin Mechthild von Österreich.

Demgegenüber gehört die poetische Epistel zu den »frühesten Formen der deutschsprachigen ›Kunstdichtung‹« des 17. Jhs. (Motsch 1974, S. 30) Anscheinend hat M. Opitz mit seinen strengeren Ansprüchen an die Dichtung und eigenem Beispiel (vgl. etwa sein Poem ›Zlatna‹ von 1623) auch der Gattung der poetischen Epistel den Weg aus der Gelegenheitspoesie in die ernster zu nehmende Literatur gebahnt. Aber noch 1659 publizierte der Bremer E. Gärtener seine ›Anbind-Brieflein, Oder Nahmen-Tages Ehrbegängnüß ...‹ als Muster für Glückwünsche in Form von versifizierten ›Brieflein‹, die man bei den entsprechenden festlichen Anlässen rasch verfertigen konnte. Verbindliches Versmaß für diese Dichtart war der Alexandriner.

Recht zahlreich sind die Stücke, die P. Fleming zu der neuen Gattung beisteuerte. Von A. Gryphius gibt es nur einige wenige. Die Nähe der poetischen Epistel zur Gelegenheitsdichtung überwand erst ganz Ch. Hofmann v. Hofmannswaldau, der sie (wohl aufgrund von in Frankreich empfangenen Anregungen) zu einem wichtigen Bestandteil der aufkommenden galanten Poesie in Deutschland machte. Ausschließlicher Gegenstand seiner formgewandten poetischen Episteln sind Liebesangelegenheiten; die Adressatinnen sind fiktiv. Auf der Linie galanter Liebesdichtung, wie sie Hofmannswaldau eingeschlagen hatte, blieben G. S. Corvinus und – in den Anfängen seiner Epistel-Dichtung – J. Ch. Günther. Andere Autoren haben zwar auch formal von Hofmannswaldau gelernt, behandelten aber in ihren Episteln ganz andere Themen oder fanden zu einer neuen Tonart und Aussageweise. H. Mühlpfordt z.B. benutzte die Form des poetischen Briefs insbesondere zur Abfassung von tief anteilnehmenden ‹Trost-Schreiben›. Die zahlreichen – nach 1676 geschriebenen – poetischen Episteln von F. R. L. v. Canitz zeigen eine erfrischend vernünftig-natürliche Schreibart. Er wechselte solche poetischen Schreiben auch mit seinen Freunden. Im gleichen Stil verfaßte A. Gryphius' Sohn Christian seine poetischen Episteln. Jedoch wandte er sich in ihnen gegen die Antike und gegen die zeitgenössische galante Liebesdichtung. In der Ablehnung der letzteren folgten ihm später G. Stolle und B. Neukirch, die ehemals selber galante Episteln verfaßt hatten. Bei Neukirch wird der Stilwandel zum Vernünftig-Rationalen hin besonders deutlich. Er hat eine Reihe fiktiver Episteln verfaßt, die – meist in der Form von Briefpaaren – moralisch-erbauliche Anweisungen geben. In diesen Briefpaaren wendet sich ein Briefpartner (vorwiegend antike griechische Persönlichkeiten) an den anderen und bittet ihn um Rat oder Beistand in einer schweren Lebenslage. Die Antwort darauf enthält das Erbetene.

Die Form der poetischen Epistel ist in der galanten Epoche am häufigsten von Günther gebraucht worden. Die von ihm gestalteten Episteln weisen inhaltlich die größte Spannweite von allen spätbarocken und galanten Dichtern auf. Die Form wird von ihm gleichfalls freier und variationsreicher gehandhabt, wenngleich der paarreimige Alexandriner auch bei ihm überwiegt. Vorbild waren für den – sogar von Gottsched gelobten – Brief-Dichter Günther Horaz und Ovid mit ihrer stoisch-epikureischen Lebensauffassung. Die Adressaten seiner Versbriefe waren Geliebte, Freundinnen, Gönner, Kommilitonen. Als eines der bedeutendsten Beispiele für die Günthersche Brief-Dichtung ist die aus 28 sechszeiligen Strophen bestehende Epistel ›An Herrn Marckard von Riedenhausen‹ (1720) anzusehen, in der die für die poetische Epistel kennzeichnende Verbindung von allgemeingültigen und persönlichen Elementen besonders eindrucksvoll gelungen ist.

Die zunehmende Beliebtheit der poetischen Epistel seit dem Ende des 17. Jhs. führte dazu, daß sie vom Beginn des 18. Jhs. an auch immer häufiger poetologischer Betrachtung unterzogen wurde; so in den Poetiken von M. D. Omeis (1704), E. Neumeister (1712), E. Uhse (1715) und in manchen Briefstellern. Ausführlich wird die poetische Epistel in Gottscheds ›Critischer Dichtkunst‹ von 1730 behandelt, der zwischen ernsthaften, lustigen und satirischen Episteln unterschieden wissen will. Spätere Poetiker und Ästhetiker des 18. Jhs (z.B. Ch. H. Schmid, J. J. Dusch und J. J. Eschenburg) sowie auch Dichter poetischer Episteln selbst befaßten sich theoretisch ebenfalls mit dieser Spezies der Briefdichtung. Übereinstimmend betrachteten Theoretiker und Dichter – bis hin zu Wieland, Goethe und Schiller – sie als eigenständige Dichtart, für die Horaz das unübertroffene Muster geliefert hatte.

Die Zahl der Autoren des 18. Jhs., die sich in der Dichtungsart der poetischen Epistel versucht haben und zu dem Genre mehr oder minder umfangreiche bzw. mehr oder minder bemerkenswerte Arbeiten beigesteuert haben, ist überaus groß. Da die formal lockere Handhabung des poetischen Briefs, wie sie sich zumal seit der Jahrhundertmitte durchsetzte, ihn ebenso wie die thematisch praktisch unbeschränkten Möglichkeiten auch als besonders kommode Form der Gelegenheitsdichtung brauchbar erscheinen ließen – die viel genutzt wurde –, dürfte die Menge der ungedruckt gebliebenen poetischen Episteln ebenfalls sehr groß sein. Es müssen hier deshalb wenige Hinweise auf die wichtigsten Verfasser und Erscheinungsformen der poetischen Brief-Dichtung des 18. Jhs. genügen.

Dem optimistischen Interesse der Epoche an moralischen und erzieherischen Fragen entspricht es, daß in vielen poetischen Episteln allgemein-didaktische Momente die persönlichen dominieren. Das gilt vor allem von den einschlägigen Versuchen J. Ch. Cunos, von Wielands ›Zwölf Moralischen Briefen in Versen‹ (1752) und auch von einigen poetischen Episteln J. P. Uzens, L. H. v. Nicolays oder Ch. A. Tiedges.

Dagegen liegen ganz auf der traditionellen Linie der poetischen Epistel als Gelegenheitsdichtung die sehr zahlreichen Freundschafts-, Liebes- und Trauer-Episteln, wie sie von Anakreontikern und Dichtern in der Epoche der Empfindsamkeit verfaßt wurden. Als bekanntere Autoren wären hier zu nennen Anna Luise Karsch, J. W. L. Gleim, L. F. G. v. Goeckingk, Elisa v. d. Recke und Goethe (mit seinen Episteln an Friederike Oeser, Merck, Herder, Schlosser, Gotter und Silvie v. Ziegesar).

Es überwiegen jedoch in der poetischen Epistel-Literatur des 18. Jhs. die Arbeiten, »die auf eine weniger persönliche Art allgemein interessierende Themen aufgreifen und besprechen.« (Motsch 1974, S. 94) Vielfach werden Fragen der rechten Lebenshaltung (das ›Glück des Weisen‹), religiöse Grundfragen, die Frage nach den Grenzen der Vernunft u.dgl. m. in den poetischen Episteln Anna Helena Volckmanns, Christiana Mariana v. Zieglers, Sidonia Hedwig Zäunemanns, Uzens, J. N. Götzens, F. v. Hagedorns, Wielands, N. D. Gisekes, Gotters, Gellerts, Duschs, Bodmers, E. K. K. Schmidts, Goeckingks, J. F. v. Cronegks, Tiedges, J. E. Schlegels, A. v. Hallers, J. G. Jacobis, Lessings, Goethes, G. K. Pfeffels u.v.a. behandelt. Eine sehr große Rolle spielte für die poetische Epistel der Zeit auch das Thema der Literaturkritik, der adäquaten Aufgabe für Dichter und Dichtung. Endlich bediente man sich auch der Form des poetischen Briefes bei polemischen und satirischen Angriffen – z.B. in den teilweise heftig geführten literarischen Fehden zwischen Gottsched und den Schweizern, zwischen Dusch und Uz oder zwischen Wieland und Uz.

Nach den bislang vorliegenden Forschungen (insbesondere Motschens) sieht es so aus, als habe das 19. Jh., mit Ausnahme der Biedermeierzeit, für die Form und die Ausdrucksmöglichkeiten der poetischen Epistel nur noch wenig Sinn gehabt. (Goethe schreibt nach 1794 keine Epistel mehr.) Die Epistel wird zwar noch als literarische Ausdrucksform benutzt – aber nur mehr von weniger bedeutenden Dichtern wie E. Schulze, A. v. Platen, N. Lenau und F. Rückert. Bei C. Brentano und J. Kerner findet die poetische Epistel nur noch für okkasionell-gesellige Zwecke Verwendung. Als lockere, anmutige Form der Gelegenheitsdichtung erfreut sich die Versepistel aber noch einmal etlicher Beliebtheit im Biedermeier.

Der einzige Autor von Rang, der im 19. Jh. die poetische Epistel als literarische Gattung noch ernst nahm, war E. Mörike. Seine etwa zwanzig Episteln sind ein wesentlicher Bestandteil seines Gedichtwerkes, wie G. Rückert und V. G. Doerksen in ihren Untersuchungen (1970 bzw. 1972 u. 1973) nachgewiesen haben. Mit den an fiktive Adressaten gerichteten poetischen Episteln im strengeren Sinne, die knapp die Hälfte aller Briefgedichte Mörikes ausmachen, hat sich der schwäbische Lyriker der Nachklassik bewußt in die Nachfolge Horazens gestellt (auch wenn er im Gegensatz zu dessen Hexametern seine Episteln in jambischen Trimetern oder Senaren schrieb). Bei den anderen ›Episteln‹ Mörikes handelt es sich dagegen um weniger streng gestaltete Produkte, vielmehr um »Gelegenheitsgedichte im besten Sinne« (Rückert 1970, S. 146), die anstelle eines üblichen Briefes an wirkliche Empfänger gesandt worden sind, wie z.B. die späte Epistel ›An Moritz von Schwind‹. Gleichwohl sind auch diese – die Merkmale der poetischen Epistel nicht immer eindeutig wahrenden – Briefgedichte so deutlich literarisiert und so wenig bekenntnishaft-persönlich, daß sie als über ihren Anlaß hinausgewachsene Gestaltungen gelesen werden müssen, zumal sie meist allgemeinere poetische Reflexionen über Freundschaft, Zeit und Tod enthalten.

Am Endes des 19. Jhs. begegnet die poetische Epistel gelegentlich bei D. v. Liliencron und – in größerer Zahl – bei P. Heyse. In der Literatur des 20. Jhs. scheinen von den Ausdrucksmöglichkeiten der poetischen Epistel nur J. Weinheber, B. Brecht (sein lyrisches Werk weist an die dreißig Episteln auf), E. Kästner und E. W. Eschmann (›Tessiner Episteln‹, 1970) Gebrauch gemacht zu haben. Von ihnen hat dabei am ersichtlichsten Brecht an den Ur-Vater der poetischen Epistel, an Horaz, angeknüpft. (Rückert 1970, S. 141 Anm. 63 u. Rückert 1972, S. 67) Ansonsten scheint mit den Formen kultivierter Muße-Beschäftigungen, zu denen das Briefeschreiben mit an erster Stelle gehörte und die das 18. und gutenteils noch das 19. Jh. kannte und schätzte, im 20. Jh. auch die Neigung zum Schreiben poetischer Briefe verschwunden zu sein.

4.6.3. Heroiden

Unter den Zeugnissen der poetischen Epistolographie, bei denen sowohl der Empfänger wie der Absender als fiktive Gestalten fungieren, ist die wichtigste Sonderform zweifellos die Heroide (bzw. der Helden-Brief), die, was ihre Stoffe und Formmerkmale betrifft, so eigentümlich beschaffen ist, daß sie nahezu eine »eigene Gattung« darstellt. (Motsch 1972, S. 390) Unter dem Titel ›Der heroische Brief‹ ist dieses besondere Genre der Briefdichtung von H. Dörrie (1968) erschöpfend untersucht worden. Seine eminent gelehrte Untersuchung galt nicht nur den Helden-Briefen der deutschen Literatur, sondern den heroischen Briefen sämtlicher europäischer Nationalliteraturen (einschließlich der russischen), soweit die heroische Briefdichtung in ihnen eine Rolle gespielt hat – und das hat sie zwischen 1470 und 1840 in den meisten von ihnen. (Unter Hinweis auf die schlechthin umfassende Darstellung von Dörrie wird

hier auf eine ins einzelne gehende Berücksichtigung der briefly-
rischen Sonderform der Heroide verzichtet.)

4.7. Briefroman und Brieferzählung

Im 12. Jh. veränderte sich in Deutschland der Charakter der
Briefsammlungen der ›artes dictaminum‹ auf bemerkenswerte
Weise. (Vgl. hierzu 3.1., S. 77.) Sie dienten vorab nicht mehr
wie vorher dem praktischen Zweck eines abrufbaren Musters
für den Briefurkunden ausstellenden Notar oder Beamten, sondern wurden zu einer Art »Briefchronik« oder »Brieferzählung« (Schuler 1984, S. 379) und eigneten sich so mehr zur Unterhaltung. Die Verfasser benutzten für ihre nunmehrigen
Stoffsammlungen wohlgemerkt fingierte Briefe, wenn sich deren Inhalt von den dargestellten zeitgenössischen historischen
Vorgängen und Personen auch nicht allzusehr entfernte.

Die neue Zielsetzung der Briefsammlungen bedingte auch eine Verän-
derung im Aufbau. Brief und Antwort folgen nun in chronologischer
Reihenfolge regelmäßig aufeinander, um durch den dialogischen Aufbau die für die Unterhaltung notwendige fortlaufende Handlung zu erhalten. (Ebd.)

Dieser Übergang der ursprünglichen Form des mittelalterlichen
Briefstellers zu einer Spezies von – erst latein-, dann aber
deutschsprachiger – Unterhaltungsliteratur ist allerdings zunächst folgenlos geblieben; die literarische Nutzung brieferzäh-
lerischer Ansätze ist nicht weitergetrieben worden. Beachtenswert bleibt indes, wie früh schon bestimmte literarische Ver-
wertungsmöglichkeiten der Briefform im deutschen Bereich erkannt worden sind.

Zu besonderer literarischer und literaturgeschichtlicher Bedeutung ist die fiktionale Verwendung des Briefes und der
Briefform erst im 18. Jh. in der Gestalt des Briefromans gelangt.
Beim Brief im Briefroman erreicht die Fingierung der Briefsituation ihren höchsten Grad, da hier weder der Schreiber noch
der Adressat noch der Anlaß noch der behandelte Gegenstand
real ist. Im 18. Jh. erfreute sich kaum eine andere literarische
Gattung »solcher Beliebtheit« und fand »eine so weite Verbreitung« wie der Briefroman. (W. Voßkamp 1971, S. 80) Der Kul-
minationspunkt dieser Entwicklung ist in Deutschland um 1780
erreicht, und zwar zugunsten einer Art von Briefroman, die

vorzüglich empfindsam-didaktisch ausgerichtet ist. Zwischen 1740 und 1820 sind in Europa mehr als 1000 Briefromane veröffentlicht worden. (F. Jost 1969, S. 199 Anm. 3) Von den erfolgreichsten und begabtesten deutschen Autoren zwischen 1770 und 1810 hat nur Novalis nicht zur Bereicherung des Genres beigetragen. (Jost 1969, S. 181) Als »epische Gattung«, deren Entwicklung in Deutschland mit Sophie v. Laroche's ›Geschichte des Fräuleins von Sternheim‹(1771), Goethes ›Werther‹(1774), Tiecks ›William Lovell‹(1793-96), Hölderlins ‹Hyperion›(1797/99) sowie mit Wielands ›Aristipp‹(1800/02), ›Menander und Glycerion‹(1804) und ›Krates und Hipparchia‹(1805) ihre Höhepunkte erreicht hatte, löst sich der Briefroman erst in der Romantik infolge extremer Subjektivierung, vor allem bei Tieck und Brentano, auf. (D. Kimpel 1961, S. 288) Doch ist ohne den quasi ›erzählerlosen‹ Briefroman und seine Ausfaltung in mannigfache differenzierte Erzählstrukturen die Weiterentwicklung hin zum realistischen und modernen psychologischen Roman mit seiner personalen Erzählsituation bzw. seinem ›standortlosen‹ Erzähler und seinem zumeist multiperspektivischen Zuschnitt schlechterdings nicht denkbar. H. R. Picard (1971) sieht im Briefroman allerdings nur eine ausgesprochene »Übergangsform« zu den großen realistischen Romanen des 19. Jhs. (S. 123) (Ausführl. Übersicht üb. d. dt. Briefromanliteratur v. 18. bis 20. Jh. bei Ilse Weymar 1942; ansonsten vgl. z. Vorstehenden Jost 1980, S. 298 u. S. 303 f.; Picard 1972, S. 123; K. R. Mandelkow 1976, S. 19-22.)

»Das Grundelement aller Formen des Briefromans stellt der Einzelbrief dar.« (Voßkamp 1971, S. 81) Der Brief aber taugte ausnehmend gut für ein Erzählen aus der Ich-Perspektive – ein literarisches Verfahren, das einer Zeit, der Mitteilungen des fühlenden Individuums so viel bedeuteten, über die Maßen sympathisch sein mußte. Damit wurde das sonst übliche auktoriale Erzählen zurückgedrängt.

Eingelegter Einzelbriefe hat man sich in Erzählungen und Romanen seit der hellenistischen Epoche in der Antike bedient. In der deutschen Literatur sind Briefe insbesondere in den Handlungsgang der Schäfer-Romane und der heroisch-galanten Romane des 17. Jhs. eingefügt worden. (Vgl. hierzu 4.4.2., 159 f.) Wird nun der Anteil solcher Briefe (indem der Autor etwa auch einen Antwortbrief oder gar eine längere Folge von Briefen der in der Erzählung handelnden Personen mitteilt) im Vergleich zu den berichtenden Partien des Romans erheblich gesteigert, ist der Weg zu einem Erzählwerk, das den Berichtsanteil entscheidend mindert oder gar ganz verdrängt – wie es zuerst vereinzelt im 17. Jh. in der französischen und englischen Literatur geschieht (vgl. E.Th. Voss 1960, S. 13f. sowie R. A. Day 1966) – nur mehr sehr kurz, und man hat einen Roman, eine Erzählung in Briefen vor sich. Es ist allerdings unmöglich, nachzuweisen, daß es einen kontinuierlichen Übergang vom seit je gebräuchlichen Romanbrief zu dem neuen Briefroman gegeben hat. Vielmehr existierten beide nebeneinander, und so ist der Briefroman eher als eine Sonderform innerhalb der älteren und beständigeren Tradition des Einlage-Briefs anzusehen. (Vgl. Füger 1977, S. 634.)

Der Reiz, den der Brief als konstitutives Element eines literarischen Werkes für Autor und Leser gleichermaßen besaß, resultierte primär daraus, daß der Brief, vor allem seit der Einrichtung eines jedermann zugänglichen regelmäßigen Postdienstes im 18. Jh., bekannt und geschätzt war als ein authentisches privates Lebensdokument. So konnte der Autor bei der Benutzung der Briefform für den Aufbau eines Handlungszusammenhangs darauf rechnen, daß seine Leser diese Darstellung, die sie in der Form von Briefen rezipierten, als besonders glaubwürdig, als besonders ›echt‹ und ›vertrauenswürdig‹ empfinden und goutieren würden, zumal in ihnen fast nur sie speziell interessierende Probleme, Verhaltensweisen und Themen bürgerlich-familiärer Art behandelt wurden. In ihrer Neigung, die Briefe des Briefromans besonders glaubhaft und lebensecht zu finden, mußten seine vorzugsweise bürgerlichen Leser im 18. Jh. mit ihrem zunehmenden psychologischen Interesse für das Innenleben des Individuums noch nachhaltig bestärkt werden durch die Tatsache, daß man in diesem Jahrhundert sich daran gewöhnt hatte, Sammlungen unbezweifelbar authentischer Briefe gedruckt zu lesen zu bekommen.

Andererseits lag es auch für die Verfasser von Musterbriefsammlungen, die damit das rechte Briefschreiben lehren wollten, sehr nahe, die Lektüre ihrer Muster (im Sinne einer Steigerung des pädagogischen Effekts) dadurch anziehender zu machen, daß diese Musterbriefe eine zusammenhängende Handlung, am besten eine Liebesgeschichte, enthielten. Bezeichnenderweise ist das weltliterarisch bedeutsam gewordene Urmuster aller moderneren Briefromane, S. Richardsons ›Pamela‹(1740), »im Zusammenhang eines Briefstellers« entstanden. (Voßkamp 1971, S. 87; vgl. hierzu auch Müller 1980, S. 155.) Die Darstellung der Handlung mittels Briefen hatte jedoch zur Folge, daß im Briefroman, seit Richardson, die Reflexion über Ereignisse immer wichtiger war als diese selbst.

Der Briefroman bezog also in seinen Anfängen seine stärkste Wirkung daraus, daß er mit seiner effektiv uneigentlichen Verwendung der Briefform entschieden auf deren eigentliche, pragmatische zurückverwies. Wenn Bettina v. Armin im 19. Jh., als der Leser des Spiels mit der Fiktionalisierung der Briefform im Briefroman müde geworden war, in ihren Briefbüchern (›Goethes Briefwechsel mit einem Kinde‹, 1835 – ›Die Günderode‹, 1840 – ›Clemens Brentano's Frühlingskranz, aus Jugendbriefen ihm geflochten‹, 1844 – ›Ilius Pamphilius und die Ambrosia‹, 1848) – die man nur mit erheblichem Vorbehalt unter dem Begriff Briefroman subsumieren kann – in großer Zahl authentische Briefe und Briefstücke verwendete, so schien sie das Vertrauen des Lesepublikums in die ‹Echtheit‹ des in Wahrheit Fiktionalen, in die Faktizitätsfiktion des Briefromans wiederbeleben und zurückgewinnen zu wollen.

Der Unterstützung der fiktiven Authentizität, des scheinbar Dokumentarischen der Briefe eines Briefromans nun diente ein besonderes Strukturelement der neuen epischen Gattung, auf das lediglich einige bedeutende Autoren am Ende des 18. Jhs. – Hölderlin, Wieland, Heinse und Tieck – zu verzichten bereit waren: die »Herausgeber- und Manuskriptfiktion«:

Ein ›Herausgeber‹, der häufig auf abenteuerlichen Wegen zu den Briefen gelangt (...), nimmt sich des Manuskripts an, ordnet die Briefe und legt sie dem lesenden Publikum vor. Der angebliche Herausgeber beschränkt sich dabei nur selten auf eine bloße Mitteilungsfunktion – vielmehr sind Vorrede und (oder) Postscriptum die Regel (...), und häufig werden der Text mit Anmerkungen und kommentierenden Hinweisen, die Einzelbriefe mit Überschriften oder erläuternden Fußnoten versehen (...). Eingriffe in den Handlungsablauf – vor allem wenn durch Briefe allein lückenlose Motivation unmöglich scheint (...) - gehören ebenso zum Briefroman wie poetologische Selbstcharakterisierungen des Autors und seines Werks in Vorreden und Nachschriften oder Einzelbriefen. Der Verfasser schafft sich mit diesen vielfältig kommentierenden Formen einerseits ein Spektrum von Beglaubigungsmöglichkeiten und andererseits das Feld für ein mehrfach gebrochenes Fiktionsspiel, das zugleich die Bedingungen für die Vermittlung zwischen Autor und Lesepublikum herstellt. (Voßkamp 1971, S. 90f.)

Dem Leser fällt in diesem Spiel mehr noch als dem ›Herausgeber‹ selbst die Rolle eines kombinierend-ordnenden »synthetischen« Bewußtseins zu, das permanent an der Konstitution des Handlungsverlaufs beteiligt ist. (Voßkamp 1971, S. 108 f.)

Die Grundformen, die die Briefroman-Verfasser entwickelt haben, waren, bei prinzipiell dialogischer Tiefenstruktur ihres

Werks, die »einseitig-monologische Korrespondenz« (Briefe eines Schreibers – ohne Antwortbriefe – aneinandergereiht wie in Goethes ›Werther‹) oder ein zwei- oder mehrseitiger »Briefwechsel eines Korrespondenzpaares oder einer -gruppe«. (Voßkamp 1971, S. 95; vgl. auch W. Jeske 1981, S. 53.) Letztere Grundform, die im 18. Jh. bevorzugt wurde, ermöglichte eine multiperspektivische Darstellungsweise und damit eine sehr zukunftsträchtige Spielart epischer Präsentation, die eine differenzierende Reflexion und eine relativierende Sehweise begünstigte.

Der Briefroman weist überdies eine Affinität zu dramatischen Strukturen auf – ist doch meist auch die Distanz zwischen Erleben und Erzählen bei den Briefverfassern im Briefroman denkbar gering, so daß das Erlebte und Empfundene sehr unmittelbar zur Darstellung kommen können. (Vgl. Eva D. Bekker 1964, S. 164 sowie Jost 1984 u. K. Kloocke 1982, S. 204.) Voss hat in seiner Untersuchung von vier herausragenden deutschen Briefromanen des 18. Jhs. herausgefunden, daß eine ganze Reihe von immer wieder vorkommenden Brieftypen die wesentlich dramatisch vergegenwärtigende Erzählstruktur dieses Genres ausmacht: Aktionsbrief, Berichtbrief, Auseinandersetzungsbrief, betrachtender Brief, referierender Brief, Diskussionsbrief, Abhandlungsbrief, poetisch-creativer Brief (lyrischen Charakters). (1960, S. 318)

Andererseits macht der Umstand, daß die »Grund-Darbietungsform« des Briefromans »Gefühlsaussprache« ist, es sehr begreiflich, daß er zum bevorzugten Romantyp der Empfindsamkeit wurde. (Becker 1964, S. 178) Seine höchste Steigerung erfuhr diese Romanart denn auch in Goethes ›Werther‹, wo der Brief als formales Grundelement nicht mehr nur »Ergänzung oder Ersatz von Gesprächen« zugunsten moralisch-didaktischer Zwecke, sondern »wesentlich ausdruckshaft« ist. (G. Mattenklott 1980, S. 198)

Die Blütezeit des Briefromans war die empfindsame Phase des 18. Jhs. Das 19. machte nur mehr wenig Gebrauch von dieser Form. (Sengle 1972, S. 998-1000) Mit der Ausweitung und Vervollkommnung des Post-, Verkehrs- und Zeitungswesens verlor der Brief als Kommunikationsträger an Bedeutung. Immer leichter wurde es, sich persönlich zu sehen. Man konnte also über das sprechen, was man sich vormals im Brief bloß geschrieben hatte. Damit büßte die Vorstellung, daß bestimmte Personen sich ständig und unverzüglich in Briefen über ihre Erlebnisse und Empfindungen austauschen, an Wahrscheinlich-

keit und so auch an Reiz ein. (Jost 1969, S. 197f.) Die Form des
tradierten Briefromans konnte nun leicht anachronistisch wirken. Tatsächlich verlor sie ihre einstmalige Beliebtheit. (Vgl.
Sengle 1972, S. 999.)

Gleichwohl ist die Verwendung der Form des Romans oder
der Erzählung in Briefen im 19. und auch in unserem Jahrhundert nicht so selten, wie man bisher unterstellt hat, wenngleich
dieser Typ epischer Darbietung in der riesigen Menge von an-
dersartigen Romanen und Erzählungen untergeht. Man kann
auf eine nicht unbeträchtliche Reihe von Briefromanen und –
erzählungen hinweisen, die seit der Romantik entstanden und
weder von Sengle noch von anderen Literarhistorikern bislang
wirklich beachtet worden sind. Dazu gehören z.B.: Karoline
Auguste Fischers Romane (›Die Honigmonathe‹, 1802 – ›Der
Günstling‹, 1809 – ›Margarethe‹, 1812); Caroline de la Motte
Fouqué's Erziehungsroman ‹Vergangenheit und Gegenwart.
Ein Roman in einer Sammlung von Briefen‹ (1822); W. F.
Waiblingers Hölderlin-Roman ›Phaëton‹ (1823); H. Laubes
jungdeutscher Roman ›Das junge Europa‹(1833-37), von dessen
drei ›Büchern‹ das erste und das dritte – ›Die Poeten‹ und ›Die
Bürger‹ – in Briefform geschrieben sind; die einseitige Briefno-
velle ›Liebesbriefe‹(1835) desselben Verfassers; Th. Mundts
Roman aus Reise- und Einlagebriefen ›Madonna‹ (1835); W.
Elias' ›Rosalie. Eine Sammlung von Briefen‹ (1834); C. v.
Schmids ›Früchte der guten Erziehung. Drey Erzählungen in
Briefen für Kinder und Kinderfreunde ...‹(1838/40); A. Stifters
Brieferzählung ›Feldblumen‹(1841/42); W. Raabes ‹Geschichte
in zwölf Briefen‹ ›Nach dem großen Kriege‹(1861); A. Schnitz-
lers Brieferzählungen ›Die kleine Komödie‹(1895), ›Andreas
Thameyers letzter Brief‹(1902) und ›Letzter Brief des Litera-
ten‹(1932); W. Freds einseitige Brieferzählung ›Briefe an eine
junge Frau‹(1900); Elisabeth v. Heykings ungewöhnlich erfolgreicher – ebenfalls einseitiger – Roman ›Briefe, die ihn nicht erreichten‹(1903); der sich an diesen Erfolg anhängende anonyme
Quasi-Briefroman ›Briefe, die ihn erreichten‹(1904); Franziska
zu Reventlows drei Briefromane ›Ellen Olestjerne‹(1903), ›Von
Paul zu Pedro‹(1912) und ›Der Geldkomplex‹(1916); Ricarda
Huchs ›Erzählung in Briefen‹ ›Der letzte Sommer‹ (1910); Lily
Brauns historisierender Briefroman ›Die Liebesbriefe der Mar-
quise‹ (1912); Else Lasker-Schülers handlungsloser, aus Briefen
bestehender ›Liebesroman mit Bildern und wirklich lebenden
Menschen‹ ›Mein Herz‹ (1912); M. B. Kennicotts (= Gertrud
Ida Maria Hamer, geb. v. Sanden) Bestseller-Roman in Briefen

›Das Herz ist wach. Briefe einer Liebe‹ (1934; 1967 22. Aufl. !); M. Jahns niederdeutsche Briefnovelle ›Luzifer‹ (1938); Dinah Nelkens u.d.T. ›Eine Frau wie du‹ erfolgreich verfilmter Briefroman ›ich an dich‹ (1939); St. Zweigs und F. Brauns Brieferzählungen ›Die spät bezahlte Schuld‹ (1951) bzw. ›Briefe in das Jenseits‹ (1952); J. Overhoffs erzählerisch komponierte Briefsammlung ›Eine Familie aus Megara‹ (1946); Luise Rinsers einseitig-monologischer Briefroman ‹Abenteuer der Tugend‹(1957) und ihre Erzählung in Form eines Briefberichts ›Geh fort, wenn du kannst‹(1959); W. Bauers ironisch-absurder ›Roman in Briefen‹ ›Der Fieberkopf‹ (1967; 1965 zuerst u.d.T. ›Das Thermometer‹); Christine Brückners Fast-Briefroman ›Das glückliche Buch der a.p.‹ (1970); J. Seyppels biographisch fundierter Briefroman ›Abschied von Europa. Die Geschichte von Heinrich und Nelly Mann dargestellt durch Peter Aschenback und Georgiewa Mühlenhaupt‹(1975); H. Achternbuschs aus Briefen montierte Liebesgeschichte ›Die Schwermut‹ (in: H. A., ›Die Olympiasiegerin‹, 1982); schließlich J. Borcherts biographischer Briefroman ›Reuter in Eisenach. Die Briefe des Kreisphysikus Schwabe‹(1982); J. Kupschs ironisch historisierender Briefroman aus der Zeit der Freiheitskriege ›Der Kuß der Selene. Roman in Briefen aus dem Jahre 1813‹ (1982) und J. v. Westphalens kleine ironisch-deftige Briefgeschichte ›7 Liebesbriefe‹(in: ›Der Rabe‹, Nr. 10, 1985). (Hinweise noch auf etliche weitere Werke bei Weymar 1942, S. 60–67.)

Literatur zu 4.:

4.1. ›Briefdichtung‹ – Brief und Literatur

4.1.1. ›Briefdichtung‹
Motsch, Markus F.: Zur Gattungsbestimmung der Briefdichtung. In: Mod. Language Notes 86, 1971, S. 387–391.

4.1.2. Ist der Brief Literatur?
Belke 1973, S. 7 f.; S. 142–157.
Bohrer 1987.
Fortmüller, Heinz-Joachim: Clemens Brentano als Briefschreiber. Frankfurt/M. 1977. (Europ. Hochschulschriften. R. 1. Bd. 143.)
Frühwald, Wolfgang: Clemens Brentano. In: Wiese, Benno v. (Hg.): Deutsche Dichter der Romantik. Ihr Leben u. Werk. Düsseldorf 1971. S. 280–309.
Füger, Wilhelm: Der Brief als Bau-Element des Erzählens. Z. Funktionswandel d. Einlagebriefes im neueren Roman, dargel. am Bspl. v. Dostojewski, Th. Mann, Kafka u. Joyce. In: DVjs 51, 1977, S. 628–658.

Hess 1979, S. 482–484.
Kemp, Friedhelm: Nachwort zu: Rahel Varnhagen. Briefwechsel. Bd.
II: Rahel u. K. A. Varnhagen. Hg. v. F. K. 2., durchges. u. ... verm.
Ausg. München 1979. S. 397–407.
Müller, W. G.1985, S. 68.
Raabe 1963, S. 7 f. et passim.
Tynjanow, Jurij: Das literarische Faktum. (Orig. 1924.) S. 394–431. –
Über die literarische Evolution. (Orig. 1927.) S. 433–461. – Beides in:
Striedter Jurij (Hg.): Russischer Formalismus. Texte z. allgem. Lit.-
theorie u. z. Theorie d. Prosa. München 1969.

4.1.3. Ist der Brief eine literarische Gattung?

Belke 1973, S. 7f.; S. 142 ff.
Bürgel, Peter: Brief. In: Faulstich, Werner (Hg.): Kritische Stichwörter
zur Medienwissenschaft. München 1979. S. 26–47.
Ders.: Literarische Kleinprosa. E. Einführg. Tübingen 1983. (Lit.-
wiss. im Grundstudium. Bd. 14.) Darin: S. 116–121; S. 177–182; S.
236–239.
Ermert 1979, S. 82 f. u. S. 87 f.
Mattenklott u.a. 1988.
Raabe 1966, S. 73–76.
Ders. 1969, S. 103–112.

4.2. Literarische Privatbriefe und literarisierte Briefe

Vormweg, Heinrich: Reiz der Briefe. In: Süddt. Ztg., 26./ 27.9.1987
(Feuilleton).

4.3. Briefsammlungen Brieffolgen

4.3.1. Veröffentlichte private Briefsammlungen

Raabe 1963, S. 7.
Schrader, Hans-Jürgen: Unsägliche Liebesbriefe. H. v. Kleist an Wilhelmine v. Zenge. In: Kreutzer, Hans-Joachim (Hg.): Kleist-Jb.
1981/82, S. 86–96.
Sengle 1972, S. 210.

4.3.2. Reisebriefsammlungen

Belke 1973, S. 148.
Griep, Wolfgang u. Jäger, Hans-Wolf (Hg.): Reise und soziale Realität
am Ende des 18. Jahrhunderts. Heidelberg 1983. (Neue Bremer Beiträge. 1. Bd.)
Link, Manfred: Der Reisebericht als literarische Kunstform von Goethe
bis Heine. Köln, Phil. Diss. 1963.
Mattenklott u. a. 1988.
Neubert, Fritz: Die französischen Versprosa-Reisebrieferzählungen
und der kleine Reiseroman des 17. und 18. Jahrhunderts. E. Beitrag

z. Gesch. d. frzs. Rokoko-Lit. Jena u. Leipzig 1923. (Zs. f. frzs. Sprache u. Lit. Suppl.-H. XI.) Darin bes.: S. 177 et passim.
Sengle 1972, S. 203 sowie auch S. 238–277.
Stewart, William E.: Die Reisebeschreibung und ihre Theorie im Deutschland des 18. Jahrhunderts. Bonn 1978. (Lit. u. Wirklichkt. Bd. 20.)
Wuthenow, Ralph-Rainer: Die erfahrene Welt. Europäische Reiselit. im Zeitalter d. Aufklärg. Frankfurt/M. 1980.

4.3.3. Informierend-werbende Brieffolgen
Michels, Volker: Vornotiz zu: Hesse, Hermann: Briefe an Freunde. Rundbriefe 1946–1962. Zus.-gest. v.V. M. Frankfurt a.M. 1977. (st 380.) (Unpag.)

4.3.4. Belehrende Brieffolgen
Belke 1973, S. 144 f.

4.3.5 Essayistische Brieffolgen
Vgl. hierzu d. Lit.-angaben zu 4.5., S. 195 f.

4.3.6. Sammlungen ›kritischer‹ Briefe

– – – – –

4.3.7. Publizistisch-kritische Brieffolgen
Habermas 1971, S. 44 et passim.
Rogge, Helmut: Fingierte Briefe als Mittel politischer Satire. München 1966.
Sengle 1972, S. 200 f.

4.3.8. Literarische Brieffolgen
Frühwald, Wolfgang: Exil als Ausbruchsversuch. E. Tollers Autobiographie. In: Durzak, Manfred (Hg.): D. dt. Exillit. Stuttgart 1973. S. 489–498.

4.4. Einlage-Briefe

4.4.1. Briefeinlagen als Belege

– – – – –

4.4.2. Briefe als Einlagen in erzählender Literatur
Brackert 1974.
Briefe, Briefliteratur, Briefsammlungen 1982, hier Sp. 663 f.
Findeisen, Knut Arnold: Der Brief in den Jugendwerken Wilhelm Raabes. In: Eckart. E. dt. Lit.-blatt 7, 1912/13, S. 149–164.
Ders. Der Brief in den Werken von Wilhelm Raabes zweiter Periode. In: Eckart. E. dt. Lit.-blatt 8, 1914/15, S. 580–594 u. S. 635–647.

Füger 1977.

Haslinger, Adolf: Epische Formen im höfischen Barockroman. A. Ulrichs Romane als Modell. München 1970.

Honnefelder, Gottfried: Die erzähltechnische Konstruktion der Wirklichkeit bei Theodor Fontane: Z. Funktion d. Briefes im Roman. In: ZfdPh Sonderh. z. Bd. 92, 1973, S. 1–36.

Ders. 1975.

Meyer, Ernst: Der deutsche poetische Liebesbrief. E. kultur- u. literarhistor. Studie. In: Zs. f. d. dt. Unterr. 17, 1903, S. 393–408, hier S. 393 u. S. 396–398.

Waller, Martha: Briefe in den deutschen Volksbüchern. In: ZfdPh 61, 1937, S. 293–309.

Dies.: Wickrams Romane in ihrer künstlerischen Entwicklung unter besonderer Berücksichtigung der Briefe. In: ZfdPh 64, 1939, S. 1–20.

Weymar, Ilse: Der deutsche Briefroman. Versuch e. Darstellg. v. Wesen u. Typenformen. Hamburg, Phil. Diss. 1942 (Masch.). Hier S. 62 f.

4.4.3. Briefe als Einlagen in dramatischer Literatur

Klotz, Volker: Bühnen-Briefe. Kritiken u. Essays z. Theater. Davor e. Abhandlg. üb. Briefszenen in Schauspiel u. Oper. Frankfurt a.M. 1972.

Metzger, Hans Ulrich: Der Brief im neueren deutschen Drama. E. Studie z. Gesch. d. dramat. Technik. Köln, Phil. Diss. 1938.

Pütz, Peter: Die Zeit im Drama. Z. Technik dramat. Spanng. Göttingen 1970.

Seidlin, Oskar: Schillers »Trügerische Zeichen«: D. Funktion d. Briefe in sein. früh. Dramen. In: O. S.: Von Goethe zu Thomas Mann. Zwölf Versuche. Göttingen 1963. S. 94–119.

4.5. Briefessay

Bense, Max: Über den Essay und seine Prosa. In: M.B.: Plakatwelt. Vier Essays. Stuttgart 1952, S. 23–37.

Berger, Bruno: Der Essay. Form u. Gesch. Bern u. München 1964. (Slg. Dalp. Bd. 95.)

Bleckwenn, Helga: Essay. In: Krywalski, Diether (Hg.): Handlex. z. Lit.-wiss. München 1974. S. 121–127.

Exner, Richard: Zum Problem einer Definition und einer Methodik des Essays als dichterischer Kunstform. In: Neophil. 46, 1962, S. 169–182.

Haas, Gerhard: Essay. Stuttgart 1969. (Slg. Metzler 83.)

Hess 1979, S. 483.

Just, Klaus Günther: Essay. In: Stammler, Wolfgang (Hg.): Dt. Philol. im Aufriß. Bd. II. 2., überarb. Aufl. Berlin 1960. Sp. 1897–1948.

Klie, Barbara: Der deutsche Essay als Gattung. Berlin, Phil. Diss. 1944. (Masch.)

Kreutzer, Hans-Joachim: Die dichterische Entwicklung Heinrichs v. Kleist. Untersuchgn. z. seinen Briefen u. zu Chronologie u. Aufbau seiner Werke. Berlin 1968. (Philol. Studien u. Quellen. H. 41.)

Magris, Claudio: Der Zeichen Rost. Hofmannsthal u. ›Ein Brief‹. In: Sprachkunst 6, 1975, S. 53–74. [M. will den Chandos-Brief, im Gegensatz zur übrigen Forschung, als eine »Erzählung in Briefform« (S. 55) verstanden wissen.]

Martini, Fritz: Essay. In: RL. 2. Aufl. Bd. 1. Berlin 1958. S. 408–410.

Rehder, Helmut: Die Anfänge des deutschen Essays. In: DVjs 40, 1966, H. 1, S. 24–42.

Rohner, Ludwig: Der deutsche Essay. Materialien z. Gesch. u. Ästhetik e. literar. Gattg. Neuwied u. Berlin 1966.

Ders. (Hg.): Deutsche Essays. Prosa aus zwei Jahrhunderten. Ausgew., eingel. u. erl. v. L. R. Bd. 1–4. Neuwied u. Berlin 1968.

4.6. Epistolare Lyrik

4.6.1. Briefgedichte – Gedicht-Briefe

Bab, Julius: Goethes Briefgedichte. In: Frankfurter Goethe-Museum (Hg.): Goethe-Kalender auf das Jahr 1930 (Leipzig). S. 90–137.

Boor, Helmut de: Die höfische Literatur. Vorbereitg., Blüte, Ausklang. 1170–1250. 6. Aufl. München 1964. (Gesch. d. dt. Lit. 2. Bd.)

Feilchenfeldt, Konrad u. Frühwald, Wolfgang: Clemens Brentano: Briefe an Emilie Linder. Ungedr. Hss. aus d. Nachlaß v. Johannes Baptista SJ. In: Jb. d. Freien Dt. Hochstifts 1976, S. 216–315.

Grenzmann, Wilhelm: Briefgedicht. In: RL. Bd. 1. 2. Aufl. Berlin 1958. S. 193–195.

Meyer 1903.

Motsch 1971, hier bes. S. 390 f.

4.6.2. Poetische Episteln

Doerksen, Victor G.: ›Was auch der Zeiten Wandel sonst hinnehmen mag.‹ The Problem of Time in Mörike's Epistolary Poetry. In: Deutung und Bedeutung. Studies in German a. comparative literature presented to Karl-Werner Maurer. Ed. by Brigitte Schludermann (u.a.) The Hague, Paris 1973. (De proprietatibus litterarum. Ser. Maior. 25.) S. 134–151.

Motsch, Markus F.: Die poetische Epistel. E. Beitr. z. Gesch. d. dt. Lit. u. Lit.-kritik d. 18. Jhs. Bern u. Frankfurt a.M. 1974. (German Studies in America. 15.)

Rückert, Gerhard: Mörike und Horaz. Nürnberg 1970. (Erlanger Beiträge z. Sprach- u. Kunstwiss. Bd. 34.)

Ders.: Die Epistel als literarische Gattung. Horaz – Mörike – Brecht. In: WW 22, 1972, 1. H., S. 58–70.

Sengle 1972, hier S. 197–199.

4.6.3. *Heroiden*

Dörrie 1968.

Füger 1977.

Motsch 1971.

Sieveke, Franz Günter: Christian Hofmann von Hofmannswaldaus ›Helden-Briefe‹. Imitatio oder aemulatio. In: Wolfdietrich Rasch (u.a.). (Hg.): Rezeption und Produktion zwischen 1570 und 1730. Fs. f. Günter Weydt z. 65. Geb. Bern u. München 1972. S. 411–446.

4.7. *Briefroman und Brieferzählung*

Allerdissen, Rolf: Der empfindsame Roman des 18. Jhs. In: Koopmann, Helmut (Hg.): Handbuch des deutschen Romans. Düsseldorf 1983. S. 184–203.

Becker, Eva D.: Der deutsche Roman um 1780. Stuttgart 1964. (Germanist. Abhandlgn. 5.)

Day, Robert Adam: Told in letters. Epistolary fiction before Richardson. Ann Arbor 1966.

Emmel, Hildegard: Roman. In: RL. 2. Aufl. Bd. 3. Berlin u. New York 1977. Ab S. 496 passim.

Füger 1977.

Jeske, Wolfgang: Der Briefroman. In: Knörrich, Otto (Hg.): Formen der Literatur in Einzeldarstellungen. Stuttgart 1981. (Kröners Taschenausg. Bd. 478.) S. 49–57.

Jost, François: Le roman épistolaire et la technique narrative au XVIIIe siècle. In: Aldridge, A. Owen (Hg.): Comparative Literature: Matter and Method. Urbana, Chicago, London (1969). S. 175–205.

Ders.: Le roman épistolaire et la technique narrative. In: Actes du VIIIe congrès de l'Association Internationale de Littérature Comparée. 1. (Budapest 1976) Stuttgart 1980. S. 297–304.

Ders.: The Epistolary Novel: An Unacted Drama. In: Strelka, Joseph P. (Hg.): Literary Theory and Criticsm. Festschr. ... René Wellek ... Part I: Theory. Bern usw. 1984. S. 335–350.

Kimpel, Dieter: Entstehung und Formen des Briefromans in Deutschland. Interpretationen z. Gesch. e. ep. Gattg. d. 18. Jhs. u. z. Entstehg. d. modern. dt. Romans. Wien, Phil. Diss. 1961. (Masch.)

Ders.: Der Roman der Aufklärung (1670-1774), 2. völl. neubearb. Aufl. Stuttgart 1977. (Slg. Metzler 68.) Darin: bes. S. 83–114 et passim.

Kloocke, Kurt: Formtraditionen – Roman und Geschichte: dargestellt am Beispiel des Briefromans. = Kap. 7 in: Ludwig, Hans-Werner (Hg.): Arbeitsbuch Romananalyse. Tübingen 1982. (Lit.wiss. im Grundstudium. 12.) S. 189–207.

Mandelkow, Karl Robert: Der Briefroman. Z. Problem d. Polyperspektive im Epischen. In: M., K. R.: Orpheus und Maschine ... Heidelberg 1976. S. 13–22. (Zuerst in: Neophil. 44, 1960, S. 200–208.)

Mattenklott, Gert: Briefroman In: Wuthenow, Ralph-Rainer (Hg.): Zwischen Absolutismus und Aufklärung: Rationalismus, Empfindsamkeit, Sturm und Drang. 1740–1786. Reinbek b. Hbg. 1980. (Dt. Lit. E. Sozialgeschichte. Bd. 4.) S. 185–204.

Miller, Norbert: Der empfindsame Erzähler. Untersuchgn. an Romananfängen d. 18. Jhs. München 1968. (Lit. als Kunst.)

Müller 1980.

Neuhaus, Volker: Der Briefroman. In: N., V.: Typen multiperspektivischen Erzählens. Köln/Wien 1971. S. 32–74.

Oehlke, Waldemar: Bettina von Arnims Briefromane. Berlin 1905. (Palaestra. 41.)

Picard, Hans Rudolf: Die Illusion der Wirklichkeit im Briefroman des achtzehnten Jahrhunderts. Heidelberg 1971. (Studia romanica. H. 23.)

Raabe 1969, S. 107 et passim.

Schuler 1984, S. 378–380.

Sengle 1972, S. 998–1000.

Stackelberg, Jürgen v.: Der Briefroman und seine Epoche: Briefroman und Empfindsamkeit. In: Romanist. Zs. f. Lit.-gesch. I, 1977, S. 293–309.

Touaillon, Christine: Briefroman. In: RL. Bd. 1. Berlin 1925/26. S. 150–153.

Voss, Ernst Theodor: Erzählprobleme des Briefromans dargestellt an vier Beispielen des 18. Jahrhunderts. Sophie La Roche, »Geschichte des Fräulein[!] von Sternheim«. Joh. Wolfg. Goethe, »Die Leiden des jungen Werther[!]«. Joh. Timoth. Hermes, »Sophiens Reise von Memel nach Sachsen«. Christoph Martin Wieland, »Aristipp und einige seiner Zeitgenossen.« Bonn, Phil. Diss. 1960.

Voßkamp, Wilhelm: Dialogische Vergegenwärtigung beim Schreiben und Lesen. Z. Poetik d. Briefromans im 18. Jh. In: DVjs 45, 1971, S. 80–116.

Weymar 1942.

5. Zur Rezeption und Wirkungsgeschichte von Briefliteratur

5.1. Einige Besonderheiten der Rezeption und Wirkung von Briefliteratur

Bei der Erforschung und Darstellung von Rezeption (= jeweiliger Textvollzug) und Wirkung (= Gesamtheit aller Lese-Vollzüge eines Textes seit seiner Produktion) eines einzelnen Briefes wie der Briefliteratur insgesamt ergeben sich grundsätzlich die gleichen Probleme wie bei der Erforschung und Darstellung der Rezeption(en) anderer (literarischer) Texte. Doch liegt es in der dialogischen Natur des Briefes begründet, daß die Ermittlung seiner Primärrezeption im Regelfalle leichter gelingt und eindeutiger zu erweisen ist. Im Gegensatz zu nichtbrieflichen Texten der Literatur, die für ein diffuses anonymes Publikum geschrieben sind, zielen Briefe explizit auf einen bestimmten Adressaten und bezwecken zumeist klar angebbare Reaktionen bei diesem. Das ist nicht allein so bei pragmatischen Schreiben, etwa bei solchen geschäftlicher und behördlicher Art, sondern auch bei sprachästhetisch relevanten Privatbriefen. Wenn das Schreiben eines Briefes zum Briefwechsel geführt hat, dann wird es normalerweise leicht sein, zu prüfen, zu bestimmen und zu belegen, ob und wie die Rezeption eines Briefes erfolgt ist; denn der Antwortbrief wird diese Rezeption manifest machen und zugleich dokumentieren. Darum sind für den Rezeptionsforscher alle Brief-Editionen fatal, die sich auf den Abdruck und die kritische Textsicherung lediglich der Briefe *eines* Korrespondenten beschränken. Solche Editionen ignorieren, daß ein Briefschreiber virtuell immer und effektiv fast immer Brief*partner* ist.

Dort, wo die Briefe beider oder mehrerer Partner einer Korrespondenz erhalten sind, ist der Rezeptionsforscher von Briefliteratur gegenüber seinem Kollegen, der die jeweilige Aufnahme einer Flugschrift, einer Ode, einer Novelle, eines Epos usf. durch das Lesepublikum eruieren will, unvergleichlich im Vorteil – eben weil die Erstrezeption eines Briefes in den meisten Fällen direkter und überzeugender feststell- und beschreibbar ist als die eines jeden nicht-adressatenfixierten Textes unserer Literatur. Dies gilt nicht mehr für alle weiteren Rezeptionen eines Briefes durch Leser, die mit seinem Adressaten nicht identisch sind: insbesondere natürlich nicht für die Wirkung des Briefes auf Leser, die ihn als ein Stück gedruckter Literatur kennenlernen, da diese nur die für sie typische Einweg-Kommunikation erlaubt. Kurzum, die Wirkungsgeschichte eines Briefes, einer Brieffolge, eines Briefwechsels jenseits der Primärrezeption zu schreiben bereitet dem Rezeptionsforscher von Briefliteratur die gleichen Schwierigkeiten wie dem, der die Aufnahme nicht-brieflicher literarischer Texte durch das Lesepublikum beschreiben will.

Obwohl der Brief idealiter nur für die Primärrezeption durch seinen expliziten Adressaten bestimmt ist, sind die Briefe zumal namhafter Persönlichkeiten seit je – durch Vorlesen, Abschreiben und schließlich durch den Druck – einer praktisch unbegrenzten Rezeption durch ›unbefugte‹ Leser zugänglich gemacht worden. Durch die Drucklegung sind einstmalige Privatbriefe zum Bestandteil des nationalen Schrifttums geworden. Und als veröffentlichte Texte unterliegen auch Briefe dem Schicksal und den allgemeinen Gesetzen der Wirkungsgeschichte von Literatur.

5.2. Wirkungschancen von Einzelbriefen und Korrespondenzen

Die Veröffentlichung und Verbreitung von Briefen, von Einzelstücken wie von ganzen Korrespondenzen, sind im deutschen Sprachraum de facto im gleichen Maße erfolgt wie die Publizierung von sonstiger Literatur, also von poetisch-fiktionalen, literarisierten und pragmatischen Texten. Sieht man von den Brief-Editionen ab, die ihr Zustandekommen dem professionell-philologischen Bestreben verdanken, den schriftlichen Nachlaß einer Persönlichkeit denkbar vollständig und textkritisch gesichert verfügbar zu machen, so wird man als Veranstaltungen zugunsten einer möglichst großen und breiten Wirkung von Briefliteratur die meist unter einem speziellen personenbezogenen oder thematischen Aspekt ausgesuchten und zusammengestellten Briefe aus verschiedenen Zeiten der epistolographischen Überlieferung betrachten müssen. Einzelnen ausgewählten Stücken der reichen deutschen Briefliteratur wird daneben eine vergleichbare Wirkungschance eröffnet, wenn sie als Texte oder Textauszüge in Lesebüchern, in sog. ›Hausbüchern‹,

in Almanachen, Alben u.ä. Sammlungen literarischer Texte auftauchen. Den geisteserbaulichen Intentionen, welche die Herausgeber solcher Sammlungen verfolgen, dienen Briefe offenkundig in der gleichen Weise wie Erzählungen, Aphorismen,
Gedichte, Fabeln usw. – beiläufig ein Indiz für die praktisch
wirksame Überzeugung von der Literarizität von Briefen.

5.3. ›Eigentliche‹ und ›uneigentliche‹ Briefrezeption

Rezeptionsforschung im Bereich des epistolaren Schrifttums
stellt einen Sonderfall dar, wenn es ihr um die Ermittlung und
Interpretation ›produktiver‹ Rezeptionsakte geht: Solche liegen
überall dort vor, wo ein Briefschreiber in einem Antwortbrief
die prinzipiell intendierte Reaktion seines Korrespondenzpart-
ners schriftlich präsentiert bekommt. Der Antwortbrief als
»Rezeptionsrealisat (Konkretisation)« »dokumentiert einen
stattgefundenen [!] Kommunikationsakt.« (G. Grimm 1977, S.
31) Wo eine Korrespondenz, ein Briefwechsel vollständig erhalten ist, verfügt der Rezeptionsforscher über ein schlechterdings ideales Material. Es ermöglicht ihm überaus genaue Aussagen nicht bloß über den rezipierten Text, sondern auch über
das jeweils rezipierende Individuum.
   Geht es nicht mehr um den ›eigentlichen‹, also um den mit
dem Adressaten des Briefes identischen Rezipienten, sondern
um den ›uneigentlichen‹ Rezipienten, der den Brieftext liest
oder hört wie ein anderes Stück Literatur, dann steht, wie bereits ausgeführt, der Rezeptionsforscher vor den gleichen Problemen und Aufgaben wie bei der Untersuchung der Rezeption
beliebiger literarischer Produkte. Er wird also bei der Darstellung der Rezeption und Wirkungsgeschichte von Editionen der
Briefe eines einzelnen Autors oder einer Brief-Anthologie als
Dokumente und Belege beispielsweise heranziehen müssen:
einschlägige Tagebucheintragungen, Briefstellen, Lektüre-No-
tizen (als Zeugnisse einer ebenfalls produktiven Rezeption) –
Rezensionen, Interpretationen, literatur- und kulturwissen-
schaftliche Abhandlungen u.ä. (als Zeugnisse reproduzierender
Rezeption) – Buchmarkt-Angebote, Prospekte, Anzeigen, Bi-
bliotheksbestände, Sendungen in Funk und Fernsehen, Richtlinien und Empfehlungen für die Schulen, Seminarangebote in
den Hochschulen und der Erwachsenenbildung, Verbotsindi-
zes, Zensurmaßnahmen, ›schwarze Listen‹ u.ä.m. (als Mittel

und Vorgänge der Rezeptionssteuerung) – Daten über Auflagenhöhe und Auflagenzahl, Buchhandels- und Verlagsstatistiken, Daten aus Meßkatalogen, Interviews, Fragebogen-Erhebungen u.ä. (als Hilfen für die zumindest indirekte Ermittlung passiver Rezeption in Vergangenheit und Gegenwart). (Vgl. hierzu bes. Hannelore Link 1976, S. 85-108.)

5.4. Auswahlbände und Brief-Anthologien

Da erfahrungsgemäß Gesamtausgaben der Werke eines Autors (womöglich gar historisch-kritische) am wenigsten Leser finden – solche Ausgaben werden zumeist nur ›benutzt‹, und zwar von professionellen Lesern wie Germanisten und Historikern –, hat man von jeher das Interesse einer größeren Zahl von Lesern mit Hilfe von *Auswahlbänden* geweckt und bedient. Bei Briefen verfuhr man da also prinzipiell nicht anders als bei Gedichten, Erzählungen, Dramen, Aphorismen usw. Bei der Auswahl aus dem Briefwerk eines Verfassers macht der Herausgeber meist schon im Titel oder Untertitel kein Hehl aus seiner Absicht, den Bedürfnissen einer möglichst großen Leserschaft nach Unterhaltung, Erbauung oder literarischer Bildung Rechnung zu tragen – wenn er etwa seine Auswahl mit dem Etikett versieht: ›Die schönsten Briefe von ...‹.

Auf ein gleichartiges Leserinteresse spekuliert auch der Herausgeber einer *Brief-Anthologie*. Er versucht dieses Interesse allerdings auf differenziertere Weise zu befriedigen. Das erkennt man an den unterschiedlichen thematischen Gesichtspunkten, unter denen eine Sammlung zusammengestellt worden ist. Die Zahl solcher Anthologien ist kaum mehr überschaubar. Manche von ihnen haben sich als sehr erfolgreich erwiesen und erlebten viele Auflagen. Selbst wenn man aber dem Umstand erhebliches Gewicht zuschreibt, daß die Editoren von Brief-Auswahlen den Erfolg beim Leser vor allem durch ihr Angebot einer gefällig-unterhaltsamen und zugleich überschaubaren Lektüre suchen, darf man andererseits nicht die Bedeutung ignorieren, die solche Editionen für die Kontinuität der literarischen Tradition haben. Der Herausgeber einer Brief-Auswahl hält im Prinzip die ausgewählten Briefe, genauso wie der Herausgeber einer Gedichtauswahl oder einer Spruchsammlung seine Objekte, wegen ihrer geistig-humanen und/oder ästhetischen Werte für überlieferungswürdig.

Mit der Herausstellung eines bestimmten thematischen Aspekts lassen die Herausgeber einer Brief-Anthologie fast immer schon ihre hauptsächliche Wirkungsabsicht wie auch das beim Publikum vorausgesetzte oder zu weckende Interesse deutlich erkennen: Beides verschränkt sich meist auf schwer trennbare Weise. Während im 18. und 19. Jh. bei Brief-Auswahlen ein lehrhaftes Interesse und der Wunsch dominierten, mit der Präsentation von Berühmtheiten Eindruck zu machen (vgl. z.B. C. F. Hunold: Auserlesene Brieffe/Aus denen Galantesten und Neuesten Frantzösis. Autoribus, 1704, oder J. D. F. Rumpf: Dreihundert und achtzehn Briefe berühmter und geistreicher Männer und Frauen. Zur vielseitigen Bildung des Stils, des Tones und des Geschmacks im brieflichen Verkehr, 1829, oder K. v. Holteis kostbare zweibändige Autographensammlung: Dreihundert Briefe aus zwei Jahrhunderten, 1872 – mit Schreiben u.a. von Goethe, Grillparzer, Haman, J. Paul, Uhland, Voß und Wieland), dienen die in auffällig großer Zahl seit Beginn unseres Jahrhunderts erscheinenden Brief-Anthologien erheblich differenzierteren Herausgeber-Intentionen und Leserinteressen. Es gibt Anthologien, denen vornehmlich daran liegt, stilästhetisch Wertvolles zu präsentieren (vgl. Th. Klaiber u. O. Lyon: Die Meister des deutschen Briefes, 1901, oder D. Bellmer: Deutsche Meisterbriefe aus fünf Jahrhunderten, 1925). Andere sind das Ergebnis eines politisch- –, sozial- oder kulturhistorisch gerichteten Erkenntnisinteresses der Herausgeber (vgl. R. Weber: Revolutionsbriefe 1848/49, 1973 – L. Schelbert/Hedwig Rappolt: Alles ist ganz anders hier. Auswandererschicksale in Briefen aus zwei Jahrhunderten, 1977 – G. Steinhausen: Deutsche Privatbriefe des Mittelalters, 2 Bde. = Denkmäler d. dt. Kulturgesch. 1. Abt., 1899/1907). Wieder andere rücken den epochen-, genre-, lebensalter-, berufs- oder nationaltypischen Aspekt in den Vordergrund (vgl. K. Fassmann: Mit der ganzen Ungeduld des Herzens. Briefe deutscher Klassiker, 1969 – K. Edschmid: Briefe der Expressionisten, 1964 – F. Reck-Malleczewen: Der grobe Brief von Luther bis Ludwig Thoma, 1940 – Katja Behrens: Frauenbriefe der Romantik, 1981 – F. Böttger: Zu neuen Ufern. Frauenbriefe von der Mitte des 19. Jahrhunderts bis zur Novemberrevolution 1918, 1981 – J. Rohr: Jugendbriefe berühmter Männer, 1924 – E. Ebstein: Ärzte-Briefe aus vier Jahrunderten, 1920 – Margot Wetzstein: Musikerbriefe aus vier Jahrhunderten, 1987 – F. Kobler: Juden und Judentum in deutschen Briefen aus drei Jahrhunderten, 1935 – W. Benjamin: Deutsche Menschen. Eine

Folge von Briefen, 1962 [zuerst 1936]). Und noch andere legen ihr Hauptgewicht auf das menschlich Anrührende oder gar Ergreifende der ausgewählten Stücke (vgl. W. M. Treichlinger: Abschiedsbriefe, 1934 – O. Heuschele: Trostbriefe, 1941 – P. Herrmann: Ich bin dein. Liebesbriefe großer deutscher Männer und Frauen, 1952). Einige – z.t. besonders erfolgreiche – stellten sich in den Dienst einer heroisierenden nationalistischen Ideologie (vgl. O. Heuschele: Deutsche Soldatenbriefe aus zwei Jahrhunderten, 1935 – R. Hoffmann: Der deutsche Soldat. Briefe aus dem Weltkrieg. Vermächtnis, 1937 – Ph. Witkop: Kriegsbriefe deutscher Studenten, 1916 – ders.: Kriegsbriefe gefallener Studenten, 1918; 200. Aufl. 1942!). Schließlich fehlt es auch nicht an Sammlungen, denen es um ein sehr spezielles Thema oder aber um einen Ort und seine Geschichte geht (vgl. R. Gagelmann: Soll die Jugend Karl May lesen? [Sammlung von Briefen zeitgenössischer Schriftsteller], 1967 – W. Ebel: Briefe über Göttingen. Aus den ersten 150 Jahren der Georgia Augusta, 1975).

Die Vielzahl der Auswahlen aus dem Briefwerk eines Autors ebenso wie die Fülle der Anthologien mit Briefstücken vieler Verfasser mitsamt den die Auswahl und Sammlung prägenden Gesichtspunkten, wie sie aus den zuletzt angeführten Titel-Beispielen erkennbar werden, sollten noch einmal deutlich gemacht haben, daß der Rezeptionsanalytiker es bei den Objekten ›Brief-Auswahl‹ und ›Brief-Anthologie‹ mit Forschungsgegenständen zu tun hat, die aufgrund ihrer Eigenart und auch entsprechend der voluntas editoris als wesentliche Bestände unserer nationalen Literatur zu betrachten und methodisch demgemäß zu behandeln sind. Hier eröffnet sich der Briefforschung ein bislang noch gänzlich unbestelltes Feld.

Literatur zu 5.:

5.1 Einige Besonderheiten ...
Barner, Wilfried: Rezeptions- und Wirkungsgeschichte von Literatur. In: Funk-Kolleg Literatur 2. In Vbdg. m. Jörn Stückrath hg. v. Helmut Brackert u. Eberhard Lämmert. Frankfurt a.M. 1978. (Fischer TB 6327.) S. 132–148.
Klein, Ulrich: Rezeption. In: Krywalski, Diether (Hg.): Handlexikon zur Literaturwissenschaft. München 1974. S. 409–413.

5.2. Wirkungschancen von Einzelbriefen und Korrespondenzen
Reese, Walter: Literarische Rezeption. Stuttgart 1980. (Slg. Metzler 194.)

Stückrath, Jörn: Historische Rezeptionsforschung. E. krit. Versuch z. ihrer Gesch. u. Theorie. Stuttgart 1979.

5.3. ›Eigentliche‹ und ›uneigentliche‹ Briefrezeption

Grimm, Gunter: Rezeptionsgeschichte. Grundlegg. e. Theorie. M. Analysen u. Bibliographie. München 1977. (UTB 691.)

Link, Hannelore: Rezeptionsforschung. E. Einf. in Methoden u. Probleme. Stuttgart usw. 1976. (Urban-TB. Reihe 80. 215.)

5.4. Auswahlbände und Brief-Anthologien

Jarka, Horst: Soldatenbriefe des Ersten Weltkrieges und nationale Bildungsideologie. [M. engl. Zus.-fassg.] In: Monatshefte 67, 1975, S. 157–166; S. 114 f.

6. Sozial-, rechts-, kultur- und postgeschichtliche sowie juristische Aspekte des Briefwesens

6.1. Briefschreiben als emanzipativer Akt – Drei Beispiele

Zum Brief gehört essentiell das soziale Moment. Daher sind Briefe generell auch höchst belangvolle Dokumente der Sozialgeschichte. Soziohistorisch besonders interessant sind drei Phasen in der Entwicklung des deutschen Briefwesens. Es handelt sich dabei um Vorgänge im 14./15. sowie im 18. und 19. Jh., die jeweils durch eine emanzipative Grundtendenz gekennzeichnet waren. In allen drei Fällen resultierte diese aus dem Erwerb und/oder der Vervollkommnung briefschreiberischer Fähigkeiten.

1. Im ausgehenden Mittelalter und in der beginnenden Neuzeit lernten im Zeichen eines aufblühenden und sich ausweitenden Handels immer mehr Bürger schreiben, und das bedeutete vor allen Dingen: Briefe und briefnahe Texte schreiben. Dies geschah in städtischen Schreibschulen, deren Zahl allmählich wuchs; sie verdrängten die älteren kirchlichen Schulen. Vorher war die Bürgerschaft hinsichtlich der Erledigung alles dessen, was Schreibfähigkeit erforderte, von Klerikern abhängig gewesen, die noch im Spätmittelalter als Schreiber und Notare einen eigenen Stand bildeten. Indem die Bürger selbst schreiben lernten (was zudem die Ablösung des Lateinischen durch das Deutsche stark begünstigte), brachen sie ein klerikales Monopol und trugen so zur eigenen gesellschaftlichen Selbständigkeit bei. Schon im 16. Jh. wurde die Geschäftskorrespondenz durchweg von Laien bestritten. So hatte sich das frühe Bürgertum in einem wichtigen Bereich seiner sozioökonomischen Existenz aus der Abhängigkeit von einem ihm lange geistig überlegenen Stand befreit.

2. Spätestens seit der Frühaufklärung ist ein zunehmendes Interesse bürgerlicher Frauen für Bildung und Literatur im allgemeinsten Sinne zu beobachten. Von den Herausgebern der ›Moralischen Wochenschriften‹ wurden die jungen Mädchen und Frauen nachhaltig ermuntert, ihre geistigen Fähigkeiten durch Lektüre, durch das Erlernen moderner Fremdsprachen und durch Schreibversuche zu entwickeln und zu steigern. Die

Ermutiger der Frauen (Gottsched, Gellert, die ›Bremer Beiträger‹, der junge Lessing, der junge Goethe, Wieland u.a.m.) dachten freilich nicht daran, sich in den Frauen eine den Männern ebenbürtige gelehrte und literarische Konkurrenz heranzuziehen; abfällig und warnend verwiesen sie immer wieder auf gelehrte Frauenzimmer als auf Produkte fehlgeleiteter weiblicher Bildung. Aber der männliche Teil des progressiven Bürgertums mochte doch auch nicht mehr darauf verzichten, sich mit dem weiblichen Teil seiner eigenen Klasse anregend auszutauschen. Dafür schien dort, wo das nicht direkt möglich war, nichts geeigneter als der Brief.

Immerhin wurden ja dem Lesepublikum spätestens in den galanten Romanen eines Bohse und Hunold und vollends in den Romanen Schnabels, Gellerts, Musäus' und Hermes' Briefe von Frauenzimmern vorgeführt, die in puncto Sprachbeherrschung, Gedankenführung und Stilkunst denen der männlichen Figuren in nichts nachstanden. Das mußte denn doch anspornen. Also war es nur folgerichtig, wenn Briefschreibenlernen als fester Bestandteil aufklärerischer weiblicher Bildung angesehen und propagiert wurde, zumal man sehr bald entdeckte und anerkannte, daß die briefschreibenden Frauen ihre männlichen Freunde, Liebhaber und Partner in vieler Hinsicht übertrafen. Andererseits erschien diesen die Konkurrenz auf dem Felde des Briefschreibens ungefährlich, sahen sie doch den Brief keineswegs als anspruchsvolle literarische Form an, sondern eben nur als »Ersatz des persönlichen Miteinanders.« (Brockmeyer 1961, S. 297 f.) Relativ frühe Beispiele des Frauenbriefes im 18. Jh. – so etwa die Briefe der Mutter des Anakreontikers F. v. Hagedorn und die der Mutter und Schwester Lessings – bezeugen denn auch noch geistige Enge und Ausdrucksarmut.

Um so erstaunlicher ist es darum, was bürgerliche Frauen aus der schlichten literarischen Möglichkeit des Briefschreibens, das ihnen die Männer konzedierten und empfahlen, sehr bald machten. »Briefe sind die Schule der schreibenden Frauen gewesen«. (Barbara Becker-Cantarino 1985, S. 83) Briefe wurden für sie das Mittel, in Publizistik und Literatur Fuß zu fassen. Der Weg dahin führte von der anfänglichen und gelegentlichen brieflichen Mitarbeit von Frauen in Gottscheds ›Vernünftigen Tadlerinnen‹ (1724/25) bis zu dem europaweiten Ruhm erlangenden Briefroman ›Geschichte des Fräuleins von Sternheim‹ (1771) der Sophie v. Laroche. Die überaus lebensvollen und ausdrucksstarken, oft leidenschaftlich und spontan geschriebenen Briefe vieler Frauenpersönlichkeiten des 18. Jhs. – der

Gottschedin, Anna Luise Karschens, der Klopstockin, Eva Königs, Caroline Flachslands, Philippine Gatterers, der Frau Rath Goethe u.v.a.m – bilden einen eigenständig-wesentlichen Teil der deutschen Literatur des 18. Jhs. Wie groß die soziokulturelle und geistige Bedeutung des Briefschreibens auch für die Frauen der Klassik und der Romantik war (die sonst nicht literarisch aktiv waren), hat G. Mattenklott (1985) eindringlich formuliert: »Die Korrespondenzen, in denen sie als Personen eingesperrt sind, waren (...) oft die einzige Chance, sich als Person überhaupt erst zu erschaffen.« Für die weiblichen Schreiberinnen ist die Briefform vielfach »die einzige Möglichkeit gewesen, souverän zu sein«, und der Brief blieb »der einzige Ort, an dem diese Souveränität wirklich« wurde. (S. 125 f.) »Die Fähigkeit, seinen Willen zu formulieren«, ist nicht nur »Voraussetzung für die Mündigkeit des Bürgers« allgemein, sondern gerade auch für eine wachsende Mündigkeit der Frauen, und die »Übung im Briefschreiben« hat just diese Fähigkeit entscheidend gefördert. (Mattenklott u.a. 1988, S. 561)

Es steht mithin außer Frage, daß die briefschreiberischen Fertigkeiten und Aktivitäten (die vereinzelt auch schon im publizistischen und literarischen Bereich Wirkung zeigten) den bürgerlichen Frauen ein gesteigertes Selbstwertgefühl verschafften. Dieses war die maßgebliche Voraussetzung für Fortschritte bei der Befreiung der Frau aus einer patriarchalisch fundamentierten Lebens- und Gesellschaftsordnung. So hat also auch im 18. Jh. die Aneignung der Fähigkeit zum Briefschreiben einen folgenreichen emanzipationsgeschichtlichen Impuls zugunsten eines wesentlichen Teils der Bevölkerung ausgelöst.

3. Zu Anfang des 19. Jhs. entstand in Europa ein positives Amerikabild. Seine Anziehungskraft verstärkte sich im Laufe des Jahrhunderts noch. Es wurde das latent wirksamste geistige Movens für die schweizerischen, deutschen und sonstigen europäischen Auswanderer, zwischen etwa 1820 und 1913 ihre Heimat – aus wirtschaftlichen, politischen oder religiösen Gründen – massenweise zu verlassen und sich in den ›Staaten‹ niederzulassen. Unter den Werken der Auswanderungsliteratur, die sich auf Nordamerika bezogen und von denen zwischen 1827 und 1856 allein in Deutschland mehr als 150 Titel erschienen, war mit Abstand am erfolgreichsten der ›Bericht über eine Reise nach den westlichen Staaten Nordamerika's und einen mehrjährigen Aufenthalt am Missouri ...‹ (1829) des Remscheiders G. Duden – »the most important piece of literature in the history of German emigration«. (J. W. Goodrich 1980, S. XXIII) Die

außerordentliche Wirkung der Lektüre dieser Schrift wurde besonders durch die von Duden gewählte – die Glaubwürdigkeit des Mitgeteilten steigernde – Form des persönlichen Briefes begünstigt, in die der größte Teil des Berichtes gekleidet ist.

Der Erfolg des literarisch gestalteten Dudenschen Brief-Berichts ist jedoch auf unvergleichliche Weise übertroffen worden von Briefen einer ganz anderen Spezies: nämlich von den Briefen bereits Ausgewanderter an die in der alten europäischen Heimat zurückgebliebenen Anverwandten, Freunde und Bekannten.

Mit den aus Amerika in die Schweiz oder nach Deutschland schreibenden Auswanderern trat in der deutschen Briefgeschichte eine ganz neue Klasse von Briefverfassern hervor. Sieht man von den etwa 5% ausgewanderten ›Bildungsbürgern‹ ab (W. Helbich u.a. 1988, S. 8), waren diese Briefschreiber durchweg Angehörige der Unterschicht und der unteren Mittelschicht, die »so gut wie nie zur Feder gegriffen hätten, wenn sie an ihrem Heimatort geblieben wären.« (Ebd., S. 34) Das Gros der Auswanderer stellten Handwerker, Kleinbauern, Tagelöhner, Land- und Industriearbeiter – Menschen mithin, die bloß wenige Jahre Schulunterricht genossen und mit der Literatur nur in der Form der Bibel, des Katechismus, des Heimatblattes und der Volkskalender Berührung gehabt hatten. Das aufwühlend Neue, das ihnen durch ihr Auswanderungserlebnis zustieß, machte sie zu Briefschreibern. Es drängte sie, über dies Neue und unerhört Andersartige zu berichten. Sie baten um die Nachsendung von dringend benötigten Dingen, um Nachrichten aus der Heimat, um Bilder der Daheimgebliebenen u.ä.m. – und sie forderten vor allem dazu auf, nachzukommen, ebenfalls in die ›Staaten‹ überzusiedeln. Dies alles – Erlebnisse, Informationen, persönliche Nachrichten, Bitten, Aufforderungen, Wünsche –, aber auch Heimweh und Kummer, Stolz und Hoffnung wurde unbeholfen in schlichtesten Sätzen, durchsetzt mit Amerikanismen, Elementen des heimischen Dialekts und schwer lesbaren individuellen Transkriptionen der gesprochenen englischen Sprache, mühsam zum Ausdruck gebracht und als Brief an die Verwandten und Dorfgenossen in der Schweiz, im Badischen, im Hessischen, im Bayerischen Wald oder anderswo in Deutschland geschickt.

Selbstverständlich sind diese mühselig zu Papier gebrachten Sprachprodukte nicht zum Druck bestimmt gewesen, sie sind alles andere als ›literarisch‹. Und fast rührend wirkt die Hilflosigkeit ungeübter lutherischer oder reformierter Briefschreiber,

wenn sie dank ihrer Bibelkundigkeit die Apostelbriefe naiv wie
Briefsteller-Muster benutzen. Doch diese schwerfällig-naiven
Briefe der Auswanderer haben eine verblüffende Wirkung. Ihr
Inhalt und Teile ihres Wortlauts machten in der Dorfgemein-
schaft desjenigen, der sie privat erhielt, großes Aufsehen, und
oft kursierte dann wohl auch der ganze Brief, wurde vorgelesen
und beredet. Auf diese Weise entfaltete er einen Werbeeffekt,
wie ihn sich der Schreiber kaum vorgestellt haben dürfte.

Die Heimatpresse entdeckte sehr bald den publizistischen
Wert solcher Sensation machenden Auswandererbriefe, und so
wurden sie, zweifellos überarbeitet, in wachsender Zahl ohne
Verfasserangabe »in den Wochenblättern der Kreise und Pro-
vinzen« abgedruckt. (Ina-Maria Greverus 1972, S. 161) Seit
1847 erschien in Darmstadt sogar eine Zeitschrift ›Der deutsche
Auswanderer‹, die hauptsächlich vom Abdruck interessanter
Auswandererbriefe lebte.

In den ›Staaten‹ erkannte man ebenfalls rasch genug die emi-
nente Werbewirkung von Auswandererbriefen in der alten Heimat. Man wollte sich daher zunutze machen, daß die nach
Hause Schreibenden aus psychologischen Gründen – wer
mochte schon eingestehen, daß es ihm in der neuen Lebensumgebung nicht besser ging als früher! – in ihren Zeilen das Positive überwiegen lassen würden. So verfielen interessierte Leute
darauf, den Schreibwilligen das ungewohnte, mühevolle Ge-
schäft des Briefaufsetzens fühlbar zu erleichtern: Man offerierte
in der deutschsprachigen Einwanderungspresse in Briefsteller-
manier Muster für Briefe nach Deutschland. Z.B. half das in
Milwaukee erscheinende Blatt ›Banner und Volksfreund‹ in seiner Ausgabe vom 25.12.1861

to attract more immigrants by printing and selling form letters which
could be sent to Germany to inspire friends and relatives to also come to
Wisconsin. The ad was titled »An Alle, welche etwas thun wollen für die
Einwanderung nach Wisconsin ... Ein gedruckter Brief für Deutschland«. (C. H. Knocke 1969, S. 51)

Und natürlich gab es auch bald bestellte »Tendenzbriefe(n)«,
»die im Dienst profitsüchtiger Unternehmer geschrieben wurden«. (L. Schelbert/Hedwig Rappolt 1977, S. 29)

Aber weder die mit Hilfe von Formularen glatt und gewandt
geschriebenen Briefe noch die bestellte Briefpropaganda noch
auch die publizierten (und dadurch ›literarisch‹ gewordenen)
Briefe mit aufregend abenteuerlichem Inhalt machten den stärksten Eindruck, sondern gerade die ohne fremde Hilfe aufgesetz-

ten, untendenziösen und ganz privat bleibenden Schreiben haben wegen ihrer unbezweifelbaren Authentizität die nachhaltigste Werbewirkung erzielt – zumal sie häufig auch noch eine direkte Einladung enthielten und daher von Auswanderungswilligen den staatlichen und kommunalen Behörden als Beweis für die Seriosität der Auswanderungsabsichten der Briefempfänger vorgelegt werden konnten.

Im Zusammenhang mit der deutschen Massenauswanderung zwischen 1830 und 1880 übernahmen die Briefe Ausgewanderter die »Hauptwerbefunktion«. (Greverus 1972, S. 159) Die Bedeutung dieser »für ›einfache‹ Menschen einzig vertrauenswürdigen Berichte von Verwandten und Bekannten« ist kaum zu überschätzen. (Helbich u.a. 1988, S. 32) Ihre Wirkung war schließlich derart, daß ob der zeitweilig gewaltig anwachsenden Auswanderungslust besorgte Instanzen – Staat und Kirche – zur Gegenpropaganda übergingen. Durch die Bekanntmachung von (manchmal sogar manipulierten) Briefen gescheiterter Auswanderer etwa oder durch Hirtenbriefe warnten sie vor dem Verlassen von Heimat und Vaterland, ohne damit indes wirklich Erfolg zu haben.

Für die deutsche Briefgeschichte bleibt als einzigartig festzuhalten: Im Kontext der gesellschaftsgeschichtlich so überaus folgenreichen Massenauswanderung des 19. Jhs. (die in knapp hundert Jahren nahezu sechs Millionen Deutsche in die Vereinigten Staaten führte) haben erstmals Angehörige der Unterschicht in einer Menge, wie sie nie zuvor im deutschen Sprachraum zu registrieren gewesen war, Beiträge zur Briefliteratur geliefert. (Von den ca. 280 Millionen Briefsendungen, die zwischen 1820 und 1914 aus den USA nach Deutschland gingen, dürften etwa 100 Millionen Privatbriefe gewesen sein. Vgl. Helbich u.a. 1988, S. 32.) Diese Briefschreiber haben damit zugleich dem soziohistorisch signifikanten Vorgang, dessen Produkt sie als Schreibende selbst waren, Wachstumsschübe erteilt, welche die Dimension dieses Vorgangs stärkstens mitbestimmten. Privatbriefe mit ihrem lebensechten Inhalt und Ausdruck übertrafen hierbei frappierenderweise die Werbewirkung, welche Agenten, propagandistisch aufgemachte Prospekte, Zeitungsanzeigen u. dgl. m. gezielt erstrebten.

Die ungewöhnliche Wirkung der privaten Auswandererbriefe des 19. Jhs. ist letztlich wohl dem Faktum zuzuschreiben, daß sich in diesen Botschaften unübersehbar der Erfolg derer bekundete, die sich mit überdurchschnittlicher Energie und Zielstrebigkeit über ihre einstmalige niederdrückende soziale

Zielstrebigkeit über ihre einstmalige niederdrückende soziale Lage erhoben hatten. Dies aber zeigte sich gerade auch darin, daß sie sich nunmehr schriftlich zu artikulieren vermochten. Darum sind die Auswandererbriefe – wie die deutschsprachige frühbürgerliche Handelskorrespondenz des ausgehenden 15. und die Frauenbriefe des 18. Jhs. – als Dokumente eines sozialgeschichtlich hochrelevanten Emanzipationsvorgangs zu interpretieren.

6.2. Briefe als Quellen und Zeugnisse

Briefe sind nicht allein wesentliche Bestandteile und Dokumente unserer Literatur-, Geistes-, Bildungs- und Sozialgeschichte, sondern ebenso unschätzbare Quellen und Zeugnisse der Persönlichkeits-, Rechts-, Kultur- und Kommunikationsgeschichte. Sie reflektieren und belegen besonders konkret, anschaulich und lebensnah die jeweiligen persönlichen und soziokommunikativen Verhältnisse sowie den jeweiligen Kulturzustand.

Seit es den Privatbrief gibt, sind Briefe natürlich in erster Linie ganz persönliche, u.U. geradezu psychogrammatische Lebenszeugnisse von erstrangigem biographischen Wert: »Briefe zählen zu den unmittelbarsten Texten des Lebens.« (G. Baumann 1980, S. 722) An Unmittelbarkeit können sie wohl nur von Tagebuchaufzeichnungen übertroffen werden.

Der rechtsgeschichtliche Quellenwert von Briefzeugnissen ist sehr hoch zu veranschlagen für die Periode der Briefgeschichte, in welcher der urkundliche und offiziell-amtliche Charakter des zumeist lateinsprachigen Briefes vorherrschte, – also für das Mittelalter. Der Anteil des ›Privaten‹, wie es erst seit etwa 1300 vereinzelt zu beobachten ist, steigert sich allmählich und erhöht so den sozialgeschichtlichen und biographischen Zeugniswert der Briefe, wohingegen der urkundlich-rechtliche Aspekt in der Neuzeit zunehmend an Bedeutung verliert. Die persönlichen Briefe von Individuen des 18., 19. und 20. Jhs. dürften für den Rechtshistoriker kaum mehr von Belang sein (wenn man von den besonderen Fällen absieht, in denen Briefe ausnahmsweise auch juristisch relevante Funktionen erfüllen können, vgl. hierzu 6.4., S. 219 f.).

Erst in jüngerer Zeit ist man aufmerksam geworden auf den eminenten Quellenwert von Briefwechseln für die Erforschung von Kulturbeziehungen. In den vergangenen Jahrhunderten ist gerade der Brief ein außerordentlich wichtiges Mittel gewesen, solche Beziehungen herzustellen und mittels einer andauernden Korrespondenz aufrechtzuerhalten. Im Umkreis von namhaften Persönlichkeiten insbesondere des 18. Jhs. entstanden ganze »Korrespondenzzirkel«. (H. Ischreyt 1979, S. 403) Eine herausragende Rolle für das geistige Leben und internationale Kulturbeziehungen spielten, vor allem zwischen 1750 und 1850, die Briefwechsel der Gelehrten. Vielfach ersetzten damals solche Korrespondenzen die modernen wissenschaftlichen Zeitschriften.

Explizit zugunsten weitreichender Kulturbeziehungen betätigte sich z.B. die ›Deutsche Briefgesellschaft‹ mit Sitz in Naunhof-Leipzig, die 1905 gegründet wurde und die briefliche Anbahnung und Unterhaltung weltweiter Verbindungen bezweckte. Sie brachte sogar ein eigenes Verbandsblatt heraus. Noch am Vorabend des Ersten Weltkriegs bekannte sich diese Gesellschaft zu ihren internationalen Intentionen:

sie führt mit *interessanten Menschen* zusammen, sie schafft *Verbindungen zwischen Nord und Süd, Heimat und Übersee*, sie sorgt für persönlichen *Anschluß auf Reisen*, sie hilft Material für *Studienzwecke und Enqueten* zusammentragen, sie befördert den Sammlerverkehr, sie ist für *geschäftliche Interessen* zu benutzen, sie vermittelt *Auskünfte und Gefälligkeiten*, sie stellt sich in den Dienst von *Reformbewegungen* aller Art usw. usw. (Aus e. Annoncentext v. 14.1.1914, in: Die Aktion 4.)

Die Teilnahme an der Briefkultur einer Epoche hing sehr weitgehend davon ab, wie erschwinglich das Material war, das man für die Fixierung einer brieflichen Nachricht brauchte. Darum sind ebenfalls von spezifisch kulturhistorischem Interesse Material und äußere Gestaltung der Briefe in den verschiedenen Abschnitten der Briefgeschichte. Das teure Pergament, das im Mittelalter als Schreibmaterial diente, wurde erst im 13. Jh. von dem aus Lumpen hergestellten Papier abgelöst, dessen sich im Laufe der Jahrhunderte verbilligende Produktion materiell immer mehr Menschen die Teilnahme an der schriftlichen Kommunikation ihrer Zeit erlaubte. Im 19. Jh. schließlich gelang die maschinelle Herstellung von Schreibpapier.

Aber nicht nur das Material, sondern auch dessen dekorative Gestaltung, der Wandel dieser Gestaltung und ihre formenreichen Ausprägungen sind dazu angetan, vor allem die Aufmerksamkeit des Kulturhistorikers zu erregen. Ein Beispiel: Der Schweizer Sammler F. A. Bernath hat 1978 in einer Ausstellung im Zürcher Stadthaus Proben seiner erstaunlichen Sammlung von Briefköpfen, und zwar von solchen aus der Zeit der Französischen Revolution, vorgestellt. Die von Hand oder per Druck gestalteten Briefköpfe gewähren Einblicke in die gesellschaftlich bedingte und zeitabhängige Art der Selbstrepräsentation der Briefschreiber. Art und Form der Briefköpfe liefern auch Hinweise auf Kunst oder Kitsch einer Epoche. Kulturgeschichtlich relevant sind jedoch ebenso die Formen der brieflichen Textanordnung auf dem beschriebenen Blatt, die Briefanschrift und die Versendungsweisen (Faltung oder Verwendung von Umschlägen, Siegelung, Gestaltung der Adressierung u.ä.).

Für den Kultur- und Kommunikationsforscher interessant ist schließlich auch die Tatsache, daß aus dem Brief die Zeitung hervorgegangen ist. (Vgl. hierzu 1.3., S. 13.) Seit dem 15. Jh. wurde es üblich, daß Kaufleute ihren Briefsendungen geschäftlichen Inhalts Nachrichten politischer oder sonst allgemein interessierender Art beifügten. Aber auch andere Privatleute, zumal Gelehrte, und natürlich Amtspersonen erwähnten in ihrer Korrespondenz am Schluß die neuesten Nachrichten oder legten sie, auf separate Zettel geschrieben, bei, so daß dafür das Wort ›Briefzeitung‹ in Gebrauch kam. Bald unterhielten Fürsten- und Handelshäuser eigene bezahlte Korrespondenten – vornehmlich in großen Städten wie Frankfurt, Augsburg, Köln und Hamburg, die auf diese Weise zu ersten Nachrichtenzentren wurden. Schon zu Beginn des 17. Jhs. war Europa von einem Netz solcher Nachrichtenzentralen überzogen. Schaltstellen der Nachrichtenübermittlung waren die Posthäuser und Postmeister. Die letzteren nutzten ihre Schlüsselstellung, indem sie die ihnen zugetragenen Nachrichten zusammenschreiben und vervielfältigen ließen. Anfangs erschienen diese Nachrichtenblätter als Einblattdrucke, dann, seit 1502, kamen sie in umfänglicherer Form als ›Newe zeytung‹ heraus.

Obwohl es seit dem Ende des 17. Jhs. bereits eine allgemein zugängliche und regelmäßige Berichterstattung, also eine Presse gab, konnte noch in der Mitte des 18. Jhs. der Baron F. M. v. Grimm in Paris ein literarisches und politisches Korrespondenzbüro einrichten, das zwanzig Jahre lang – von 1753 bis 1773 – erfolgreich funktionierte. Grimms Büro arbeitete auf der Basis von «persönlichen Nachrichtenbriefen», die sich zu einer alle zwei Wochen herauskommenden »privaten Zeitung« entwickelten, die aber wohlgemerkt nicht gedruckt wurden. (Berger 1964, S. 37) Das Beispiel der Grimmschen Korrespondenz-Einrichtung verweist noch einmal deutlich auf den ursprünglich engen Zusammenhang von Brief und Zeitung. Selbst in der späteren Romantik hat der Brief als Träger allgemein interessierender Nachrichten abermals eine Rolle gespielt, und zwar in der politisch-literarischen Publizistik der Zeit. An persönliche Empfänger gerichtete Briefe wurden damals ohne Angabe des Verfassers oder auch des Adressaten in Tageszeitungen oder Zeitschriften veröffentlicht. Sie waren die »Druckvorlagen für ›Korrespondenz-Nachrichten‹, Aufsätze und Artikel, kurz gesagt, für ›Eingesandtes‹.« (K. Feilchenfeldt 1977, S. 125) Die sich für solche anonymen ›Korrespondenz-Nachrichten‹ in der Presse eignenden (oder auch dafür gedachten) Briefe wurden aber von den Agenten Metternichs, die als amtliche Zensoren in den sog. ›Geheimen Postlogen‹ saßen, häufig abgefangen. Das führte dazu, daß die Autoren – z.B. C. Brentano, K. A. Varnhagen v. Ense, G. F. Creuzer – das Mittel der Chiffrierung ihrer Briefe einsetzten, um sich so wirksam gegen die Bespitzelung zu schützen. (Vgl. dazu auch 6.4., S. 219.)

6.3. Briefbeförderung – Entwicklung der Post

Entwicklung und Ausbreitung des Briefwesens waren seit je gekoppelt an die Möglichkeiten der Beförderung brieflicher Nachrichten. Die älteste und gewissermaßen natürlichste Art der Übermittlung von Briefen erfolgte durch Boten, die ihren Auftrag zu Fuß erledigten. Doch schon das Altertum kannte nicht nur den laufenden, sondern auch den reitenden Briefboten. Kyros II. d. Gr. (um 550 v. Chr.) unterhielt mit Hilfe solcher Boten zu Pferde bereits eine Staatspost. Im römischen Weltreich bestand seit der Zeit des Kaisers Augustus ebenfalls eine Staatspost, die außer Briefen auch Güter und Personen beförderte. Auf deutschem Boden später sorgten zuerst die Karolinger, durch eine entsprechende Verpflichtung der Untertanen, für eine Nachrichtenübermittlung im staatlichen Interesse. Im 11. und 12. Jh. entstanden zahlreiche Botenanstalten, deren man sich zum Austausch von Nachrichten bediente. Alle diese Einrichtungen konnten und durften allerdings nicht von Privatleuten in Anspruch genommen werden; sie dienten ausschließlich der staatlichen Verwaltung. Privatmänner mußten im Bedarfsfalle einen eigenen Boten schicken. Ein solcher aber war teuer, ihn konnten sich nur Reiche leisten. Andere mußten eine zufällige Gelegenheit abwarten.

Der Bote war auch derjenige, dessen Zuverlässigkiet für die Echtheit des überbrachten Briefes bürgte. Ansonsten bestätigte im Mittelalter das Siegel die Echtheit. Gelegentlich benutzten Briefautoren auch Geheimschriften, um sich gegen die (nicht seltenen) Fälschungen abzusichern. Im ganzen wurden im Mittelalter noch wenig Briefe geschrieben – ihre Übermittlung war zu unregelmäßig und zu unsicher.

Die Klöster bedienten sich für ihren Briefverkehr untereinander von früh an einzelner Mönche, die unterwegs waren. Der Deutsche Ritterorden in Preußen schuf sich eine wohlorganisierte Ordenspost mit berittenen Edelknaben, den sog. ›Briefjungen‹, die einen Briefsack mit sich führten. Die Handel treibenden Kaufleute der Städte im Reich dagegen waren zunächst auf den Dienst von Standesgenossen angewiesen, die zu Messen und Märkten reisten. Ein fest geregeltes und später sogar zunftmäßig eingerichtetes Botenwesen kam erst mit dem Aufblühen der Städte seit dem 12. Jh. auf. Große Handelshäuser leisteten sich eigene Kaufmannsboten. Im 13. Jh. gingen die Städte zur Einrichtung eines regelmäßig funktionierenden Botendienstes über. In seinem Rahmen waren nicht nur Amtsboten, sondern auch sog. ›Ordinariboten‹ tätig, die der Allgemeinheit zur Verfügung standen. Daneben wurden, bis zum Ende des 16. Jhs., ebenfalls gern die ›Metzgerposten‹ (das waren reisende Viehaufkäufer) benutzt.

Erst seit dieser Zeit bestand die sichere Möglichkeit, auch Privatbriefe in nennenswertem Umfang befördern zu lassen, nachdem nämlich die mailändische Familie Thurn und Taxis am Ende des 15. Jhs. die Trägerschaft des Nachrichten- und Verkehrswesens in weiten Teilen Deutschlands und des westlichen Mitteleuropas an sich gezogen hatte. Freilich diente die Taxissche Post noch zur Zeit Karls V. hauptsächlich dazu, dessen enorme politische Korrespondenz zu befördern, mit deren Hilfe der Monarch sein Riesenreich verwaltete und regierte. Die Sippe der Thurn und Taxis baute unter kaiserlicher Protektion ihre Post expansiv und gewinnbringend aus. Doch seit Rudolf II. die Posten 1597 zu einem kaiserlichen Regal erklärt hatte, gab es zwischen den Habsburger Herrschern, den Reichsständen sowie vielen einzelnen Fürsten und Städten wegen der verschiedenen Posteinrichtungen einen nicht mehr enden wollenden Streit, da sich manche kleineren Herrscher und Staaten im Reichsgebiet mit der absoluten Bevorrechtung des Thurn und Taxisschen Unternehmens nicht abfinden wollten. Dennoch war um die Mitte des 18. Jhs. die von dem Fürstenhaus Thurn und Taxis so profitabel geführte Reichspost über die meisten Gebiete des Reiches verbreitet (der Profit resultierte in erster Linie aus dem hohen Briefporto). Zum Zentrum des Postnetzes war im Laufe der ersten Jahrzehnte des 18. Jhs. Frankfurt a.M. geworden.

Auch die zeitliche Häufigkeit der Postbeförderung hatte sich während des 17. und 18. Jhs. sehr gesteigert: Während die Post bis etwa 1600 nur einmal pro Woche ging, konnte man von ungefähr 1700 an bereits zweimal in der Woche Briefe expedieren lassen. Und Ende des 18. Jhs. gab es vielfach schon die Möglichkeit, Post täglich abzusenden und zu empfangen. Doch dauerte es damals fast noch ein Vierteljahr, bis z.B. ein Brief von Rom nach Königsberg gelangte. Allerdings blieb der Brief bis ins 19. Jh. hinein das Kommunikationsmittel wohlsituierter Leute. Noch um 1760 kostete das Porto für eine Briefsendung von Frankfurt nach Berlin so viel – nämlich 6 Groschen –, wie eine Köchin in einer Woche oder ein Zimmerman an einem Tage verdiente.

Mit dem Zusammenbruch des ›Heiligen Römischen Reiches‹ Anfang des 19. Jhs. verlor die kaiserliche Reichspost den »größten Teil ihres bisherigen Tätigkeitsgebietes.« (G. North 1974, S. 10) In der nachnapoleonischen Zeit jedoch gelang Thurn und Taxis abermals der Aufbau eines großen zusammenhängenden Postgebietes. 1867 jedoch wurde die Thurn und Taxissche Postverwaltung gegen Zahlung einer hohen Entschädigungssumme von Preußen übernommen und zu einer staatlichen Einrichtung gemacht.

Dank der verschiedenen kleineren Landesposten, die in Nord- und Süddeutschland außerhalb der Gebiete der Thurn und Taxisschen Reichspost entstanden waren, war in Deutschland bereits zu Beginn des 19. Jhs. eine weitgehende postalische Bedienung aller größeren Orte sichergestellt. Diese wurde in der ersten Hälfte des 19. Jhs. auf das flache Land ausgedehnt. In manchen größeren Gemeinden gab es überdies öffentliche Agenturen mit Botendiensten, die, gegen Entgelt, kurze schriftliche Mitteilungen von Haus zu Haus, von Straße zu Straße beförderten und so in bescheidenem Umfang praktisch das Telefon ersetzten.

Seit den dreißiger, vierziger Jahren des 19. Jhs. machten Beschleunigung, Intensivierung, Verbilligung, Effektivierung und schließlich Internationalisierung der Post-Dienste entscheidende Fortschritte in Richtung auf das in der Gegenwart üblich gewordene Maß postalischer Versorgung der Bevölkerung. In diesem Zusammenhang sind folgende postgeschichtliche Daten besonders erwähnenswert:

- Ab 1823/24 erste Briefkästen in den größeren Orten und erste beamtete Briefträger
- Von 1835 an Eisenbahnen als neues wichtiges Beförderungsmittel
- Bis 1864 in allen deutschen Staaten Einführung von Postwertzeichen
- 1850 Deutsch-Österreichischer Postverein
- 1868 Norddeutsche Bundespost
- 1870 Einführung der Postkarte (durch H. v. Stephan), der noch im gleichen Jahr die erste Bildpostkarte folgte
- 1871 Deutsche Reichspost
- 1878 Weltpostverein
- Seit 1912 Luftpostverkehr
- 1933 Einführung des öffentlichen Fernschreibdienstes (Telex)
- 1950 Deutsche Bundespost der Bundesrepublik Deutschland.

Wer sich an der brieflichen Kommunikation in Deutschland beteiligen wollte oder mußte, hatte dazu bereits im 18. Jh. gute und spätestens in der zweiten Hälfte des 19. Jhs vorzügliche materielle Möglichkeiten. Daß die Entwicklung des Privatbriefs seit dem Endes des Vorjahrhunderts mit der Perfektivierung seiner Beförderung nicht mehr Schritt hielt, hatte allerdings Ursachen, die mit der technischen Entwicklung des Postwesens nicht zu erklären sind. (Vgl. hierzu 2.3. u. 2.4.)

6.4. Briefrechtliches

Eine effektive Realisierung brieflicher Kommunikation hängt nicht allein von den Möglichkeiten der Briefbeförderung ab, sondern auch davon, welchen Schutz der aus der Hand gegebene Brief auf seinem Wege bis zum Empfänger genießt. Diese Einsicht hat dazu geführt, daß in Deutschland vergleichsweise früh der Schutz des Postgeheimnisses als Rechtsgrundsatz anerkannt wurde. So wurden schon in der Preußischen Postordnung von 1712 die Boten zur »Wahrung des ›Briefgeheimnisses‹ eidlich verpflichtet«. (G. Wollweber 1968, S. 10) Auch das Preußische Allgemeine Landrecht von 1794 sah den Schutz des Postgeheimnisses vor (Tl. 2, Tit. 15, Abschn. 4 § 204).

Dennoch wurden Briefe oft erbrochen, wurde das Briefgeheimnis oft gebrochen. Zumal in Krisen- und Kriegszeiten, gerade auch des so brieffreudigen 18. Jhs., nahm es sich der Staat heraus, den Briefverkehr zu überwachen. Das hatte nicht selten zur Folge, daß die brieflich Kommunizierenden chiffriert schrieben. Eine gut funktionierende Briefspionage wurde in Deutschland durch Napoleon organisiert. In der Restaurationszeit wurde sie von Metternich fortgeführt und vervollkommnet.

Um solche Willkürmaßnahmen des Staates zu verhindern, erklärten die Väter der revolutionären Verfassung von 1849 den Schutz des Briefgeheimnisses zum Grundrecht (Art. 142). Auch die späteren demokratischen Verfassungen von 1919 und 1949 (Art. 117 bzw. Art. 10 des Grundgesetzes) sicherten dem Bürger diesen Schutz als Grundrecht zu (notabene aber nicht die Verfassung des deutschen Kaiserreiches von 1871!). Danach nun ist eine Briefzensur unstatthaft, wie sie in absolutistisch, autoritär oder totalitär regierten Staaten möglich bzw. üblich war und ist. Die Verfassungen der übrigen Staaten im deutschen Sprachraum – der DDR, der Schweiz und Österreichs – gewährleisteten gleichfalls die Unverletzlichkeit des Briefgeheimnisses. Einschränkungen dieses Grundrechtes sind prinzipiell nur aufgrund besonderer Gesetze zum Schutz höherer Rechtsgüter und der staatlichen Grundordnung zulässig.

Der Persönlichkeitsschutz garantiert dem Empfänger eines Briefes weitere Rechte – insbesondere das, über diesen uneingeschränkt zu verfügen. Als Eigentum des Empfängers geht er dann auch ohne Einschränkung an den Erben über. Allerdings dürfen Eigentümer und Erben eines persönlichen Briefes diesen nicht veröffentlichen – es sei denn, der Briefschreiber hat dazu seine Zustimmung gegeben. Briefe (die im juristischen Sinne als ›Sprachwerke‹ gelten), also in der Regel solche bekannter Dichter, genießen bei uns den Schutz des Urheberrechts. (Vgl. hierzu W. Woesler 1977, S. 53 f.) Dieses sieht in der Bundesrepublik eine Schutzfrist von 70 und sah in der DDR eine von 50 Jahren vor. »Erst nach Ablauf der Schutzfrist kann der Eigentümer eines Briefes auch über die Publikationserlaubnis verfügen.« (Ebd. 1977, S. 55)

In mancher Hinsicht gilt ein Brief auch in unserer Zeit noch als ein juristisch relevantes Dokument. Als eine Form, in der Aussagen, Vereinbarungen, Zusagen, Verfügungen u.ä. schriftlich festgehalten werden, kann der Brief zum Beweismittel werden, kann er einen rechtswirksamen Zugzwang auslösen und sogar ein Testament ersetzen. Folgerichtigerweise hat der Gesetzgeber den Diebstahl, die Unterschlagung, die Fälschung und die unbefugte Vernichtung von Briefen unter Strafe gestellt.

Literatur zur 6.:

6.1. Briefschreiben als emanzipativer Akt – Drei Beispiele
Becker-Cantarino, Barbara 1985.
Brockmeyer 1961, S. 279 f., S. 297 f. et passim.
Goodrich, James W. (Übers. u. Hg.): Editors' Introduction, zu: Duden, Gottfried: Report on a Journey to the Western States of North America ... (Engl. Übersetzg. v. J. W. G.) Columbia & London 1980. S. VII - XXIV.
Greverus, Ina-Maria: Der territoriale Mensch. E. literaturanthropolog. Versuch z. Heimatphänomen. Frankfurt a.M. 1972. Darin insbes. S. 159–169.
Haller, Reinhard: Alte Briefe aus Amerika. Grafenau 1981.
Helbich, Wolfgang: ... doch zur Heimat wirds wohl nicht. Was dt. Auswanderer, die im vorig. Jh. nach Amerika gingen, den Daheimgebliebenen schrieben. In: Die Zeit Nr. 7, 11.2.1983, S. 64.
Ders.: Problems of Editing and Interpreting Immigrant Letters. Unveröff. Ms. e. Vortrags, gehalten in Krakau 1981.
Ders., Kamphoefner, Walter u. Sommer, Ulrike (Hg.): Briefe aus Amerika. Dt. Auswanderer schreiben a. d. Neuen Welt 1830–1930. München 1988.
Knocke, Carl Heinz: The German Immigrant Press in Milwaukee. Ohio State Univ., Phil. Diss. 1969.
Krull, Edith: Das Wirken der Frau im frühen deutschen Zeitschriftenwesen. Berlin, Phil. Diss. 1939.
Mattenklott 1985.
Ders. u.a. 1988.
Nickisch 1976.
Schelbert, Leo / Rappolt, Hedwig (Hg.): Alles ist ganz anders hier. Auswandererschicksale in Briefen aus zwei Jahrhunderten. Olten u. Freiburg i.Br. 1977.
Schwarzmaier, Hansmartin: Auswandererbriefe aus Nordamerika. Quellen im Grenzbereich v. Geschichtl. Landeskde., Wanderungsforschg. u. Literatursoziologie. In: Zs. f. d. Gesch. d. Oberrheins 126, 1978, S. 303–369.
Steinhausen 1891, S. 245–410.

6.2. Briefe als Quellen und Zeugnisse
Baumann, Gerhart: Mitteilung und Selbstzeugnis – Gedanken zu Briefen. In: Universitas 35, 1980, S. 713–722.

Berger 1964, S. 37.

Brief, Briefliteratur, Briefsammlungen 1983, Sp. 648.

Büngel 1939, passim.

Bürgel 1979, S. 38 f. et passim.

Feilchenfeldt, Konrad: Öffentlichkeit und Chiffrensprache in Briefen der späteren Romantik. In: Frühwald, Wolfgang (u.a.) (Hg.): Probleme der Brief-Edition. Kolloquium d. Dt. Forschungsgemeinsch. ... Bonn usw. 1977. (Kommission f. Germanist. Forschg. Mitteilg. 2.) S. 125–154.

Habermas 1971, S. 28 f. et passim.

Ischreyt, Heinz: Briefwechsel als Quelle der Kulturbeziehungsforschung. Bericht üb. d. 11. Konferenz d. Studienkreises f. Kulturbeziehgn. in Mittel- und Osteuropa ... In: Dt. Studien XVIII, 1979, S. 401–416.

Kleine Revue des Post- und Fernmeldewesens gestern und heute = [Themen-] H. 2 d. Archivs f. dt. Postgesch. 1974. In einzeln. Beiträgen passim.

Raabe 1966, S. 74–76.

Steinhausen 1889/91, passim.

Twelbeck, Gerhard: Als der Urgroßvater die Urgroßmutter nahm. Plaudereien üb. alte Briefe. Bersenbrück 1954. (Schriftenreihe d. Kreisheimatbundes Bersenbrück. 3.)

6.3. Briefbeförderung – Entwicklung der Post

Hase 1967, passim.

Hermeier, August: Der Bote im Mittelalter: Göttingen war berühmt für seine zuverlässigen Briefboten. In: Göttinger Monatsblätter Nr. 108, Febr. 1983, S. 1.

Hoffmann, Hartmut: Zur mittelalterlichen Brieftechnik. In: Repken, Konrad u. Skalweit, Stephan (Hg.): Spiegel der Geschichte. Festgabe f. Max Braubach ... Münster/Westf. 1964. S. 141–170.

North, Gottfried: Die geschichtliche Entwicklung des Post- und Fernmeldewesens. In: Archiv f. dt. Postgesch. H. 2, 1974, S. 6–25.

Rabe, Horst: Elemente neuzeitlicher Politik und Staatlichkeit im politischen System Karls V. Bemerkgn. z. span. Zentralverwaltg. u. z. Polit. Korrespondenz d. Kaisers. In: Lutz, Heinrich (Hg.): Das römisch-deutsche Reich im politischen System Karls V. München, Wien 1982. (Schriften d. Histor. Kollegs. Kolloquien 1.) S. 161–187.

Sautter, Karl / Stephan, Heinrich v.: Geschichte der deutschen Post. Hg. u. bearb. v. K. S. 3 Tle. Berlin 1858 (2. Aufl. 1928) (1. Tl.); 1935 (2. Tl.); 1951 (3. Tl.).

Schwarz, Konrad: Die Briefpostsendungen in der deutschen Postgeschichte. Berlin 1935. (Post u. Telegraphie in Wiss. u. Praxis. Bd. 19.)

Ders.: Die Entwicklung der deutschen Post. (E. Überblick.) Berlin 1931. (Post u. Telegraphie in Wiss. u. Praxis Bd. 20.)

Stephan, Heinrich v.: Das Verkehrsleben im Altertum und im Mittelalter. Neubearb. v. Gottfried North. Goslar 1966 [Zuerst 1868/69.]

Veredarius, O. [Ps. f. Frank, Otto]: Das Buch von der Weltpost. Entwickelg. u. Wirken d. Post u. Telegraphie im Weltverkehr. Berlin 1885.

Vogt 1935, S. 223 f.

6.4. Briefrechtliches

Büngel 1939, S. 66 f.

Bürgel 1979, S. 29.

Schwarz 1931, S. 45 f.

Woesler, Winfried: Der Brief als Dokument. In: Frühwald, Wolfgang (u.a.) (Hg.): Probleme der Brief-Edition. Kolloquium d. Dt. Forschungsgemeinsch. ... 1975. ... Bonn-Bad Godesberg 1977 (Kommission f. germanist. Forschg. Mitteilg. 2.) S. 41–59, hier bes. S. 50–58.

Wollweber, Gottfried: Der Schutz des Grundrechts auf Wahrung des Briefgeheimnisses im Grundgesetz und in der Europäischen Menschenrechtskonvention. Köln, Jur. Diss. 1968.

7. Probleme, Desiderate und Aufgaben der Briefforschung

Im folgenden versuche ich wesentliche Desiderate und Aufgaben in den verschiedenen Sektoren der Briefforschung kurz zu beschreiben. In manchen Bereichen sind bereits vielversprechende Arbeiten geplant oder in Gang gekommen. Daher soll auch an geeigneter Stelle auf wichtige Arbeitsvorhaben hingewiesen werden.

7.1. Sicherung des Materials – Bibliographische Probleme

Die bis etwa 1965 selbständig erschienenen »biographisch ergiebige[n]« Briefausgaben hat P. Raabe in seinem ›Quellenrepertorium‹(1966) erfaßt (vgl. dort S. 73-93). Es sind dies Briefe deutscher Autoren vom 16. Jh. bis 1945. Nützliche Hinweise insbesondere auf Brief-Anthologien enthält H. W. Eppelsheimers ›Handbuch der europäischen Weltliteratur‹(1950, 2. Aufl.) (vgl. dort 2. Bd., S. 366 f.).

In der Vergangenheit haben die Herausgeber von Korrespondenzen und Briefsammlungen meist nur Briefe von ihnen ›wichtig‹ erscheinenden Personen berücksichtigt. Auf die Publizierung der Antworten der Partner verzichtete man für gewöhnlich. Die Folge war, daß der Brief für die Literaturwissenschaft »in eine dem Monolog vergleichbare Rolle« eintrat. (V. Schupp 1978, S. 399) Aus dem Blick war geraten, daß der Brief in Wahrheit oft »Teil eines umfassenden Gesprächs von Personengruppen« ist, die untereinander in einem »dauernden allgemeinen, aber durchaus differenzierten Kommunikationszusammenhang stehen.« Prinzipiell zu bedenken ist im Umgang mit Briefen, daß sie »nicht nur Ausdruck der Individualität, sondern auch der Sozialität« sind. (Ebd.)

Zieht man aus diesen Einsichten forschungspraktische Konsequenzen, bedeutet das, daß bei der Ermittlung und Erfassung von Briefen einer Persönlichkeit die ‹Gegen-‹ bzw. ›Anbriefe‹ der Korrespondenzpartner grundsätzlich mit zu berücksichtigen sind. Wo das in der Vergangenheit versäumt worden ist, müßte es nachgeholt werden – wofern es dafür nicht zu spät ist.

»Nirgends ist der Überlieferungsverlust größer als bei Briefen«.
(B. Zeller 1976, S .130) Immerhin hat man etwa seit der Mitte
der siebziger Jahre auch mit einer systematischen Durchfor-
schung der Auktionskataloge begonnen. (K. H. Borck 1977, S.
6) Wo es (noch) gelingt, das Material einer Korrespondenz
möglichst vollständig zu sichern, ergeben sich indes schwerwie-
gende editorische Probleme, vor allem hinsichtlich der Form
und des Umfangs der mit zu berücksichtigenden Korrespondenz der Partner eines Briefschreibers. (Vgl. dazu 7.2., S. 229 f.)
    Während einschneidende Änderungen des Bildes von der
Briefliteratur des Mittelalters auch durch gelegentliche Zufalls-
funde kaum mehr zu erwarten sind, haben sich die Aussichten
darauf, daß man künftig über reichere und differenziertere
Kenntnisse bezüglich der Epistolographie der Renaissance-Zeit
verfügen wird, seit einigen Jahren erheblich verbessert. A. Buck
(1979) hat mit Nachdruck darauf aufmerksam gemacht, daß in
dieser Epoche europaweit eine «außerordentlich umfangreiche
Briefliteratur entstanden« ist, »an der Italien den Hauptanteil
gehabt hat.« Diese Entwicklung verdanke sich in allererster Linie der »Wiederbelebung des Briefes als literarischer Gattung
durch die Humanisten mittels Rückgriffs auf die antiken Vorbilder, vornehmlich auf Cicero.« (S. 101) Das »ungewöhnlich
große(s) Mitteilungsbedürfnis« des Zeitalters schlug sich aber
nicht nur in den kunstvollen lateinsprachigen Briefen der Humanisten nieder, sondern auch in Tausenden von Schreiben, die
in der Volkssprache von Nicht-Humanisten verfaßt wurden.
(Ebd.) Dies gilt jedoch nicht für den deutschsprachigen Raum,
wo die Briefkunst im wesentlichen eine Sache der großen Humanisten blieb. Ihr Briefwerk ist längst noch nicht hinreichend
erschlossen. Um dasjenige von K. Celtis (Opera omnia, lat. u.
dt.) und W. Pirckheimer (Briefwechsel) bemühen sich seit 1940
E. Reicke, S. Reicke, A. Reimann, J. Pfanner und Helga Scheible bzw. seit 1975 D. Wuttke, um Melanchthons ›Briefwechsel‹
seit 1977 Helga Scheible, um S. Brants Korrespondenz (Briefwechsel und Dokumente) seit den siebziger Jahren (?) wiederum D. Wuttke und um J. Reuchlins Briefe im Rahmen einer
Gesamtausgabe (ADL) H.-G. Roloff (begonnen 1972/73 von
Käthe Kahlenberg †).
    Der humanistischen Epistolographie war auch eine von der
Deutschen Forschungsgemeinschaft 1980 veranstaltete Tagung
›Der Brief im Zeitalter der Renaissance‹ gewidmet, da dieser
nunmehr als ein »zentrales Objekt der Renaissanceforschung«
angesehen wird. (F. J. Worstbrock 1983, Vorw. S. 5) Wie sehr

224

die Erschließung humanistischer Briefwerke zu wünschen ist, zeigt der schon jetzt erreichte Kenntnisstand, wonach durch die epistolographischen Leistungen der Humanisten »Kunst und Kultur des Briefes« der »vornehmste Maßstab für die Kompetenz des Schreibens überhaupt« wurden. Zudem gewann die Gattung Brief durch diese Leistungen eine »ungekannte universelle Fassungskraft« und wurde »offen für Gegenstände aller menschlichen Verhältnisse und Betätigungen.« (Ebd.) Bei den Humanisten konnte der Brief nahezu alles in sich aufnehmen: Abhandlung, Essay, poetische Erzählung, Bericht, Selbstaussprache, Pamphlet, alltägliche und private Mitteilungen und Neuigkeiten, Glückwünsche usw. Schließlich müsse man die humanistische Epistolographie sogar als den »Exponenten einer schriftlich gewordenen, in Verwaltung, Handel, Privatleben brieflich verkehrenden Zivilisation« sehen und verstehen. (Worstbrock 1983, Vorw. S. 6)

Die Prävalenz einer hochrangigen lateinsprachigen Briefkunst humanistischen Gepräges einerseits und das Fehlen einer Hauptstadt als eines gesellschaftlichen und kulturellen Zentrums andererseits sind in Deutschland die wichtigsten Ursachen dafür, daß sich auch im 17. Jh. noch keine »öffentliche deutschsprachige Briefkultur bilden« konnte. (Monika Ammermann 1979, S. 256) Zwischen 1575 und 1700 sind immer noch mehr als drei Viertel der gedruckten Briefe – überwiegend gelehrten Inhalts – lateinisch. Von 1620 an wird eine auffallend große Anzahl derartiger Briefe publiziert. Erst mit der im 18. Jh. beginnenden Aufklärung erlischt das Interesse an diesen Briefpublikationen.

Seit 1978 bemüht sich die in Wolfenbüttel eingerichtete ›Arbeitsstelle zur Erfassung gedruckter Briefe des 17. Jahrhunderts‹ um die bibliographische Ermittlung dieser Briefwerke. (Später soll diese Arbeit auf das 18. Jh. ausgedehnt werden.) Bei ihren Bemühungen macht der Wolfenbütteler ›Arbeitsstelle‹ die unübersichtliche bibliographische Lage der Literatur des 17. Jhs. besonders zu schaffen, zumal man nicht nur das briefliche Oeuvre der Literaten, sondern noch mehr das gelehrter Autoren zu erfassen bestrebt ist. (Dabei verzichtet man freilich auf die reine Fachkorrespondenz von Juristen oder Medizinern ebenso wie auf die rein staatspolitischen, diplomatischen und militärischen Briefwechsel wie auch auf fiktive Briefe.) Hauptziel ist die Ermittlung der verschiedenen Rezeptionsphasen der Barock-Briefe. (Ammermann 1979, S. 254 f.) Dafür sollen die Briefsammlungen der Zeit selbst sowie später gedruckte Sammlungen, alle gedruckten Quellenmitteilungen seit 1880, in Werkausgaben abgedruckte Briefe wie auch ggf. gedruckte Handschriften-Kataloge erschlossen werden. (H.-H. Krummacher 1979, S. 22)

Was an einschlägigem Material überliefert und erhalten ist, hat durchaus einen beachtlichen Umfang, auch wenn Teile der bedeutenden Briefbestände vieler Autoren im letzten Krieg vernichtet worden sein mögen. Besonders große Bestände sind in den Bibliotheken Breslaus, Hamburgs und Wolfenbüttels konzentriert. Davon ist bislang nur wenig und das wenige oft schlecht ediert. Von keinem deutschen Barock-Dichter existiert bisher eine zusammenfassende Ausgabe der Briefe; es gibt lediglich Teilpublikationen. Wegen der bekannten Vorbehalte des – an sich editionsfreudigen – 19. Jhs. gegenüber der Literatur des Barock-Zeitalters sind damals nur recht wenige Briefe von Dichtern dieser Zeit herausgegeben worden. Hier ist also vieles aufzuarbeiten, handelt es sich doch dabei um »kostbarstes Quellenmaterial zur Erschließung der Literatur und zur Rekonstruktion des literarischen Lebens der Zeit« wie auch für die Biographien der Autoren. (H.-H. Krummacher 1977, S. 82; bei K. 1977 detaillierte Angaben z.d. älteren schon vorhandenen Briefdrucken u. d. Barock-Briefforschg., vgl. S. 65 ff.) Krummacher regt an, künftig die Briefe der Autoren grundsätzlich in deren Werkausgaben einzubeziehen. (1977, S. 84) Bei einem ›Arbeitsgespräch der Herzog-August-Bibliothek‹ im Jahre 1977 ist der Stand der Bemühungen um Erfassung und Erschließung der Briefe deutscher Barockautoren in Vorträgen und Berichten ausführlich zur Sprache gekommen. (Vgl. z. d. einzelnen Referaten H.-H. Krummacher 1978.)

Das briefliterarische Material des 18. Jhs. steht uns in noch größeren Mengen zur Verfügung. Die Leidenschaft dieses Jahrhunderts für alles, was mit Briefen und epistolarer Formgebung zu tun hatte, war der Grund dafür, daß man es, zumal seit den vierziger Jahren, sehr eilig damit hatte, seine Briefe – etwa als eine Sammlung ›Freundschaftlicher Briefe‹– gedruckt zu sehen. Dennoch gibt es bislang für das 18. Jh. kein Werk wie das Repertorium F. Schlawes von 1969, der die Ausgaben der Briefsammlungen des 19. Jhs. bibliographisch erfaßt hat. Nur was die Briefromane des 18. Jhs. betrifft, sind wir ähnlich gut informiert; denn aus der vollständigen Bibliographie der ›Deutschen Originalromane zwischen 1680 und 1780‹ von E. Weber/Christine Mithal von 1983 ist unschwer zu entnehmen, welche und wie viele Briefromane – auch solche trivialeren Zuschnitts – in

Deutschland bis 1780 ihr Publikum suchten. Damit ist Roman-Forschern die Chance gegeben, nunmehr eine quasi lückenlose Geschichte des deutschen Briefromans bis zum Ende der Aufklärungsepoche zu schreiben. Doch auch die ›Briefwechsel deutschsprachiger Philosophen 1750-1850‹ werden nun in einem zweibändigen Referenzwerk von N. Henrichs und H. Weeland (1987 ff.) erstmals dokumentiert werden. Die geplanten beiden Bände sollen möglichst umfassend und vollständig gedruckt vorliegende Einzelbriefe, Briefwechsel und Briefsammlungen deutscher Philosophen nachweisen.

Sozialhistorisch interessierte Forscher sind seit Beginn der achtziger Jahre bemüht, einen weiteren Bereich der Briefliteratur des 19. Jhs. zu erschließen, der von Schlawe noch nicht berücksichtigt werden konnte: die Briefe deutscher Amerika-Auswanderer. Zwar sind schon im frühen 19. Jh., nahezu zeitgleich mit der Auswanderungsbewegung selbst, häufiger solche Briefe in Zeitungen veröffentlicht worden (um potentielle Auswanderer zu ermutigen, zu informieren oder aber abzuschrecken – manchmal auch nur, um die Leser der Blätter zu unterhalten, vgl. hierzu 6.1., S. 210 f.) – doch wissenschaftlichen Zwecken dienende Veröffentlichungen von deutschsprachigen Auswanderer-Briefen gibt es erst seit den siebziger Jahren unseres Jahrhunderts. (Vgl. hierzu d. Lit. zu 6.1., S. 220.) Freilich handelt es sich bei diesen (in editorischer Hinsicht meist noch sehr problematischen) Publikationen erst nur um Bruchteile des Briefmaterials, das im 19. und beginnenden 20. Jh. insgesamt entstanden ist – sind doch in dieser Zeit an sechs Millionen Deutsche in Amerika heimisch geworden. In den Auswandererbriefen kommt fast ausschließlich eine Klasse von Schreibern zu Wort, die sich in solchem Umfang nie zuvor schriftlich artikuliert hat: Angehörige der unteren Mittelschicht und der Unterschicht. Seit dem Ende der siebziger Jahre hat sich W. Helbich (1983) intensiv um die Auffindung und Sicherung dieses in briefgeschichtlicher Hinsicht einzigartigen Materials – das sich meist in Privathand befand – bemüht. (Vgl. S. 65-67.) Ende 1987 umfaßte die von Helbich und seinen Mitarbeitern aufgebaute Bochumer Auswandererbrief-Sammlung (BABS) über 5000 Briefe. Sie ist der Fundus, aus dem die 1988 erschienene, vorzüglich angelegte Edition von etwa 400 ungedruckten deutschen Auswandererbriefen (›Briefe aus Amerika. Deutsche Auswanderer schreiben aus der Neuen Welt 1830-1930‹, vgl. Helbich u.a. 1988) geschöpft hat.

Wer daran ginge, die Geschichte des Briefes und der literarischen Verwendung brieflicher Formen im 20. Jh. zu schreiben, brauchte am allerwenigsten zu fürchten, sein Unternehmen aus Mangel an Material nicht zum Ziel führen zu können – obwohl hier und da so große Lücken klaffen, daß die Herausgabe des Vorhandenen nachgerade »verfälschende Relationen« produzieren könnte. (B. Zeller 1975, S. 131) Trotz des angeblichen Niedergangs der Briefkultur in der Gegenwart ist die Menge des einschlägigen Materials enorm. Immer wieder ist ja mit Erstaunen vermerkt worden, wie viele gewichtige Briefschreiber auch unser Jahrhundert hervorgebracht hat – nicht nur prominente, sondern auch zahlreiche noch wenig bekannte. Man denke etwa an die Briefe von Soldaten und Gefangenen des Zweiten Weltkriegs, die Briefe der Verschwörer gegen Hitler, überhaupt die Briefe von Bürgern, die Zeit und persönliches Schicksal dazu herausforderten, sich in der Form des Briefes bewegend zu äußern. Doch gibt es bis jetzt keine Institution, die diese Zeugnisse der Briefkultur unserer Zeit systematisch zusammentragen und bibliographisch erfassen würde. Hier liegt eine weitere große und schwierige Aufgabe der deutschen Briefforschung.

7.2. Editorische Probleme

Selbst wer geneigt ist, die Briefe eines Schriftstellers seinen literarischen ›Werken‹ gleichzustellen, wird rasch erkennen: Die Probleme ihrer Publikation sind nicht einfach dadurch zu lösen, daß man die Edition von Briefen nach den Regeln einer optimal eingerichteten historisch-kritischen Werkausgabe betreibt. Die gattungsspezifischen und kommunikativen Besonderheiten von Briefen machen für ihre Edition spezielle Überlegungen und Maßnahmen erforderlich.

Die Sensibilisierung für diese Erfordernisse bei Gelehrten, die in den letzten Jahrzehnten mit der Herausgabe wichtiger Briefwerke befaßt waren und großenteils noch sind (zu denken ist beispielshalber an die Editionen der Briefe Herders, Forsters, Lichtenbergs, Mercks, Klopstocks, F. H. Jacobis, Wielands, Immermanns, Droste-Hülshoffs, Heines, Storms, Hofmannsthals u. Th. Manns), hat dazu geführt, daß man in zwei Kolloquien der Deutschen Forschungsgemeinschaft 1975 und 1977 sowie auf einer Arbeitstagung der Akademie der Wissenschaften der DDR 1981 und in einem weiteren ›Editorengespräch‹ in Weimar 1986 über die besonderen Probleme der Edition von Briefen nachgedacht und diskutiert hat. Die dabei gewonnenen theoretisch-grundsätzlichen und editionspraktischen Einsichten nähren die Hoffnung, daß künftige Brief-Ausgaben in vieler Hinsicht sachgerechter eingerichtet sein werden als die meisten früheren. Auch zeichnet sich die Aussicht ab, daß man sich im Kreise der Brief-Editoren auf bestimmte Prinzipien und Regeln einigt, damit in Zukunft Briefausgaben generell gewissen philologischen Mindeststandards genügen. Damit würden Interpreten verläßlichere Text- und Arbeitsgrundlagen als bisher erhalten. Die Geschichte der Brief-Editionen (die noch nicht geschrieben ist) zeigt, daß man bei der Publikation von Briefen selbst in so brieffreudigen Jahrhunderten wie dem 18. und 19. höchst unterschiedlich, oft prinzipienlos oder sonst dilettantisch, verfuhr. Das betraf nicht nur die Tradierung vorhandener Briefbestände oder die Auswahl aus ihnen, sondern auch die Behandlung einzelner Briefe und Briefstellen: Da wurde aus mehr oder minder plausiblen Gründen und Rücksichten weggelassen, gekürzt, gestrichen, ›bearbeitet‹, ›modernisiert‹ und – nicht ganz selten – regelrecht gefälscht. Dazu verleitete in erster Linie der private und zugleich historische Charakter der Briefe, weil dieser sich bei ihnen stärker als bei allen anderen literarischen Genres bemerkbar macht (wenn man von Tagebuchaufzeichnungen absieht).

Nachfolgend referiere ich kritisch den Stand der Diskussion über die Probleme und Möglichkeiten von Brief-Editionen, wie sie in jüngerer Zeit mit dem Ziel geführt worden ist, die vielfältigen Fehler, an denen die Briefausgaben der Vergangenheit laborieren, möglichst zu vermeiden.

Die Einsicht, daß Dialogizität die gattungskonstitutive Grundqualität des Briefes ist, hat bewirkt, daß man nicht mehr die Veröffentlichung der Briefe eines Autors, sondern die eines Brief*wechsels* als ideale Form der Edition ansieht, da die Briefe nur *eines* Partners »gewissermaßen Abstraktionen« sind. (J. Behrens 1975, S. 185) Die Realisierung dieses Ideals wirft allerdings schwierige praktische Fragen auf.

Wenn der briefschreiberische und persönliche Rang eines Partners mit dem des zu edierenden Autors nicht vergleichbar ist: sollen dann die unbedeutenden Schreiben dieses Partners trotzdem vollständig mit ediert werden? Das würde manche Briefeditionen in schier unüberschaubare (und unbezahlbare) Dimensionen wachsen lassen. Eine vertretbare pragmatische Lösung dieses Problems wäre vielleicht der Abdruck von Part-

229

nerbriefen in Regestform. Für solch eine Lösung spricht im Grunde auch die sehr scharfsichtige Beobachtung Mattenklotts u.a. (1988), daß die Antwort, der Dialog für den Briefschreiber häufig gar nicht so wichtig war/ist: »Wäre die Briefkultur tatsächlich so dialogisch, wie ihre Form es suggeriert, dann wäre es um ihr Verständnis bei der Nachwelt schlecht bestellt.« (S. 15) Viel stärker war/ist beim Schreiber das »Bedürfnis nach Konfession, Verbindlichkeit und Selbstobjektivierung. Der Andere ist in dieser Beziehung weniger Person als Institution, dem Beichtvater vergleichbar, zu dem der Schreiber eine verborgene Verbindung unterhält.« Bei den vollständig überlieferten Korrespondenzen zeigt sich, daß sie »eher flüchtig verzahnte Monologe als Wortwechsel« sind. (Ebd., S. 16) Was zur Gänze abgedruckt oder aber nur in Regestform geboten werden soll, ist von Fall zu Fall von den Editoren – vermutlich am ehesten nach Maßgabe des Ranges eines Autors – zu entscheiden. Immer jedoch sollten die Originale *aller* Briefe in Briefarchiven zugänglich gehalten werden.

Mit einem anderen Problem der Text-Edition bei Briefen scheint man leichter zu Rande kommen zu können: Da bei Briefen, im Gegensatz zu poetischen Werken, fast immer nur eine Fassung existiert, entfallen in der Regel die Schwierigkeiten der Textkonstituierung. Zurückzugreifen ist normalerweise, falls vorhanden und erreichbar, auf die Handschrift eines Briefes (notfallls auch auf ein Konzept dazu), sonst auf die frühesten Drucke. Sind diese unzuverlässig und gibt es Anhaltspunkte dafür, daß die handschriftliche Urfassung einigermaßen anders ausgesehen haben mag, ist es gleichwohl fast immer aussichtslos, den spontaneren Charakter der Urfassung rekonstruieren zu wollen. Also wird man sich in praxi mit der problematischen frühen Druckfassung abfinden und begnügen müssen (wiewohl auch eine solche u.U. interessante Aufschlüsse bieten kann). Dabei, wie erst recht bei der Zugrundelegung einer handschriftlichen Fassung, gebietet der Respekt vor dem historischen Dokumentarcharakter eines Briefes jede ›Vereinheitlichung‹ und/ oder ›Modernisierung‹ von Orthographie und Interpunktion.

Schwerer zu beantworten ist die Frage, wie Brief-Editoren mit Lesarten umgehen sollen. Ergeben sich diese meist nicht bloß aus Verschreibungen? Sind sie also nur die Folgen einer vorübergehenden Konzentrationsschwäche beim Briefschreiber oder anderer – auch äußerer – Störungen? Soll das alles in einer Briefedition mit festgehalten werden, oder soll man es stillschweigend bereinigen oder gar weglassen? Ist dergleichen nur

Ballast – ›Ausschuß‹, der beim Briefschreiben halt auch anfällt, oder hat es irgendeinen – womöglich sehr subtilen – Informationswert? (Vgl. hierzu auch 7.2., S. 234.) Unstrittig dürfte die folgende grundsätzliche Antwort auf die Lesarten-Fragen sein: Liegen von einem Brief mehrere Fassungen vor, die als Stufen der Arbeit des Verfassers an einem Text, als Schritte auf dem Wege zu einer möglichst perfekten Form anzusehen sind – hat also ein Brief in diesem Sinne ›Werkcharakter‹: dann sind in einer Edition alle Textfassungen, alle Textvarianten und Lesarten zu berücksichtigen. Freilich gehört die Entscheidung darüber, wann und in welchem Grade ein Brief ›Werkcharakter‹ besitzt, zu den schwierigsten und heikelsten. Ein derartiger ›Werkcharakter‹ ist ja nicht nur dann gegeben, wenn der Brief etwa einen Essay, ein Traktat, ein Gedicht, eine kleine Erzählung usw. gleichsam vertritt oder auch wenn er ein ›eigentliches‹ Werk präfiguriert; sondern er ist z.B. auch dann zu unterstellen, wenn der Brief aus solchen Epochen der Kultur-, Geistes-, Literatur- und Stilgeschichte stammt, die, im Gegensatz zu unserer den Brief gänzlich instrumentalisierenden Zeit, in ihm ein ästhetisch und persönlich höchstzuschätzendes geistiges Produkt eines Individuums sahen.

Auch die Kommentierung von Briefausgaben verlangt die Lösung besonderer Probleme. Eine allgemein anerkannte »Theorie des Kommentars« fehlt bisher. (N. Oellers 1977, S. 106) Der meist eminent private und zugleich biographische Charakter des Briefes ist die Ursache dafür, daß sich dieser uns in erheblich mehr persönliche und »historische Bezüge« eingebettet darstellt (Behrens 1975, S. 192) als ein im traditionellen Verstande poetisches Werk desselben Autors. Es ist praktisch ausgeschlossen, alle diese Bezüge im Rahmen einer Kommentierung zu berücksichtigen, soll sie nicht alle vernünftigen Ausmaße überschreiten. Sie wird sich auf besonders Wesentliches beschränken müssen – etwa auf Zitatnachweise, Worterklärungen, Kurzbiographien und die Skizzierung historischer und sozialer Zusammenhänge. (Behrens 1975, S. 194) Art und Umfang der Kommentierung könnten auch davon abhängen, ob reine ›Mitteilungsbriefe‹ zu erläutern sind oder solche, die ›Werkcharakter‹ aufweisen – wofern es angängig erscheint, eine derartige Trennung bei den Briefen eines Autors vorzunehmen. (Vgl. Oellers 1977, S. 115.) Wer sich bei der Kommentierung einer Briefausgabe besonders benutzerfreundlich verhalten will, wird womöglich seine Erläuterungen in erster Linie auf den Einzelbrief abstellen, da die meisten Benutzer nur einzelne

Briefe suchen oder lesen. (Vgl. Oellers 1977, S. 115 f.) Daß die Brief-Kommentierung auch für die Rezeptionsforschung ergiebig sein könnte, hat Oellers (1975) in einer besonderen Studie dargelegt. (Vgl. dazu 7.5., S. 242 f.)

Von musikwissenschaftlicher Seite ist in die Editions-Diskussion der Vorschlag eingebracht worden, man möge künftig an die Stelle der großen Gesamtausgabe von Briefen die ›Dokumenten-Biographie‹ treten lassen. Diese sei zum einen sinnvoll bei weniger bedeutenden Persönlichkeiten und nicht-sprachlichen Künstlern wie Musikern und Malern, und sie sei zum andern zweckmäßig als Ersatz für die Brief-Gesamtausgabe bei großen Gestalten der Gegenwart und der Zukunft, da bei diesen die verfügbare Menge von Dokumenten (außer Briefen z.B. auch Schallplatten, Bänder und Filme) so stark zunehmen würde, daß die Herstellung der herkömmlichen ›Kritischen Gesamtausgabe‹ praktisch unmöglich werden dürfte. (H. Becker 1977, S. 12-17) Die sog. Dokumenten-Biographie verzichtet auf Vollständigkeit beim Abdruck der Briefe, erweitert dafür aber den Kreis des heranzuziehenden Quellenmaterials durch Berücksichtigung auch nicht-brieflicher Zeugnisse sowie natürlich auch von Drittbriefen. Zu eliminieren wäre dabei vor allem, was alltäglich und banal ist (das Banale sollte lediglich hier und da in einigen Mustern und Proben zur Geltung kommen dürfen). Auch sollte es erlaubt sein, weniger wichtige Briefe nur ausschnittweise und ohne Grußformeln oder gar bloß in Regestform zu publizieren. »Überakribie« und »Reliquiensentimentalität« seien fehl am Platze. Sind die Informationen in anderen Dokumenten präziser oder ergiebiger (beispielsweise Pressenotizen), sollten auch ganze Briefe weggelassen werden können. (Ebd., S. 11 f. bzw. S. 19 f.) Solch ein raffendes Verfahren gestattet am ehesten die Dokumenten-Biographie, die, als Ersatz für die bisherigen Brief-Gesamtausgaben, nach Beckers Auffassung als Synthese aus dem wissenschaftlich Notwendigen und dem wirtschaftlich Möglichen die geeignetste Editionsform der Zukunft wäre. (Ebd., S. 24 f.)

Die von Behrens (1975) und Becker (1977) nahegelegte Regestform für minder wichtige Briefe eines Autors und seiner Partner ist 1981 von führenden DDR-Editoren erörtert worden. Sie haben für das, was Brief-Regesten bieten sollen, Mindestanforderungen aufgestellt: »inhaltliche Erschließung, originale Abfolge der Mitteilungen, Umfang des Briefes, Erwähnung sämtlicher Namen.« (Christel Laufer 1982, S. 343) Über die Regestierung von Briefen muß jedoch noch weiter nachgedacht werden. Auf jeden Fall muß sie gegenüber der von Urkunden verfeinert werden, weil Briefe zu den »inhaltlich nuancenreichsten Schriftstücken« gehören. (Irmtraut Schmid 1986, S. 7) Außer Regesten könnten auch Register (die vor allem die vorkommenden Namen zu erläutern hätten) Briefe erschließen helfen. Überhaupt müßten bei der »editorischen Erschließung von Briefen neue Aufbereitungsformen« entwickelt werden. (Schmid 1986, S. 9)

Eine Alternative zu Beckers Idee einer Dokumenten-Biographie stellt in gewissem Sinne die Anregung S. Sudhoffs (1977) dar, neben der rein wissenschaftlichen Briefedition auch eine weniger strenge Form der Edition gelten zu lassen, die für ein breiteres Publikum allgemein interessierter Leser bestimmt sein und in erster Linie die Biographie und die Zeit einer Persönlichkeit illustrieren sollte. (S. 27) Und wäre bei einer extrem umfangreichen Korrespondenz nicht auch so etwas wie eine ›Mischedition‹ denkbar, die den Druck oder Teildruck der Originale böte, womöglich aber zusätzlich auch die Regestform benutzte? (G. Fetzer 1980, S. 24) Müßte man nicht überhaupt die Möglichkeiten einer »flexiblen Anwendung der verschiedenen Ausgabentypen (Gesamt-, Ergänzungs-, Teil-, Briefwechsel-, Regestenausgabe)« und die Möglichkeiten ihrer Kombination für einen Autor in Betracht ziehen? (S. Scheibe in: Laufer 1982, S. 342 f.) Sogar für die nach strengen wissenschaftlichen Maßstäben anzulegende Briefedition gibt es nach Sudhoffs Meinung kein »verbindliches Rezept«. (1977, S. 27) Wenn die Gegenbriefe nicht erhalten sind, wird man sich weiterhin sogar mit der Publikation von einseitigen Briefreihen abfinden müssen. Das Durchhalten einer absoluten Chronologie bei einer Briefedition wird gleichfalls nicht immer möglich sein; für den Leser genügt wohl auch eine relative. (Sudhoff 1977, S. 36) Zu prüfen ist fernerhin, ob man es im Einzelfall mit einem eher dialogischen oder eher monologischen Briefschreiber zu tun hat. Es könnte von solch einer von einem Briefautor übernommenen Rolle abhängen, ob man eine mehrseitige oder eben doch eine einseitige Anlage der Edition als sachadäquater ansehen muß. Das Modell einer völlig befriedigenden Komposition einer Briefausgabe dürfte, laut Sudhoff, kaum je zu erstellen sein. (Ebd., S. 37 ff.)

Die Skepsis gegenüber optimistischen pragmatischen Lösungen briefeditorischer Probleme wächst insbesondere bei dem, der die dokumentarische Seite des Briefes gründlich bedenkt. Unvermeidlich geht in der »Textdarbietung des Druckes (...) das Dokumentarische eines Schreibens verloren«. (W. Woesler

1977, S. 45) Der Dokumentarcharakter ist im Grunde nur mittels des Faksimiles zu retten. Sollte also künftig, auch wenn Briefe nur als Typoskripte überliefert sind, ein Faksimile nicht zumindest gelegentlich den Textabdruck ersetzen? Woesler regt jedenfalls an: »Briefausgaben sollten in viel höherem Maße als bisher üblich Faksimiles beifügen.« (Ebd.) Zum dokumentarischen Aspekt eines Briefes gehört eben auch das individuelle äußere Erscheinungsbild – samt Papierart, Streichungen (noch lesbar oder nicht?), Korrekturen, unaufgelösten Abkürzungen und privaten Zeichen. All das kann einen wesentlichen zusätzlichen Informationswert haben, der in herkömmlichen Brief-Editionen verlorengeht. Er sollte wenigstens teilweise durch entsprechende Angaben und Vermerke in Kommentar und Apparat einer Briefausgabe salviert werden. Und sind nicht auch anscheinende Flüchtigkeitsfehler verschiedener Art in einer Edition mit zu dokumentieren? Wenn es sich dabei nicht nur um oberflächliche Verschreibungen handelt, sollten sie als »Signale dafür stehen bleiben, daß vielleicht auch manchem Gedanken eines (...) Briefes die letzte Feile fehlt.« (Woesler 1977, S. 48) Unvermeidlich bleibt jedoch, daß die Publizierung eines privaten Briefes seine Qualität verändert. Als ein nunmehr jedermann zugänglicher »Wiedergebrauchstext« wird er, »des Dokumentarischen entkleidet«, »für die Kulturgemeinschaft verfügbar und erhält damit neue Funktionen«. (Ebd., S. 47 f.) Da die neue Qualität essentiell mit der Drucklegung zusammenhängt, muß man sich damit abfinden, daß das Original eines Briefes mit allen seinen subtilen individuellen Charakteristika typographisch nicht total umsetzbar ist.

Sehr viel weniger skrupulös als bei der Berücksichtigung der dokumentarischen Seite eines Schreibens sollten sich Editoren verhalten, wenn es um die Einbeziehung bzw. Nichteinbeziehung von quasi-genormten und nur rechtsgeschäftlich erheblichen Brieftexten geht, wie sie Autoren der jüngsten Zeit in wachsender Zahl als Steuerbürger, Verbandsfunktionäre, Clubmitglieder, Bank- und Postkunden, Parteimitglieder, Käufer, Abonnenten usf. schreiben müssen oder erhalten. Briefe dieser genormten Art, die der »Individualität keinen Spielraum lassen« und die sich in ihrer Funktion als rechtliches Dokument erschöpfen, sollten nicht mehr Bestandteil einer Werkausgabe sein. Sie könnten, meint Woesler, in einem »dokumentierenden Band der Lebenszeugnisse Platz finden. Das übrige ist allenfalls in Regestform, in einer Chronik oder gar nur in einem Archiv für die Benutzung aufzubereiten.« (Ebd., S. 59)

So plausibel Woeslers Anregung erscheint, so problematisch könnte der Versuch, sie zu befolgen, im konkreten Einzelfall werden – weil die Frage: Was ist noch ›Brief‹, was nicht mehr? für den Hersteller einer Brief-Edition in vielen Fällen nicht bündig und gültig beantwortet werden kann. Denn wie steht es etwa, von jenen genormten, unpersönlichen amtlich-geschäftlichen Schreiben abgesehen, mit Aktennotizen, ›Liebeszetteln‹, Stammbucheintragungen u.ä.? Nicht selten wird man sich da von dem brieflichen »Epochenstil«, von den Merkmalen leiten lassen müssen, die für eine bestimmte ›Briefepoche‹ maßgebend waren. Brief-Editoren müssen sich wohl damit abfinden, daß eine Definition des Briefes »als literarische Gattung und zugleich als historische Gattung (...) nicht zu leisten« ist. (W. Frühwald 1977; Disk., S. 244)

In praktischer Hinsicht mag aber für die Editoren die von Schmid vorgeschlagene Definition nützlich sein, mit deren Hilfe Briefe »zunächst vom amtlichen Schriftgut, sodann von publizierten Texten (...) abgegrenzt werden können.« Dieser Definition zufolge ist der Brief ein »Verkehrsschriftstück, das zwischen Partnern gewechselt wird, die in einer persönlichen Beziehung, nicht in amtlicher Funktion miteinander korrespondieren.« (1986, S. 1) Dies würde bedeuten, daß bei der Herstellung einer Briefausgabe Aktenschriftstücke – Edikte, Reskripte, Erlasse, Suppliken, Eingaben u.ä.m. – ausgeschlossen werden könnten (um diese Schriftstücke hätten sich die Aktenkunde des Staates und die Archivwissenschaft zu kümmern). Freilich: oft läßt sich Amtliches und Persönliches nicht sauber trennen, und problematisch wird es erst recht, wenn Schmid aus ihrer Definition folgert: Als ›Briefe‹ hätten ebensowenig Offene Briefe und Anzeigen sowie »literarische Äußerungen mit der Selbstbezeichnung ‹Brief‹ im Titel« zu gelten (weil sie keine Schriftstücke des »persönlichen Vekehrs« seien), wohl aber z.B. Visitenkarten, Stammbuchblätter, Frachtbriefe und Rechnungen, insofern sie ja primär nicht für die Öffentlichkeit bestimmt gewesen seien. (1986, S. 1 f.) Bei diesen Ableitungen aus der Definition bleibt in deren Netz unversehens relativ ›Brieffremdes‹ (Stammbuchblatt!) hängen und fällt evident ›Brieftümliches‹ (Offener Brief!) heraus. Es sind also weitere definitorische Überlegungen erforderlich.

Man wird den Editoren bei der Sichtung von Briefen und quasi-brieflichen Materialien eines Autors, mit Rücksicht auf die je besondere Entstehungszeit und Überlieferungslage, bis auf weiteres einen nicht allzuschmalen Ermessensspielraum zubilligen müssen. Aufgrund praktischer Erwägungen empfiehlt es sich wohl, mit Hilfe eines Archivkatalogs das »gesammelte Material schon vor der Publikationsphase zu erschließen«; auch sollte »aus den Transkriptionen ein Brieflesebuch hergestellt werden, das innerhalb des Archives für interessierte Forscher zugänglich gemacht werden könnte.« (Frühwald 1977; Disk., S. 243) Briefarchive und -verzeichnisse dürften unbestreitbar lohnende Formen der Erschließung des einschlägigen Materials sein. In chronologisch angelegten Briefverzeichnissen sollten auch nicht überlieferte, aber bezeugte Schreiben ihren Platz finden. (Laufer 1982, S. 343) Bei der Vorbereitung für Editionen von Briefen des 17. Jhs. sollten zudem Kopienarchive angelegt werden. (Frühwald 1977; Disk., S. 252) Für die DDR wurde auf der erwähnten Arbeitstagung von 1981 beschlossen, alles Nötige zu tun, um die Wege zu ebnen für eine Einrichtung zur zentralen Erfassung der Briefautographen und Autographenkataloge. (Laufer 1982, S. 343) Schließlich wäre auch zu prüfen, ob man sich für Briefausgaben nicht die positiven Erfahrungen zunutze machen sollte, die man mit dem Einsatz von EDV bei der kritischen Edition des Oeuvres bedeutender Philosophen bereits gemacht hat. (Frühwald 1977; Disk., S. 271)

Die 1977 von Borck geäußerte Hoffnung, daß Fortschritte in Richtung auf normierte Übereinkünfte für Brief-Editionen erreichbar sein müßten, hat sich inzwischen ansatzweise bestätigt. Bei einem Kolloquium auf der Reisenburg 1983 ergab sich unter den dort versammelten Editoren ein Konsens in einem «überraschend großen Bereich«. Die für eine Briefausgabe relevanten Punkte sollten nach drei Prinzipien geordnet werden: »was künftig für Briefeditionen gelten muß, soll oder kann.« (Woesler 1983, S. 16) Der für Editionsfragen besonders ausgewiesene W. Woesler (der seit 1987 auch als Hauptherausgeber eines neuen ›Internationen Jahrbuches für Editionswissenschaft‹ m. d. T. ‹editio‹ zeichnet) hat auf dieser Basis ›Vorschläge für eine Normierung von Briefeditionen‹ ausgearbeitet. Er betont in der ›Nachbemerkung‹ zu seinen detaillierten 126 Normierungsvorschlägen für den Regelfall der historisch-kritischen Ausgabe (in erster Linie gedacht für die Wiedergabe von Brieftexten), daß sie den künftigen Brief-Editior keineswegs reglementieren sollen; sie sollten vielmehr lediglich als »Hilfestellung für die Erarbeitung von Richtlinien künftiger Briefausgaben« gesehen werden und im übrigen auch über den Kreis der germanistischen Editoren hinaus weitere gleichgerichtete Überlegungen anstoßen. Woeslers Normierungskatalog gliedert sich in drei Komplexe: I Gesamtplan – Briefdefinition – Anordnung; II Drucktechnische Einrichtung – Formale Präsentation; III Original – Textabdruck – Apparat. Die große Mehrheit der befragten Editoren hat mehr als vier Fünftel der Woeslerschen Einzelvorschläge akzeptiert; und auch der Rest dieser Vorschläge fand überwiegend Zustimmung. Daher besteht nun eine große Chance, die »bisher herrschende, die Arbeit erschwerende Uneinheitlichkeit im Bereich der Editionswissenschaft« weitgehend zu überwinden. (Woesler 1983, S. 18)

7.3. Analyse und Interpretation von Einzelbriefen

Die sich abzeichnenden Fortschritte bei der Edition von Briefcorpora aus den verschiedenen Jahrhunderten der Briefgeschichte lassen erwarten, daß Verläßlichkeit sowie sach- und gattungsadäquate Präsentation des Materials ein höheres Niveau erreichen werden. Versuche der Analyse und der Interpretation epistolarer Produkte werden sich also wohl in Zukunft auf (noch) sichererem Boden als bisher bewegen können.

Solche Analyse- und Interpretationsversuche, bezogen auf den Brief als Textsorte, als spezifische Kommunikationsform und auf einzelne Brieffälle, sind in jüngerer Zeit mehrfach unternommen worden. In der weiter zurückliegenden Vergangenheit bestand die Briefforschung fast ausschließlich aus kultur-, sozial- und literarhistorisch orientierten Arbeiten. Eine größere Zahl kommunikationstheoretischer und textpragmatischer Studien entstand dagegen erst seit dem Ende der sechziger Jahre. (Vgl. hierzu 1.1., S. 5 ff.)

Aus textpragmatischer Sicht sind die Aufgaben einer vollständigen Briefanalyse, bei der mit den grundlegenden Analysekategorien der ›Makrostruktur‹ und der ›Briefaktstruktur‹ zu arbeiten wäre, genauer beschrieben worden. Danach hat, wer eine erschöpfende Analyse anstrebt, grundsätzlich zu untersuchen, »wer (Selbsteinschätzung, Rollenzuweisung) wem (Fremdeinschätzung, Rollenerwartung) worüber (Thema) warum (Anlaß) wozu (Ziel) wann und wo einen Brief schreibt.« (Langeheine II 1983, S. 199) Ebenso hat der textpragmatisch vorgehende Analytiker immer auch die Stellung eines Briefes im Kommunikationsprozeß (als Vorgängerbrief, als Nachfolgebrief usw.), also die Kommunikationsgeschichte zu beachten. (Ebd., S. 200) Lassen sich außerdem bestimmte Typen von Briefakten und demzufolge etwa bestimmte Typen von Geschäftsbriefen usw. erkennen und beschreiben? Lohnend könnte auch die Analyse »brieflicher Folgestrukturen« sein (wie geht der Nachfolgebrief auf den Vorgängerbrief ein?). (Ebd., S. 205) Da dies aber nur leistbar ist aufgrund »verfügbarer Empirie«, zeigt sich hier abermals, eine wie wichtige Aufgabe bei der Briefanalyse der »Einbezug der historischen Dimension« ist. Wer ihn realisiert, würde Wesentliches zu einer »historischen Sprachpragmatik« und damit auch zur »Text- und Textsortengeschichte« beisteuern. Die für solche Arbeiten schwer zu schaffende Voraussetzung wäre die Rekonstruktion historischer Kommunikationsprozesse. (Ebd., S. 204 f.) Diese Rekonstruktion aber wird am ehesten möglich gemacht, wenn der Analytiker auf Brief-Editionen zurückgreifen kann, die ›Brief‹ und ›Anbrief‹ bieten. Nur so angelegte Editionen liefern dem Textpragmatiker die empirische Grundlage für die Analyse der erwähnten brieflichen Folgestrukturen - während sie ihm freilich den ebenfalls wichtigen ›Außenbrieftext‹ (= Briefhülle mit ihren Bestandteilen) nur in sehr beschränktem Maße zur Verfügung stellen können.

Für den Literaturwissenschaftler, dessen Interesse vor allem literarischen Privatbriefen bzw. literarischen Werkbriefen galt und gilt (vgl. hierzu 4.2., S. 101 ff.), ist die Beachtung der »historischen Dimension« unverzichtbar, wenn seine Interpretationen nicht essentielle Elemente und Aspekte eines solchen Briefes verfehlen sollen.

An Interpretationen, die das historische Eingebettetsein und die ästhetischen Strukturen eines ›literarischen‹ Briefes differenziert erschließen, fehlt es bislang auffälligerweise. Das hängt anscheinend mit der lange Zeit bestehenden Unsicherheit der deutschen Germanistik dem Brief gegenüber zusammen. Erst seit den sechziger Jahren unseres Jahrhunderts sind einige Studien entstanden, welche die Literarizität und ästhetische Dignität der subtil interpretierten Brief-Objekte sichtbar gemacht und unter Beweis gestellt haben. Die Rede ist hier von A. Schönes Deutungen mehrerer Goethe-Briefe (1967; I 1976; II 1976; 1979), von O. Seidlins Interpretation eines Mozart-Briefes (1967) und H.-J. Fortmüllers Arbeit über ›Clemens Brentano als Briefschreiber‹ (1977). Alle diese Studien zeigen, daß unsere große Briefliteratur dem Literaturwissenschaftler Chancen in Fülle bietet, auf seinem ureigensten Terrain, dem der historisch-ästhetischen Textinterpretation, ertragreiche Arbeit zu leisten. Die Reihe der erwähnten scharfsinnigen und überaus

ergiebigen Brief-Interpretationen sollte nun nicht mehr abrei-
ßen.

7.4. Geschichte des Briefes und der Brieflehre
– Epistolare Formen in Publizistik und Literatur

Der Textpragmatiker wie der literaturwissenschaftliche Briefin-
terpret brauchen für die Rekonstruktion historischer Kom-
munikationsakte im Briefwesen nicht nur textlich zuverläs-
sige und gattungsgemäß angelegte Brief-Editionen, sondern
ebenso eine »gleichermaßen literar- und sozialhistorisch fun-
dierte Geschichte des Briefes, die die veraltete, in ihren Wer-
turteilen anfechtbare von Steinhausen (1889/91) ersetzt.« (H.
Belke 1974, S. 377) Eine neue Darstellung der Geschichte des
deutschen Briefes müßte auch erstmals die Geschichte dieser
Gattung in unserem Jahrhundert beschreiben. Sie müßte darüber hinaus wesentliche rechts-, kommunikations- und post-
historische Aspekte des Briefwesens berücksichtigen – wie
wohl auch die soziale Komponente des Briefschreibenlernens
(z.B. im ausgehenden Mittelalter oder im 18. Jh.). (Vgl.
hierzu 6.1., S. 206 ff.) Gut täte es solch einer neuen briefge-
schichtlichen Darstellung auch, wenn sie die Entwicklung der
französischen, italienischen und englischen Epistolarliteratur
vom Mittelalter an vergleichend im Blick behielte. Doch wäre
ein derart breit angelegtes Unternehmen wohl kaum mehr
von einem einzelnen Forscher zu bewältigen. Hier wäre in-
terdisziplinäre Zusammenarbeit angesagt.
    Das Forschungsfeld der Geschichte der praktischen Brief-
lehre, die aufs engste mit der Entwicklung des Briefes selbst zusammenhängt, ist hingegen schon recht gut bestellt. 1969 habe
ich eine Arbeit über die normative Epistolographie vom Ende
des 15. bis zum Ende des 18. Jhs. vorgelegt, und 1984 hat Susanne Ettl ihre Dissertation veröffentlicht, in der sie die Brief-
steller-Literatur von 1880 bis 1980 eingehend untersucht hat.
Demgegenüber fehlt noch eine die Brieflehre des 19. Jhs. zusammenhängend darstellende Studie (D. Brüggemanns sehr unterhaltsam geschriebenes Bändchen von 1968 hat immerhin
auch einige typische Briefsteller aus diesem Zeitraum berücksichtigt.) Eine geschlossene Darstellung der Vorgeschichte der
deutschsprachigen Brieflehrbücher bis zum 15. Jh. gibt es ebenfalls noch nicht. Doch existieren für diese Periode mehrere sehr

verdienstliche Einzelstudien, die aber teilweise schon im 19. Jh. verfaßt wurden. (Vgl. hierzu d. Lit. zu 3.1., S. 89–91.)

Mangelware sind Untersuchungen und Darstellungen zur Verwendung epistolarer Formen in Publizistik und Literatur (von dieser Feststellung ist nur der Briefroman des 18. Jhs. auszunehmen). Es gibt z.B. noch keine Arbeit, welche Entwicklungsgeschichte, Form und Wirkung der uns heute so geläufig gewordenen Offenen Briefe untersucht hätte. Am Beginn dieser Geschichte steht der ‹Sendbrief› bzw. das ›Sendschreiben‹ – eine Form des Briefes, die seit den Zeiten Luthers zu publizistischen Zwecken eingesetzt wurde. Mit solchen Sendschreiben versuchten die Verfasser seit jeher, ihrer Stimme in der Öffentlichkeit schlechthin oder doch in einem Teil der Öffentlichkeit – etwa der gelehrten Welt – Gehör zu verschaffen.

Nicht selten verfolgten manche Autoren mit der Herausgabe einer Brieffolge ähnliche Absichten. Solche Brieffolgen bzw. Briefsammlungen oder -serien dienten großenteils aber auch ganz anderen und sehr unterschiedlichen Intentionen. (Vgl. hierzu 4.3., S. 107 ff.) Von diesen Folgen und Sammlungen, die z.T. sogar erst noch wieder ans Licht gezogen werden müßten, existieren in der deutschen Literatur geradezu exorbitante Mengen. Ihre vielfältigen Fiktionsformen, ihre Rezeption, ihre Wirkungsgeschichte usw. sind in der Literaturforschung bisher fast völlig unbeachtet geblieben. Besonders auffällig ist dabei die Vernachlässigung des Reisebriefs. Zwar hat die Reiseliteratur im Zusammenhang mit der Beachtung, die Formen der sog. Gebrauchsliteratur seit dem Ende der sechziger Jahre gefunden haben, das Interesse recht vieler Forscher erregt; doch ist dem Umstand, daß gerade die sehr reichhaltige (und oft kritisch gemeinte) Reiseliteratur des 18. und 19. Jhs. überwiegend in der Form von Briefen erschienen ist, bislang kaum Aufmerksamkeit zuteil geworden.

Dies ist glücklicherweise nicht der Fall bei der Briefeinlage in erzählerischen und dramatischen Werken. Die Funktionen solcher eingelegten Briefe in Versepos, Roman und Erzählung sind in jüngerer Zeit durch eine ganze Reihe einschlägiger Studien erhellt worden. Dabei hat die Kontroverse Honnefelder (1975) – Füger (1977) allerdings gezeigt, daß noch nicht sicher ist, wie die Bedeutung der Briefeinlagen in epischen Werken des 20. Jhs. beurteilt werden muß. Merklich schlechter bestellt ist es mit der Erforschung der Briefeinlagen in der dramatischen Literatur. Die Arbeit von Metzger (1938) sollte bald durch eine neue, differenzierter analysierende und sachbezogener urtei-

lende Studie ersetzt werden. Wie es mit Briefeinlagen in dramatischen Produktionen seit der expressionistischen Ära aussieht,
wissen wir mangels entsprechender Untersuchungen gar nicht.
Auch spezielle Analysen der inhaltlichen, strukturellen und
dramaturgischen Funktionen von Einlagebriefen in einzelnen
Dramen und Stücken – O. Seidlin hat in einem Aufsatz von
1963 das Muster einer derartigen Analyse vorgelegt – sucht man
in der bisherigen Briefforschung ansonsten vergeblich. (Vgl. zum
Vorstehenden d. Lit. z. 4.4.2. u. 4.4.3., S. 194 f. bzw. S. 195.)

Schlecht steht es ebenfalls mit der Erforschung des Briefessays. Der Begriff Epistolaressay taucht wohl in einigen Abhandlungen zur deutschen Essayliteratur auf. Die Erkenntnis
jedoch, daß es den Essay in Briefform gibt, hat noch nicht dazu
geführt, daß diese Variante des Essays mit speziellen Untersuchungen bedacht worden wäre.

Besser sieht es mit dem Forschungsstand bei Briefgedicht,
Gedicht-Brief und Versepistel aus. Doerrie (1968), Motsch
(1971 u. 1974) und Rückert (1972) haben zu diesem Thema er-
hellende Arbeiten präsentiert. (Vgl. hierzu 4.6., S. 177 ff.)
Motsch macht indes zu Recht darauf aufmerksam, daß noch ge-
nauere Untersuchungen bezüglich der mittel- und der neulateinischen Episteldichtung nötig seien – ebenso wie für die
deutschsprachige des 17. und 19. Jhs. Aufschlußreich wären
vermutlich auch komparatistisch angelegte Studien, welche die
deutsche und die ausländische Episteldichtung vergleichend un-
tersuchten. Daneben vermißt man sehr eine Anthologie mit den
besten deutschen Versepisteln. (Vgl. Motsch 1974, S. 180 f.)

Auf dem Gebiet der Verwendung epistolarer Formen zu
hochgradig literarischen Zwecken sind Gehalt und Struktur des
Briefromans des 18. und beginnenden 19. Jhs. bisher am inten-
sivsten – in einer Vielzahl allgemeiner und spezieller Untersuchungen – erforscht worden. Das erklärt sich wohl am ehesten
daher, daß etliche Briefromane aus dieser Epoche – Sophie v. Laroche's ›Fräulein von Sternheim‹, Goethes ›Werther‹, Hölderlins ›Hyperion‹ – europäischen Ruhm erlangten und darum auch
das besondere Interesse der Literaturwissenschaftler auf sich
zogen. Die allgemein akzeptierte Auffassung, daß die Zeit des
Briefromans schon zu Beginn des 19. Jhs. zu Ende gewesen sei,
hat die Beachtung der späteren Entwicklung dieser Spezies ver-
hindert. Tatsächlich sind im 19. und auch im 20. Jh. zahlreiche
weitere Briefromane und -erzählungen entstanden, die noch
von niemandem, zumal mit Rücksicht auf ihre charakteristische
Erzählstruktur, untersucht und gattungshistorisch gewürdigt

worden sind – obwohl man bei den Verfassern dieser Werke auch auf sehr klangvolle Namen stößt. (Vgl. hierzu 4.7., S. 191 f.)

7.5 Rezeptionsforschung im Bereich der Briefliteratur

Rezeptionsgeschichtliche Forschungen bezüglich der verschiedenen Arten und Formen des epistolaren Schrifttums kommen bis dato überhaupt nicht vor. Unübersehbar ist aber doch, daß z.B. die Herausgeber der so überaus zahlreichen Brief-Anthologien, die den unterschiedlichsten thematischen Gesichtspunkten verpflichtet sind, in erster Linie auf die zeitüberdauernde Wirkung von Briefen bekannter – und auch weniger bekannter – Autoren vertraut haben und weiter vertrauen. Hier wie in allen weiteren für den Rezeptionsforscher interessanten Bereichen (vgl. 5.2. u. 5.4., S. 200 f. bzw. S. 202–4) liegen Aufgaben, die noch nirgends in Angriff genommen worden sind.

Auf weitere Aufgaben und Chancen der Rezeptionsforschung im Bereich epistolarer Literatur hat Oellers (1975) hingewiesen. Einige davon stellen sich im Zusammenhang mit dem Lesepublikum des Briefromans im 18. Jh. Hier muß sich der Rezeptionsforscher klarmachen, daß auf seiten der Autoren die »Wahl der Briefform bewußt auf den Leser als passionierten Korrespondenten ausgerichtet war. Die Geschichte des Briefromans ist die Geschichte der Korrespondenz zwischen Autoren und Lesern.« Da aber die Briefe eines Briefromans natürlich nur scheinbar privat waren, sind beispielsweise die vielen konkreten »›Werther‹-Leser-Individuen« zu einem »Kollektiv zusammenzufassen, das als Partner des Autors fungieren kann.« Dieses Kollektiv wird bestimmt von mancherlei »intellektuelle[n], moralische[n] und wohl auch ästhetische[n] Regelmäßigkeiten«. Um sie zu ermitteln, sind »umfangreiche Detailuntersuchungen notwendig.« (Oellers 1975, S. 75) Unter den erwähnten Voraussetzungen die Rezeption eines Briefromans zu beschreiben wird am schwersten sein bei den einschlägigen Produkten eines Autors, der den Wünschen eines möglichst großen, mithin diffusen Publikums gerecht zu werden bemüht war. Gibt ein Autor dagegen klar zu erkennen, was für einer Gruppe von Lesern er sein Werk zugedacht hat, müßte die Erforschung der Rezeption viel zügiger zu vergleichsweise sicheren Ergebnissen führen können.

Deshalb auch dürften generell und in erster Linie am aussichtsreichsten solche rezeptionsanalytischen Studien sein, die den literarischen Beziehungen einer möglichst kleinen Gruppe gelten, etwa nur denen zwischen dem »Autor und einem einzigen Rezipienten« – wie sie vielfach gerade zwischen zwei Briefpartnern bestehen. Hier bietet demnach in praxi die kritische Brief-Edition besonders gut zu nutzende Chancen. Sie gibt nämlich dem Rezeptionsforscher die Gelegenheit, »die textkonstitutive Funktion eines Briefempfängers darzulegen«. (Oellers 1975, S. 76) Oellers hält es darum für die Aufgabe einer kritischen Briefausgabe, in den Kommentar den Adressaten eines Schreibens in der Weise einzubeziehen, »daß sein Anteil am Zustandekommen, am Inhalt und an der Form des Briefes deutlich wird. So wird die Editionswissenschaft zur Rezeptionsforschung gebracht«. (Ebd.) Diese darf sich dabei aber nicht der illusionären Hoffnung hingeben, als würde sie die «reale Rezeption eines Brieftextes als für dessen Abfassung mitbestimmend« erkennen können; in aller Regel wird immer nur die »prospektive oder virtuelle, vom Schreiber erwartete oder erwünschte Rezeption« erkennbar zu machen sein. (Ebd., S. 76 f.) An mehreren Beispielen aus der umfangreichen Korrespondenz Schillers mit sehr unterschiedlichen Partnern macht Oellers überzeugend deutlich, wie sehr die jeweils vom Briefautor imaginierte Rezeption und Reaktion Inhalt und Stil, äußere Form, Umfang und Zahl der Briefe an einen Partner prädisponieren. Oellers Überlegungen und Hinweise deuten, so scheint mir, auf vielversprechende und vor allem relativ rasch zu realisierende Möglichkeiten hin, die sich der Rezeptionsforschung insbesondere im Zusammenhang mit modern angelegten Brief-Editionen eröffnen. –

Die vorstehenden Ausführungen sollten nicht bloß zeigen, daß auf die Brieforschung, angesichts der fast erdrückenden Zahl von Desideraten, eine Fülle von Problemen und Aufgaben wartet, die nur auf sehr lange Sicht zu bewältigen sein werden – sie sollten die Literaturwissenschaft zugleich auch dazu ermutigen, die Briefliteratur, die sie bisher mehr wie ein Stiefkind behandelt hat, nunmehr als ein spätgeborenes leibliches Kind zu akzeptieren.

Literatur zu 7.:

7.1. Sicherung des Materials – ...
Ammermann, Monika: Bibliographie gedruckter Briefe des 17. Jahrhunderts. In: Wolfenbütteler Barock-Nachrichten VI, 1979, H. 1, S. 254–256.
Borck, Karl Heinz: Vorwort zu: Frühwald, Wolfgang (u.a.) (s. dort). S. 5 f.
Buck, August: Epistolographie in der Renaissance. In: Wolfenbütteler Renaissance Mitteilungen III, 1979, H. 3, S. 101–105.
Eppelsheimer, Hanns Wilhelm: Handbuch der europäischen Weltliteratur. 2. Aufl. 2. Bd. Frankfurt a.M. 1950.
Frühwald, Wolfgang (u.a.) (Hg.): Probleme der Brief-Edition. Kolloquium d. Dt. Forschungsgemeinschaft ... 1975 ... Bonn-Bad Godesberg 1977. (Kommission f. germanist. Forschg. Mittlg. 2.)
Helbich, Wolfgang: Problems of Editing and Interpreting Immigrant Letters. In: Ześzyty Naukowe Uniwersytetu Jagiellońskiego DCCXXXII, Prace polonijne, zeszyt 8, 1983, S. 65–75.
Ders., (u.a.) 1988.
Krummacher, Hans-Henrik: Stand und Aufgaben der Edition von Dichterbriefen. In: Frühwald, W. (u.a.) (s. dort), S. 61–85.
Ders.: Stand und Aufgaben der Edition von Dichterbriefen des deutschen Barock. In: Ders. (Hg.): Briefe deutscher Barockautoren. Probleme ihrer Erfassg. u. Erschließg. Arbeitsgespräch in d. Herzog-August-Bibl. 10. u. 11. März 1977. Vorträge u. Berichte. Hamburg 1978. (Wolfenbütteler Arbeiten z. Barockforschg. 6.) S. 9–33.
Ders.: Erschließung literarischer Quellen. Bibliograph. Arbeitsstellen. In: forschg. mittlgn. d. DFG 4, 1979, S. 22.
Raabe, Paul: Quellenrepertorium zur neueren deutschen Literaturgeschichte. 2., umgearb. Aufl. d. quellenkundl. Teils d. »Quellenkunde z. neuer. dt. Lit.-gesch.«. Stuttgart 1966. (Slg. Metzler 21b.)
Schupp, Volker: Unbekannte Briefe des Reichsfreiherrn Joseph von Laßberg an Friedrich Carl Freiherrn v. u. z. Brenken. In: Bad. Heimat 1978, H. 3, S. 397–427.
Weber, Ernst/Mithal, Christine: Deutsche Originalromane zwischen 1680 und 1780. E. Bibliographie m. Besitznachweisen (Bundesrep. Deutschld. u. Dt. Demokrat. Rep.). Berlin 1983.
Worstbrock, Franz Josef: Vorwort zu: Ders. (Hg.): Der Brief im Zeitalter der Renaissance/Dt. Forschungsgemeinsch. Weinheim 1983. (Mittlg. IX d. Kommission f. Humanismusforschg.) S. 5 f.
Zeller, Bernhard: Die Briefliteratur der letzten 25 Jahre. In: Dt. Akademie f. Sprache u. Dichtg. Jb. 1975. Heidelberg 1976, S. 113–133.

7.2. Editorische Probleme
Becker, Heinz: Die Briefausgabe als Dokumenten-Biographie. In: Frühwald, W. (u.a.) (s. dort – unt. 7.1.), S. 11–25.

Behrens, Jürgen: Zur kommentierten Briefedition. In: Frühwald, W. (u.a.) (Hg.): Probleme der Kommentierung. Kolloquien d. Dt. Forschungsgemeinschaft. Bonn-Bad Godesberg 1975. (Kommission f. germanist. Forschg. Mittlg. 1.) S. 183–197.

Borck, K. H. (s. dort - unt. 7.1.).

Fetzer, Günther: Das Briefwerk Hugo v. Hofmannsthals. Modelle f. d. Edition umfangreicher Korrespondenzen. Marbach 1980. (Dt. Lit.-archiv. Verzeichnisse. Berichte, Informationen. 6.)

Frühwald, W. (u.a.) 1977 (s. dort – unt. 7.1.). Darin: ›Diskussion‹, S. 213–271.

Laufer, Christel: Probleme der Briefedition. Arbeitstagg. d. Gruppe Textologie im Zentralinst. f. Lit.-gesch. d. Akad. d. Wissenschaften d. DDR am 20. Okt. 1981 in Berlin. In: Zs. f. Germanistik (Leipzig) 3, 1982, H. 1., S. 342–344.

Mattenklott (u.a.) 1988.

Oellers, Norbert: Probleme der Briefkommentierung am Beispiel der Korrespondenz Schillers. M. bes. Berücks. d. Briefwechsels zw. Schiller u. Goethe. In: Frühwald, W. (u.a.) 1977 (s. dort - unt. 7.1.), S. 105–123.

Schmid, Irmtraut: Thesen zum »Editorengespräch II« am 29. Okt. 1986 über das Thema »Der Brief als historische Quelle und literarisches Produkt. Seine archiv. u. editor. Erschließg.« [in Weimar]. Unveröff. Ms. 1986. 19S. (Überarb. Fassg. u. d. T.: Was ist ein Brief? Z. Begriffsbestimmg. d. Terminus »Brief« als Bezeichng. e. quellenkundl. Gattg. Ebenf. unveröff. Ms. 1987. 11 S. Benutzg. m. freundl. Genehmigg. d. Vf. – Unt. d. zuletzt genannt. Titel ersch. in: editio 2/1988, S. 1–7.)

Sudhoff, Siegfried: Brief und Gegenbrief als Problem der Brief-Edition. In: Frühwald, W. (u.a.) 1977 (s. dort - unt. 7.1.), S. 27–40.

Woesler, Winfried: Der Brief als Dokument. In: Frühwald, W. (u.a.) 1977 (s. dort – unt. 7.1.), S. 41–59.

Ders.: Vorschläge für eine Normierung von Briefeditionen. Unveröff. Ms. 1983. 18 S. (Benutzg. m. freundl. Genehmigg. d. Vf. – Unt. d. gleich. Titel ersch. in: editio 2/ 1988, S. 8–18.)

7.3. Analyse und Interpretation von Einzelbriefen

Fortmüller 1977.

Langeheine II 1983.

Schöne 1967.

Ders. (I): Soziale Kontrolle als Regulativ der Textverfassung. Üb. Goethes ersten Brief an Ysenburg v. Buri. In: Bormann, Alexander v. (Hg.): Wissen aus Erfahrungen. ... Festschr. f. H. Meyer. Tübingen 1976, S. 217–241.

Ders. (II): Versuch über Goethesche Humanität. Oder zum Gebrauch des Konjunktivs Plusquamperfekt in einem Brief an Johann Friedrich Krafft. In: Gillespie, Gerald u. Lohner, Edgar (Hg.): Herkommen und Erneuerung. Essays f. O. Seidlin. Tübingen 1976, S. 103–126.

Ders.: ›Regenbogen auf schwarzgrauem Grunde‹- Goethes Dornburger Brief an Zelter zum Tode seines Großherzogs. Göttingen 1979. (Göttinger Universitätsreden. H. 65.)

Seidlin, Oskar: Ein Brief nebst einer Brief-Interpretation. In: Lederer, Herbert u. Seyppel, Joachim (Hg.): Festschr. f. W. Neuse ... Berlin 1967, S. 135–142.

7.4. Geschichte des Briefes und der Brieflehre – ...

Belke, Horst: Literarische Gebrauchsformen. In: Boueke, Dietrich (Hg.): Deutschunterricht in der Diskussion. Forschungsberichte. Paderborn 1974. (UTB 403.)

Motsch 1974.

7.5. Rezeptionsforschung im Bereich der Briefliteratur

Oellers, Norbert: Aspekte der Rezeptionsforschung. Rezeptionsorientierte Brief-Kommentierg. In: Zs. f. Lit.-wiss. u. Linguistik 5, 1975, H. 19/20 (Edition u. Wirkg.), S. 68–81.

Personenregister

Abbt, Thomas 132, 171
Achternbusch, Herbert 192
Adalbertus Samaritanus 77, 90
Addison, Joseph 44
Adelheid (Gemahlin Ottos I.) 33
Adorno, Theodor W. 12, 26, 60, 74
Albrecht III. Achilles 31
Alcuin 181
Allerdissen, Rolf 197
Althens, Adolf 155
Amery, Carl 68, 103
Améry, Jean 10, 26, 74
Ammermann, Monika 38, 71, 225, 244
Andersch, Alfred 68, 103
Andreas-Salomé, Lou 126f.
Anton Ulrich v. Braunschweig 42, 160, 195
Anzengruber, Ludwig 169
Apollinaire, Guillaume 104
Aristophanes 167
Aristoteles 30
Arnim, Bettina v. 55, 178, 189, 198
Arnim, Ludwig Achim v. 54
Artemo 4
Auerbach, Berthold 110
Auerbach, Jakob 110
Augustus 215
Ayrer, Jakob 168

Baader, Franz v. 57
Bab, Julius 196
Babet 41
Bacheracht, Therese v. 115
Bachmann, Ingeborg 165
Bacon, Francis 170, 176
Bahrdt, Carl Friedrich 123, 146
Bahrdt, Hans Paul 128

Balet, Leo/Gerhard, Eberhard 44, 72
Bamberger, Ludwig 152, 174
Barclay, John/Opitz, Martin 160
Barlach, Ernst 61
Barner, Wilfried 204
Batz, Michael 68f., 74
Bauer, Wolfgang 192
Baumann, Gerhart 212, 220
Becher, Johannes Robert 103
Becker, Eva D. 190, 197
Becker, Heinz 232f., 244
Becker-Cantarino, Barbara 47, 73, 207, 220
Beckmann, Max 118
Beer, Johann 160
Behaimscher Kreis 36
Behrens, Jürgen 229, 231f., 245
Behrens, Katja 203
Bekenn, Georg Ludwig 124
Belke, Horst 5, 9, 16, 19f., 24, 27, 53, 73f., 96f., 100, 192f., 194, 239, 246
Bellmer, Dietrich 203
Benjamin, Walter 61, 98, 203
Benn, Gottfried 16, 61, 103, 175, 179
Bense, Max 172, 195
Berger, Bruno 171f., 175, 195, 214, 221
Bernath, François A. 213f.
Bernritter, Friedrich 147
Beurmann, Eduard 117
Binding, Rudolf Georg 106, 115
Bismarck, Otto v. 58f., 102
Bleckwenn, Helga 173f., 195
Blei, Franz 138
Bloch, Ernst 68
Bodmer, Johann Jacob 130, 132

Sammlung Metzler